Informatives tutorielles Feedback

AF210813

Waxmann Verlag GmbH
Steinfurter Straße 555, 48159 Münster
info@waxmann.com

Pädagogische Psychologie und Entwicklungspsychologie

herausgegeben von Detlef H. Rost

Editorial

Pädagogische Psychologie und Entwicklungspsychologie sind seit jeher zwei miteinander eng verzahnte Teildisziplinen der Psychologie. Beide haben einen festen Platz im Rahmen der Psychologenausbildung: Pädagogische Psychologie als wichtiges Anwendungsfach im zweiten Studienabschnitt, Entwicklungspsychologie als bedeutsames Grundlagenfach in der ersten und als Forschungsvertiefung in der zweiten Studienphase. Neue Zielsetzungen, neue thematische Schwerpunkte und Fragestellungen sowie umfassendere Forschungsansätze und ein erweitertes Methodenspektrum haben zu einer weiteren Annäherung beider Fächer geführt und sie nicht nur für Studierende, sondern auch für die wissenschaftliche Forschung zunehmend attraktiver werden lassen. „Pädagogische Psychologie und Entwicklungspsychologie" nimmt dies auf, fördert die Rezeption einschlägiger guter und interessanter Forschungsarbeiten, stimuliert die theoretische, empirische und methodische Entfaltung beider Fächer und gibt fruchtbare Impulse zu ihrer Weiterentwicklung einerseits und zu ihrer gegenseitigen Annäherung andererseits.

Der Beirat der Reihe „Pädagogische Psychologie und Entwicklungspsychologie" repräsentiert ein breites Spektrum entwicklungspsychologischen und pädagogisch-psychologischen Denkens und setzt Akzente, indem er auf Forschungsarbeiten aufmerksam macht, die den wissenschaftlichen Diskussionsprozess beleben können. Es ist selbstverständlich, dass zur Sicherung des Qualitätsstandards dieser Reihe jedes Manuskript – wie bei Begutachtungsverfahren in anerkannten wissenschaftlichen Zeitschriften – einem Auswahlverfahren unterzogen wird („peer review"). Nur qualitätsvolle Arbeiten werden der zunehmenden Bedeutung der Pädagogischen Psychologie und Entwicklungspsychologie für die Sozialisation und Lebensbewältigung von Individuen und Gruppen in einer immer komplexer werdenden Umwelt gerecht.

Susanne Narciss

Informatives tutorielles Feedback

Entwicklungs- und Evaluationsprinzipien
auf der Basis instruktionspsychologischer Erkenntnisse

Waxmann Münster / New York
München / Berlin

Bibliografische Informationen Der Deutschen Bibliothek
Die Deutsche Bibliothek verzeichnet diese Publikation in
der Deutschen Nationalbibliografie; detaillierte bibliografische
Daten sind im Internet über http://dnb.ddb.de abrufbar.

Pädagogische Psychologie und Entwicklungspsychologie; Bd. 56
herausgegeben von Prof. Dr. Detlef H. Rost
Philipps-Universität Marburg
Fon: 0 64 21 / 2 82 17 27
Fax: 0 64 21 / 2 82 39 10
E-Mail: rost@mailer.uni-marburg.de

ISSN 1430-2977
ISBN 3-8309-1641-8
ISBN 978-3-8309-1641-3

© Waxmann Verlag GmbH, 2006
Postfach 8603, D-48046 Münster

http://www.waxmann.com
E-Mail: info@waxmann.com

Umschlaggestaltung: Pleßmann Kommunikationsdesign, Ascheberg
Druck: Zeitdruck GmbH, Münster
Gedruckt auf alterungsbeständigem Papier, säurefrei gemäß ISO 9706

Vorwort

Feedback wird in der Lern- und Instruktionspsychologie sowie in der Arbeits-
und Organisationspsychologie als grundlegende Maßnahme zur Unterstützung
und Regulation von Lern- und Motivationsprozessen betrachtet. Feedback
wurde und wird jedoch auf sehr vielfältige Art gestaltet, eingesetzt und untersucht. Man kann z.B. Informationen zur Korrektheit einer Antwort, zur erreichten Leistung, zu Fehlern, zur Angemessenheit von Lern- oder Arbeits-
strategien anbieten. Diese unterschiedlichen Inhalte kann man auf unterschiedliche Weise präsentieren und dabei unterschiedliche Wirkungen auf den
Lern- und Motivationsprozess anstreben. Die Befunde zu den Wirkungen
unterschiedlicher Feedback-Arten sind daher sehr inkonsistent. Trotz eines
Jahrhunderts Feedback-Forschung stellen Kulhavy und Wager in ihrem
„Historical Review" von 1993 daher fest:

> Between the 1960s and the present there have been more than 50 studies comparing
> various feedback configurations in programs or program-like lessons (Kulhavy &
> Stock, 1989). Unfortunately, for those who design instruction, the overall verdict has
> remained the same, and there appears to be no consistent pattern of results in this siz-
> able literature – other than the general finding that some feedback is better than no
> feedback. (Kulhavy & Wager, 1993; p 12)

In den letzten 10 Jahren haben sich im Zuge der informationstechnischen
Weiterentwicklung die Möglichkeiten der Feedback-Gestaltung erheblich erweitert. Man kann beispielsweise auf der Basis der Erkenntnisse über Tuto-
ring- oder Scaffolding-Strategien informative tutorielle Feedback-Prozeduren
entwickeln, die im Falle von Fehlern oder Schwierigkeiten zwar strategische
Informationen zur Fehlerkorrektur, aber nicht unmittelbar die Lösung anbieten. Da hierbei Erkenntnisse aus unterschiedlichen Bereichen instruktionspsychologischer Forschung berücksichtigt werden müssen, ist die Entwicklung
solcher informativer tutorieller Feedback-Prozeduren jedoch sehr anspruchs-
voll und wird selten realisiert. Die meisten computerunterstützten Lehr-Lernangebote präsentierten daher Feedback, das Angaben über die Richtigkeit einer Lösung oder die korrekte Lösung liefert. Diese ergebnisorientierten Feedback-Arten verschenken jedoch das lern- und motivationspsychologische Potenzial, das mit dem Lernen aus Fehlern verknüpft sein kann. Ziel der vorliegenden Arbeit war es daher, aus instruktionspsychologischen Erkenntnissen
Prinzipien zur Gestaltung, Präsentation und Implementierung von informativem tutoriellem Feedback abzuleiten und empirisch zu überprüfen.

Für die Bearbeitung der mit dieser Zielsetzung verbundenen Aufgaben
standen mir an der Professur für die Psychologie des Lehrens und Lernens der
Technischen Universität Dresden alle Ressourcen zur Verfügung. Mein Dank
gilt hier in ganz besonderer Weise Prof. Dr. Hermann Körndle, der es mir er-

möglicht(e), den Aufbau, Einsatz und die Weiterentwicklung des multi-medialen Lehr-Lernlabors dieser Professur mitzugestalten und mitzuerleben.

Die Durchführung der dargestellten Studien wäre ohne die tatkräftige und engagierte Unterstützung zahlreicher studentischer Hilfskräfte, Diplomanden und Mitarbeiter der Professur nicht möglich gewesen: Für die informations-technische Umsetzung und Implementation der abgeleiteten Feedback-Gestaltungs-Prinzipien möchte ich Roland Keitel, Sebastian Rudolph, Rüdiger Krausse, Katja Huth und Katrin Schleicher danken. Mein Dank gilt außerdem Alexander Höfer, Katja Adam, Martin Meusel, Antje Proske, Stevka Peters und Cornelia Müller, die im Rahmen ihrer Diplomarbeiten wichtige Teil-fragen des Projektes bearbeitet haben. Bei Franziska Lauterbach und Cornelia Müller möchte ich mich für die geduldige und sorgfältige Beschaffung und Verwaltung der umfangreichen Feedback-Literatur bedanken. Schließlich möchte ich die intensive und konstruktive Zusammenarbeit mit Katja Huth und Grit Reimann hervorheben. Sie haben als Doktorandinnen sehr engagiert dazu beigetragen, die Entwicklungs- und Evaluationsprinzipien in schulischen und universitären Aufgabenbereichen umzusetzen und empirisch zu prüfen.

Gedankt sei ferner, Anja Eichelmann, Cornelia Müller und insbesondere Elisabeth Narciss, die sich neben ihren intensiven beruflichen Verpflichtungen die Zeit genommen haben, mich bei den abschließenden Manuskriptkorrek-turen zu unterstützen. Dieser Dank gilt auch den beiden anonymen Gutach-tern, die die vorliegende Arbeit mit Blick auf die Publikation begutachtet ha-ben. Mit ihrer sorgfältigen und konstruktiven Kritik haben sie dazu beige-tragen, dass das Verständnis des vorliegenden Textes nicht unnötig durch Fehler oder durch Inkonsistenzen in der Argumentation erschwert wird.

Des Weiteren möchte ich mich bei Prof. Dr. Elsbeth Stern, Prof. Dr. Thomas Goschke, Prof. Dr. Detlev Leutner und Prof. Dr. Karl Westhoff be-danken. Sie haben die ursprüngliche Fassung der vorliegenden Arbeit im Sommer/Herbst 2004 als Habilitationsschrift begutachtet. So weit es möglich war, sind in der vorliegenden Arbeit die Anregungen und Kommentare dieser Gutachten berücksichtigt.

Abschließend möchte ich mich ganz besonders bei meinem Mann Hermann und unserer Tochter Rebecca bedanken. Sie mussten in der außeror-dentlich arbeitsintensiven Phase des Abfassens der vorliegenden Arbeit allzu oft akzeptieren, dass ich mich an den Schreibtisch zurückzog und keine Zeit für sie hatte. Ich hoffe insbesondere, dass Rebecca irgendwann verstehen kann, warum sie als Kleinkind so oft zu ihrer Mama sagen musste: „Geh du ruhig arbeiten, wir spielen ohne dich."

Dresden, November 2005   Susanne Narciss

Inhalt

1   Problemstellung und Ziele

Der rasante Fortschritt moderner Informationstechnologien führte in den letzten zehn Jahren zur Entwicklung neuer Formen mediengestützten Lehrens und Lernens. Stichworte wie „E-Learning", „Virtuelles Lernen", „Lernen mit Multimedia" sind daher in aller Munde. In der Tat bieten moderne Informationstechnologien zahlreiche Möglichkeiten multimediale Lehr-Lern-Situationen zu gestalten. Es können beispielsweise Materialien und Inhalte aus unterschiedlichen Quellen multimedial aufbereitet und in einer Lernumgebung integriert, oder Verknüpfungen zu anderen Lernmedien oder Informationsquellen angeboten werden. Multimediale Lernumgebungen weisen in der Regel die folgenden Charakteristika auf:

- Eine nicht-lineare Struktur, d.h. auf die integrierten Inhalte kann beliebig zugegriffen werden,
- Multimodalität, d.h. die Informationsdarbietung erfolgt auf mehreren sensorischen Kanälen (visuell; auditiv) sowie mittels unterschiedlicher semantischer Codes (Text; Bild),
- Interaktivität, d.h., die Lernenden können einerseits beeinflussen, welche Inhalte sie wann bearbeiten, andererseits können mehrere Lernende sich über die Inhalte (elektronisch) austauschen.

Diese Merkmale multimedialer Lernumgebungen ermöglichen es, den Lernprozess weitgehend zu individualisieren. Lernende können daher entsprechend ihrer persönlichen Zielsetzungen und/oder bevorzugten Lernstrategien die Lernmaterialien bearbeiten. Diese Individualisierung hat jedoch zur Konsequenz, dass die Lernenden, da sie zu selbstständigen Initiatoren und Organisatoren ihres Lernprozesses werden, zahlreiche kognitive und motivationale Anforderungen bewältigen müssen (vgl. Friedrich & Mandl, 1997; Narciss & Körndle, 2001; Simons & DeJong, 1992). Darüber hinaus beschränken sich viele mediale Lehr-Lernangebote auf die multimediale Darbietung von Informationen und nutzen die Interaktionsmöglichkeiten moderner Medien eher intuitiv als psychologisch oder didaktisch begründet. Diese auf Rezeption beschränkte Sichtweise medialer Lernangebote hat zur Konsequenz, dass Lernende die verfügbaren Informationen eher flüchtig konsumieren, als sich aktiv und intensiv damit auseinander zu setzen.

Eine zentrale Aufgabe bei der Gestaltung von mediengestützten Lehr-Lernumgebungen ist es daher, Lernaktivitäten, d.h. die aktive Konstruktion und Kommunikation von Wissen anzuregen. Diese Anregung von Lernaktivitäten kann u.a. dadurchs erfolgen, dass man zu den dargebotenen Materialien Lernaufgaben stellt. Die Interaktivität moderner Informationstechnologien erlaubt es, Lernaufgaben nicht nur im Sinne von Testaufgaben, d.h. Aufgaben zur Lernerfolgskontrolle, in Verbindung mit evaluativem, ergebnisorientiertem Feedback zu gestalten, sondern den Lernenden im Falle von Fehlern oder Schwierigkeiten informatives tutorielles Feedback anzubieten. Informatives tutorielles Feedback zeichnet sich dadurch aus, dass es strategische Informationen zur Korrektur von Fehlern oder zur Überwindung von Hürden im Lernprozess liefert, ohne unmittelbar die Lösung anzubieten.

Informatives tutorielles Feedback ist besonders dann wichtig, wenn es darum geht, Lernprozesse weitgehend selbstständig zu regulieren (vgl. z.B. Butler & Winne, 1995), und sollte demzufolge eine zentrale Komponente moderner multimedialer Lehr-Lernangebote sein. Trotz jahrzehntelanger Forschung über die Effekte unterschiedlicher Feedback-Arten und -Bedingungen gibt es bisher jedoch kaum Studien, in denen die Bedingungen und Wirkungen von informativem tutoriellen Feedback experimentell untersucht wurden. Hinweise für die Gestaltung und Implementierung von informativem tutoriellen Feedback können daher allenfalls aus Studien zu elaborierten Feedback-Arten abgeleitet werden. Die Befundlage aus diesen Studien ist allerdings sehr inkonsistent (vgl. z.B. Bangert-Drowns, Kulik, Kulik & Morgan, 1991; Clariana, 1993; Kluger & DeNisi, 1996; Mory, 1996). Es ist daher wenig erstaunlich, dass ITF bisher allenfalls in komplexen Informativen Tutoriellen Systemen verwendet (z.B. Anderson, Conrad & Corbett, 1989; Anderson, Corbett, Koedinger, & Pelletier, 1995; McKendree, 1990; Nagata, 1997) und in den meisten computerunterstützten Lehr-Lernangeboten ganz traditionell ergebnisorientiertes Feedback präsentiert wird.

Im Mittelpunkt des Interesses der vorliegenden Arbeit steht daher die experimentelle Untersuchung der Bedingungen und Wirkungen unterschiedlicher Arten informativen tutoriellen Feedbacks. Ziel ist es, für die Gestaltung interaktiver computerunterstützter Lehr-Lern-Angebote einen Satz psychologisch und empirisch begründeter Prinzipien zur Konstruktion, Präsentation, Implementierung und Evaluation von informativem tutoriellen Feedback zu liefern. Im Einzelnen werden hierzu die folgenden Fragestellungen bearbeitet bzw. untersucht:

1. Welche Erkenntnisse der bisherigen Forschung zu den Bedingungen und Wirkungen informativer Feedback-Arten sollten bei der Entwicklung und Evaluation informativer tutorieller Feedback-Arten berücksichtigt werden?
    Hierzu wird eine Übersicht über den aktuellen empirischen und theoretischen Erkenntnisstand der Forschung zum Feedback in Lern- und Leis-

tungssituationen dargestellt. Mit Hilfe eines heuristischen Modells zur Rolle von informativem Feedback in Lehr-Lernsituationen werden die für die vorliegende Arbeit relevanten Erkenntnisse integriert und spezifische Hypothesen über die Bedingungen und Wirkungen informativer tutorieller Feedback-Arten abgeleitet.

2. Welche psychologischen Erkenntnisse und Prinzipien sind zu beachten, wenn man Feedback-Inhalte systematisch so gestalten möchte, dass sie einen hohen Informations- und Erkenntniswert für den Lernprozess haben, aber nicht unmittelbar die Lösung anbieten?

   Hierzu wird zunächst untersucht, welche Faktoren den Informationswert von Rückmeldungen in Lernprozessen determinieren. In einem weiteren Schritt werden Verfahren der psychologischen Anforderungsanalyse und der wissenspsychologischen Analyse von Lerninhalten bzw. -bereichen hinsichtlich ihrer Anwendbarkeit für die inhaltliche Gestaltung von informativem tutoriellem Feedback geprüft.

3. Welche Wirkungen haben informative tutorielle Feedback-Arten, die mit Hilfe dieser Prinzipien gestaltet und in eine Lehr-Lernsituation implementiert wurden, auf den Lern- **und** den Motivationsprozess?

   Hierzu wurden die bisherigen Experimentalparadigmen zur Untersuchung von Feedbackeffekten so erweitert, dass es einerseits möglich ist, individuelle Lernvoraussetzungen, andererseits sowohl Lern- als auch Motivationsvariablen im selben experimentellen Lernkontext systematisch zu erfassen. Dieses erweiterte Experimentalparadigma wurde bei unterschiedlichen Stichproben angewandt und empirisch überprüft.

4. Inwiefern lassen sich die gewonnen Erkenntnisse auf schulische und universitäre Lernbereiche (Rechenaufgaben, Studieraufgaben, Latein-Studierplatz) transferieren?

   Hierzu soll zunächst untersucht werden, inwiefern sich die entwickelten Gestaltungsprinzipien für die Formulierung von informativen Rückmeldungen auf alltägliche schulische und universitäre Lernbereiche anwenden lassen. Darüber hinaus sollen die entwickelten informativen Feedback-Formen hinsichtlich ihrer Lern- und Motivationseffekte in möglichst unterrichtsnahen Lernsituationen evaluiert werden.

2 Feedback in Lehr-Lernsituationen – empirischer und theoretischer Erkenntnisstand

Seit nahezu einem Jahrhundert werden die Bedingungen und Wirkungen von Feedback in Lehr-Lernsituationen untersucht. Entsprechend groß ist die Zahl der Studien zum Feedback in Lehr-Lernsituationen. Gibt man die Stichworte „Feedback und Lernen" in psychologische oder auch erziehungswissenschaftliche Literatur-Datenbanken ein (z.B. PsycInfo, ERIC), erhält man tausende von Literaturangaben zu diesem Thema (4.425 bei PsycInfo; 6.094 bei ERIC). Das Ziel des vorliegenden Abschnittes kann es daher nicht sein, eine vollständige Übersicht über die Ergebnisse von Feedback-Studien aller Art zu liefern. Vielmehr soll eine, an historischen Übersichten orientierte, selektive Darstellung der empirischen und theoretischen Erkenntnisse erfolgen, die für die im vorangegangenen Abschnitt thematisierten zentralen Forschungsprobleme relevant sind (historische Übersichten finden sich z.B. bei Kluger & DeNisi, 1996; Kulhavy & Wager, 1993; Mory, 1996; Musch, 1999). Im Folgenden wird zunächst der für die vorliegende Arbeit zentrale Begriff „informatives Feedback" definiert und abgegrenzt von Feedback-Begriffen, bei denen es nicht primär um Informationen zur Aufgabe bzw. Aufgabenlösung geht. Anschließend werden Forschungsansätze und -befunde zum informativen Feedback in Lehr-Lernsituationen skizziert sowie mögliche Erklärungsansätze für die Inkonsistenz der Forschungslage diskutiert.

2.1 Feedback – Begriffsbestimmung und -eingrenzung

Der Begriff „Feedback" bezeichnet ganz allgemein Informationen, die einem System nach Durchlaufen eines Prozesses oder Prozess-Schrittes rückgemeldet werden, um regulierend auf künftige Prozess-Durchläufe oder – Schritte zu wirken. In zahlreichen technischen und wissenschaftlichen Bereichen (z.B. Elektrotechnik, Biologie, Medizin, Psychologie) werden die Bedingungen und Wirkungen solcher Feedback-Informationen für die Regulation von Prozessen untersucht. Daher gehört der Begriff „Feedback" zu den am weitesten verbreiteten Begriffen sowohl im alltäglichen als auch im wissenschaftlichen Sprachgebrauch. Je nach Kontext variieren jedoch Präzision und Breite des Begriffsverständnisses und damit Inhalte und Formen von Feedback-Meldungen. In den folgenden Abschnitten wird daher das für die vorliegende Arbeit relevante Verständnis von Feedback und die damit verbundenen möglichen Feedback-Inhalte und Formen erläutert.

2.1.1 Feedback: systemtheoretische vs. lernpsychologische Perspektive

Der Begriff „Feedback" gehört zu den zentralen Begriffen systemtheoretischer Ansätze (vgl. z.B. Wiener, 1948, 1954). Systemtheoretische Ansätze befassen sich mit der Regelung dynamischer Systeme. Nach DIN 19226 spricht man im technischen Sinne dann von Regelung, wenn eine Größe, nämlich die zu regelnde Größe (= Regelgröße) fortlaufend erfasst wird, einer Regeleinrichtung rückgemeldet (= feed back) wird, dann mit einer anderen Größe, der so genannten Führungsgröße, verglichen wird und das Ergebnis diese Vergleichs dazu genutzt wird, die Regelgröße im Sinne einer Angleichung an die Führungsgröße zu beeinflussen. Der sich ergebende Wirkungsablauf ist zirkulär und wird deshalb als Regelkreis bezeichnet.

Zu einem Regelkreis gehören ganz allgemein betrachtet, eine *Regelstrecke,* d.h. ein zu regulierender Prozess oder Teilprozess, und die für die Beeinflussung der Regelstrecke notwendige *Regeleinrichtung* (s. Abb. 1). Die wesentlichen Bestandteile der *Regelstrecke* sind:

- eine *Regelgröße,* in der genau festgelegt ist, was reguliert werden soll (z.B. Temperatur, Produktivität, Fehlerrate),
- ein sensorisches Element, ein so genannter *Mess-Fühler,* der die Regelgröße misst und
- ein *Stellglied* (z.B. Ventil), das auf der Grundlage der *Stellgröße* Korrekturmaßnahmen einleitet, die vorher genau festgelegt wurden (z.B. bei zu niederer Temperatur Ventil öffnen).

Zur *Regeleinrichtung* zählt man:

- einen *Sollwert-Einsteller,* mit dem die *Führungsgröße* bestimmt, d.h. genau definiert wird, welchen Wert die Regelgröße haben soll,
- ein *Vergleichs-Modul,* welches das Feedback-Signal, also den Ist-Wert der Regelgröße x mit der Führungsgröße w vergleicht, d.h. eine mögliche Regelabweichung x_w feststellt und
- ein *Regelglied* oder einen so genannten *Regler,* der nach vorher festgelegten Transformationsregeln (z.B. Multiplikation mit einer Konstante, Integration oder Differentiation des Signals x_w) aus der Regelabweichung x_w die *Stellgröße* ableitet.

Diese *Stellgröße* ist die Ausgangsgröße der Regeleinrichtung und zugleich die Eingangsgröße der Regelstrecke. Im systemtheoretischen Sinn bezeichnet Feedback also den Output eines Systems, der diesem als Input-Signal rückgemeldet (= feed back) wird. Dieses Feedback-Signal schließt den Regelkreis und dient in Verbindung mit dem extern fest gelegten Soll-Wert und der daraus abgeleiteten Führungsgröße der Regelung des Systems. Wie und auf welche Weise ein Feedback-Signal Einfluss hat auf die Regelung eines Systems, hängt also nicht nur vom Feedback-Signal selbst ab, sondern ganz wesentlich auch davon, wie die Funktionseinheiten des Regelkreises festgelegt sind.

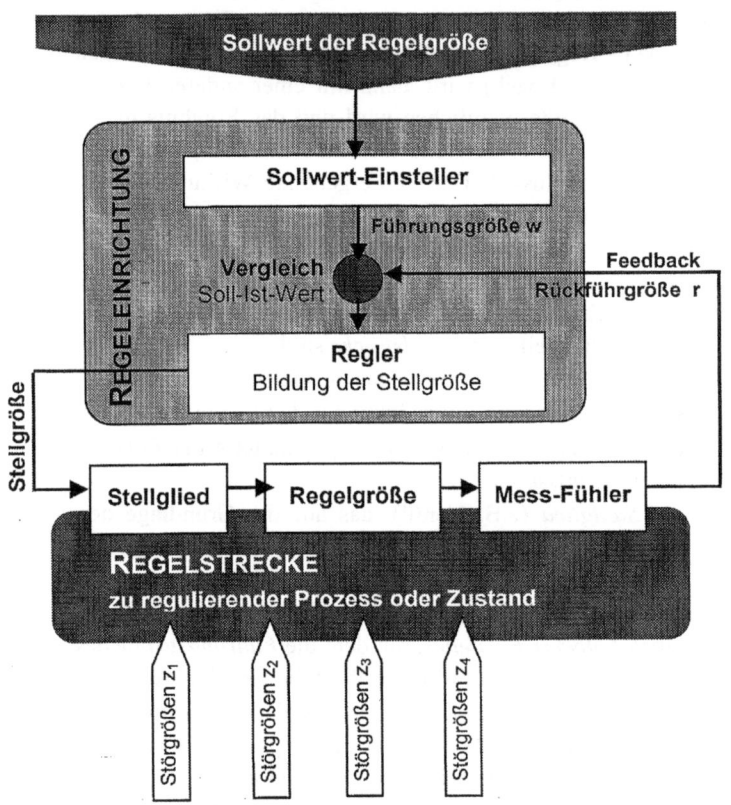

Abbildung 1: Vereinfachte, schematische Darstellung eines Regelkreises

In technischen Bereichen ist Feedback ein fundamentales Prinzip. Es ist beispielsweise für die Erzeugung von Schwingungen, zur Linearisierung von Schaltungen und für elektronische Speicher unverzichtbar. Man unterscheidet hierbei *positives* und *negatives Feedback*. Als positives Feedback werden Informationen bezeichnet, die dem System die Übereinstimmung zwischen Feedback-Input und dem Sollwert des Systems oder eine gleichsinnige (im elektrotechnischen Sinne gleichphasige) Diskrepanz zwischen Ist- und Soll-wert anzeigen. Positives Feedback wirkt damit bestätigend und kann bei manchen Systemen (z.B. Oszillatoren) zur Anregung des Systems genutzt werden. Geschieht diese Anregung unbeabsichtigt oder in unkontrolliertem Maße, kann es zu Fehlleistungen des Systems kommen (z.B. Heul- und Pfeiftöne bei elektroakustischen Anlagen). Negatives Feedback zeigt eine gegensinnige bzw. gegenphasige Diskrepanz zwischen Ist- und Sollwert an. Aus dieser Diskrepanz zwischen Ist- und Sollwert werden unabhängig davon ob der Ist-Wert kleiner oder größer als der Soll-Wert ist Regulationsmaßnahmen abgeleitet. Deshalb hat negatives Feedback eine korrigierende bzw. stabilisierende Funktion und unterstützt damit das System beim Erreichen des Soll-Wertes.

Auch in der Lernpsychologie gehört Feedback zu den fundamentalen Prinzipien. Spätestens seit Thorndikes „Law of effect" (1913) geht man davon aus, dass das Ergebnis eines Verhaltens und die damit verknüpften Konsequenzen künftiges Verhalten beeinflussen. Die Informationen, die eine Person im Sinne von Feedback über das Ergebnis und dessen Konsequenzen wahrnehmen kann, determinieren nämlich, ob diese Person das entsprechende Verhalten beibehält, verändert oder gar andere Verhaltensweisen zeigt. Aus diesem Grund wird Feedback von manchen Autoren als die stärkste und wichtigste Einflussgröße für Lern- und Leistungsprozesse eingeschätzt (z.B. Fitts, 1962; Bilodeau, 1969) oder zumindest als grundlegende Komponente für die Gestaltung effektiver Lehr-Lernprozesse aufgefasst (z.B. Andre, 1997; Bloom, 1976; Taylor, 1987).

Feedback im allgemeinen lernpsychologischen Sinn wird häufig gleichgesetzt mit „post-response information", also Informationen, die nach der Bearbeitung bzw. Beantwortung einer Aufgabe zur Verfügung stehen. Da die mit dem Verhalten einhergehenden Konsequenzen und die damit verknüpften Informationen sehr vielfältig sind, handelt es sich hierbei um ein sehr weit gefasstes Begriffsverständnis.

In der experimentellen behavioristischen Lernpsychologie erfolgt daher zunächst eine sehr starke Begriffseingrenzung. Als *informatives Feedback* werden Stimuli bezeichnet, die einer Person kontingent während oder nach der Bearbeitung von Aufgaben angeboten werden und zwar entsprechend einer vom Versuchsleiter festgelegten Funktion, mit der die Diskrepanz zwischen der aktuellen Antwort und der korrekten Antwort angegeben wird (vgl. Bilodeau, 1969). Je nach Aufgabe kann das Ergebnis dieser Diskrepanz-Funktion variieren (z.B. ja/nein bei einfachen Diskriminations-Aufgaben, Abweichungen in cm bei Positionierungs-Aufgaben, Anzahl von Fehlern bei Tracking- oder Listen-Lernaufgaben) und damit unterschiedliche Auswirkungen auf den nächsten Lösungsversuch haben. Dieses Begriffsverständnis be-

zeichnet also Informationen über das Verhaltensergebnis und dessen Konsequenzen nur dann als informatives Feedback, wenn sie vom Experimentator
gezielt kontrolliert bzw. manipuliert werden können (vgl. auch Holding, 1965)
und grenzt damit experimentell manipuliertes Feedback von Verhaltenskonsequenzen ab, die eine lernende Person selbst wahrnehmen kann (z.B. visuelle
und propriozeptive Informationen; aufgabenimmanente Informationen). Trotz-
dem ist dieses Begriffsverständnis eng an das ursprünglich technische
Begriffsverständnis angelehnt und impliziert, dass informatives Feedback mit
dem Ziel gegeben wird, eine mögliche Diskrepanz zwischen Soll- und Ist-
Wert zu beheben (s. auch Cusella, 1987).

Im Zuge der kognitiven Wende und im Zuge der rasanten Entwicklung
von computer-basierten Lehr-Lerntechnologien findet wieder eine zunehmende Begriffserweiterung statt. Zum einen rückt die korrigierende Funktion
von Feedback in den Vordergrund, zum anderen erlauben moderne Informationstechnologien die Gestaltung und Präsentation neuer Feedback-Inhalte
und -Formen. Als Feedback werden daher alle Informationen bezeichnet, die
Lernende bei oder nach der Aufgabenbearbeitung von einer externen Informationsquelle (z.B. Lehrer, Lernprogramm, Versuchsleiter) zur Bestätigung
korrekter Antworten oder zur Korrektur von Fehlern angeboten bekommen.
Das können neben Informationen, die sich auf die Diskrepanz zwischen aktueller Lösung und korrekter Lösung beziehen, auch Informationen sein, die
sich nicht direkt auf diese Diskrepanz beziehen, sondern beispielsweise darauf, wie die Diskrepanz behoben werden soll (s. Abschnitt 2.1.2). Auch in
diesem Begriffsverständnis wird wie beim behavioristischen Verständnis extern dargebotene Feedback-Information von Feedback-Informationen abgegrenzt, die vom Lernenden selbst wahrgenommen werden. Diese Differenzierung ist vor allem aus methodischen Gesichtspunkten wichtig und soll daher
auch in der vorliegenden Arbeit beibehalten werden.

Das Begriffsverständnis der vorliegenden Arbeit lehnt sich weitgehend an
dieses Verständnis von informativem Feedback: Der Begriff *informatives
Feedback* wird für die Informationen verwendet, die Lernenden nach der Bearbeitung von Lernaufgaben bzw. von Teilen dieser Aufgaben bzgl. ihrer Lösung von einer externen Informationsquelle angeboten werden mit dem Ziel,
eine korrekte Lösung dieser Aufgaben in der aktuellen oder auch in künftigen
Lernsituationen zu ermöglichen.

Neben informativem Feedback gibt es auch zahlreiche Varianten moti-
vierenden Feedbacks. Hierzu gehören Belohnungen und Bestrafungen aller
Art (z.B. Blöschl, 1970), Reattributions-Feedback (z.B. Schunk, 1983; Ziegler
& Schober, 1996) oder auch Feedback, das sich am individuellen Lernfort-

schritt orientiert (z.B. Rheinberg & Krug, 1993; Schunk & Rice, 1993). Diese motivierenden Feedback-Arten beziehen sich vor allem auf die Bewertung des Lernergebnisses (z.B. „du hast 5 Aufgaben mehr gelöst als beim letzten Mal, wenn du weiter so gut übst, wirst du bald alle Aufgaben lösen können") und dienen nicht primär dazu, Informationen über die Richtigkeit der Lösung einzelner Aufgaben oder Aufgabenschritte zu liefern. Sie sind daher ebenso abzugrenzen von informativem Feedback wie Feedback-Informationen, die nicht extern angeboten, sondern von den Lernenden im Lernprozess direkt wahrgenommen werden können, also internem Feedback (vgl. z.B. Butler & Winne, 1995; Kluger & DeNisi, 1998).

2.1.2   Inhalte und Formen informativen Feedbacks

Selbst bei der im vorangegangenen Abschnitt abgeleiteten Definition des Begriffs „informatives Feedback" ist das Spektrum an möglichen Feedback-Inhalten und -Formen, also an möglichen Feedback-Arten sehr groß. Bereits Holding (1965) unterschied mit Hilfe formaler Kriterien (z.B. Zeitpunkt, Frequenz und Modus der Feedback-Präsentation) 32 verschiedene Feedback-Arten. Aus diesem Grund erfolgt nun eine kurze Übersicht und Ordnung weit verbreiteter und in zahlreichen Lernexperimenten verwendeter Feedback-Arten. Hierzu gehören z.B.

- knowledge of performance (KP): Die Lernenden erhalten hierbei nachdem sie eine Menge von Aufgaben bearbeitet haben summatives Feedback über den erreichten Leistungsstand (z.B. xy% der Aufgaben korrekt gelöst),

- knowledge of result/response (KR): Hierbei wird angegeben, ob die aktuelle Lösung bzw. Antwort richtig oder falsch ist,

- knowledge of the correct response (KCR): Die korrekte Antwort oder Lösung wird präsentiert,

- answer until correct oder multiple try feedback (AUC/MTF): Die Lernenden erhalten KR und bekommen dann die Möglichkeit, die Aufgabe erneut zu bearbeiten. Bei AUC geschieht dies, bis sie die korrekte Lösung gefunden haben, bei MTF bis zu einer festgelegten Anzahl an Wiederholungen, dann wird in der Regel KCR präsentiert,

- elaborated feedback (EF): Hierbei wird KR oder KCR präsentiert zusammen mit zusätzlichen Informationen, die zur Korrektur von Fehlern oder zur Lösung künftiger Aufgaben dienen sollen.

Verschiedene Autoren haben versucht, die zahlreichen Feedback-Arten zu klassifizieren (z.B. Clariana, 2001; Dempsey, Driscoll & Swindell, 1993; Kulhavy & Stock, 1989; Schimmel, 1988). Diese Klassifikationen decken sich bei der Einordnung der einfachen Feedback-Arten weitgehend: Feedback, das den Lernenden Information darüber anbietet, ob seine Antwort bzw. Lösung einer Aufgabe richtig oder falsch ist, wird zwar unterschiedlich bezeichnet (knowledge of result, confirmation feedback, simple verification feedback), aber übereinstimmend als einfache Feedback-Art gewertet. Auch Feedback, bei dem den Lernenden die korrekte Lösung angeboten wird (knowledge of the correct answer/response) wird in den meisten Klassifikationen eher als einfache Feedback-Art eingestuft.

Bei der Einordnung und dem Verständnis von Feedback-Arten, die mehr als die richtige Antwort bzw. Informationen über die Korrektheit der abgegebenen Lösung des Lerners enthalten, stimmen die Klassifikationsvorschläge jedoch nicht mehr überein (vgl. Tab. 1).

Tabelle 1:   Elaborierte Feedback-Arten in unterschiedlichen Feedback-Klassifikationen

Kulhavy & Stock, 1989	Mason & Bruning, 2001	Schimmel, 1988	Clariana, 2001
• Task-specific = KCR[a]			
• Instruction-based	• Topic-contingent		
• Extra-instructional	• Response-contingent		
	• Bug-related	• Bug-related	
	• Attribute-isolation		
		• Explanatory	• Explanatory
			• Directive
			• Monitoring

[a] knowledge of the correct response

Kulhavy und Stock (1989) unterscheiden drei Formen des elaborierten Feedback, nämlich elaboriertes Feedback, das sich auf die Aufgabe (task-specific – entspricht weitgehend dem knowledge-of-the-correct-response-Feedback), auf den Lehrtext bzw. die Lehr-Lernsituation (instruction-based) oder auf über den Lehrtext hinausgehende Aspekte (extra-instructional) bezieht. Clariana (2001) differenziert zwischen erklärenden (explanatory), lenkenden (direktive) und überwachenden (monitoring) elaborierten Feedback-Arten. Fehlerspezifisches Feedback (= bug-related feedback) wird bei Schimmel (1988) sowie bei Mason und Bruning (2001) explizit erwähnt.

Die Auflistung dieser verschiedenen Differenzierungen elaborierter Feedback-Arten weist darauf hin, dass es zahlreiche Möglichkeiten gibt, elaboriertes Feedback zu gestalten. Sie zeigt auch, dass bei den verschiedenen Differenzierungsansätzen unterschiedliche Aspekte des elaborierten Feedbacks im Vordergrund standen. Bei Kulhavy und Stock (1989) sowie Mason und Bruning (2001) steht im Vordergrund, worauf sich das Feedback inhaltlich bezieht. Bei Clariana (2001) erfolgt die Differenzierung nach funktionalen Gesichtspunkten, bei Schimmel (1988) sind funktionale und inhaltliche Aspekte gemischt.

Eine mögliche Ursache für die Verschiedenheit der Feedback-Klassifikationen ist die Vielfalt der Gestaltungsmöglichkeiten für elaboriertes Feedback. Im Folgenden erfolgt die Beschreibung und Einordnung elaborierter, informativer Feedback-Komponenten mit Hilfe eines Klassifkationsvorschlags, bei dem inhaltliche Feedback-Aspekte im Vordergrund stehen (Narciss & Höfer, 1996). Ziel dieses Klassifikationsvorschlages ist es, einerseits die Vielzahl der inhaltlich unterschiedlichen elaborierten, informativen Feedback-Komponenten aufzuzeigen, andererseits mit Hilfe prägnanter Oberbegriffe diese Feedback-Komponenten zu ordnen. Ausgangspunkt für den Klassifikationsvorschlag sind folgende Fragen:

- Welche Informationen könnten als Feedback-Inhalte in einer Lehr-Lernsituation nützlich sein?
- Worauf können sich diese Informationen beziehen (z.B. Lernergebnis; Aufgabe; Fehler; Strategien; meta-kognitive Aspekte)?

Die in Tabelle 2 dargestellte inhaltsorientierte Feedback-Klassifikation unterscheidet fünf elaborierte Feedback-Kategorien:

1. Feedback-Komponenten, die Informationen zur Art der Aufgaben, zu Aufgabenanforderungen und/oder Teilaufgaben sowie zu aufgabenspezifischen Bearbeitungsregeln liefern, mit der Kategorie aufgabenbezogenes Feedback zusammengefasst. In Weiterführung der nahezu klassischen Bezeichnungen für die nicht elaborierten Feedback-Formen (knowledge of result und knowledge of the correct response) erhält diese Kategorie die Bezeichnung „knowledge on task constraints" (KTC).

2. Feedback-Komponenten, die sich auf aufgabenrelevantes konzeptuelles Wissen beziehen, werden mit der Feedback-Kategorie *„knowledge about concepts" (KC)* zusammengefasst.

3. Feedback-Komponenten, die sich auf Fehler beziehen, werden der Kategorie fehlerbezogenes Feedback zugeordnet. Diese Kategorie erhält die Bezeichnung *„knowledge about mistakes" (KM)*.

4. Feedback-Inhalte, die sich auf strategisches Wissen beziehen, das für die Aufgabenlösung relevant ist, werden der Feedback-Kategorie *„knowledge on how to proceed"* oder kurz *„know-how"-Feedback (KH)* zugeordnet.

5. Feedback-Inhalte, die Informationen liefern, die für die Regulation Lernprozesses relevant sind, sich also auf meta-kognitives Wissen beziehen, werden mit der Feedback-Kategorie *„knowlege on meta-cognition" (KMC)* zusammengefasst.

Zur Gestaltung elaborierter Feedback-Arten werden in der Regel mehrere Feedback-Komponenten kombiniert. Beispielsweise wird der Ort eines Fehlers angegeben und eine Erklärung, warum es sich um einen Fehler handelt. In den meisten Studien zur Wirksamkeit elaborierter Feedback-Arten wird knowledge of result und knowledge of the correct response mit Erklärungen zur Lösung oder zu den Fehlern kombiniert. Elaboriertes Feedback, das kein KCR anbietet, dafür aber strategische Informationen, also Know-How-Komponenten beinhaltet, die zur Korrektur von Fehlern genutzt werden können, wurde bisher kaum experimentell untersucht.

Im Mittelpunkt des Interesses der vorliegenden Arbeit stehen daher Feedback-Arten, die neben knowledge of result und/oder knowledge about mistakes auch Know-How-Feedback-Komponenten anbieten, ohne jedoch unmittelbar KCR zu präsentieren. Untersuchungen zu den Strategien menschlicher Tutoren zeigen, dass die Kombination dieser informativen Komponenten zu den weit verbreiteten tutoriellen Strategien zählen (vgl. McKendree, 1990; Merrill, Reiser, Merrill & Landes, 1995; Merrill, Reiser, Ranney, & Trafton, 1992). Aus diesem Grund werden im Folgenden diese Feedback-Arten mit dem Oberbegriff *informatives tutorielles Feedback* (ITF) zusammengefasst. ITF ist vor allem bei komplexen (computerunterstützten) Lernaufgaben von Interesse.

Tabelle 2: Klassifikation unterschiedlicher Feedback-Komponenten nach inhaltlichen Gesichtspunkten

Bezeichnung[a]	Beispiele für Feedback-Inhalte
Knowledge of performance [KP]	• 15 von 20 Aufgaben richtig • 85% der Aufgaben korrekt gelöst
Knowledge of result/response [KR]	• Falsch/richtig • Nicht richtig/stimmt
Knowledge of the correct result [KCR]	• Angabe der korrekten Lösung • Markierung der korrekten Antwort
Knowledge on task constraints [KTC]	• Hinweise auf Art der Aufgabe • Hinweise auf Bearbeitungsregeln • Hinweise auf Teilaufgaben • Hinweise auf Aufgabenanforderungen
Knowledge about concepts [KC]	• Hinweise auf Fachbegriffe • Beispiele für Begriffe • Hinweise auf Begriffskontext • Erklärungen zu Begriffen
Knowledge about mistakes [KM]	• Anzahl der Fehler • Ort der Fehler/des Fehlers • Art der Fehler/des Fehlers • Ursache/n des/r Fehler(s)
Knowledge on how to proceed [KH] („know how")	• Fehlerspezifische Korrekturhinweise • Aufgabenspezifische Lösungshinweise • Hinweise auf Lösungsstrategien • Leitfragen • Lösungsbeispiele
Knowledge on meta-cognition [KMC]	• Hinweise auf meta-kognitive Strategien • Meta-kognitive Leitfragen

(Die Zeilen KTC bis KMC sind als "Elaborierte Komponenten" zusammengefasst.)

[a] Bei der Wahl der Bezeichnungen wurde einerseits darauf geachtet, die in der Feedback-Forschung üblichen Bezeichnungen zu verwenden bzw. weiter zu führen, andererseits sollte die inhaltliche Feedback-Facette in der Bezeichnung deutlich werden.

2.2 Wirkungen von informativem Feedback: Forschungsansätze und -befunde

Seit den Anfängen der behavioristischen Feedback-Forschung wird die Wirksamkeit von informativen Feedback-Arten auf mindestens drei Wirkungsweisen zurückgeführt (z.B. Ammons, 1956; Annett, 1969; vgl. auch Kulhavy & Wager, 1993; Mason & Bruning, 2001; Mory, 1996). Einerseits wird postuliert, dass Feedback als Anreiz dafür wirkt, ein bestimmtes Ereignis zu erreichen (z.B. Brown, 1932; Symonds & Chase, 1929). Andererseits wird ausgehend von operanten Lerntheorien die primäre Wirkung von Feedback in der Verstärkung korrekter Antworten gesehen (Skinner; 1954, 1958). Des Weiteren wird die Wirksamkeit von informativem Feedback auf die informative oder korrigierende Funktion von Feedback bei der Anpassung von Verhalten an ein (vorgegebenes) Ziel zurückgeführt (siehe Annett, 1969; Bilodeau, 1969; Kulhavy, 1977).

In der behavioristischen Feedback-Forschung der ersten Hälfte des 20. Jahrhunderts wurden zunächst alle drei Forschungsperspektiven verfolgt (Ammons, 1956; Annett, 1969; Bilodeau, 1969). Skinners Arbeiten zu operanten Lernprinzipien (Skinner, 1954) und zum programmierten Unterricht (Skinner, 1958) waren in den 50er und 60er Jahren allerdings so einflussreich, dass eine Dominanz der Verstärkungsperspektive entstand und die Arbeiten zur informativen und zur motivationalen Bedeutung von Feedback zunehmend aus dem Blickfeld des Interesses rückten. Kognitive Feedback-Forscher entdeckten dann in den 70er Jahren die informative Feedback-Funktion wieder. Diese Wiederentdeckung führte zunächst zu einer kontroversen Diskussion darüber, ob Feedback nun eher eine verstärkende oder eine korrigierende Funktion habe (z.B. Anderson, Kulhavy & André, 1971; Sassenrath, 1975). Bei dieser Diskussion wird häufig die verstärkende mit der motivierenden Funktion von Feedback gleichgesetzt (z.B. Roper, 1977).

In der vorliegenden Arbeit werden die genannten Wirkungsweisen nicht als sich ausschließende, sondern als sich ergänzende Wirkungsweisen gesehen. Die Grundannahme besteht darin, dass die positiven Effekte von informativem Feedback sowohl auf der Bestätigung korrekter Antworten und der Korrektur falscher Antworten als auch auf motivationalen Prozessen beruhen. Darüber hinaus wird eine vierte Perspektive aufgezeigt, bei der die tutorielle Funktion von informativem Feedback im Mittelpunkt des Interesses steht. Diese tutorielle Perspektive ist einerseits zentral für die Entwicklung von intelligenten tutoriellen Systemen (z.B. Anderson, Conrad & Corbett, 1989; Anderson, Corbett, Koedinger & Pelletier, 1995), andererseits von grundlegender Bedeutung für die Untersuchung von Feedback bei komplexen Lernaufgaben oder beim selbstregulierten Lernen (s. z.B. Butler & Winne, 1995; Mory, 1996). Die folgenden Abschnitte stellen eine Übersicht über wesentliche Erkenntnisse dieser verschiedenen Forschungsperspektiven dar.

2.2.1 Feedback als Verstärker korrekter Antworten

Den Ausgangspunkt für Untersuchungsansätze, bei denen Feedback im Sinne eines Verstärkers korrekter Antworten eingesetzt wurde, bilden Erkenntnisse über operante Lernprozesse. Zu den wesentlichen Prinzipien operanter Lernprozesse gehört das „Law of Effect" (Lernen am Erfolg; Thorndike, 1913) und die daraus abgeleitete zentrale Bedeutung erfolgreicher Verhaltensweisen für Lernprozesse. Das Law of Effect besagt – kurz gefasst – dass sich die Auftretenswahrscheinlichkeit eines Verhaltens dann erhöht, wenn dieses Verhalten befriedigende Konsequenzen nach sich zieht (= empirical law of effect; Thorndike, 1932). In zahlreichen Untersuchungen zum operanten Konditionieren konnte dieses Prinzip bestätigt werden. Darüber hinaus konnte gezeigt werden, dass sich die Auftretenswahrscheinlichkeit eines Verhaltens dann auf Dauer verringert, wenn diesem Verhalten keine Konsequenzen folgen (z.B. Skinner, 1954). Aus diesen gut belegten operanten Lernprinzipien wurde in behavioristischen Feedback-Untersuchungen unter anderem die Annahme abgeleitet, dass es zentral für den Lernfortschritt ist, mit Hilfe des Feedback korrekte Antworten kontingent und im Sinne des Kontiguitätsprinzips, also zeitlich möglichst unmittelbar zu verstärken. Falsche Antworten sollen dagegen möglichst wenig Aufmerksamkeit erfahren, d.h. im Sinne des operanten Konditionierens durch Ignorieren gelöscht werden. Zur Bestätigung korrekter Antworten wurden ergebnisorientierte Feedback-Arten, also knowledge of result (KR= gibt an, ob die Antwort richtig oder falsch ist), knowledge of performance (KP = summatives Feedback über den erreichten Leistungsstand) oder knowledge of the correct response (KCR = gibt die korrekte Lösung an) eingesetzt.

Im Mittelpunkt des Forschungsinteresses standen die Bedingungen, unter denen diese ergebnisorientierten Feedback-Arten am effektivsten sind. Besonders intensiv wurden Fragen des so genannten Feedback-Timings untersucht. Hierzu gehört z.B. die Frage, inwiefern die Effekte verschiedener Verstärkungspläne auch bei der Präsentation von Feedback zu berücksichtigen sind. Untersucht wurden beispielsweise fixierte vs. variable, oder kontinuierliche vs. intermittierende Pläne sowie unterschiedliche Frequenzen der Feedback-Präsentation. Laborstudien mit Positionierungsaufgaben, bei denen visuelles, also aufgabenimmanentes Feedback ausgeschaltet wurde, zeigen beispielsweise, dass die mit dem Feedback angestrebten Verhaltensveränderungen nur dann zu beobachten sind, wenn informatives Feedback präsentiert wird, während sie in so genannten „blank trials", also Versuchen ohne Feedback-Präsentation nicht beobachtet werden konnten (s. die Übersichten von Annett, 1969; Bilodeau, 1969). Ergebnisse von Studien mit schulnahen Lernsituationen weisen jedoch darauf hin, dass „blank trials" in programmierten Unterrichtssequenzen nicht zu schlechteren Lernleistungen führten im Vergleich zu Versuchen mit bestätigendem Feedback (vgl. Krumbholtz & Weisman, 1962; Lublin, 1965; Rosenstock, Moore, & Smith, 1965; Sax, 1960). Diese Befunde zur fehlenden Effizienz von bestätigendem Feedback bei programmierten Unterrichtseinheiten lassen sich unter anderem mit den Gestaltungsmerkmalen solcher programmierter Unterrichtseinheiten erklären. In programmierten Unterrichtseinheiten wird das Instruktionsmaterial (z.B. Lehrtexte und Multiple-Choice-Aufgaben) linear in kleinen Schritten präsentiert. Ziel ist es, möglichst viele korrekte Antworten anzuregen, da falsche Antworten nicht im Sinne des Law of Effect verstärkend wirken können. Diese kleinschrittige Präsentation des Instruktionsmaterials führt zu einer hohen Redundanz der verfügbaren Informationen. In vielen Untersuchungen werden Lehrtext, Lernaufgabe und KCR- Feedback auf einer Seite angeboten. Die Lernenden können daher die korrekte Antwort einfach übernehmen, ohne den Lehrtext gelesen zu haben bzw. ohne selbst über die Lösung der Aufgabe nachgedacht zu haben (s. Anderson, Kulhavy & André 1971). Diese zu frühe Verfügbarkeit von Feedback-Informationen ist als „presearch availability" in die Literatur eingegangen, und wird als eine der wesentlichen Ursachen für Befunde, die negative Effekte von Feedback zeigen, gesehen (Kulhavy, 1977). Da das Problem der „presearch availability" im herkömmlichen Unterricht nicht existiert, zeigen Untersuchungen in solchen herkömmlichen Lehr-Lernsituationen in der Regel positive Effekte selbst einfacher KR-Rückmeldungen (z.B. Cameron, 1966; s. auch Kulik & Kulik, 1988).

Bei der Übertragung operanter Lernprinzipien auf schulnahe Lernsituationen muss ebenfalls sehr sorgfältig geprüft werden, wann Feedback angeboten werden soll. Die Frage zur Bedeutung des Zeitabstandes zwischen Antwort und Feedbackpräsentation (delay of feedback) sowie des Abstandes zwischen Feedback und dem nächsten Lösungsversuch (post-response interval) wurde daher sehr intensiv untersucht. Die untersuchten Zeitabstände variieren zwischen wenigen Sekunden bis zu mehreren Tagen (Dempsey & Wager, 1988; s. auch die Meta-Analyse von Kulik & Kulik, 1988). In Kuliks und Kuliks Meta-Analyse zum Feedback-Timing wird deutlich, dass in angewandten Studien immediate Feedback lernförderlicher ist als delayed Feedback. Dagegen ist in Untersuchungen zum Feedback-Timing mit experimentellen Laboraufgaben die unmittelbare Feedbackpräsentation nicht immer der verzögerten Feedbackpräsentation überlegen (s. z.B. Anderson, Kulhavy & André, 1971; Kulik & Kulik, 1988). Dies gilt vor allem dann, wenn Feedback nicht nur hinsichtlich kurzfristiger Behaltens- und Lerneffekte, sondern auch hinsichtlich langfristiger Behaltens- oder Transfereffekte untersucht wird. Die Überlegenheit einer verzögerten Feedback-Präsentation auf langfristige Behaltensleistungen ist als „Delayed-Retention-Effekt (DR-Effekt)" in die Literatur eingegangen (Brackbill & Kappy, 1962; Brackbill, Wagner & Wilson, 1964). Der DR-Effekt verweist u.a. darauf, dass schwierigere Übungs- bzw. Lernbedingungen unter bestimmten Bedingungen zu besseren langfristigen Behaltens- und Transferleistungen führen als einfachere Lernbedingungen.

Die Ergebnisse zur verstärkenden Wirkung von Feedback sind also alles andere als konsistent. Diese Inkonsistenz der Befundlage lässt sich u.a. mit methodischen Unterschieden zwischen den Studien erklären (z.B. unterschiedliche Lernaufgaben, unterschiedliches Verständnis von immediate bzw. delayed; vgl. hierzu Dempsey & Wager, 1988, unterschiedliche Lern- und Leistungsmaße; vgl. Kulik & Kulik, 1988). Besonders wichtig ist hierbei die Erkenntnis von Kulik und Kulik (1988), dass eine Differenzierung zwischen Ergebnissen aus experimentellen Laborsituationen und eher angewandten Lehr-Lernsituationen wichtig ist, um die unterschiedlichen Befunde näher erklären zu können. Diese Inkonsistenz lässt sich des Weiteren dadurch erklären, dass selbst das einfachste Feedback, also knowledge of result (KR) einerseits zur Verstärkung korrekter Antworten, andererseits zur Korrektur von falschen Antworten beitragen kann. Bei einfachen Aufgaben oder bei einem hohen Kenntnisniveau der Lernenden genügt nämlich häufig KR, um Fehler korrigieren zu können. Anderson, Kulhavy und André wiesen in ihrer viel zitierten Arbeit aus dem Jahre 1971 auf diese Erklärung hin, auch wenn die in diesem Artikel berichtete Studie keinen signifikanten empirischen Beleg für die korrektive Funktion von Feedback darstellt („For what is worth the KCR-W group [=KCR-Feedback bei falschen Antworten] performed somewhat better on the criterion test than the KCR-R group [KCR-Feedback bei richtigen Antworten]; however, the difference was not significant." Anderson et al., 1971; S. 154).

Anderson und seine Mitarbeiter lösten trotz der mangelnden Signifikanz ihrer Ergebnisse einen Perspektivenwechsel in der Feedback-Forschung aus. Zahlreiche Forscher versuchten in Folge dieser Studie nachzuweisen, dass Feedback nicht primär korrekte Antworten verstärkt, sondern zur Korrektur falscher Antworten beiträgt (z.B. Bardwell, 1981; Roper, 1977; Sassenrath, 1975; s. auch Bangert-Drowns et al. 1991; Mory, 1996; Musch, 1999; vgl. Kap. 2.2.2, S. 28ff.).

Zusammenfassend sollen an dieser Stelle die folgenden Implikationen für künftige Forschung und Praxis festgehalten werden:

(a) Entscheidungen bzgl. der formalen Gestaltung, also wann und wie das Feedback präsentiert werden soll, müssen sehr sorgfältig getroffen werden, da eine ungünstige formale Gestaltung den Wert der angebotenen Feedback-Informationen zunichte machen kann.

(b) Bei der Untersuchung der Wirksamkeit informativer Feedback-Arten ist zu beachten, dass das Feedback nicht nur kurz- sondern auch langfristige Effekte auf Lern- und Behaltensleistungen haben kann. Je nach angestrebter Wirkung (z.B. schneller Lernfortschritt vs. langanhaltender Wissenserwerb) muss daher das Informationsangebot ausgewählt und präsentiert werden.

(c) Die individuelle Bearbeitung der Feedback-Information sollte als ein wichtiger Faktor bei der Untersuchung von Feedback-Effekten berücksichtigt werden.

2.2.2 Feedback als Informationsquelle zur Korrektur von Fehlern

Ausgangspunkt für Untersuchungsansätze, bei denen Feedback als Informationsquelle für die Korrektur falscher Antworten betrachtet wird, ist die Annahme, dass Feedback primär dazu dient, Verhalten an ein bestimmtes Ziel anzupassen. Fehler werden in diesem Zusammenhang als notwendige Ereignisse dieses Anpassungs- bzw. Lernprozesses betrachtet und nicht wie in operanten Ansätzen, als unerwünschtes Rauschen aufgefasst. Auch der fortschreitende Erkenntnisstand über menschliche Informationsverarbeitung lenkte die Aufmerksamkeit auf die Bedeutung von Fehlern beim Lernen (z.B. Elley, 1966). Informationsverarbeitungsansätze gehen davon aus, dass Personen sich aktiv mit Informationen auseinandersetzen und betrachten diese Auseinandersetzung mit Information als grundlegende Voraussetzung für eine adäquate Verhaltensregulation. Aus dieser Sicht stellen Schwierigkeiten oder Fehler bei der Aufgabenbearbeitung eine Herausforderung dar, das Verhalten so anzupassen, dass das Problem gelöst oder der Fehler korrigiert werden kann. Informatives Feedback bzgl. eines Fehlers ist demnach vor allem als Informationsquelle für die Korrektur dieses Fehlers wichtig. In kognitiven Ansätzen der Feedbackforschung liegt der Fokus der Aufmerksamkeit daher auf der Korrekturfunktion des Feedback bei falschen Antworten, während die

Verstärkungsfunktion bei richtigen Antworten nicht mehr im Zentrum des Interesses steht oder in Frage gestellt wird (z.B.: Anderson et al., 1971; Bardwell, 1981; Roper, 1977; Sassenrath, 1975; siehe auch Bangert-Drowns et al., 1991; Mory, 1996).

Geht man davon aus, dass Feedback als Informationsquelle für die Anpassung von Verhalten dient, stellt sich unter anderem die Frage, wie sich unterschiedliche Feedback-Inhalte auf das künftige Verhalten auswirken. Vor der kognitiven Wende wurden unterschiedliche Experimentalparadigmen zu Untersuchung dieser Frage entwickelt. Bei motorischen Aufgaben wurde beispielsweise im Lernprozess ein Teil der internen Feedback-Informationen (z.B. die visuellen Informationen bei Positionierungs-Aufgaben) ausgeschaltet. Das externe Feedback-Angebot wurde dann gezielt variiert (z.B. korrekte Information über das Ergebnis, keine Information, verzerrte, falsche oder irrelevante Informationen über das Ergebnis). Die Ergebnisse solcher Studien zeigen, dass die falschen Informationen die Richtung und die Stärke der Verhaltensänderung für die folgenden Versuche bestimmen (s. Annett, 1969; Bilodeau, 1969). Weitere Experimentalparadigmen wurden mit Hilfe von Konzepterwerb- und Paar-Assoziations-Aufgaben durchgeführt. Variiert man bei solchen Aufgaben den Informationsgehalt des Feedback systematisch, sei es dass nur bei einem Teil der Versuche Feedback angeboten wird, die anderen Versuche „blank trials" sind (z.B. Green, 1966) oder dass bei einem Teil der Versuche Fehlinformationen angeboten werden (z.B. Bourne, 1963; Morin, 1955; Shelly, 1961), hängt die Lerngeschwindigkeit wesentlich von der Menge und dem Wert der angebotenen Feedback-Informationen ab. Diese Untersuchungen können damit als Beleg dafür gelten, dass der Informationswert von Feedback ein wesentlicher Faktor für die Wirksamkeit von Feedback in Lernsituationen ist.

In der kognitiven Feedback-Forschung geht es bei der Untersuchung der oben genannten Frage darum, zu prüfen, welche Feedback-Inhalte und -Formen am besten dazu geeignet sind, Lernende bei der Korrektur von Fehlern zu unterstützen. Es gibt demzufolge zahlreiche Studien, welche die Wirksamkeit unterschiedlicher Feedback-Arten in unterschiedlichen Lernsituationen untersuchen. Hierbei wurden in der Regel einfache, ergebnisorientierte Feedback-Arten wie KR und KCR mit komplexeren, elaborierten Feedback-Formen verglichen. Anhand einer Untersuchung von Kulhavy, White, Topp, Chan und Adams (1985) zur Korrektureffizienz von vier unterschiedlich komplexen Feedback-Arten beim Lernen aus Text soll das methodische Vorgehen solcher Studien illustriert werden: Kulhavy und seine Mitarbeiter verwendeten als Lernmaterial einen Instruktionstext zum Aufbau der US-Navy.

Dieser Text bestand aus 16 Abschnitten von durchschnittlich 149 Wörtern. Nach jedem Abschnitt wurde eine Multiple-Choice-Aufgabe mit fünf Antwortalternativen gestellt. Die Komplexität der vier Feedback-Arten wurde mit Hilfe einer additiven Strategie variiert, d.h. die komplexeren Feedbackvarianten beinhalteten die einfacheren Varianten. Kombiniert wurden hierbei die folgenden Feedback-Komponenten:

(a) die Multiple-Choice-Frage + die korrekte Antwortalternative
   (Knowledge of the correct response, KCR)

(b) die vier falschen Antwortalternativen
   (Knowledge of the incorrect responses, KIR)

(c) zu jeder falschen Antwortalternative eine Erklärung, warum sie
   falsch ist (explanations on incorrect responses, EIR)

(d) die für die korrekte Antwort relevante Textpassage
   (relevant text, TEXT).

Die einfachste Feedbackform bestand aus KCR, die zweite aus KCR und KIR, die dritte aus KCR, KIR und EIR und die komplexeste aus KCR, KIR, EIR und TEXT. Die Ergebnisse dieser Untersuchung belegen, dass eine höhere Feedback-Komplexität nicht unbedingt zu einer höheren Effizienz beim Korrigieren von Fehlern führen muss. Die Versuchspersonen unter der einfachsten Feedback-Bedingung korrigierten ihre Fehler genauso gut wie die Versuchspersonen unter den komplexeren Feedback-Bedingungen. Ähnliche Befunde werden auch von anderen Autoren berichtet und führten u.a. zu der Schlussfolgerung, dass es sich nicht lohne, informative elaborierte Feedback-Arten zu entwickeln und zu implementieren (z.B. Kulhavy et al., 1985; Phye, 1979; Phye & Bender, 1989). Es gibt jedoch auch zahlreiche Studien zur Effektivität unterschiedlich komplexer, elaborierter Feedback-Arten, die zeigen, dass elaboriertes Feedback lernförderlicher sein kann als einfaches KR oder KCR-Feedback (z.B. Collins, Carnine & Gersten, 1987; Gilman, 1969; Roberts & Park, 1984; Salas & Dickinson, 1990; Siegel & Misselt, 1984; Tennyson, Steve & Boutwell, 1975; Terrell, 1990; Waldrop, Justen & Adams, 1986; Winne, Graham & Prock, 1993; s. auch die Überblicksartikel von Bangert-Drowns, Kulik, Kulik & Morgan, 1991; Clariana, 1993; Mory, 1992, 1996). Die oben genannte Schlussfolgerung scheint daher nicht generell gültig zu sein. Ein Vergleich der Studien, bei denen sich eine Überlegenheit komplexerer Feedback-Arten zeigte, mit Studien, die keine Überlegenheit komplexerer Feedback-Arten im Vergleich zu KCR nachweisen konnten, macht die folgenden methodischen Unterschiede zwischen diesen Studien deutlich:

1. In Studien, die keine höhere Effizienz der komplexeren Feedback-Arten nachweisen konnten, werden in der Regel Lernmaterialien und -aufgaben verwendet, die den Erwerb deklarativen Wissens erfordern (z.B. Texte, die reines Faktenwissen repräsentieren zusammen mit Multiple-Choice-Fragen zu diesen Fakten; s. z.B. Kulhavy et al., 1985; Phye, 1979; Definitionen wissenschaftlicher Fachbegriffe zusammen mit Multiple-Choice-Fragen zu diesen Begriffen; Gilman, 1969). In Studien, die eine Überlegenheit komplexerer Feedback-Arten im Vergleich zu KCR nachweisen konnten, wurden dagegen Lernaufgaben verwendet, die die Anwendung bzw. den Transfer der erworbenen Wissenskomponenten erforderten (z.B. Aufgaben zum logischen Schließen; Collins et al., 1987; Aufgaben zur Klassifikation von wissenschaftlichen bzw. lernpsychologischen Fachbegriffen; z.B Roberts & Park, 1984; Salas & Dickinson, 1990; Tennyson et al., 1975; Waldrop et al., 1986).

2. Komplexere Feedback-Arten waren dann nicht effizienter, als einfachere Feedback-Arten, wenn der Informationsgehalt primär über die Informationsmenge festgelegt wurde (s. hierzu die oben skizzierte Studie von Kulhavy et al., 1985; oder auch die mangelnde Effizienz der „simultaneous correction procedure" aus der Studie von Salas & Dickinson (1990), bei der nicht nur die Definitionen der gerade verwechselten Fachbegriffe, sondern auch die Definitionen aller anderen, gerade nicht relevanten Fachbegriffe als elaborierte Feedback-Komponente präsentiert wurden). Diese komplexeren Feedback-Arten sind genauso effizient wie KCR obwohl ein Teil der zusätzlichen Informationsmenge nicht nützlich für die Bewältigung der aktuellen Aufgabe ist und demzufolge eher zu Interferenz-Effekten oder zur kognitiven Überlastung, als zur Lerneffizienz beiträgt. In Studien, die die Überlegenheit komplexerer Feedback-Arten nachweisen konnten, wurden dagegen als elaborierte Feedback-Komponenten fehlerspezifische Informationen angeboten, die als Ausgangspunkt für die Korrektur dieser Fehler dienen konnten (z.B. Hervorhebungen oder Erklärungen zu den diskriminierenden Merkmalen zwischen zwei Fachbegriffen; Salas & Dickinson, 1990; Siegel & Misselt, 1984; Waldrop et al., 1986; strategische Informationen und Demonstration des Lösungswegs; Collins et al., 1987; Sfondilias & Siegel, 1990; Tennyson et al., 1975; Terrell, 1990).

3. Ein weiterer wichtiger Unterschied zwischen den Studien betrifft die Auswahl der Versuchspersonen und/oder die Auswahl der Aufgaben. Komplexere Feedback-Arten waren vor allem dann den weniger kom-

plexen Feedback-Arten überlegen, wenn die Versuchspersonen im betreffenden Wissensgebiet bisher eher wenig Vorwissen hatten oder sehr schwierige Aufgaben bearbeiten sollten. Geringes Vorwissen und/ oder sehr schwierige Aufgaben haben zur Folge, dass die Lernenden Fehler machen und damit von den Feedback-Informationen profitieren können (z.B. hohe Fehlerrate bei Salas & Dickinson, 1990; Schüler mit Lernschwierigkeiten, bei Collins et al., 1987; Winne et al., 1993; besonders schwierige Konzepterwerbs-Aufgabe bei Tennyson et al., 1975).

Die genannten Unterschiede lenken die Aufmerksamkeit auf die Frage, wie Feedback inhaltlich gestaltet sein soll, damit es einen hohen Informationswert für die entsprechende Aufgabe hat. Das Prinzip „viel hilft viel", das in der oben skizzierten Studie von Kulhavy et al. (1985) verwendet wurde, ist sicherlich keine angemessene Antwort auf diese Frage. Vielmehr weisen die Unterschiede zwischen den Studien darauf hin, dass bei der inhaltlichen Gestaltung von Feedback mehrere Passungsprobleme gelöst werden müssen. Hierzu gehört die Passung zwischen Lernaufgaben und Feedback-Inhalten; zwischen Fehlern und Feedback-Inhalten sowie zwischen Lern- oder Wissensniveau der Lernenden und Feedback-Inhalten.

2.2.3   Feedback als Motivationsquelle beim Lernen

Ausgangspunkt für Feedback-Untersuchungen, bei denen vor allem die motivierende Funktion von informativem Feedback im Blickfeld des Interesses steht, ist die Annahme, dass Erfolgserlebnisse und das damit einher gehende positive Kompetenzerleben, also die positive Bewertung eigener Leistungen, ein zentrales Anreizfeld darstellen. Wie zentral dieses Anreizfeld der positiven Selbstbewertung für die Motivation einzuschätzen ist, wird unter anderem dadurch deutlich, dass Selbstbewertungsanreize und die damit verknüpften Erwartungen in zahlreichen Motivationsansätzen im Mittelpunkt des Interesses stehen (z.B. Bandura, 1977; 1986; 1997; DeCharms, 1976; Deci, 1975; Deci & Ryan, 1980; 1985; Heckhausen, 1977a; 1989; Keller, 1983; 1987; Krapp, 1999; Nicholls, 1984). Da selbst das einfachste Feedback Informationen darüber anbietet, ob die Aufgabe erfolgreich bewältigt wurde oder nicht, also Erfolg oder Misserfolg sichtbar macht, kann es als Grundlage für die Selbstbewertung genutzt werden und gegebenenfalls den Anreiz von Erfolgserlebnissen erhöhen.

Da Erfolgserlebnissen auch aus Sicht des „empirical Law of effect" (Thorndike, 1932) eine grundlegende Bedeutung für Lernprozesse zuzuschreiben ist, wird von zahlreichen Autoren die verstärkende und die motivierende Funktion von Feedback gleich gesetzt (z.B. Roper, 1977; Sassenrath, 1975; Tosti, 1987). Diese Gleichsetzung von Verstärkungs- und Motivationsfunktion greift zu kurz, da aus der Perspektive von Verstärkungsansätzen die Verstärkung korrekter Antworten, also die Steigerung der Rate korrekter Antworten im Mittelpunkt des Interesses steht. Folglich wird in zahlreichen Studien primär untersucht, inwiefern informatives Feedback zur Veränderung dieser Rate korrekter Antworten beiträgt. Änderungen in der Rate korrekter Antworten können jedoch nicht nur auf operante Lerneffekte, sondern auch auf Motivationseffekte (z.B. Effekte auf Anstrengungs-bereitschaft oder Ausdauer) oder das Zusammenwirken beider Wirkungsweisen zurückgeführt werden (vgl. hierzu auch Ammons, 1956; Wallach & Henle, 1941).

Experimentelle Untersuchungen zur motivierenden Funktion von Feedback, das im Sinne eines summativen Leistungsfeedbacks (= knowledge of performance, KP) über den erreichten Leistungsstand informiert, wurden z.B. von Symonds und Chase (1929) sowie von Brown (1932) realisiert. Symonds und Chase wiesen mit ihrer Untersuchung auf eindrucksvolle Weise nach, dass der Lerngewinn von Schülern, die über ihre Leistungen in einem Prätest informiert wurden, also KP-Feedback erhielten, mit nur drei Übungsdurchgängen fast genauso gut in einem Nachtest abschnitten, wie Schüler, die kein KP-Feedback erhielten nach zehn Übungsdurchgängen. Auch Brown (1932) konnte zeigen, dass Schüler wenn sie KP-Feedback erhalten, besser Übungsaufgaben lösen als ohne Feedback. In beiden Untersuchungen erhielten die Schüler das Feedback nicht unmittelbar nach Beantwortung der einzelnen Aufgaben, sondern nachdem sie alle Aufgaben bearbeitet hatten. Die Schüler erhielten also Informationen darüber, wie viele Aufgaben sie richtig gelöst hatten, aber keine Informationen über die korrekten Lösungen und auch keine Informationen darüber, welche Aufgaben falsch bzw. korrekt waren. Die skizzierten Befunde lassen sich nicht über die oben beschriebenen operanten Lerneffekte erklären, da korrekte Antworten nicht unmittelbar bestätigt, und falsche nicht unmittelbar korrigiert werden. Sie können demzufolge wie die Studien von Arps (1917), Elwell und Grindley (1938), Hundal (1969), MacPherson, Dees und Grindley (1948) sowie von Smode (1958) als Beleg dafür gelten, dass KP-Feedback in Lehr-Lernsituationen motivierend wirken kann (vgl. hierzu auch Ammons, 1956; Blöschl, 1970; Fischer, 1985; Shavit, 1980).

Feedback-Informationen über den erreichten Leistungsstand kann man inhaltlich und formal sehr unterschiedlich gestalten. In unterschiedlichen Bereichen der angewandten Feedback-Forschung wurde daher nicht nur die Frage nach den motivationalen Effekten von Feedback, sondern vor allem auch die Frage, welche Feedback-Inhalte und -Formen besonders Einfluss auf die Motivation haben, untersucht. Aus dem Bereich der Lehr-Lernforschung gibt es beispielsweise zahlreiche Untersuchungen, in denen die Wirkungen von Feedback-Arten, die auf der Basis unterschiedlicher Bezugsnormen gestaltet wurden, verglichen wurden (z.B. Johnson, Turban, Pieper & Ng, 1996; Krampen, 1987; Rheinberg & Krug, 1993). Man kann mit Hilfe von Feedback angeben, inwiefern der erreichte Leistungsstand einem sachlich begründeten Lernkriterium genügt (= kriteriumsorientiertes oder aufgabenbezogenes Feedback), besser oder schlechter ist als vorangegangene Leistungen (= lernprozessorientiertes Feedback mit individueller Bezugsnorm) und besser oder schlechter ist als die Leistungen anderer Personen (= wettbewerbsorientiertes Feedback mit sozialer Bezugsnorm). Ein wesentliches Ergebnis dieser Untersuchungen ist, dass Feedback, das sich an einer individuellen oder an einer sachlichen Bezugsnorm orientiert, motivationsfördernder ist, als Feedback, das auf der Basis einer sozialen Bezugsnorm formuliert wurde.

Des Weiteren gibt es eine Reihe an Untersuchungen, deren Ziel es war nachzuweisen, dass KP-Feedback, wenn es auf der Basis motivationspsychologischer Erkenntnisse gestaltet wird, Einfluss auf das Kompetenz-Erleben und damit auf die Lernmotivation hat. Ausgangspunkt für diese Untersuchungen sind Erkenntnisse aus Banduras Self-Efficacy Theorie (Bandura, 1977; 1986; 1997; z.B. Schunk, 1983; Schunk & Rice, 1991; Schunk & Rice, 1993; Schunk & Swartz, 1993), attributionstheoretischen Ansätzen (Weiner, 1984; z.B. Dresel, 2000; Relich, Debus & Walker, 1986; Schunk, 1983; Ziegler & Schober, 1996; Vorwerg, 1977) oder Deci und Ryans kognitiver Evaluations-Theorie der intrinsischen Motivation (Deci, 1975; Deci & Ryan, 1980; 1985; z.B. Butler, 1987; Sansone, 1986; 1989; Vallerand & Reid, 1984; 1988). Als besonders günstig für das Kompetenz-Erleben erwiesen sich in diesen Untersuchungen die folgenden Feedback-Arten:

- Feedback, das den Zusammenhang zwischen Anstrengung und Erfolg oder zwischen Fähigkeiten und Erfolg betont,
- Feedback, das den individuellen Lernfortschritt hervorhebt,
- Feedback, das nicht primär kontrolliert, sondern aufgabenspezifische Informationen für den Kompetenzerwerb anbietet,
- Feedback, das den Grad der Zielerreichung verdeutlicht,

- kriteriumsorientiertes Feedback, das den erreichten Leistungsstand im Vergleich zu einem sachlich begründeten Lernkriterium aufzeigt.

Kognitive Motivationstheorien gehen davon aus, dass die aktuelle Motivation das Resultat einer Interaktion zwischen personspezifischen und situations-spezifischen Faktoren ist. Es ist daher zu vermuten, dass die motivierenden Effekte von Feedback in Abhängigkeit der individuellen motivationalen Voraussetzungen variieren. In der Tat zeigen zahlreiche Feedback-Untersuchungen, in denen individuelle motivationale Variablen (z.B. Ausprägung des Leistungsmotivs, Self-Efficacy, Zielorientierung, Attributionsstil) berücksichtigt sind, dass Feedback je nach individueller motivationaler Disposition sowohl differentielle Effekte auf die Leistung (z.B. Karl, O'Leary-Kelly & Matocchio, 1993; Stapf, Fischer & Degner, 1986) als auch auf die Motivation haben kann (z.B. Dykemann, 1994; Turner & Schallert, 2001).

Darüber hinaus gibt es eine Reihe von Studien zur Wirksamkeit motivierender Feedback-Arten, in denen sowohl Effekte auf motivationale Variablen (z.B. subjektive Kompetenzeinschätzung, Self-Efficacy, Zufriedenheit mit der eigenen Leistung, Attributionsstil, Interesse) als auch Leistungseffekte untersucht wurden. Die Ergebnisse dieser Studien weisen darauf hin, dass günstige Effekte auf die motivationalen Variablen in der Regel einhergehen mit positiven Leistungseffekten (z.B. Harris, Tetrick & Tiegs, 1993; Klein, Loftus & Fricker, 1994; Relich, Debus & Walker, 1986; Schunk, 1983; Schunk & Rice, 1991; Schunk & Swartz, 1993; Tuckman & Sexton, 1992).

Auch im Bereich der Forschung zur Bedeutung von Feedback in Arbeits- und Organisationsprozessen gehört die Frage der motivationalen Effekte von Feedback zu den zentralen Forschungsfragen. Ein wichtiges Anliegen der Arbeiten aus diesem Bereich ist es, aufzuzeigen, unter welchen Bedingungen Feedback motivationsfördernd bzw. -hemmend wirkt. Als grundlegende Einflussfaktoren für die motivationalen Wirkungen von Feedback werden sowohl individuelle Faktoren (z.B. Self-Efficacy, Ziele, Attributionsvoreingenommenheiten) als auch situative Faktoren (z.B. Quelle, Inhalt, Form und Funktion des Feedback, Art der Aufgaben) diskutiert (zusammenfassende Darstellungen finden sich z.B. bei Cusella, 1987; Ilgen & Davis, 2000; Kluger & DeNisi, 1996).

Während es also aus unterschiedlichen Bereichen der Feedback-Forschung Befunde zur motivierenden Wirkung von wertenden Feedback-Arten gibt, wurde die Frage, inwiefern über die Wertung hinaus gehende Feedback-Informationen (z.B. fehlerspezifische Korrekturhinweise oder Erklärungen) motivationsförderlich sind, bisher kaum explizit untersucht. Diese Frage erscheint vor allem auch vor dem Hintergrund von experimentellen Befunden interessant, die zeigen, dass Versuchspersonen, die unter einer eher neutralen informativen Feedback-Bedingung lernten, genau so gute oder sogar bessere Leistungen erzielten, als Versuchspersonen, die neben der neutralen Information auch eine Belohnung erhielten (z.B. Hillix & Marx, 1960; Howell & Emanuel, 1968; Keller, Cole, Burke & Estes, 1965; McCullers & Martin, 1971; Miller & Estes, 1961; Terrell, 1958). Da gute Leistungen eine Voraussetzung für das Erleben von Erfolg sind, kann man aus diesen Befunden die folgende Annahme ableiten: Wenn neutrale, nicht wertende Feedback-Informationen zu einem guten Lernergebnis führen, müssten sie auch zu einer positiven Selbstbewertung beitragen, also motivationsförderlich wirken.

Anhaltspunkte für die Bestätigung dieser Annahme lassen sich zum Teil aus Untersuchungen ableiten, in denen kriteriumsorientierte oder aufgabenbezogene Feedback-Arten verglichen wurden mit lernprozessorientieren oder wettbewerbsorientierten (sozial vergleichenden) Feedback-Arten (z.B. Harackiewicz, Abrahams & Wageman, 1987; Harackiewicz & Manderlink, 1984; Krampen, 1987; Sansone, 1986). Die kriteriumsorientierten Feedback-Arten informieren die Lernenden darüber, inwiefern sie die mit den Lernaufgaben verknüpften Anforderungen erfüllen. Sie bieten also aufgabenbezogene sachliche Informationen. Diese aufgabenbezogenen Feedback-Informationen hatten einen ebenso günstigen zum Teil sogar günstigeren Einfluss auf den Lern- und insbesondere den Motivationsprozess wie Feedback-Inhalte, die darüber hinaus den individuellen Lernfortschritt hervorhoben.

Der skizzierte Forschungsstand zu den motivierenden Wirkungen von Feedback weist darauf hin, dass sowohl die wertende, als auch die informative Komponente von Feedback Einfluss auf die Motivation der Lernenden und damit auf die Leistung haben kann. Zusammenfassend soll hier demnach festgehalten werden, dass Feedback nicht nur kognitive, sondern auch motivierende Wirkungen haben kann. Die motivierenden Wirkungen unterschiedlicher Feedback-Bedingungen hängen wesentlich davon ab, wie die Lernenden die gegebenen Informationen verarbeiten und interpretieren. Hierbei spielen individuelle motivationale Voraussetzungen wie z.B. das Fähigkeitskonzept oder die Ausprägung des Leistungsmotivs eine große Rolle. Um differenzierte Aussagen über die Wirkungen von Feedback treffen zu können, müssten demzufolge die individuellen motivationalen Voraussetzungen in Feedback-Studien berücksichtigt werden. Außerdem müssten neben Lern- und Leistungsdaten auch motivationale Variablen wie Anstrengung, Ausdauer, Zielgerichtetheit, Valenz von Lernaufgaben so operationalisiert werden, dass untersucht werden kann, inwiefern unterschiedliche Feedback-Bedingungen Einfluss auf diese Variablen haben.

Des Weiteren kann man aus kognitiven Motivationsmodellen ableiten, dass zur Untersuchung der motivierenden Funktion von Feedback auch die Untersuchung der Kognitionen (z.B. Erwartungen, positive vs. negative Selbstbewertung, Attributionen) und Affekte (z.B. Freude vs. Scham), die mit den Feedback-Informationen bzgl. Erfolg oder Misserfolg verknüpft sein könnten, gehört. Von besonderem Interesse ist hierbei nicht nur, inwiefern Feedback Erfolg bestätigt und damit zum Erleben positiver Affekte beiträgt. Es ist vielmehr auch interessant, inwiefern Feedback zur Reduktion von Misserfolgserlebnissen beiträgt, indem es für künftige Lösungsversuche Informationen anbietet, die ein erfolgreiches Korrigieren von Fehlern oder ein erfolgreiches Überwinden von Hindernissen unterstützen, und damit Erfolgserlebnisse ermöglicht, die der Lernende trotz der Schwierigkeiten seiner eigenen Anstrengung zuschreiben, also intern attribuieren kann. Sowohl das Erleben von Erfolg, als auch die interne Attribution dieses Erfolges, sind wesentliche Voraussetzungen für eine positive Selbstbewertung eigener Leistungen und damit für die Lernmotivation (Heckhausen, 1989; Heckhausen & Rheinberg, 1980; Keller, 1983; 1987). In der bisherigen Forschung wurden zwar aus unterschiedlichen Perspektiven untersucht, wie sich motivierende Feedback-Arten auf die Selbstbewertung und damit auf die Lernmotivation sowie auf die Lernleistung auswirken, welchen Einfluss informative Feedback-Arten auf die Motivation und auf die Lernleistung haben, wurde bisher jedoch kaum untersucht.

2.2.4 Feedback als Tutor bei der Bearbeitung von Lernaufgaben

Ein gemeinsames Merkmal der meisten Studien zur korrigierenden Funktion von Feedback ist die simultane Präsentation von knowledge of the correct result (KCR) und elaborierten Feedback-Komponenten. Diese simultane Präsentation von KCR und elaborierten Feedback-Komponenten hat zur Konsequenz, dass die Lernenden nicht zur korrekten Lösung geführt werden, sondern diese direkt mit zusätzlichen Erklärungen angeboten bekommen. Die Lernenden können daher diese Informationen erst bei der nächsten Bearbeitung derselben oder einer ähnlichen Aufgabe nutzen bzw. anwenden. Dieses deduktive Vorgehen bei der Feedback-Präsentation entspricht der Logik von Instruktionsansätzen, die Lehrpersonen bzw. Lehrmedien die Rolle eines Wissensvermittlers zuschreiben. Betrachtet man Lehr-Lernprozesse nicht primär als Prozesse der Wissensvermittlung, sondern vielmehr als Prozesse der aktiven Konstruktion und Kommunikation von Wissen, ist die zentrale Aufgabe von Lehr-Lernmedien nicht mehr die Wissensvermittlung, sondern die Unterstützung der Lernenden bei diesem konstruktiven Prozess des Wissenserwerbs. Da die Aktivität der Lernenden bei dieser Perspektive im Vordergrund steht und Feedback unter anderem Informationen über die Güte der Lerneraktivitäten anbietet, wird Feedback in diesem Zusammenhang ein zentraler Stellenwert beigemessen (z.B. Butler & Winne, 1995; Mory, 1996).

Informatives Feedback, das den Wissenserwerb konstruktiv unterstützen soll, kann jedoch nicht nach deduktiven Prinzipien gestaltet sein, sondern sollte wie bereits in Kapitel 2.1.2 skizziert nach tutoriellen Prinzipien gestaltet werden. Ein nach tutoriellen Prinzipien gestaltetes Feedback (= informatives tutorielles Feedback; vgl. Kap. 2.1.2, S. 19ff.) bietet nicht unmittelbar die korrekte Lösung an, sondern Informationen, die bei Fehlern oder Hindernissen den Lernenden eine selbstständige Korrektur bzw. ein selbstständiges Weiterkommen ermöglichen. Diese selbstständige Korrektur kann man des Weiteren dadurch unterstützen, dass man die tutorielle Feedback-Information nach den Prinzipien zielerreichenden Lernens in den Lernprozess implementiert. Dies bedeutet, dass man den Lernenden nach der Präsentation der tutoriellen Feedback-Informationen weitere Antwortversuche anbietet, so dass sie die Informationen unmittelbar für die Korrektur ihrer Fehler nutzen können.

Obwohl die tutorielle Funktion von Feedback in Überblicksartikeln zur Feedback-Forschung in Lehr-Lernsituationen diskutiert wird (z.B. Butler & Winne, 1995; Mory, 1996), gibt es kaum experimentelle Untersuchungen, in denen die Wirkung einer informativen tutoriellen Feedback-Art mit der von KR-Feedback und KCR-Feedback verglichen wurde. Das in einer Studie von Birenbaum und Tatsuokas (1987) verwendete Regel-Feedback kann man im weitesten Sinne als informatives tutorielles Feedback auffassen, da es keine KCR-Informationen beinhaltet. In dieser Studie sollten Achtklässler (N=263) Additionsaufgaben im Zahlenraum von −100 bis +100 unter folgenden Feedbackbedingungen bearbeiten:

(a) die erste Gruppe erhielt einfaches KR-Feedback (OK oder No, je nachdem ob die Antwort richtig oder falsch war);

(b) die zweite Gruppe erhielt bei falschen Antworten KCR-Feedback;

(c) die dritte Gruppe erhielt bei falschen Antworten die korrekte Regel für die aktuelle Additionsaufgabe; außerdem wurden für alle typischen Fehler Diskriminationshilfen angeboten, indem die falsch angewandte Regel und die korrekte Regel auf dem Bildschirm einander gegenüber gestellt wurden.

Da neben der Feedback-Bedingung die Art bzw. Ernsthaftigkeit der Fehler im Mittelpunkt des Interesses stand, wurden die Versuchsgruppen anhand der im

Pre-Test aufgetretenen Fehler kategorisiert (gravierende Fehler, nicht gravie-rende Fehler und keine Fehler). Die Ergebnisse der Untersuchung zeigen, dass Versuchspersonen, die im Pre-Test eine hohe Zahl gravierender Fehler ge-macht hatten, also ein geringes Könnensniveau haben, weder von der KCR-noch von der Regel-Feedback-Bedingung profitierten. Versuchspersonen, bei denen im Pre-Test jedoch eher nicht gravierende Fehler diagnostiziert wurden, konnten dagegen diese Fehler zu einem Großteil korrigieren: Die Regelgruppe löste im Post-Test 82% der Aufgaben korrekt, während die KCR-Gruppe 72%, und die KR-Gruppe nur 39% korrekt lösten. Besonders hervorzuheben ist auch, dass in der Regel-Gruppe keine gravierenden Fehler im Post-Test gemacht wurden, im Gegensatz zu den beiden anderen Versuchgruppen (KCR = 6%, KR = 17% gravierende Fehler im Post-Test).

Birenbaum und Tatsuokas Untersuchung zeigt, dass Feedback, das strate-gische Informationen, aber nicht die Lösung beinhaltet, also informatives tutorielles Feedback (ITF), wirksamer sein kann als KCR-Feedback. Sie weist jedoch auch darauf hin, dass die Wirksamkeit von ITF unter anderem vom Wissens- bzw. Könnensniveau der Lernenden abhängt. Das Regel-Feedback, also die hier untersuchte ITF-Art war vor allem bei Lernenden wirksam, die im Pre-Test keine gravierenden Fehler gemacht hatten. Es konnte also vor al-lem zur Korrektur nicht gravierender Fehler genutzt werden.

In den letzten 10-15 Jahren wurden auch im Rahmen der Forschung zu intelligenten tutoriellen Systemen und zu adaptiven Lehr-Lernsystemen sowie im Rahmen der Forschung zu den Strategien menschlicher Tutoren informa-tives tutorielles Feedback untersucht. Ergebnisse aus Untersuchungen zu den Strategien menschlicher Tutoren weisen darauf hin, dass informatives tutoriel-les Feedback als zentrale tutorielle Strategie zu betrachten ist (z.B. Corbett, Anderson, Graesser, Koedinger & VanLehn, 1999; Merrill, Reiser, Merrill & Landes, 1995; Merrill, Reiser, Ranney & Trafton, 1992). Bei der instruktions-psychologisch begründeten Gestaltung adaptiver Lehr- bzw. Lernsysteme werden daher informative tutorielle Feedback-Komponenten entwickelt und zum Teil auch experimentell untersucht (z.B. Leutner, 1992; Weber, 1994). Leutner (1992) konnte beispielsweise positive Effekte von detaillierten tuto-riellen Feedback-Komponenten bei Problemlöse-Aufgaben nachweisen.

Bei der Gestaltung und Evaluation von intelligenten tutoriellen Systemen wurde die tutorielle Komponente jedoch häufig eher intuitiv als psychologisch begründet entwickelt, so dass die Evaluationsergebnisse häufig enttäuschten (z.B. Anderson, Corbett, Koedinger & Pelletier, 1995; Heffernan, 2001; McKendree, 1990). Darüber hinaus wird in der Regel die Effektivität des gesamten intelligenten tutoriellen Systems untersucht (vgl. hierzu Anderson et al., 1995; VanLehn, Lynch, Schulze, Shapiro, Shelby, Taylor, Treacy, Weinstein & Wintersgill, 2005). Es geht also nicht allein um die Effekte von informativem tutoriellem Feedback, sondern es werden auch andere tutorielle Strategien und Maßnahmen untersucht (z.B. adaptive Antwortzeitbegrenzung, adaptive Aufgabenpräsentation; natürlichsprachliche Interfaces, die tutorielle Dialoge simulieren). Aus diesem Grund lassen sich aus ITS-Untersuchungen kaum konkrete Aussagen über die Effekte der informativen tutoriellen Feedback-Komponente allein ableiten.

Eine Ausnahme stellen in diesem Zusammenhang die Untersuchungen von Nagata (Nagata, 1993, 1996, 1997; Nagata & Swisher, 1995) sowie eine Evaluationsstudie von Mitrovic, Martin und Mayo (2002) dar. Nagata untersuchte mit Hilfe eines intelligenten tutoriellen Systems zum Erlernen der Japanischen Sprache die Wirkungen eines informativen tutoriellen Feedbacks, das den Ort und die Art des Fehlers sowie meta-linguistische Hinweise zur Korrektur des Fehlers anbietet (Nagata, 1997, 2002; BANZAI; verfügbar unter http://www.usfca.edu/japanese/banzaisoft.html).

Im Japanischen ist die Satzstellung relativ frei. Aus diesem Grund werden zur Kennzeichnung der Funktionen der Wörter innerhalb eines Satzes Partikel (z.B. ni oder ga) verwenden. Der Gebrauch dieser Partikel sowie der Gebrauch der verschiedenen Passivformen sind nach Nagata sehr komplex und schwierig. Aus diesem Grund entwickelte Nagata Aufgaben zum Partikel- und zum Passivgebrauch, bei denen die Lernenden ausgehend von einer Situationsbeschreibung, Dialoge mit japanischen Partnern ergänzen sollen. Die von den Lernenden eingegebenen japanischen Äußerungen werden mit Hilfe eines „Natural Language Parsers" analysiert, der dann metalinguistische Informationen generiert und im Sinne eines tutoriellen Feedbacks anbietet. Die Effekte dieses metalinguistischen Feedbacks vergleicht sie in ihren Studien mit einer einfacheren Feedback-Form, bei der zwar die Fehler angegeben werden, aber keine Erklärungen bzw. strategischen Informationen, wie man diese Fehler beheben kann (vgl. Tab. 3).

Im Gegensatz zu den elaborierten Feedback-Formen des Kapitels 2.2.2 beinhaltet diese einfachere Feedbackvariante, die Nagata als traditionelles Feedback beim computer-unterstützten Fremdsprachenlernen bezeichnet, kein knowledge of the correct response (KCR), und die Versuchspersonen beider Experimentalgruppen haben die Möglichkeit, die Feedbackinformationen bei zwei weiteren Antwortversuchen umzusetzen. Falls es den Lernenden mit Hilfe der Feedback-Informationen nicht gelingt, den Fehler bei diesen beiden weiteren Versuchen zu korrigieren, wird die korrekte Lösung, also KCR angeboten. Die beiden Feedback-Arten sind also, wie oben gefordert, nach Prinzipien des zielerreichenden Lernens in den Lernprozess implementiert.

Tabelle 3: Aufgabe mit einfachem und metalinguistischem tutoriellem Feedback (aus Nagata, 1993, 1997)

Aufgabe:

At a party your friend has asked if there are still Japanese drinks (left). Respond that no, the students went and drank all the Japanese beer (i.e. you were affected by the students drinking all the Japanese beer).

Your friend: *Nihon no nomimono ga mada aru?*

You:

Korrekte Antwort: Uun, gakusee ni nihon no biiru o zenbu nomareta yo.

Antwort des Lerners: Uun, gakusee ga nihon no biiru o zenbu nomaremasu.

Einfaches Feedback	Meta-linguistisches tutorielles Feedback
GA is not expected to be used here.	*GA* is not expected to be used here.
NI is missing.	*NI* is missing.
NOMAREMASU is wrong	*NOMAREMASU* is wrong
	In your sentence, GAKUSEE is the subject of the passive (the one that is affected by the action), but it should be the 'agent' of the passive (the one who performs the action and affects the subject). Use the particle NI to mark it.
	The predicate you typed is in the imperfective form. Change it to perfective.
	Since you are talking with your friend and your friend is using the direct-style (casual style), use the direct-style for your response.

Die Befunde dieser Untersuchungen zeigen, dass das metalinguistische tutorielle Feedback, das strategische Informationen zur Fehlerkorrektur anbietet, vor allem bei Partikel- und Passivfehlern wirksamer ist als die einfachere Feedback-Variante. In einer weiteren Studie zeigte Nagata, dass tutorielles Feedback, das explizit die o.g. strategischen metalinguistischen Informationen anbietet, einer tutoriellen Feedback-Variante überlegen ist, die zwar korrekte Beispielsätze zu den Partikel- bzw. Passiv-Fehlern anbietet, aber keine direkten Korrekturhinweise liefert. Aufgrund der Komplexität der Partikel- und Passivregeln scheint es den Versuchspersonen nicht gelungen zu sein, aus den

Beispielsätzen die Regeln selbst zu generieren und zur Korrektur zu nutzen (Nagata, 1997).

Zusammenfassend kann an dieser Stelle festgehalten werden, dass es zwar nur wenige experimentelle Studien zu den Effekten von informativem tutoriellen Feedback gibt, diese wenigen Studien jedoch konsistente Ergebnisse liefern: Die Befunde von Birenbaum und Tatsuoka (1987), Leutner (1992), Nagata (1993, 1997) sowie von Mitrovic et al. (2002) weisen darauf hin, dass informatives tutorielles Feedback, das fehlerspezifische strategische Informationen anbietet, erheblich zum Lernfortschritt beitragen kann. In all diesen Studien standen jedoch Lerneffekte im Mittelpunkt des Interesses, motivationale Wirkungen von informativem tutoriellen Feedback wurden daher nicht untersucht.

2.3 Erklärungsansätze zur Inkonsistenz von Feedbackbefunden

Die Inkonsistenz der Befundlage zu den Bedingungen und Wirkungen informativer Feedback-Arten regte verschiedene Forschergruppen zur Entwicklung theoretischer Ansätze an: Kulhavy und seine Mitarbeiter entwickelten ein kybernetisch orientiertes Modell der Feedback-Verarbeitung, bei dem das Konzept der „Antwortsicherheit" einen zentralen Stellenwert hat (Kulhavy & Stock, 1989). Bangert-Drowns und ihre Koautoren formulierten ausgehend von Salomon und Globersons Konzept des „mindful processing" ein fünfstufiges Modell der Feedbackverarbeitung (Bangert-Drowns et al., 1991). Butler und Winne (1995) betrachten die Bedingungen und Wirkungen von informativem Feedback ausgehend von Modellen des selbstregulierten Lernens und heben demzufolge die Bedeutung des Feedback für die Regulation und Überwachung (= „monitoring") des Lernprozesses hervor. Kluger und DeNisi (1996) konzipierten auf der Basis eines historischen Reviews und einer umfangreichen Meta-Analyse ihre Feedback Intervention Theory, bei der der Einfluss des Feedback auf die Aufmerksamkeitsregulation im Mittelpunkt des Interesses steht. Im Folgenden werden diese theoretischen Ansätze in der Reihenfolge ihrer Entstehung skizziert und ihre Möglichkeiten und Grenzen diskutiert.

2.3.1　Feedback und Response-Certitude (Kulhavy & Stock, 1989)

Das Response-Certitude-Modell von Kulhavy und Stock (1989) ist das am häufigsten zitierte Modell der kognitiven Feedback-Forschung. Es wurde in der Tradition kybernetischer Feedback-Modelle entwickelt und ist demzufolge von der Grundkonzeption her ein Closed-Loop-Ansatz (vgl. Adams, 1968).

Ziel des Response-Certitude-Modells ist es, einen konzeptuellen Rahmen für die Vorhersage des Lernerverhaltens in Lehr-Lernsituationen mit Feedback zu liefern. Es ist ein Modell, in dem einerseits kognitive Prozesse, die bei der Bearbeitung von Lernaufgaben und Feedback stattfinden, explizit berücksichtigt werden. Andererseits werden inhaltliche Merkmale unterschiedlicher Feedback-Arten mit Hilfe von zwei Komponenten systematisch beschrieben: einer Verifikationskomponente, die Informationen über die Korrektheit oder Güte einer Antwort bzw. Lösung liefert, und einer Elaborationskomponente, die weitere mehr oder weniger spezifische Informationen für die Lösung der Aufgabe beinhaltet. Das vielfältige Informationsangebot dieser Elaborationskomponente wird mit Hilfe der Dimensionen Inhalt, Form und Menge genauer beschrieben.

Ausgangspunkt für das Response-Certitude-Modell sind Studien zur Wirkung von informativem Feedback beim Lernen mit Texten in Kombination mit Multiple-Choice-Aufgaben (Kulhavy, 1977; Kulhavy & Stock, 1989). Die Lernenden müssen in der Regel in solchen Feedback-Studien einen Lehrtext studieren, der die zu erlernenden Fakten beinhaltet. Nach dem Textlernen müssen sie dann, ohne auf den Lehrtext zugreifen zu können, Multiple-Choice-Aufgaben bearbeiten, mit denen überprüft wird, wie gut sie die Fakten erworben haben. Zu jeder Aufgabe erhalten sie Feedback entsprechend experimentell variierter Bedingungen. In einem Post-Test müssen sie dann nochmals die Aufgaben bearbeiten. Als abhängige Variable werden die Leistungen bei den Multiple-Choice-Aufgaben während des Treatments und im Post-Test erfasst. Dies bedeutet, dass für die Bearbeitung jeder Multiple-Choice-Aufgabe drei Zyklen durchlaufen werden.

Anhand dieses Versuchsablaufs arbeiten Kulhavy und Stock die trizyklische Grundkonzeption ihres Modells heraus (vgl. Tab. 4):

1. In Zyklus 1 wird Lernenden eine Aufgabe gestellt und sie bearbeiten diese auf der Basis bisheriger Erfahrungen mit Aufgaben dieser Art.

2. Auf ihre Antwort erhalten sie Feedback und vergleichen ihre Antwort mit den Informationen des Feedbacks.

3. Im Post-Test wird den Lernenden die Aufgabe wieder gestellt und sie bearbeiten sie erneut.

Um empirisch prüfbare Modellvorhersagen auf der Grundlage dieser trizyklischen Konzeption zu entwickeln, greifen Kulhavy und Stock (1989) das systemtheoretische Prinzip auf, dass das Ausmaß der Diskrepanz zwischen dem Ist- und Soll-Wert einer Regelgröße die Stärke der Regulationsaktivitäten determiniert, die zur Reduktion dieser Diskrepanz beitragen.

Tabelle 4: Vereinfachte Repräsentation des Response-Certitude-Modells (modifiziert nach Dempsey, Driscoll & Swindell, 1993)

Phase	Input	Lerner Postulierte kognitive Prozesse	Output Beobachtbares Verhalten
I	Aufgabe (A)	• Analysiert Aufgabenanforderungen • Sucht Lösungsmöglichkeiten • Wählt eine Lösung aus (r_1) • Schätzt Antwortsicherheit ein (c_1)	Lösungsvorschlag R_1 (r_1, c_1)
II	Feedback	• Vergleicht Feedback und Lösungs-vorschlag R_1 • Verändert bei Diskrepanz Einschätzung der Antwortsicherheit (c_2)	Bearbeitung der Feedback-Informationen R_2 (r_2, c_2)
III	Aufgabe (A) Posttest	• Analysiert Aufgabenanforderungen • Sucht Lösungsmöglichkeiten • Wählt eine Lösung aus (r_3) • Schätzt Antwortsicherheit ein (c_3)	Lösungsvorschlag R_3 (r_3, c_3)

Beim Bearbeiten von Lernaufgaben mit Feedback kann es grundsätzlich zu einer Diskrepanz zwischen der Antwort bzw. Lösung der Lernenden und der Feedback-Information kommen. Da sich Lernende ihrer Lösungen je nach individueller Wissensbasis unterschiedlich sicher sind, gehen Kulhavy und Stock davon aus, dass das Ausmaß dieser Diskrepanz determiniert wird vom Grad der Antwortsicherheit. Die Antwortsicherheit wird hierbei aufgefasst als Verständnismaß, das anzeigt, wie gut eine Person in der Lage ist, die Aufgabeninhalte mit dem eigenen Vorwissen zu verknüpfen. Sie wird in der Regel mit einer fünfstufigen Likert-Skala erfasst. Die Antwortsicherheit (c) wird im Modell multiplikativ mit der Verifikationskomponente des Feedbacks (f_v) verknüpft. Diese Verifikationskomponente gibt an, inwiefern die gegebene Antwort und das Feedback übereinstimmen:

$$f_v \times c = \text{Diskrepanz (d)}$$

Für Aufgaben, die eindeutig lösbar sind, gibt es bei korrekten Antworten eine Übereinstimmung zwischen Feedback und Antwort. Der Wert von f_v wird in diesem Fall auf -1 festgelegt ($f_{v\text{-correct}} = -1$). Bei falschen Antworten gibt es keine Übereinstimmung und der f_v-Wert wird in diesem Fall auf $+1$ festgelegt ($f_{v\_error}=1$). Dies bedeutet also, dass die resultierende Diskrepanz bei korrekten Antworten und bei hoher Antwortsicherheit hohe negative Werte annimmt, während sie bei falschen Antworten und hoher Antwortsicherheit hohe positive Werte annimmt. Bei falschen Antworten entspricht die Höhe der Antwortsicherheit demnach dem Ausmaß der Diskrepanz, während bei kor-

rekten Antworten die Werte mit einem negativen Vorzeichen versehen werden.

Die zentrale Annahme des Modells geht von diesem Diskrepanzmaß aus:
„It is a basic premise of the model that the magnitude of (d) is directly related
to the amount of effort the learner will exert in order to reduce such error"
(Kulhavy & Stock, 1989, S. 294). Die Autoren nehmen also an, dass die
Verarbeitung der mit dem Feedback angebotenen Informationen wesentlich
davon abhängt, ob sich die Lernenden ihrer Antwort sicher sind oder nicht. Ist
ein Lernender beispielsweise überzeugt (=> hohe Antwortsicherheit), dass
seine Antwort korrekt ist, bekommt aber das Feedback, dass sie inkorrekt sei
(=> hohe Diskrepanz), so müsste diese überraschende Information ihn dazu
anregen, nach den Gründen für die Diskrepanz zu suchen und sich damit intensiv mit den angebotenen Informationen auseinander zu setzen. Die Anstrengung bzw. Intensität der Feedback-Verarbeitung wird hierbei über die
Bearbeitungszeit operationalisiert und ebenso wie die Wahrscheinlichkeit korrekter Antworten als abhängige Variable untersucht. Inwiefern Feedback die
Wahrscheinlichkeit korrekter Antworten beeinflusst, hängt demnach wesentlich von der investierten Anstrengung des Lerners bei der Feedback-Verarbeitung ab. Kulhavy und Stock (1989) gehören zu den größten Verfechtern
der Annahme, dass Feedback primär kognitiv im Sinne einer Informationsquelle für die Korrektur von Fehlern wirkt und kritisieren daher sehr heftig
Ansätze, die von einer verstärkenden bzw. motivierenden Feedback-Funktion
ausgehen. Umso erstaunlicher ist es, dass in ihrem Response-Certitude-Modell
die motivationale Variable „Anstrengung" im Mittelpunkt des Interesses steht.

Neben dieser zentralen Annahme bzgl. der Bedeutung der Antwortsicherheit für die Feedback-Bearbeitungszeit leiten Kulhavy und Stock (1989)
aus ihrem Modell die folgenden Hypothesen ab:

1. Die für eine gegebene Antwort eingeschätzte Antwortsicherheit und
   die Behaltensdauer für diese Antwort hängen positiv zusammen. Je
   höher also die Antwortsicherheit bei einer Antwort, desto höher die
   Wahrscheinlichkeit, dass diese Antwort beim erneuten Bearbeiten
   derselben Aufgabe wiederholt wird.

2. Bei korrekten Antworten dient Feedback der Bestätigung der Antwort und erhöht im Falle niederer Antwortsicherheit die Antwortsicherheit und damit die Wahrscheinlichkeit, diese korrekte Antwort
   beim erneuten Bearbeiten derselben Aufgaben zu wiederholen.

3. Bei falschen Antworten mit hoher Antwortsicherheit hat Feedback
   die Aufgabe, die falsche Antwort so durch eine richtige zu ersetzen,

dass die richtige Antwort beim erneuten Bearbeiten derselben Aufgabe eine hohe Chance hat ausgewählt zu werden. Da bei falschen
Antworten mit hoher Antwortsicherheit die höchsten Diskrepanz-
werte zu verzeichnen sind, sagt das Modell in diesem Fall die
höchste Feedback-Bearbeitungszeit vorher.

4. Feedback reduziert die Antwortsicherheit im Falle einer falschen
   Antwort mit hoher Antwortsicherheit und minimiert damit die Wahrscheinlichkeit, dass diese falsche Antwort beim erneuten Bearbeiten
   der Aufgabe wiederholt wird.

5. Feedback wirkt bei Antworten mit niederer Antwortsicherheit im
   Sinne einer instruktionalen Episode. Aus diesem Grund müssten bei
   Antworten mit niederer Antwortsicherheit elaborierte Feedback-
   Komponenten am effektivsten sein.

Diese Annahmen wurden in verschiedenen Studien empirisch überprüft (z.B.
Hancock, Stock & Kulhavy, 1992; Kulhavy & Stock, 1989; Kulhavy, Stock,
Hancock, Swindell & Hammrich, 1990; Kulhavy, Stock, Thornton, Winston
& Behrens, 1990; Mory, 1992, 1994; Stock, Kulhavy, Pridemore & Krug,
1992; Swindell, 1992; Swindell, Peterson & Greenway, 1992; Webb, Pride-
more, Stock & Kulhavy, 1997; siehe auch Butterfield & Metcalfe, 2001). Die
Ergebnisse dieser Studien belegen, dass die Feedback-Bearbeitungszeit in der
Regel tatsächlich mit der Diskrepanz (d) verknüpft ist und dass die Behaltensdauer von Antworten mit der Antwortsicherheit zusammenhängt. Die Befunde
zu den Annahmen bzgl. der Wirkung elaborierter Feedback-Komponenten
widersprechen jedoch zumindest teilweise der Annahme, dass elaboriertes
Feedback vor allem bei Antworten mit geringer Antwortsicherheit positiv
wirkt. In einigen Studie erwiesen sich elaborierte Feedback-Komponenten
gerade bei falschen Antworten mit hoher Antwortsicherheit und nicht bei
Antworten mit niederer Antwortsicherheit als effizient (z.B. Hancock, Stock
& Kulhavy, 1992; Kröner, Dörre & Leutner, 2001; Swindell, 1992).

Die empirischen Ergebnisse zum Response-Certitude Modell weisen
demzufolge einerseits darauf hin, dass das Konzept der Antwortsicherheit sehr
gut dazu geeignet ist, Unterschiede zwischen Feedback-Bearbeitungszeiten
und Behaltensdauern von Antworten vorherzusagen. Sie zeigen andererseits,
dass mit dem im Modell verwendeten Diskrepanz-Konzept bzw. mit der Variablen Antwortsicherheit die möglichen Wirkungen unterschiedlicher Feedback-Arten nicht erklärt werden können. Trotz längerer Bearbeitungszeiten
bei hoher Diskrepanz tragen komplexere, elaborierte Feedbackbedingungen
nicht immer zu besseren Wirkungen bei (z.B. Kulhavy et al., 1985; Phye,

1979; Phye & Bender, 1989). Dies könnte u.a. daran liegen, dass die individuelle Nutzung und Bearbeitung von Feedback-Informationen nicht nur von der Antwortsicherheit, sondern auch von kognitiven, motivationalen und metakognitiven Voraussetzungen der Lernenden sowie von deren Informationsverarbeitungsstrategien beeinflusst wird.

Hancock, Thurman und Hubbard (1995) konnten beispielsweise nach-weisen, dass es differentielle Unterschiede in der Feedback-Nutzung in Abhängigkeit vom erreichten Leistungsniveau gibt. In ihren Studien bearbeiteten leistungsstarke Lerner das Feedback länger und nutzten eher elaborierte Feedback-Komponenten als mittelmäßige oder leistungsschwache Lerner. Ausgehend von einer erweiterten Response-Certitude-Modell-Konzeption, in der explizit die individuellen Ziele der Lernenden bzgl. der Aufgabenbearbeitung und der Antwortsicherheit berücksichtigt sind, erklären sie diesen Befund über vermutete Unterschiede in den Lernzielen der verschiedenen Lernergruppen. Sie postulieren, dass die „guten Lerner" das Ziel verfolgen, die Aufgaben möglichst gut (d.h. korrekt und mit einer hohen Antwortsicherheit) zu bearbeiten, während den „schlechteren Lernern" unterstellt wird, keines dieser Ziele zu verfolgen. Die Lernziele wurden allerdings nicht bzw. nur teilweise post-hoc erfasst. Trotz dieser Kritik an der Interpretation dieser Befunde belegen nicht nur die Studien von Hancock und seinen Mitarbeitern, dass individuelle Unterschiede in der Nutzung und Bearbeitung von Feedback besser erklärt werden können, wenn neben der Antwortsicherheit weitere Lernerfaktoren (z.B. Vorwissen, erreichter Wissensstand, Lernziele, Informationsverarbeitungsstrategien) berücksichtigt werden (z.B. Lhyle & Kulhavy, 1987; s. auch Bangert-Drowns et al., 1991; Butler & Winne, 1995; Mory, 1992; 1996).

Neben diesen empirisch begründeten Einschränkungen der Möglichkeiten des Response-Certitude-Modells gibt es auch aus theoretischer und methodischer Sicht kritische Aspekte, die vor allem die Generalität des Modells in Frage stellen (vgl. hierzu auch Mory, 1996). Aus theoretischer und methodischer Sicht ist es beispielsweise äußerst problematisch, die Antwortsicherheit als Verständnismaß aufzufassen, nach dem Motto: „... low certitude denotes low comprehension ." (Kulhavy & Stock, 1989, S. 297). Die Antwortsicherheit ist eine subjektive Einschätzung von Personen über die vermutete Richtigkeit ihrer Antwort. Sie wird in der Regel mit Hilfe von fünfstufigen Likert-Skalen erfasst. Wie bei allen subjektiven Einschätzungsdaten stellt sich die Frage nach der Reliabilität und Validität solcher Rating-Daten zur Antwortsicherheit.

In Abhängigkeit von personspezifischen Merkmalen könnten die Ratings unterschiedlich ausfallen, zumal Prozesse des Wissenserwerbs oft einhergehen mit puren Assimilationsprozessen, bei denen nur der Teil der Informationen in die vorhandenen individuellen Wissensstrukturen integriert wird, der zu diesen Strukturen passt. Dies bedeutet, dass relevante Informationen entweder ignoriert oder an die vorhandenen Strukturen angepasst werden (vgl. z.B. Chinn & Brewer, 1993; Glasersfeld, 1994; Kahnemann & Tversky, 1982a, 1982b). Gerade bei solchen Assimilationsprozessen glauben die Lernenden alles gut verstanden zu haben. Dieses Phänomen wird in der Lehr-Lernforschung auch als „illusion of knowing" bezeichnet (z.B. Glenberg, Wilkinson & Epstein, 1982; Koriat, 1998). Studien zur „illusion of knowing" bzw. zur Einschätzung des eigenen Wissensstandes (feeling of knowing) zeigen, dass es eine hohe interindividuelle Variabilität solcher Einschätzungen gibt.

Die interindividuelle Variabilität lässt sich unter anderem durch Unterschiede in personspezifischen Merkmalen erklären. Studien zum feeling of knowing belegen z.B. den Einfluss des individuellen Vorwissens (z.B. Commander & Stanwyck, 1997), der motivationalen Orientierung (z.B. Kroll & Ford, 1992) oder des Alters (z.B. Butterfield, Nelson & Peeck, 1988; Marquie & Huet, 2000). Des Weiteren zeigt eine Studie von Hawkins (1999), die ausgehend vom Response-Certitude-Modell durchgeführt wurde, dass die Self-Efficacy Einfluss auf die Antwortsicherheit hat. Personen mit geringer Self-Efficacy sind unsicherer bzgl. der Korrektheit ihrer Antworten, als Personen mit hoher Self-Efficacy. Studien zum feeling of knowing wiesen außerdem darauf hin, dass Einschätzungen des eigenen Wissens relativ inkonsistent sind (z.B. Kelemen, Frost & Weaver, 2000; Metcalfe, 2000). Diese intraindividuelle Varianz lässt sich unter anderem dadurch erklären, dass die Einschätzung des Wissens auch von Merkmalen des Lehr-Lernmaterials abhängt (z.B. Menge, Strukturiertheit, Vertrautheit; vgl. z.B. Leibert & Nelson, 1998; Schreiber, 1998). Auch Mory (1996) weist darauf hin, dass sich die Korrektheit einer Antwort bei unterschiedlichen Aufgaben unterschiedlich genau einschätzen lässt. Die meisten Studien zur Antwortsicherheit wurden mit Lernsituationen durchgeführt, in denen die Versuchspersonen Faktenwissen mit Hilfe von Lehrtexten und Multiple-Choice-Aufgaben erwerben sollten. In solchen Situationen, die im Grunde pures Auswendiglernen verlangen, kann die Korrektheit der Antworten zu den entsprechenden Behaltensaufgaben relativ genau eingeschätzt werden. Mory (1994) führte eine der wenigen Studien mit komplexeren Lernaufgaben (Konzepterwerb) durch. Die Befunde ihrer Studie zeigen, dass bei komplexeren Aufgaben die Einschätzungen wesentlich ungenauer sind.

Als Fazit lässt sich an dieser Stelle festhalten, dass das Response-Certitude Modell für Textlern-Situationen mit Multiple-Choice-Aufgaben und

Feedback relativ gute Vorhersagen über die Feedback-Bearbeitungszeiten und Behaltensdauern korrekter Antworten erlaubt. Inwiefern die Antwortsicherheit aber tatsächlich als reliables und valides Verständnismaß interpretiert werden kann, ist jedoch sehr fraglich. Darüber hinaus gibt es bisher kaum Untersuchungen, die belegen, dass die Modell-Vorhersagen auch für andere Lernsituationen gültig sind. Da die individuelle Nutzung und Bearbeitung des Feedback sowie seine Wirkungen jedoch nicht nur von der Antwortsicherheit, sondern z.B. auch vom Vorwissen und der Motivation der Lernenden abhängen, wäre es für künftige Forschung sicherlich sinnvoll, das Modell unter Berücksichtigung dieser Faktoren noch weiter zu differenzieren, als dies Hancock, Thurman und Hubbard (1995) bereits getan haben.

2.3.2 Feedback und Mindful Processing (Bangert-Drowns et al., 1991)

Bangert-Drowns, Kulik, Kulik und Morgan (1991) ordnen die inkonsistenten Befunde zur Effektivität informativer Feedback-Arten mit Hilfe eines fünfstufigen Modells zum „mindful processing" von Feedback-Informationen (s. Abb. 2). In diesem Modell hat das von Salomon und Globersons 1987 eingeführte Konzept des „mindful processing" von Informationen (= zielgerichtete, sinnvolle, aktive und intensive Bearbeitung von Informationen) einen zentralen Stellenwert, da das „mindful processing" von Informationen in der Lern- und Instruktionspsychologie als zentrale Bedingung für erfolgreiches Lernen betrachtet wird. Bangert-Drowns und seine Mitarbeiter gehen demzufolge davon aus, dass Feedback dann besonders wirksam ist, wenn die Lernenden zu einem „mindful processing" der Feedback-Informationen angeregt werden.

Als Ausgangspunkt für das Mindful-Processing-Feedback-Modell nutzen die Autoren empirische und theoretische Erkenntnisse über die Bedingungen und Wirkungen von Feedback, die einerseits aus vorhandenen Reviews (z.B. Kulhavy, 1977; Schimmel, 1983; Kulik & Kulik, 1988) abgeleitet wurden. Andererseits führten sie eine eigene, umfangreiche Meta-Analyse zu Feedback-Effekten in testähnlichen Lernsituationen durch, für die sie mit Hilfe der ERIC Datenbank Arbeiten zu den Stichworten *feedback, reinforcement, knowledge of results* jeweils verknüpft mit *instruction* auswählten. Die Studien der 40 ausgewählten Arbeiten wurden sorgfältig hinsichtlich wichtiger methodischer Merkmale beschrieben (z.B. Art des Feedback, Zeitpunkt der Feedback-Präsentation, Art der Lernaufgaben, Art der Lehr-Lernsituation, Art der Lerninhalte, Art des Ausbildungsniveaus). Darüber hinaus wurden anhand dieser 40 Arbeiten 58 Effektstärken berechnet. Das Ergebnis dieser Berechnung erbrachte eine mittlere Effektstärke von 0.26, wobei die Variabilität der Effektstärken ziemlich groß ist (von –0.83 bis 1.42). 18 der 58 Effekt-stärken sind negativ.

Eine Analyse der methodischen Unterschiede zwischen den Studien zeig-te, dass die Art des Feedbacks und die Art der Lehr-Lernsituation als zentrale Einflussfaktoren der Effektstärke zu betrachten sind. Außerdem bestätigen die Ergebnisse dieser Analyse, dass eine mangelnde Kontrolle der „presearch availability" (Kulhavy, 1977; vgl. Kap. 2.2.1, S. 25ff.) die Effektivität des Feedback verringert (die mittlere Effektstärke, berechnet ohne Studien, die die „presearch availability" nicht kontrollierten, beträgt 0.46).

Auch die Aktivierung des Vorwissens durch einen Prätest verringerte in der Regel die Wirksamkeit von Feedback. Dies liegt u.a. daran, dass ein Prä-test dazu beiträgt, Vorwissen zu aktivieren und dadurch bereits ein erster Schritt in Richtung „mindful processing" der Lernmaterialien und -aufgaben sein kann. Werden Lernmaterialien und -aufgaben sinnvoll und intensiv bear-beitet, treten weniger Fehler auf, d.h. das Feedback wird nicht so oft benötigt und kann damit nicht so effektiv sein, wie bei einer hohen Fehlerrate.

Aus den Erkenntnissen der Meta-Analyse leiten die Autoren demzufolge ab, dass das „mindful processing" von Feedback-Informationen einerseits von individuellen Faktoren (z.B. individueller Wissens- und Motivationszustand, individuelle Informationsverarbeitungsstrategien, Antwortsicherheit), anderer-seits von situativen Faktoren (z.B. Art der Lernaufgaben, Inhalt und Form des Feedbacks, Art der Lehr-Lernsituation, Kontrolle der „presearch availability") beeinflusst wird (vgl. Abb. 2).

Das Mindful-Processing-Modell ist ein relativ allgemeines Modell, das auf den zentralen Stellenwert motivationaler und kognitiver Faktoren hin-weist, die Einfluss auf die individuelle Verarbeitung der Feedback-Informa-tionen und damit Einfluss auf die Wirksamkeit von Feedback haben. Im Ge-gensatz zu Kulhavy und Stocks RC-Modell beschränkt es sich nicht nur auf Textlern-Situationen mit Multiple-Choice-Aufgaben, verzichtet aber aufgrund der Vielfalt und Komplexität möglicher Lehr-Lernsituationen auf explizite Vorhersagen über das Zusammenwirken der postulierten Faktoren. Da das Mindful-Processing-Modell sowohl den kognitiven und motivationalen Aus-gangszustand der Lernenden, als auch zentrale situative Faktoren berücksich-tigt, wird es als wichtiger theoretischer Ansatz in der Feedback-Forschung diskutiert (z.B. Dempsey, Driscoll & Swindell, 1993; Mory, 1996).

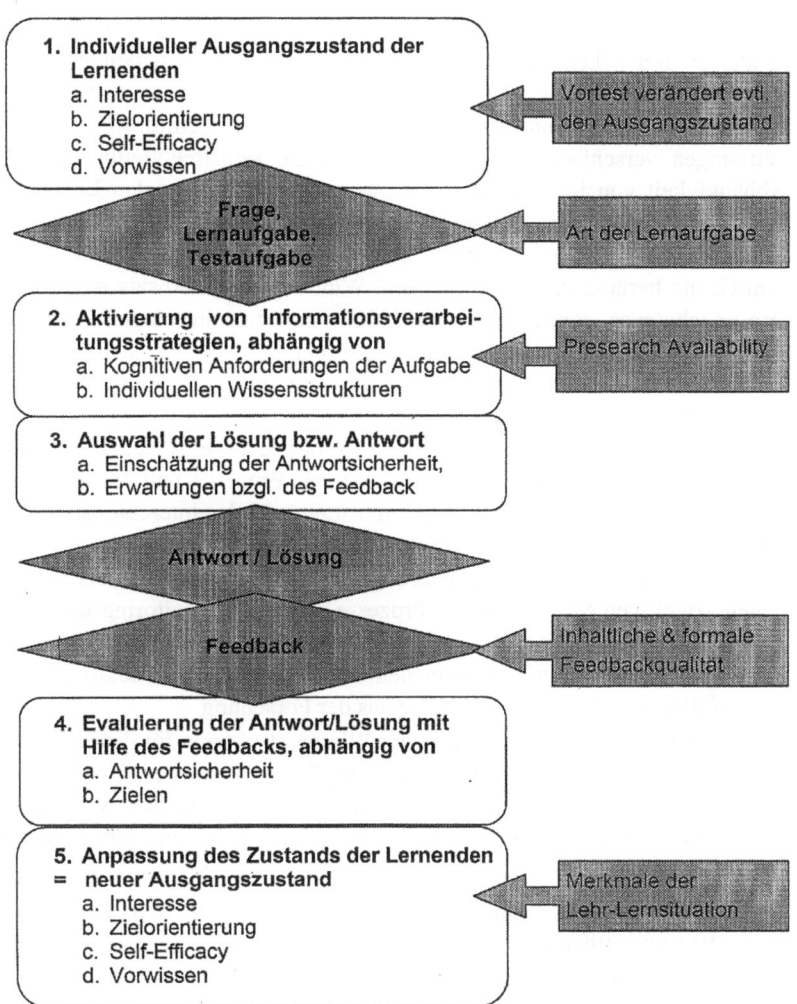

Abbildung 2: Fünf Stufen eines Lernprozesses mit Feedback und der empirisch belegten Einflussfaktoren auf das „mindful processing" (in Anlehnung an Bangert-Drowns et al., 1991)

2.3.3 Feedback und selbstreguliertes Lernen (Butler & Winne, 1995)

Butler und Winne präsentierten 1995 eine theoretische Synthese, bei der sie die inkonsistenten Befunde der Feedback-Forschung vor dem Hintergrund von Modellen und Erkenntnissen zum selbstregulierten Lernen betrachten (z.B. Zimmerman, 1989). In dieser Synthese illustrieren die Autoren anhand von Befunden aus unterschiedlichen Bereichen der Lehr-Lernforschung, welche Wirkungen verschiedene Feedback-Arten beim selbstregulierten Lernen in Abhängigkeit von individuellen kognitiven und motivationalen Lernermerk-malen entfalten können. Beim selbstregulierten Lernen ist die Überwachung des Lernprozesses, das so genannte „monitoring" besonders wichtig. Aus die-sem Grund berücksichtigen Butler und Winne in ihrem Ansatz nicht nur ex-tern angebotenes, sondern auch das beim monitoring intern generierte Feed-back. Die Bedingungen und Wirkungen externer Feedback-Informationen werden von Butler und Winne daher in Relation zu diesem internen Feedback analysiert.

Ausgangspunkt für die theoretische Synthese ist ein Modell des selbst-regulierten Lernens, bei dem alle kognitiven Prozesse und Strukturen, die beim monitoring eine Rolle spielen, im Mittelpunkt des Interesses stehen (vgl. Abb. 3).

Zur Beschreibung und Erläuterung des Zusammenwirkens der verschie-denen kognitiven Strukturen und Prozesse, die beim monitoring und bei der Feedback-Verarbeitung eine Rolle spielen, nutzen Butler und Winne Erkennt-nisse aus unterschiedlichen Bereichen der Forschung zum selbstregulierten Lernen. Hierzu gehören Erkenntnisse aus der Forschung

- zur Bedeutung unterschiedlicher Wissensstrukturen für das erfolgreiche Lernen (z.B. inhaltliches Vorwissen, Chinn & Brewer, 1993; Salomon & Perkins, 1989; aufgabenspezifisches prozedurales Wissen, z.B. Doyle, 1983; Marx & Walsh, 1988; spezifische und generelle meta-kognitive Strategien, vgl. Pressley, 1986),
- zur Rolle der Self-Efficacy beim selbstregulierten Lernen (z.B. Bandura, 1993; Zimmerman, 1989),
- zum Einfluss unterschiedlicher Zielorientierungen auf das Lernverhal-ten (z.B. Dweck, 1986; Pintrich & DeGroot, 1990),
- zur Auswahl, Generierung und Funktion unterschiedlicher Lernstrate-gien für die erfolgreiche Selbstregulation (z.B. Weinstein & Mayer, 1986; Winne, 1982; Zimmerman, 1989),
- zur Generierung, Funktion und Anwendung internen Feedbacks beim monitoring (z.B. Balzer et al., 1989; Schommer, 1990; Winne, 1989).

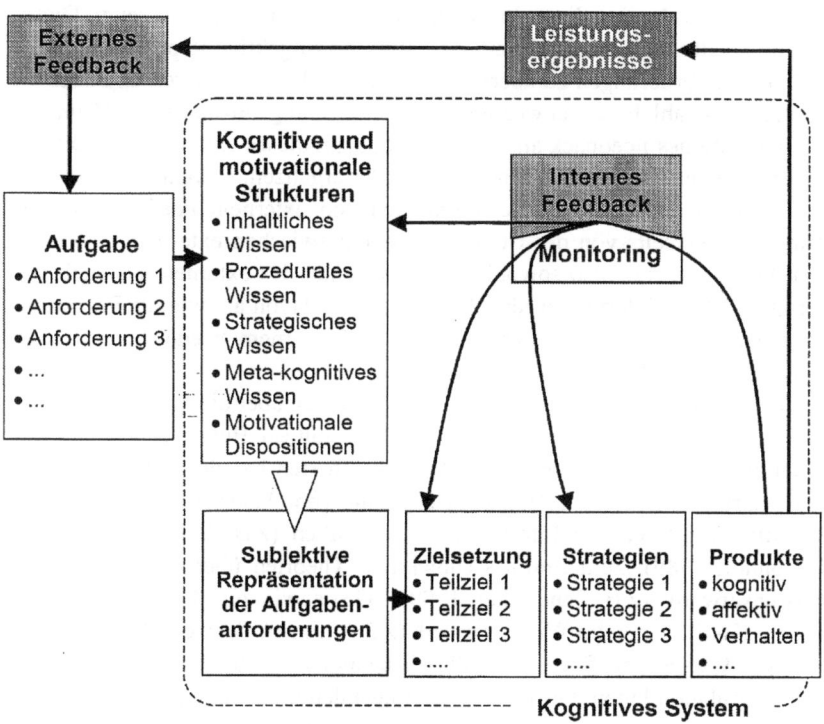

Abbildung 3: Modell des selbstregulierten Lernens
(nach Butler & Winne, 1995)

Vor dem Hintergrund dieser Erkenntnisse postulieren Butler und Winne in ihrem Modell des selbstregulierten Lernens, dass Lernende, wenn sie Lernaufgaben bearbeiten, mit Hilfe ihrer individuellen kognitiven und motivationalen Voraussetzungen, d.h. auf der Basis ihres deklarativen, prozeduralen, strategischen und meta-kognitiven Wissens sowie ihrer Self-Efficacy, eine subjektive Repräsentation der Aufgabenanforderungen generieren. Auf der Basis dieser subjektiven Aufgabenrepräsentation werden dann Ziele gesetzt und Bearbeitungsstrategien ausgewählt. Die Anwendung der ausgewählten Strategien führt zu Lernprodukten, und zwar sowohl zu mentalen Produkten, also z.B. zu kognitiven und/oder affektiv/emotionalen Veränderungen des individuellen Wissens, als auch zu konkreten Handlungsergebnissen (z.B. Aufgabenlösungen). Beim monitoring der Strategieauswahl und -anwendung sowie bei der Evaluation dieser Produkte wird internes Feedback erzeugt. Dieses interne Feedback dient als Grundlage dafür, die subjektive Repräsentation der Aufgabenanforderungen zu überdenken, Ziele evtl. zu revidieren und/oder die Strategieauswahl bzw. -anwendung falls notwendig anzupassen. Wenn zusätzlich externes Feedback angeboten wird, kann dieses externe Informationsangebot das interne Feedback bestätigen oder ergänzen, es kann aber auch im Widerspruch dazu stehen. Die Wirkungen von externem Feedback hängen demnach einerseits von der Übereinstimmung zwischen externem und internem Feedback, d.h. also sowohl von der Qualität des externen, als auch von der Qualität des internen Feedback, andererseits davon ab, wie die Lernenden bei einer Diskrepanz zwischen externem und internem Feedback mit dieser Diskrepanz umgehen.

Um konkrete, empirisch begründete Annahmen über die Verarbeitung von internem und externem Feedback abzuleiten, nutzen Butler und Winne die Erkenntnisse aus Ansätzen zur Rolle von Affekten bei der Selbstregulation (z.B. Carver & Scheier, 1990), zur Bedeutung von elaborierten Feedback-Arten, die meta-kognitive Informationen beinhalten (z.B. Balzer, Doherty & O'Connor, 1989), zum Einfluss subjektiver Theorien über den Prozess des Wissenserwerbs (z.B. Schommer, 1990, 1993) sowie zum Umgang mit kognitiven Konflikten beim Wissenserwerb (z.B. Chinn & Brewer, 1993).

Aus Carver und Scheiers (1990) Erkenntnissen über die affektbedingte Selbstregulation leiten die Autoren die folgenden drei Implikationen bzgl. der Generierung und Verarbeitung von internem Feedback ab:

1. Da Personen Erwartungen über das zu erreichende Handlungsergebnis, über den Nutzen bestimmter Strategien und über die (affektiven) Konsequenzen eines Handlungsergebnisses haben, entsteht bei der Bearbeitung von Aufgaben immer auch internes Feedback. Dieses interne Feedback wird generiert, indem die oben genannten Erwartungen verglichen werden mit dem erreichten Erfolg, dem erlebten Nutzen und den eingetretenen Konsequenzen des Ergebnisses.

2. Wird eine Diskrepanz zwischen externem und internem Feedback festgestellt, regt dies grundsätzlich dazu an, nach Möglichkeiten zu suchen, diese Diskrepanz zu reduzieren. Die Lernenden können hierzu einerseits Möglichkeiten auswählen, die trotz der Diskrepanz zur Erreichung des angestrebten Ziels dienen (z.B. ihre Pläne ändern, Teilziele modifizieren, neue Strategien auswählen, sich mehr anstrengen) oder das ursprüngliche Ziel ganz aufgeben.

3. Ist der Lernfortschritt geringer als erwartet, kann dies als Misserfolg interpretiert werden und damit negative Affekte erzeugen. Diese negativen Affekte können dazu führen, dass beim Auftreten von Schwierigkeiten keine Persistenz gezeigt wird, d.h., das Ziel aufgegeben wird.

Im Übersichtsartikel von Balzer, Doherty und O'Connor (1989) werden die Effekte elaborierter Feedback-Arten, die meta-kognitive Informationen für komplexe Entscheidungsaufgaben anbieten, vor dem Hintergrund des Brunswikschen Linsen-Modells (Brunswik, 1956) analysiert und diskutiert. Aus den Ergebnissen dieser Analyse leiten Butler und Winne zwei Implikationen bzgl. der Bedeutung von unterschiedlichen Inhalten des externen Feedbacks ab:

1. Ergebnisbezogene Feedback-Arten (knowledge of result oder knowledge of performance) bieten am wenigsten Unterstützung für die Selbstregulation an. Eine förderliche Wirkung von ergebnisbezogenem Feedback hängt demnach wesentlich davon ab, inwiefern die Lernenden in der Lage sind, externe Informationen für die Selbstregulation zu nutzen. Butler und Winne unterstreichen in diesem Zusammenhang, dass die Lernenden ergebnisorientiertes Feedback nur dann sinnvoll nutzen können, wenn sie

   a. während des Lernens aufmerksam verschiedene leistungsrelevante Informationen verarbeiten,

   b. diese leistungsrelevanten Informationen präzise speichern, so dass sie später mit dem Feedback verglichen werden können,

   c. effektive Strategien entwickeln, internes Feedback zu generieren, mit dem sie das externe Feedback vergleichen können.

2. Elaboriertes Feedback kann dagegen meta-kognitive Informationen anbieten. Hierzu gehören z.B. strategische Informationen für die Aufgabenbearbeitung (= task validity feedback), strategische Informationen für die Selbstregulation (=cognitive validity feedback) oder auch Informationen, die die Evaluation der eigenen Selbstregulation unterstützen (= functional validity feedback). Balzer und seine Mitautoren fassen diese Feedback-Arten mit dem Terminus „cognitive feedback" zusammen. Da sich die angebotenen Informationen jedoch auf meta-kognitive Strategien beziehen, werden sie in der vorliegenden Arbeit als meta-kognitive Feedback-Arten bezeichnet. Meta-kognitive Feedback-Arten können im Gegensatz zu ergebnisorientierten Feedback-Arten die Lernenden darin unterstützen, relevante Informationen zu erkennen und den Wert dieser Informationen für den Lernfortschritt einzuschätzen.

Sie sind damit von zentraler Bedeutung für die Selbstregulation von Lernprozessen.

Schommers Arbeiten zur Frage, inwiefern subjektive Theorien über den Prozess des Wissenserwerbs die Anwendung von Lernstrategien und damit Lernleistungen beeinflussen, sowie Chinn und Brewers (1993) Arbeiten zum Umgang mit „anomalous information" nutzen Butler und Winne, um hervorzuheben, dass die Wirkung von Feedback wesentlich davon abhängt, wie die Lernenden in Abhängigkeit von ihren Einstellungen, subjektiven Theorien oder Fehlkonzepten mit den angebotenen Feedback-Informationen umgehen. Chinn und Brewer identifizierten bspw. sieben Möglichkeiten, mit Informationen umzugehen, die den eigenen Erwartungen, Vorstellungen oder Wissensstrukturen widersprechen (vgl. auch Kahnemann & Tversky, 1982a, 1982b; Piaget, 1974). Hierzu gehören,

- das Ersetzen der falschen Vorstellung durch eine korrekte,
- das Ignorieren der Information,
- das Ablehnen der Information,
- das Abwerten der Information, d.h., die Information wird als irrelevant beurteilt,
- das Abspalten der Information, d.h., die Information wird völlig getrennt von der eigenen Vorstellung bearbeitet und daher nicht mit ihr in Verbindung gebracht,
- die Umdeutung der Information, so dass sie zu den eigenen Informationen passt,
- das teilweise eher oberflächliche Verändern der Vorstellung aufgrund der Information.

Mit Hilfe ihres Modells und der Übersicht über verschiedene Forschungsbereiche zum selbstregulierten Lernen heben Butler und Winne (1995) hervor, dass die Verarbeitung von Feedback-Informationen von zahlreichen individuellen Faktoren beeinflusst wird und daher auf sehr unterschiedlichen Wegen erfolgen kann. Darüber hinaus wird anhand des Übersichtsartikels von Balzert et al. (1989) die Bedeutung unterschiedlicher Feedback-Inhalte für die Selbstregulation thematisiert. In einem weiteren Schritt nutzen sie ihr Modell des selbstregulierten Lernens, um die Funktionen und Wirkungen von Feedback für die Selbstregulation zu differenzieren. Sie schlagen hierzu vor, dass elaborierte Feedback-Arten aus mindestens zwei Komponenten bestehen sollten, nämlich einer produktorientierten Komponente, die inhaltliche Informationen zu einem Wissensbereich anbietet (z.B. Erklärungen von Strategien, die man bei der Selbstregulation anwenden kann), und einer prozessorientierten Komponente, die strategische Informationen für die Bewältigung des Lösungsprozesses bzw. für die Regulation des Lernprozesses (z.B. Erklärungen wann und wie welche Strategien sinnvoll sind) liefert. Jede dieser Komponenten kann die folgenden Funktionen im Lernprozess haben:

- eine bestätigende Funktion bei korrekten Antworten oder korrekter Anwendung von Strategien,
- eine ergänzende Funktion bei fehlendem inhaltlichen, prozeduralen oder auch strategischen Wissen,
- eine korrigierende Funktion bei falschen Antworten bzw. Lösungen oder bei falscher Anwendung von Strategien,
- eine diskriminierende Funktion bei schwierig zu differenzierenden Begriffen oder Anwendungsbedingungen,
- eine restrukturierende Funktion, wenn die individuellen Vorwissensstrukturen inkompatibel sind mit dem neu zu erlernenden Material.

Die prozessbezogene Feedback-Komponente kann nach Butler und Winne darüber hinaus Strategieempfehlungen anbieten, zielrelevante Kriterien für das monitoring und die Evaluation liefern, die Lernenden dazu anregen, selbst Informationen für das monitoring zu generieren sowie die Entwicklung meta-kognitiver Strategien unterstützen. Butler und Winne differenzieren neben kognitiven Funktionen also auch zahlreiche meta-kognitive Funktionen von Feedback für die Selbstregulation. Mögliche motivierende Funktionen von Feedback werden hierbei jedoch nicht genauer betrachtet. Auch mögliche kognitive, meta-kognitive und motivationale Funktionen, die sich nicht primär auf die Selbstregulation, sondern z.B. auf die Bewältigung konkreter Aufgabenanforderungen beziehen, werden nicht berücksichtigt.

Die Differenzierung der kognitiven und meta-kognitiven Feedback-Funktionen eröffnet zahlreiche Möglichkeiten, elaboriertes Feedback zu gestalten. Die Gestaltung von Feedback-Komponenten für diese Funktionen setzt voraus, dass die für die Bewältigung der Anforderung notwendigen inhaltlichen und strategischen Wissenskomponenten sowie mögliche Fehlerquellen bekannt sind. Butler und Winnes Modell selbstregulierten Lernens und ihre Synthese der Forschung zum selbstregulierten Lernen mit Feedback liefert eine Übersicht über die für die Selbstregulation relevanten meta-kognitiven Wissenskomponenten und Fehlerquellen und damit einen theoretischen Rahmen, der vor allem für die Planung von Studien von Interesse ist, in denen meta-kognitive Feedback-Effekte im Kontext selbstregulierter Lehr-

Lernsituationen untersucht werden. Butler und Winne machen jedoch keine Angaben über die konkreten inhalts- und aufgabenbezogenen kognitiven oder motivationalen Anforderungen und Fehlerquellen, die in einer Lehr-Lern-situationen für die Gestaltung informativer produkt- oder prozessorientierter Feedback-Komponenten relevant sind.

2.3.4 Feedback und Aufmerksamkeitsregulation (Kluger & DeNisi, 1996)

Feedback gehört in Arbeits- und Organisationsprozessen von Unternehmen zu den Maßnahmen, die zur Qualitätskontrolle und Leistungssteigerung eingesetzt werden. Bedingungen und Wirkungen unterschiedlicher Feedback-Arten werden daher auch in zahlreichen Arbeiten der angewandten Arbeits- und Organisationspsychologie diskutiert (z.B. Cusella, 1987; Greller & Herold, 1975; Herold & Greller, 1977; Ilgen & Davis, 2000; Kluger & DeNisi, 1996). Ein weiterer Erklärungsansatz für die Feedback-Effekte, nämlich die „Feedback Intervention Theory" von Kluger und DeNisi (1996) wurde mit Blick auf diesen Anwendungsbereich formuliert.

Den Ausgangspunkt für die Feedback-Interventions-Theorie bildet eine umfangreiche Meta-Analyse, bei der aus 131 Artikeln (anhand der Stichworte *feedback* und *performance* aus den Datenbanken SSCI, PsycInfo und NTIS ausgewählt) insgesamt 607 Effektstärken berechnet wurden. Die Ergebnisse dieser Meta-Analyse zeigen, dass die gewichtete und korrigierte mittlere Effektstärke 0.47 beträgt, wobei die Varianz der berechneten Effekt-Stärken 0.92 ist. Dies bedeutet, dass die Variabilität der Feedback-Effekte sehr groß ist und mindestens ein Drittel der untersuchten Feedback-Effekte negativ ist. Die Ergebnisse dieser Meta-Analyse zu Feedback-Studien, bei denen Leistungseffekte im Mittelpunkt des Interesses standen, entsprechen also weitgehend den Ergebnissen der Meta-Analyse von Bangert-Drowns et al. (1991), bei denen Feedback-Effekte in Lehr-Lernsituationen untersucht wurden. Aufgrund der Parallelität der Ergebnisse dieser Meta-Analysen, in denen zum Großteil völlig unterschiedliche Studien untersucht wurden, soll dieser Ansatz ebenfalls kurz dargestellt werden, auch wenn der Fokus dieses Ansatzes nicht auf Feedback in Lehr-Lernsituationen liegt, sondern es ganz allgemein um leistungsfördernde Effekte von Feedback geht.

Wie Bangert-Drowns et al. (1991) nahmen Kluger und DeNisi die Ergebnisse ihrer Meta-Analyse als Anlass, nach Moderatorvariablen für die Effektivität von Feedback zu suchen und die Rolle dieser Moderatorvariablen in ihrer Feedback-Interventions-Theorie herauszuarbeiten. Ziel der Autoren ist es, mit ihrer Feedback-Interventions-Theorie einen hybriden Theorieansatz vorzustellen, der es erlaubt, unterschiedliche Forschungsansätze zu integrieren, in denen Feedback als zentrale Komponente untersucht wird. Hierzu gehören klassische systemtheoretische Feedback-Ansätze (z.B. Adams, 1971; Annett, 1969), die Zielsetzungstheorie von Locke und Latham (1990), ein Paradigma für das Entscheidungslernen, das so genannte „multiple-cue probability learning paradigm" (z.B. Balzer, Doherty & O'Connoer, 1989), Banduras Self-Efficacy Theorie (z.B. Bandura, 1991) und Mikulincers Ansatz zur erlernten Hilflosigkeit (Mikulincer, 1994).

Auf der Basis dieser theoretischen Ansätze formulieren Kluger und DeNisi die folgenden Grundannahmen für ihre Feedback-Interventions-Theorie:

1. Verhalten ist in der Regel zielorientiert. Ein zentrales Prinzip bei der Verhaltensregulation ist demzufolge das Vergleichen von Feedback-Werten mit den angestrebten Zielen bzw. Soll-Werten. Wird bei diesem Vergleich eine Diskrepanz zwischen Feedback und Ziel festgestellt, strebt das System danach, diese Diskrepanz zu reduzieren. Kluger und DeNisi nehmen vor dem Hintergrund empirischer Belege aus den oben genannten Theorien an, dass die Reduktion dieser Diskrepanz mit unterschiedlichen Strategien erfolgen kann:

   a. Wenn das Ziel als herausfordernd, verbindlich und erreichbar eingeschätzt wird, wird die Anstrengung erhöht, um es doch noch zu erreichen (vgl. Locke & Latham, 1990).

   b. Wenn die Diskrepanz zwischen Feedback und Ziel so groß eingeschätzt wird, dass sie nicht durch eigenes Handeln reduziert werden kann, wird das Ziel aufgegeben (vgl. Bandura, 1991; Mikulincer, 1994).

   c. Ziele können auch in Abhängigkeit von der festgestellten positiven oder negativen Diskrepanz verändert oder angepasst werden.

   d. Schließlich kann die Diskrepanz auch dadurch eliminiert werden, dass das Feedback nicht angenommen wird.

2. Ziele sind hierarchisch organisiert, wobei selbstbezogene Ziele auf höchster Ebene, konkrete Handlungsziele (z.B. öffne die Tür) auf unterster Ebene angesiedelt werden. In Leistungs- oder Lehr-Lernsituationen können demnach mehrere Ziele gleichzeitig relevant sein.

3. Die menschliche Kapazität, Information zu verarbeiten, ist begrenzt. Aus diesem Grund sind nur solche Feedback-Ziel-Diskrepanzen für die Verhaltensregulation relevant, die Aufmerksamkeit erfahren.

4. Der Fokus der Aufmerksamkeit richtet sich in der Regel auf die mittlere Zielebene, d.h., auf die Aufgabenebene.

5. Wird Feedback präsentiert, richtet sich die Aufmerksamkeit auf das Feedback und auf die mit dem Feedback angesprochene Ziele-Ebene. Feedback kann demzufolge den Fokus der Aufmerksamkeit verändern, d.h. auf eine höhere oder niederere Zielebene lenken und damit die Verhaltensregulation beeinflussen.

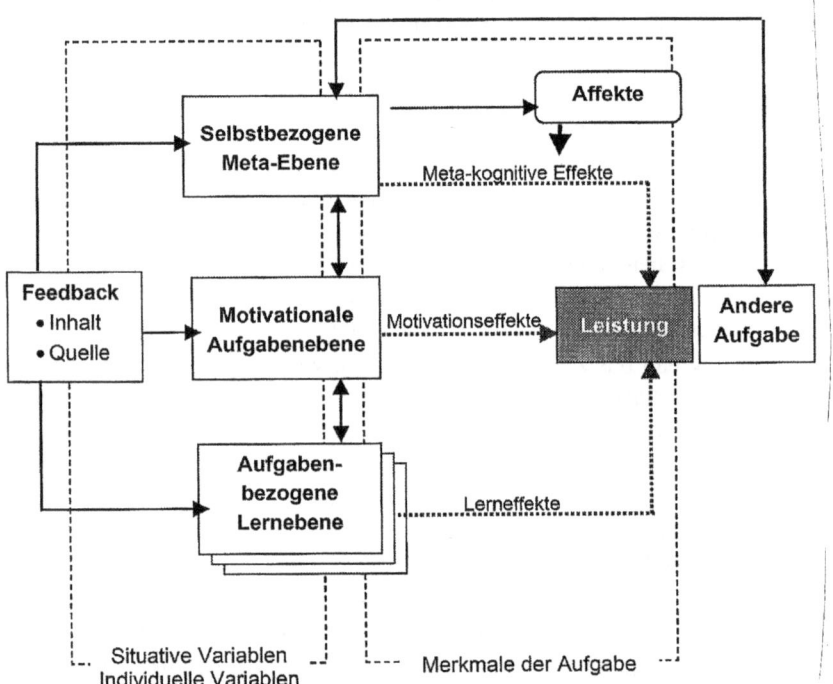

Abbildung 4: Schematische Darstellung der Feedback-Interventions-Theorie (in Anlehnung an Kluger & DeNisi, 1996)

In der Feedback-Interventions-Theorie werden die folgenden drei hierarchisch organisierten Ziel-Ebenen berücksichtigt (vgl. Abb. 4):

- die Ebene der „meta-task processes", in der es primär um die Regulation selbstbezogener Ziele geht (selbstbezogene Meta-Ebene),

- die Ebene der „task motivation processes", in der es um die Regulation der aufgabenbezogenen Motivation geht (aufgabenbezogene Motivationsebene) und

- die Ebene der „task-learning processes", in der es um die Regulation der einzelnen Schritte bei der Aufgabenbearbeitung geht (aufgaben-bezogene Lernebene).

Zentrales Anliegen der Feedback-Interventions-Theorie ist es, die Frage zu klären, wie Feedback die Aufmerksamkeitsregulation zwischen diesen Ebenen beeinflusst. Die Autoren nehmen an, dass Feedback ausgehend von der aufgabenbezogenen Motivationsebene verarbeitet wird und dort Einfluss auf die Anstrengungsregulation hat. Wenn trotz erhöhter Anstrengung keine Reduktion der Diskrepanz zu verzeichnen ist, wird die Aufmerksamkeit je nach Art des Feedback, je nach Art der Aufgabe, je nach situativen und personspezifischen Variablen von der aufgabenbezogenen Motivationsebene zur höheren oder tieferen Regulationsebene gelenkt. Auf der aufgabenbezogenen Lernebene kann das Feedback dazu beitragen, die Aufmerksamkeit auf lösungs- oder korrekturrelevante Aufgabenkomponenten zu lenken. Dies setzt allerdings voraus, dass das Feedback Informationen beinhaltet, die für die Korrektur bzw. Lösung hilfreich sind. Auf der selbstbezogenen Meta-Ebene kann Feedback die Aufmerksamkeit auf selbstbezogene Ziele lenken. Diese selbstbezogenen Ziele sind der Ausgangspunkt für die Regulation der aufgabenbezogenen Motivation. Wird durch negatives Feedback die Aufmerksamkeit auf selbstbezogene Ziele gelenkt, kann dies zur Aufgabe oder Veränderung der Ziele führen. Darüber hinaus kann es zu Leistungsminderungen kommen, da die kognitiven Ressourcen durch selbstbezogene Gedanken belastet sind und damit nicht für die Aufgabenbearbeitung zur Verfügung stehen. Außerdem kann die Bearbeitung aufgabenbezogener Informationen durch affektive Konsequenzen des Feedbacks (z.B. Erhöhung der Leistungsangst) beeinträchtigt werden.

Zusammenfassend lässt sich festhalten, dass Feedback die Aufmerksamkeit auf alle drei Regulationsebenen lenken kann und die Leistung damit durch Motivationseffekte (z.B. Anstrengungserhöhung), Lerneffekte (z.B. Erschließen korrekter Lösungsschritte), meta-kognitive Effekte (z.B. Dissonanzreduktion durch Zieländerungen) sowie durch verschiedene Kombinationen dieser Effekte beeinflussen kann.

Auf der Basis dieser theoretischen Überlegungen postulieren Kluger und DeNisi (1996), dass inhaltliche Komponenten des Feedbacks, die Art der Aufgabe sowie situative und individuelle Variablen determinieren, wie sich

Feedback auf die Leistung auswirkt. Je nach inhaltlichen Komponenten einer Feedback-Botschaft wird die Aufmerksamkeit auf unterschiedliche Regulationsebenen gelenkt, je nach Art der Aufgabe die Aufmerksamkeit zwischen den Ebenen gewechselt, je nach situativen und individuellen Variablen die jeweilige Strategie zur Diskrepanzreduktion ausgewählt. Kluger und DeNisi leiten demzufolge die folgenden Vorhersagen aus der Feedback-Interventions-Theorie ab:

1. Feedback-Effekte auf die Leistung sind geringer bei Feedback-Inhalten, die die Aufmerksamkeit auf selbstbezogene Meta-Kognitionen lenken (z.B. alle Formen summativen Leistungsfeedbacks; z.B. Noten, Lob, sozial vergleichende Wertungen).

2. Feedback-Effekte auf die Leistung sind größer bei Feedback-Inhalten, die die Aufmerksamkeit auf die aufgabenbezogene Motivation (z.B. alle Formen motivierenden Feedbacks vgl. Kap. 2.2.3, S. 32ff.) und die aufgabenbezogene Lernebene lenken (z.B. alle Formen informativen tutoriellen Feedbacks, vgl. Kap. 2.2.4, S. 37ff.).

3. Wenn keine aufgabenbezogenen korrigierenden Informationen im Feedback angeboten werden, sondern nur ergebnisbezogene Informationen, ist der Anstrengungs- und damit der Leistungseffekt dann am größten, wenn die Aufgaben einfach oder bereits gut gekonnt sind.

4. Wenn Feedback und eine Zielsetzungsmaßnahme kombiniert werden, sind die Leistungseffekte größer als beim Einsatz nur einer Maßnahme.

5. Feedback-Inhalte, die zu wichtig erachteten selbstbezogenen Zielen passen, lenken die Aufmerksamkeit von der Aufgaben-Ebene auf die Meta-Ebene und führen daher zu Leistungsminderungen.

Kluger und DeNisi (1996) überprüfen diese Vorhersagen, indem sie mit Hilfe der Studien ihrer Meta-Analyse eine Moderatoren-Analyse durchführen. Die Ergebnisse dieser Moderatoren-Analyse bestätigen klar ihre Vorhersagen hinsichtlich der Wirkungen unterschiedlicher Feedback-Inhalte und der Bedeutung unterschiedlicher Aufgabenanforderungen. Des Weiteren verweisen sie darauf, dass die Vorhersagen bzgl. der Kombination von Zielsetzungs- und Feedback-Maßnahmen einer empirischen Überprüfung standhalten. Bzgl. des Einflusses weiterer situativer und individueller Variablen liefert die Moderatoren-Analyse jedoch keine aussagekräftigen Ergebnisse.

In der vorliegenden Form beurteilen die Autoren ihre Feedback-Interventions-Theorie selbst als relativ allgemein. Bisher gibt es auch keine empirischen Untersuchungen, die explizit die Annahmen der Theorie überprüfen. Als Fazit kann dennoch festgehalten werden, dass die Feedback-Interventions-

Theorie kognitive, motivationale und meta-kognitive Wirkungen von Feed-back als sich ergänzende Wirkungsweisen betrachtet und damit eine weitere Erklärung für die Inkonsistenz von Feedback-Effekten anbietet. Allerdings betrachten Kluger und DeNisi (1996) nur selbstbezogene Meta-Kognitionen. Im Kontext von Lehr-Lernsituationen sind, wie der Ansatz von Butler und Winne (1995) zeigt, jedoch auch zahlreiche andere Meta-Kognitionen von Interesse (vgl. Kap. 2.3.3, S. 52ff.).

2.4 Zusammenfassende Diskussion und Schlussfolgerungen

Zum informativen Feedback in Lehr-Lernsituationen werden seit nahezu ei-nem Jahrhundert Untersuchungen durchgeführt. Die im vorliegenden Kapitel skizzierten Untersuchungsansätze sind entsprechend vielfältig und die Ergeb-nisse sehr inkonsistent. Im Folgenden sollen die für die vorliegende Arbeit relevanten empirischen und theoretischen Erkenntnisse zusammengefasst und Implikationen für die Entwicklung und Untersuchung informativer tutorieller Feedback-Arten abgeleitet werden.

2.4.1 Zusammenfassung der empirischen Erkenntnisse

In vielen Lern- und Instruktionstheorien wird dem Konzept der „Rückmel-dung", meist mit dem Terminus „Feedback" bezeichnet, eine zentrale Bedeu-tung zugeschrieben. Die Wirkungen unterschiedlicher Feedback-Arten, -In-halte und -Bedingungen wurden daher in zahlreichen Studien untersucht. Die Ergebnisse dieser Untersuchungen sind jedoch sehr inkonsistent, zum Teil sogar widersprüchlich (s. Bangert-Drowns, Kulik, Kulik & Morgan, 1991; Clariana, 1993; Kluger & DeNisi, 1996; Kulhavy, 1977; Mory, 1996). Be-trachtet man die verschiedenen Feedback-Studien aus einer meta-analytischen Perspektive, lassen sich unter anderem folgende Gründe für die Inkonsistenz der Befunde auflisten:

1. Die Wirkungen der unterschiedlichen Feedback-Formen bzw. -Bedin-gungen werden aus ganz **unterschiedlichen theoretischen Perspekti-ven** untersucht. Das Spektrum reicht hier von behavioristischen Ansät-zen (s. hierzu den Übersichtsartikel von Kulik & Kulik 1988) über kog-nitionspsychologische Feedbacktheorien (z.B. Kulhavy & Stock, 1989; Hancock, Thurmann & Hubbard, 1995) bis zu Modellen des selbstre-gulierten Lernens (z.B. Butler & Winne, 1995) sowie arbeitspsycholo-gischen Theorien (z.B. Kluger & DeNisi, 1996).

2. Je nach theoretischer Perspektive werden dem Feedback **unterschiedliche Funktionen** zugeschrieben. Aus Sicht operanter Lerntheorien wird Feedback beispielsweise die Funktion zugeschrieben, korrekte Antworten zu verstärken. Aus Sicht kognitiver Instruktionsansätze wird Feedback dagegen vor allem eine korrigierende Funktion beim Auftreten falscher Antworten zugeschrieben (z.B. Kulhavy & Stock, 1989). Feedback wird hierbei als eine wichtige Informationsquelle für die Korrektur von Fehlern betrachtet. Untersucht man Feedback im Zusammenhang mit Modellen des selbstregulierten Lernens, rückt die tutorielle Funktion von Feedback bei der Unterstützung der Selbstregulation in den Mittelpunkt des Interesses.

3. Unterschiedliche Annahmen über die Funktionen von Feedback haben wiederum **unterschiedliche Forschungsfragen und -strategien** zur Konsequenz:

   a. Bei Feedback-Untersuchungen zur Verstärkungsfunktion stehen, wie in den entsprechenden behavioristischen Lernexperimenten, die formalen und technischen Bedingungen dieser Verstärkungsfunktion im Mittelpunkt des Interesses. Als Feedback wird hierbei meist ergebnisorientierte Information, also knowledge of result oder knowledge of performance angeboten. Variiert werden z.B. formale Aspekte wie Zeitpunkt, Zeitabstand oder Häufigkeit der Feedbackpräsentation.

   b. Bei Untersuchungen zur Korrekturfunktion von Feedback wird unter anderem die Frage bearbeitet, welche Feedback-Inhalte am lernwirksamsten sind. Hierzu werden die Lerneffekte unterschiedlich gestalteter, in der Regel elaborierter Feedback-Arten (z.B. erklärendes Feedback, bug-related Feedback) im Vergleich zu den oben genannten einfachen Feedback-Arten (knowledge of result, knowledge of the correct response) untersucht.

   c. Bei Untersuchungen zur motivierenden Funktion von Feedback steht unter anderem die Frage, welche Feedback-Inhalte die Lernmotivation am ehesten fördern, im Mittelpunkt des Interesses. Zur Untersuchung dieser Frage werden unterschiedliche motivationale Feedback-Arten (z.B. Reattributions-Feedback; kriteriums- bzw. aufgabenorientiertes Feedback) verwendet.

   d. Zur tutoriellen Funktion von Feedback wurden bisher nur wenige experimentelle Untersuchungen durchgeführt.

4. Unterschiedliche Forschungsfragen und -strategien haben in der Regel ein **unterschiedliches methodisches Vorgehen** zur Folge: Feedback-untersuchungen unterscheiden sich daher methodisch einerseits durch die Art der Lehr-Lernsituationen (z.B. programmierter Unterricht, computerunterstützte Lernumgebung, Lernen mit Lehrtexten und Auf-gaben), durch die Art der Lerninhalte (z.B. Paar-Assoziations-Lernen, Fakten-Lernen, Konzepterwerb), durch die Art der Lernaufgaben (das Spektrum reicht von einfachen Diskriminationsaufgaben bis zu kom-plexen Lernaufgaben) sowie durch die Art der Feedback-Inhalte und -Formen (das Spektrum reicht vom einfachen KR über elaborierte Erklärungen, warum eine Antwort falsch ist, bis zu meta-kognitiven Strategie-Hinweisen). Andererseits wird die Wirksamkeit des einge-setzten Feedbacks anhand völlig unterschiedlicher Lern- und/oder Leistungsmaße untersucht (eine Übersicht hierzu findet sich bei Mory, 1996; s. auch Smith & Ragan, 1993).

2.4.2 Zusammenfassung des theoretischen Erkenntnisstandes

Verschiedene Autoren haben theoretische Ansätze entwickelt, mit denen sie einerseits versuchen, die Vielfalt der Forschungsbefunde zu ordnen, anderer-seits die Inkonsistenz der Befunde zu erklären (vgl. Kap. 2.3, S. 42ff.; Bangert-Drowns et al., 1991; Butler & Winne, 1995; Hancock et al., 1995; Kulhavy & Stock, 1989; Kluger & DeNisi, 1996). Diese theoretischen An-sätze haben die folgenden gemeinsamen Merkmale:

1. Sie greifen die systemtheoretisch begründete Annahme auf, dass wahr-genommene Diskrepanzen zwischen Ist- und Soll-Größen ein System dazu anregen, Anstrengungen zu unternehmen, um diese Diskrepanz zu reduzieren.

2. Sie erklären die inkonsistente Befundlage vor allem mit individuellen Unterschieden in der Verarbeitung der Feedback-Informationen. Diese individuellen Unterschiede in der Verarbeitung der Feedback-Informa-tionen werden jedoch aus unterschiedlichen Perspektiven und mit ei-nem unterschiedlichen Differenzierungsgrad betrachtet:

   a. Kulhavy und Stock (1989) fokussieren in ihrem Response-Certitude-Modell vor allem auf die Anstrengung (operationalisiert über Feedback-Bearbeitungszeiten), die in Abhängigkeit von der Antwortsicherheit variieren kann.

b. Bangert-Drowns et al. (1991) stellen das „mindful processing" der
    Feedback-Informationen in ihrem fünfstufigen Modell der Feed-
    back-Verarbeitung in den Mittelpunkt des Interesses.

c. Butler und Winne (1995) betonen die Bedeutung des monitoring
    und des dabei erzeugten internen Feedbacks in ihrer theoretischen
    Synthese von Erkenntnissen der Forschung zu Feedback und zum
    selbstregulierten Lernen.

d. Kluger und DeNisi (1996) heben in ihrer Feedback-Interventions-
    Theorie hervor, dass die Wirkungen von Feedback vor allem von
    der Aufmerksamkeitsregulation zwischen drei hierarchisch struktu-
    rierten Kontrollebenen abhängen.

3. Alle theoretischen Ansätze thematisieren darüber hinaus die Bedeutung
   unterschiedlicher Feedback-Arten und verweisen darauf, dass sich
   Feedback-Inhalte auf zahlreiche Aspekte der Lehr-Lernsituationen beziehen können. Konkrete Angaben wie zur Gestaltung und Präsentation
   von Feedback-Inhalten fehlen jedoch in allen Ansätzen.

4. Sie differenzieren unterschiedliche Funktionen von Feedback, wobei je
   nach theoretischer Perspektive kognitive, motivationale und/oder meta-
   kognitive Funktionen unterschiedlich detailliert betrachtet werden. Bemerkenswert ist in diesem Zusammenhang, dass die motivierenden Effekte von Feedback zwar in allen Ansätzen thematisiert, aber dennoch
   eher randständig behandelt werden.

2.4.3 Implikationen für Studien zu informativem tutoriellem Feedback

Die skizzierten theoretischen Ansätze arbeiten zum Teil sehr differenziert unterschiedliche Feedback-Funktionen sowie die Rolle individueller Faktoren
bei der Verarbeitung von Feedback-Informationen heraus und liefern damit
einen wichtigen Beitrag zur Erklärung der inkonsistenten Befundlage. Obwohl
sie dabei auf unterschiedliche Feedback-Arten eingehen und die vielfältigen
Gestaltungsmöglichkeiten hervorheben, wird die inhaltliche und formale
Qualität von Feedback nur am Rande betrachtet. Auch aus dem empirischen
Erkenntnisstand lassen sich keine konkreten Hinweise für die systematische
Gestaltung von Feedback ableiten. Dies liegt unter anderem daran, dass in
zahlreichen Untersuchungen elaborierte Feedback-Inhalte und -Formen eher
intuitiv als theoretisch begründet entwickelt und so in den Lernprozess im-
plementiert werden, dass die Lernenden neben den elaborierten Komponenten
meist unmittelbar die korrekte Antwort erhalten. Die bisherigen Befunde zur
Wirksamkeit elaborierter Feedback-Arten liefern daher kaum Anhaltspunkte,

wie man informatives tutorielles Feedback gestalten sollte, damit es wertvolle Informationen für die Bewältigung der Anforderungen liefern, ohne unmittelbar die Lösung anzubieten.

Zentrales Anliegen der vorliegenden Arbeit ist es daher, einen Beitrag zur Entwicklung theoretisch und empirisch begründeter Prinzipien für die Gestaltung und Evaluation informativer tutorieller Feedback-Arten zu leisten. Vor dem Hintergrund des dargestellten Forschungsstandes ergeben sich zur Bearbeitung dieses Anliegens die folgenden Teilziele:

1. die Entwicklung von Strategien und Prinzipien für die Gestaltung von informativem tutoriellem Feedback (ITF),

2. die (Weiter-)Entwicklung von Strategien und Prinzipien für die Untersuchung von ITF-Effekten,

3. die Anwendung und Überprüfung dieser Gestaltungs- und Evaluationsprinzipien in experimentellen Lehr-Lernsituationen,

4. die Anwendung und Überprüfung der Prinzipien in unterschiedlichen „feldnahen" Lehr-Lernsituationen. Da die Gestaltungs- und Evaluationsprinzipien nicht nur für einen bestimmten Lehr-Lern-Kontext entwickelt werden sollten, wird ihre Anwendbarkeit sowohl für eine schulische, als auch für eine universitäre Lehr-Lernsituation geprüft.

3 Inhaltliche und formale Feedback-Qualität und Feedback-Wirksamkeit

Die in Kapitel 2.3 beschriebenen Erklärungsansätze gehen vor allem auf individuelle Faktoren und Prozesse ein, die bei der Verarbeitung von Feedback eine Rolle spielen und demnach zur Wirksamkeit von Feedback beitragen. Die Wirksamkeit von Feedback hängt jedoch nicht nur von der individuellen Feedback-Verarbeitung ab, sondern auch von der inhaltlichen und formalen Qualität des angebotenen Feedback (s. Kap. 2.2.2, die Diskussion zur Studie von Kulhavy et al., 1985; S. 28ff.). Es ist daher eine zentrale Aufgabe von Instruktionspsychologen, Instruktionsdesignern und Lehrpersonen aller Art, Feedback so zu gestalten, dass es eine hohe inhaltliche und formale Qualität hat. Aus dem bisherigen empirischen und theoretischen Erkenntnisstand zu den Bedingungen und Wirkungen informativen Feedbacks lassen sich jedoch nur unzureichend Folgerungen darüber ableiten, wie man diese zentrale Aufgabe bewältigen kann.

Im Mittelpunkt des Interesses des vorliegenden Kapitels stehen daher folgende Fragen:

1. Welche Bedeutung kommt beim Lernen mit informativem tutoriellem Feedback der inhaltlichen und formalen Feedback-Qualität zu?

2. Was zeichnet die inhaltliche und formale Qualität von informativem tutoriellem Feedback aus, und was bedeuten diese Merkmale für die Gestaltung qualitativ hochwertiger ITF-Arten?

3. Welche methodischen Aspekte sind zu beachten, wenn man die Wirkungen unterschiedlich gestalteter ITF-Arten untersuchen möchte?

Zur Beantwortung dieser Fragen wird im Folgenden ein heuristisches Modell zur Analyse und Untersuchung von Feedback-Effekten in Lehr-Lernsituationen formuliert. Ziel ist es, mit Hilfe dieses Modells neben der Bedeutung der individuellen Faktoren auch die Bedeutung der inhaltlichen und formalen Qualität des externen Feedbacks herauszuarbeiten. Darüber hinaus dient dieses heuristische Modell im Weiteren als Grundlage für die Ableitung von Prinzipien zur Gestaltung und Evaluation informativer tutorieller Feedback-Arten.

3.1 Heuristisches Modell zur Analyse und Untersuchung von Feedback

Informatives tutorielles Feedback wird in der vorliegenden Arbeit als eine instruktionale Maßnahme aufgefasst, deren Ziel es ist, Lehr-Lernprozesse so zu regulieren, dass Lernende das notwendige Wissen und die notwendigen Fertigkeiten erwerben, um die für die Bearbeitung von Lernaufgaben relevanten Anforderungen zu bewältigen. Dieses Verständnis von Feedback hat zur Konsequenz, dass man die möglichen Faktoren und Effekte von informativem Feedback unter Berücksichtigung wesentlicher Erkenntnisse von Lehr-Lern-Modellen betrachten kann und sollte (z.B. Bloom, 1976; Caroll, 1963; Boekarts, 1996). Lehr-Lern-Modelle gehen davon aus, dass die Qualität einer Instruktionsmaßnahme (z.B. Menge, Art und Struktur der angebotenen Informationen; Art der Informationsaufbereitung), die individuellen Lernvoraussetzungen (z.B. Vorwissen, meta-kognitive Strategien, motivationale Dispositionen und Strategien) sowie situative Faktoren des Lehr-Lern-Kontextes (z.B. Lehr-Lernziele, Lerninhalte und -aufgaben) determinieren, welche Wirkungen eine Instruktionsmaßnahme entfalten kann. Das im Folgenden skizzierte heuristische Modell zu den Bedingungen und Wirkungen informativen Feedbacks verbindet diese Überlegungen einerseits mit systemtheoretischen Annahmen, andererseits integriert es wesentliche Erkenntnisse der bisherigen Feedbackforschung.

3.1.1 Konzeption und zentrale Annahmen des Modells

Als Ausgangspunkt für dieses heuristische Modell dienen die elementaren Komponenten eines Regelkreises in seiner allgemeinen Form (vgl. Abb. 1, S. 16). In einem Regelkreis wird der Output eines Systems, als Input-Signal an eine Regeleinrichtung rückgemeldet. Dieses Input- bzw. Feedback-Signal schließt den Regelkreis und dient in Verbindung mit dem extern fest gelegten Soll-Wert der Regelung des Systems. Neben dem Soll-Wert und dem Feedback-Signal sind für die Regelung des Systems eine Regeleinrichtung und eine Regelstrecke von Bedeutung. Die Regeleinrichtung verarbeitet den Soll-Wert, vergleicht den erreichten Ist-Wert mit dem Soll-Wert und bildet ausgehend von diesem Vergleich eine Stellgröße. Die Regelstrecke besteht aus einem Stellglied, also einer Funktionseinheit, die auf der Grundlage der Stellgröße korrigierende Maßnahmen einleitet, einer messbaren Regelgröße und einem Sensor, der die Regelgröße misst.

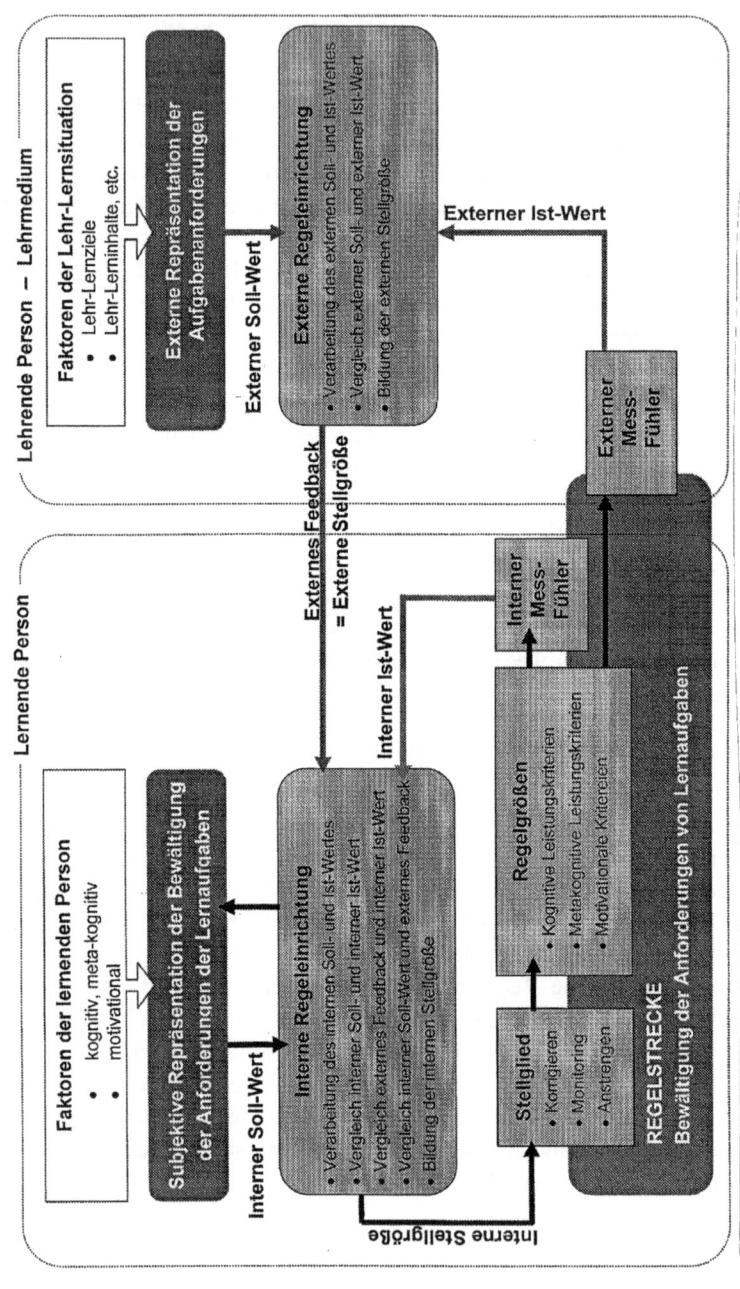

Abbildung 5: Heuristisches Modell zur Analyse und Untersuchung von Feedback-Effekten in Lehr-Lernsituationen

Als Regelstrecke wird im vorliegenden Modell die Bearbeitung von Lernaufgaben bzw. die Bewältigung der mit den Lernaufgaben verknüpften Anforderungen aufgefasst. In Anlehnung an Modelle des selbstregulierten Lernens, an die Ansätze von Butler und Winne (1995) sowie Kluger und DeNisi (1996) wird hierbei zwischen kognitiven, motivationalen und meta-kognitiven Anforderungen differenziert (vgl. Abb. 4, S. 60). Messbare Regelgrößen hinsichtlich dieser Anforderungen können z.b. sorgfältig definierte und operationalisierte kognitive, meta-kognitive oder auch motivationale Indikatoren für die Bewältigung der jeweiligen Anforderungen sein.

Bei der Übertragung systemtheoretischer Regelungsprinzipien auf eine Lernsituation mit externem Feedback müssen zwei interagierende Regelkreise berücksichtigt werden: Ein interner Regelkreis, in dem das interne Feedback, also die direkt dem Lernenden zugängige Ist-Größe (z.B. Antwortsicherheit, Anstrengungserleben) verarbeitet wird, und ein externer Regelkreis, in dem die durch das Lehrmedium (z.B. Lehrer, Lernprogramm oder auch Experimentator) erfasste Ist-Größe verarbeitet wird. In der frühen experimentellen Feedback-Forschung wird bereits diskutiert, dass Personen in einer Lernsituation mit externem Feedback sogar bei einer experimentellen Reduktion oder Extinktion des dem Lernenden unmittelbar verfügbaren Feedbacks (z.B. bei blank trials) Informationen suchen, die sie als internes Feedback zur Verhaltensregulation nutzen können (z.B. Trowbridge & Cason, 1932; siehe auch Ammons, 1956; Annett, 1969; Bilodeau, 1969). Im vorliegenden heuristischen Modell zur Analyse und Untersuchung von Feedback-Effekten erfolgt daher, wie im Modell von Butler und Winne (1995), eine Differenzierung zwischen externem und internem Regelkreis (s. auch Kulhavy & Stock, 1989).

Eine Differenzierung von externem und internem Regelkreis hat zur Konsequenz, dass man auch bei den folgenden Komponenten eine Differenzierung vornehmen muss:

- Mess-Fühler – der externe und der interne Regelkreis benötigen eine diagnostische Komponente zur Erfassung des Ist-Wertes der relevanten Regelgrößen,

- Soll-Wert – die Regulation des externen und des internen Regelkreises kann nur mit Hilfe eines entsprechenden Soll-Wertes erfolgen. Im vorliegenden Modell wird angenommen, dass der interne Soll-Wert auf der Basis einer subjektiven Repräsentation der für die Bewältigung von Lernaufgaben notwendigen Anforderungen generiert wird, während der externe Soll-Wert auf einer externen Repräsentation der Aufgabenanforderungen beruht. Die subjektive Aufgaben-

repräsentation hängt dabei wesentlich von individuellen Lernvoraussetzungen wie z.B. Vorwissen, meta-kognitiven und motivationalen
Strategien sowie individuellen Lernzielen ab. Die externe Repräsentation der Aufgabenanforderungen ist eng mit situativen Merkmalen
der Lehr-Lernsituation verknüpft – insbesondere mit den angestrebten Lehr-Lernzielen.

- Regeleinrichtung – zur Verarbeitung der in den externen und internen Mess-Fühlern erfassten Ist-Werte ist je eine Komponente notwendig, in der ein Vergleich zwischen Soll- und Ist-Werten stattfinden kann. Man benötigt also auch eine externe und interne Regeleinrichtung, in der diese Vergleichsprozesse ablaufen.

Für eine Lehr-Lernsituation mit externem informativem Feedback führen die
in diesem heuristischen Modell vorgenommen Differenzierungen zu folgenden Annahmen bzgl. des Zusammenwirkens der beiden Regelkreise:

- Ausgangspunkt für den internen und externen Regelungsprozess sind
  die für die Regelstrecke, also die Bewältigung der Anforderungen
  von Lernaufgaben relevanten Regelgrößen.

- Der aktuelle Wert der Regelgröße(n) wird sowohl von der lernenden
  Person selbst als auch von einer externen Instanz (z.B. Lehrperson,
  computer-basiertes Lehr-Lernsystem) erfasst.

- Der externe Ist-Wert wird zunächst extern weiter verarbeitet, und
  zwar in der externen Regeleinrichtung des Lehrmediums. Je nach
  externem Soll-Wert, je nach Ergebnis des Vergleichs zwischen Soll-
  und Ist-Wert und je nach extern festgelegten Regeln für die Bildung
  der Stellgröße ergibt sich hierbei die Ausgangsgröße der externen
  Regeleinrichtung. Diese Ausgangsgröße, die man systemtheoretisch
  als externe Stellgröße bezeichnen würde, wird als externes Feedback
  an die interne Regeleinrichtung gegeben.

- Dieses externe Feedback wird neben dem internen Ist-Wert (= internes Feedback) in der internen Regeleinrichtung verarbeitet. Dies bedeutet, dass in der internen Regeleinrichtung mehrere Vergleichsprozeduren stattfinden müssen, nämlich Vergleiche zwischen

  o intern gemessenem Ist-Wert und internem Soll-Wert,

  o extern angebotenem Feedback und internem Ist-Wert,

  o extern angebotenem Feedback und internem Soll-Wert

- Aus diesen Vergleichsprozeduren muss eine Stellgröße (= interne Stellgröße) generiert werden. Hierbei besteht die zentrale Aufgabe der Lernenden darin, bei auftretenden Diskrepanzen zwischen diesen verschiedenen Werten nach den Ursachen dieser Diskrepanzen zu suchen. Diskrepanzen können z.B. dann entstehen, wenn der interne oder auch der externe Messfühler die Ist-Größe nicht präzise erfassen, wenn die Qualität des internen oder auch des externen Feedback schlecht ist, wenn die subjektive Repräsentation der Aufgaben falsch oder ungenau ist und damit zu einer falschen Soll-Wert-Einstellung führt. Die Ergebnisse dieser Ursachenanalyse sind bei der Bildung der internen Stellgröße von Bedeutung. Die interne Stellgröße ist demzufolge das Ergebnis mehrerer interner Verarbeitungsprozeduren.

- Die interne Stellgröße wird an den Eingang der Regelstrecke, also an das Stellglied weiter geleitet und dient dort als Grundlage für die Auswahl und Aktivierung korrigierender Maßnahmen. Diese korrigierenden Maßnahmen können wiederum Auswirkungen auf die Regelgrößen haben.

Neben diesen aus systemtheoretischen Überlegungen abgeleiteten Annahmen ist zu beachten, dass sich Wissensstrukturen beim Lernen ändern, und dass es mehr oder weniger große Unterschiede zwischen der externen Repräsentation der Aufgabenanforderungen und der internen Aufgabenrepräsentation geben kann. Bei Lernenden mit einem hohen Wissens- und Könnensniveau dürfte beispielsweise die Übereinstimmung zwischen der externen und der internen Aufgabenrepräsentation größer sein als bei Lernenden mit geringem Wissens- und Könnensniveau. Liegt eine Diskrepanz zwischen externer und interner Aufgabenrepräsentation vor, besteht ein wesentliches Ziel des Zusammenwirkens der beiden Regelkreise darin, eine relativ überdauernde Übereinstimmung zwischen der externen und internen Aufgabenrepräsentation herzustellen. Solange externe und interne Aufgabenrepräsentation nicht übereinstimmen, stimmen auch die externen und internen Soll-Werte nicht überein, und es kann zu einer Diskrepanz zwischen internem Soll-Wert und externem Feedback kommen.

In Lehr-Lernsituationen sind aufgrund curricularer Vorgaben die Lehr-Lernziele und Lerninhalte weitgehend festgelegt. Damit sind auch die Rahmenbedingungen für die externe Repräsentation von Aufgabenanforderungen und die Ableitung von Soll-Werten relativ verbindlich definiert. Für die interne Aufgabenrepräsentation existieren jedoch keine verbindlichen Vorgaben. Die externe Repräsentation der Aufgabenanforderungen und damit der externe Soll-Wert sind also eher festgelegt als die interne Aufgabenrepräsentation und der interne Soll-Wert. Dies bedeutet, dass sich bei einer Diskrepanz zwischen externem und interner Aufgabenrepräsentation die interne der externen Aufgabenrepräsentation anpassen muss. Diese Anpassung erfolgt auf der Grundlage der Ergebnisse der Verarbeitungs- und Vergleichsprozesse in der internen Regeleinrichtung. Wie groß und wie schnell die Veränderungen der subjektiven Aufgabenrepräsentation sind, hängt einerseits von individuellen Lernvoraussetzungen ab. Bei Lernenden, deren interne Repräsentation der Aufgabenanforderungen schon weitgehend der externen Repräsentation entspricht, werden diese Veränderungen eher gering ausfallen, während bei Lernenden, deren interne Aufgabenrepräsentation stark von der externen abweicht, große Veränderungen erfolgen müssen. Andererseits hängt das Ausmaß der möglichen Veränderungen davon ab, welche Informationen über das externe Feedback angeboten werden. Bietet das externe Feedback nur wenig Informationen, die für eine gezielte Veränderung der subjektiven Aufgabenrepräsentation genutzt werden können, kann dies zur Konsequenz haben, dass besonders im Falle einer großen Diskrepanz zwischen externer und interner Aufgabenrepräsentation die Regelkreise mehrere Male durchlaufen werden müssen, um eine relativ stabile Anpassung der internen an die externe Aufgabenrepräsentation zu erreichen.

3.1.2   Bedingungen für die inhaltliche und formale Feedback-Qualität

Aus den Annahmen des heuristischen Modells lässt sich ableiten, dass das Herstellen einer stabilen Übereinstimmung einerseits dann misslingen kann, wenn Probleme im internen Regelkreis auftreten. Die in Kapitel 2.3 dargestellten Erklärungsansätze fokussieren auf eben diese Probleme des internen Regelkreises und beschreiben die Prozesse und Faktoren, die beim Lernen mit externem Feedback bedeutsam sind (Kulhavy & Stock, 1989; Bangert-Drowns et al., 1991; Butler & Winne, 1995; Kluger & DeNisi, 1996). Andererseits wird das Herstellen einer Übereinstimmung zwischen externem und internem Soll-Wert auch dann sehr schwierig, wenn am externen Regelkreis Defizite bei den einzelnen Komponenten vorhanden sind. Solche Defizite sind beispielsweise ein zu grober externer Messfühler, eine zu grobe Festlegung des externen Soll-Wertes sowie eine mangelnde Qualität der externen Regeleinrichtung. Wenn Defizite an diesen Komponenten vorhanden sind, kann dies zu erheblichen Mängeln bei der Bildung der externen Stellgröße, also des externen Feedback führen.

In den bisher ausgeführten Ansätzen wird die Qualität des externen Feedbacks zwar thematisiert, aber eher randständig bearbeitet. Aus diesem Grund sollen im Folgenden anhand des heuristischen Modells zentrale Bedingungen für den externen Regelkreis abgeleitet werden, die erfüllt sein müssen, damit die inhaltliche und formale Qualität des externen Feedback gewährleistet ist. Hierzu gehört aus systemtheoretischer Sicht einerseits die präzise Bestimmung der Regelstrecke, also eine sorgfältige Beschreibung der Anforderungen, die mit der Bewältigung der Lernaufgaben verknüpft sind. Andererseits ist die Qualität der externen Informationsverarbeitung bzw. Regeleinrichtung, d.h. des externen Vergleichs zwischen Soll- und Ist-Wert der Regelgrößen und der Bildung einer Stellgröße, die als externes Feedback weitergegeben wird, ein wesentlicher Faktor für die Wirksamkeit von externem Feedback.

3.1.2.1 Präzise Bestimmung der Regelstrecke – Aufgabenanforderungen

Eine wesentliche Voraussetzung für die erfolgreiche Regulation eines Systems ist die sorgfältige und präzise Bestimmung und Beschreibung der Regelstrecke. Hierbei muss geklärt werden, welche Größen im Sinne von Regelgrößen gemessen und reguliert werden sollen, wie diese gemessen werden sollen, und mit Hilfe welcher Maßnahmen Korrekturen angeregt werden können. In Lehr-Lernsituationen bedeutet dies, dass zunächst einmal genau analysiert werden muss, welche Anforderungen mit den in dieser Situation relevanten Lehr-Lernzielen, mit den relevanten Lerninhalten und mit den Lernaufgaben verknüpft sind.

Um die Bewältigung dieser Anforderungen im Sinne von Regelgrößen messbar zu machen, müssen sie sorgfältig definiert und operationalisiert werden. Dies bedeutet, dass analysiert werden muss, welche Indikatoren dazu geeignet sind, unterschiedliche Ausprägungen der Anforderungsbewältigung valide und reliabel zu messen.

Um Korrekturmaßnahmen für die Regulation der Regelgrößen auswählen zu können, muss des Weiteren analysiert werden, welche Fehler und Probleme bei der Bewältigung der Aufgabenanforderungen auftreten können und welche Informationen bzw. Strategien notwendig sind, um diese Fehler bzw. Probleme zu beheben.

3.1.2.2 Qualität externe Informationsverarbeitung – externe Regelung

Ausgangspunkt für die Bildung einer Stellgröße, d.h. die Entwicklung des externen Feedbacks, ist ein Vergleich zwischen Ist- und Soll-Wert der Regelgrößen. Dieser Vergleich führt nur dann zu sinnvollen Stellgrößen, wenn genau definiert ist, welchen Wert im Sinne eines Soll-Wertes die Regelgröße(n) haben soll(en). In Lehr-Lernprozessen bedeutet dies, dass man Lernziele so operationalisieren muss, dass man valide und reliabel überprüfbare Lernkriterien im Sinne von Soll-Werten ableiten kann.

Hat man eine Diskrepanz zwischen Ist- und Soll-Wert der Regelgrößen festgestellt, muss eine Stellgröße gebildet werden. Eine zentrale Frage für Lehr-Lernsituationen ist hierbei, wie gut es der externen Regeleinrichtung, also dem Lehrmedium gelingt, diesen Diskrepanz-Wert in eine Stellgröße zu transformieren, die für die Bewältigung der gegebenen Anforderungen einen hohen Informationswert besitzt. Gerade bei schwierigen und komplexen Lernaufgaben sind hierzu evtl. mehrere Transformationsschritte notwendig, damit die Lernenden über die externe Stellgröße, also das externe Feedback, Informationen erhalten, die sie zur Korrektur von Fehlern oder zum Überwinden von Hindernissen nutzen können (vgl. Birenbaum & Tatsuoka, 1987; Nagata, 1997). Ausgangspunkt für die notwendigen Transformationsschritte ist die genaue Kenntnis der Regelstrecke, d.h. es muss bekannt sein, welche Faktoren, die im Sinne von Regelgrößen für die Leistung des Systems bedeutsam sind, und welche Maßnahmen dazu geeignet sind, diese Faktoren so zu beeinflussen, dass eine Übereinstimmung zwischen Ist- und Soll-Wert hergestellt werden kann.

3.1.3   Wirkungsebenen und Funktionen

Der Forschungsstand weist darauf hin, dass Feedback auf unterschiedlichen Ebenen des Lernprozesses wirken und demzufolge zahlreiche unterschiedliche Funktionen haben kann (vgl. Butler & Winne, 1995; Kluger & DeNisi, 1996). Da Feedbackuntersuchungen Lernprozesse jedoch häufig nur aus einer theoretischen Perspektive betrachten, werden die möglichen Wirkungen konträr statt komplementär gesehen. Dies lässt sich besonders deutlich an der Diskussion über die verstärkende vs. korrigierende Funktion von Feedback illustrieren: Die verstärkende und die korrigierende Funktion von Feedback sind bei genauerer Betrachtung keine sich ausschließenden, sondern sich ergänzende Wirkungen (vgl. hierzu auch Annett, 1969; Fischer 1985). Man könnte ausgehend von der operanten Definition des Begriffs „Verstärkung" sogar so weit gehen, dass man die korrigierende Wirkung von Feedback mit dem Prinzip der negativen Verstärkung erklärt: Fehler bzw. Misserfolge gehen einher mit negativen affektiven Konsequenzen und sind damit mit aversiven Verhaltenskonsequenzen verknüpft (vgl. hierzu auch die Arbeiten zur Wirkung von „richtig" vs. „falsch"; Blöschl, 1970; Buchwald, 1969). Wenn es einer Person nun gelingt, Fehler aufgrund des Feedbacks zu korrigieren, werden diese aversiven Verhaltenskonsequenzen reduziert. In der Sprache operanter Lerntheorien bedeutet dies, dass korrekte Antworten negativ verstärkt werden. Die Frage, ob Feedback verstärkend *oder* korrigierend wirkt, macht demzufolge eigentlich keinen Sinn. Man müsste daher streng genommen nicht die verstärkende der korrigierenden Funktion gegenüber stellen, sondern schlicht differenzieren zwischen Feedback-Wirkungen nach korrekten bzw. falschen Antworten.

Bei dieser Differenzierung muss man berücksichtigen, dass die Bewältigung von komplexen Lernaufgaben zahlreiche Anforderungen an die Lernenden stellt. Eine Differenzierung von nur zwei Feedback-Funktionen, nämlich einer Verstärkungs- oder Bestätigungsfunktion bei korrekten Antworten und einer Korrekturfunktion bei falschen Antworten ist demzufolge zu grob. Verschiedene Autoren haben daher wesentlich feinere Differenzierungen vorgenommen (z.B. Butler & Winne, 1995; Cusella, 1987; Sales, 1993; Wager & Mory, 1993; vgl. Tab. 5).

Tabelle 5: Übersicht über postulierte Feedback-Funktionen

Cusella, 1987	Sales, 1993	Wager & Mory, 1993	Butler & Winne, 1995
• Verstärken	• Stimulieren	• Bestätigen	• Bestätigen
• Informieren	• Informieren	• Informieren	• Informieren
• Hinweisen	• Lenken	• Hinweisen	• Hinweisen
• Motivieren	• Motivieren	• Motivieren	
		• Korrigieren	• Korrigieren
• Regulieren	• Regulieren		
• Instruieren	• Instruieren	• Instruieren	
	• Bewerten	• Bewerten	
	• Beraten		
			• Anregen
			• Ergänzen
			• Diskriminieren
			• Restrukturieren

Vergleicht man diese Differenzierungen von Feedback-Funktionen, stellt man fest, dass alle Autoren eine bestätigende bzw. verstärkende, eine informierende sowie eine in irgendeiner Weise lenkende bzw. hinweisende Funktion von Feedback nennen. Darüber hinaus wird von allen Autoren eine regulierende oder korrigierende Funktion von Feedback postuliert. Des Weiteren verweisen Cusella (1987), Sales (1993) und Wager und Mory (1993) auf die motivierende und instruierende Funktion von Feedback. Für die instruierende Funktion werden bei Butler und Winne (1995) mindestens drei Sub-Funktionen beschrieben, nämlich eine ergänzende, diskriminierende und restrukturierende Funktion. Darüber hinaus weisen diese Autoren darauf hin, dass Feedback meta-kognitive Prozesse wie „monitoring" oder Informationssuche anregen kann (vgl. Kap. 2.3.3; S. 52ff.).

Betrachtet man die Rolle von informativem Feedback vor dem Hintergrund des heuristischen Modells, wird deutlich, dass in der Regel je nach Festlegung der Regel- und Führungsgrößen, also je nach Aufgabenanforderungen und Lehr-Lernzielen, mehrere Feedback-Funktionen gleichzeitig zum Tragen kommen können. Ausgehend von Modellen des „good information processers" (Pressley, 1986) und des selbstregulierten Lernens (z.B. Boekarts, 1996) lassen sich die möglichen Feedback-Wirkungen nach kognitiven, motivationalen und meta-kognitiven Gesichtspunkten ordnen.

3.1.3.1 Kognitive Funktionen

Bei komplexen Aufgaben können falsche Antworten bzw. Lösungen auf völlig unterschiedliche Weise zustande kommen (vgl. VanLehn, 1990). Die zur Lösung der Aufgaben notwendigen inhaltlichen, prozeduralen oder auch strategischen Wissenselemente können fehlen, falsch oder ungenau sein. Des Weiteren können die notwendigen Wissenselemente falsch verknüpft sein oder die Bedingungen für ihre Anwendung falsch oder unklar sein. Feedback kann zu all diesen Aspekten Informationen anbieten. Man kann daher im Hinblick auf falsche Antworten folgende kognitive Feedback-Funktionen unterscheiden (vgl. auch Butler & Winne, 1995):

- eine informierende Funktion, wenn Anzahl, Ort, Art der Fehler und/oder Fehlerursachen unbekannt sind,
- eine ergänzende Funktion, wenn der Fehler aufgrund fehlender inhaltlicher, prozeduraler oder auch strategischer Wissenselemente zustande kam und das Feedback Informationen zu den fehlenden Elementen anbietet,
- eine korrigierende Funktion, wenn der Fehler aufgrund falscher inhaltlicher, prozeduraler oder auch strategischer Wissenselemente zustande kam und das Feedback Informationen anbietet, die zur Korrektur der falschen Elemente genutzt werden können,
- eine diskriminierende Funktion, wenn der Fehler aufgrund ungenauer inhaltlicher, prozeduraler oder auch strategischer Wissenselemente zustande kam und das Feedback Informationen anbietet, die die Präzisierung dieser ungenauen Elemente ermöglicht,
- eine restrukturierende Funktion, wenn der Fehler aufgrund falscher Verknüpfungen der inhaltlichen, prozeduralen oder auch strategi-

schen Wissenselemente zustande kam und das Feedback Informationen anbietet, die zur Umstrukturierung der falsch verknüpften Elemente genutzt werden können.

Die ergänzenden, korrigierenden, diskriminierenden und restrukturierenden Funktionen könnte man auch unter dem Oberbegriff instruierende Feedback-Funktion zusammenfassen. Für die Gestaltungen informativer tutorieller Feedback-Funktionen ist es allerdings hilfreich, eine feinere Differenzierung vorzunehmen, da aus der feineren Differenzierung Hinweise darüber abgeleitet werden können, welche Informationen wann nützlich sein könnten.

3.1.3.2 Meta-kognitive Funktionen

Informatives Feedback kann nach Butler und Winne (1995) neben den in Tabelle 5 aufgelisteten kognitiven Funktionen auch zahlreiche meta-kognitive Funktionen haben. Es kann beispielsweise Hinweise auf meta-kognitive Strategien und ihre Einsatzmöglichkeiten, zielrelevante Kriterien für das monitoring und die Evaluation liefern oder die Lernenden dazu anregen, selbst Informationen für das monitoring zu generieren. Darüber hinaus kann es als Grundlage für Reflexionen über die Angemessenheit der angewandten Lösungsstrategien, oder über die Angemessenheit der Fehlersuch- und Korrekturstrategien dienen. Im Hinblick auf die Bewältigung meta-kognitiver Anforderungen kann man daher mindestens folgende Feedback-Funktionen unterscheiden:

- eine informierende Funktion, wenn meta-kognitive Strategien oder Bedingungen für Einsatz meta-kognitiver Strategien unbekannt sind und das Feedback Informationen zu meta-kognitiven Strategien anbietet,

- eine ergänzende Funktion, wenn durch das Feedback z.B. zielrelevante Kriterien für das monitoring angeboten werden oder Bedingungen für den Einsatz bestimmter Lösungsstrategien oder meta-kognitive Strategien expliziert werden,

- eine korrigierende Funktion, wenn Fehler beim Einsatz meta-kognitiver Strategien aufgetaucht sind, und das Feedback Informationen anbietet, die zur Korrektur der falschen Strategien genutzt werden können,

- eine lenkende Funktion, wenn Lernende z.B. durch Feedback-Leitfragen dazu animiert werden, selbst zielrelevante Kriterien für das monitoring oder die Evaluation zu generieren oder die Angemessenheit ihrer Lösungsstrategien etc. zu reflektieren.

3.1.3.3 Motivationale Funktionen

Auf motivationaler Ebene gilt es, trotz der Fehler und der damit verknüpften negativen affektiven Konsequenzen, Anstrengung, Ausdauer und Intensität der Bearbeitung aufrecht zu erhalten. Wesentliche Bedingungen hierfür sind, dass das Bewältigen der Aufgaben überhaupt einen Wert für den Lernenden hat und dass die Aufgabe nicht als zu schwierig und damit als nicht lösbar beurteilt wird. Jede Feedback-Art beinhaltet eine evaluative Feedback-Komponente, d.h. Informationen über die Richtigkeit oder die Güte der Lösung. Feedback macht also den Erfolg oder Misserfolg bei der Aufgabenbearbeitung sichtbar. Es hat damit für künftige Situationen, in denen Aufgaben derselben Art zu bearbeiten sind, Einfluss auf den Anreizwert der Aufgabe. Ob sich das Feedback hierbei wertsteigernd oder wertmindernd auswirkt, hängt einerseits von der Güte der Aufgabenbearbeitung, andererseits von individuellen Vorerfahrungen mit entsprechenden Aufgaben ab.

Die informative tutorielle Feedback-Komponente bietet darüber hinaus strategische Informationen an, die zur Korrektur von Fehlern oder zur Überwindung von Problemen genutzt werden können. Es ermöglicht damit, auch beim Auftreten von Schwierigkeiten Lernaufgaben erfolgreich selbst zu bewältigen. Damit dürfte es Einfluss darauf haben, wie in künftigen Situationen die Schwierigkeit solcher Aufgaben und die Erfolgsaussicht eingeschätzt werden. Informatives tutorielles Feedback hat demnach mindestens zwei grundlegende motivierende Funktionen:

- eine bewertende Funktion, da es wie alle anderen Feedback-Arten Ergebnisse der Aufgabenbearbeitung sichtbar macht,
- eine ermutigende Funktion, da es Informationen anbietet, so dass auch bei Fehlern oder Schwierigkeiten Aufgaben erfolgreich bewältigt werden können.

3.2 Ableitung von Gestaltungsprinzipien

Aus dem in Kapitel 2 dargestellten empirischen und theoretischen Erkenntnisstand zu den Bedingungen und Wirkungen informativen Feedbacks lassen sich nur unzureichend Folgerungen für die systematische Entwicklung und Evaluation informativer tutorieller Feedback-Arten ableiten. Bisher gibt es zwar empirisch begründete Empfehlungen, für welche Aufgaben und Lerninhalte welche Feedback-Arten geeignet sein könnten (z.B. Smith & Ragan, 1993; s. auch Jacobs, 2003). Diese Empfehlungen beruhen jedoch auf relativ groben Aufgaben- und Feedback-Klassifikationen. Sie berücksichtigen daher weder die Multidimensionalität von Lernaufgaben noch die Multidimensionalität und die Multifunktionalität von Feedback.

Aus diesem Grund sollen im Folgenden einerseits auf der Basis des heuristischen interaktiven Feedback-Modells, andererseits auf der Basis aktueller Erkenntnisse zum Lernen mit multimedialen Lernumgebungen (z.B. Clark & Mayer, 2003) grundlegende Prinzipien für die Gestaltung informativer tutorieller Feedback-Komponenten abgeleitet werden.

3.2.1 Determinanten des Informationswertes von Feedback

Informative tutorielle Feedback-Komponenten sollten so gestaltet werden, dass sie den Lernenden wertvolle Informationen für den Lernprozess anbieten, ohne unmittelbar die Lösung zu liefern.

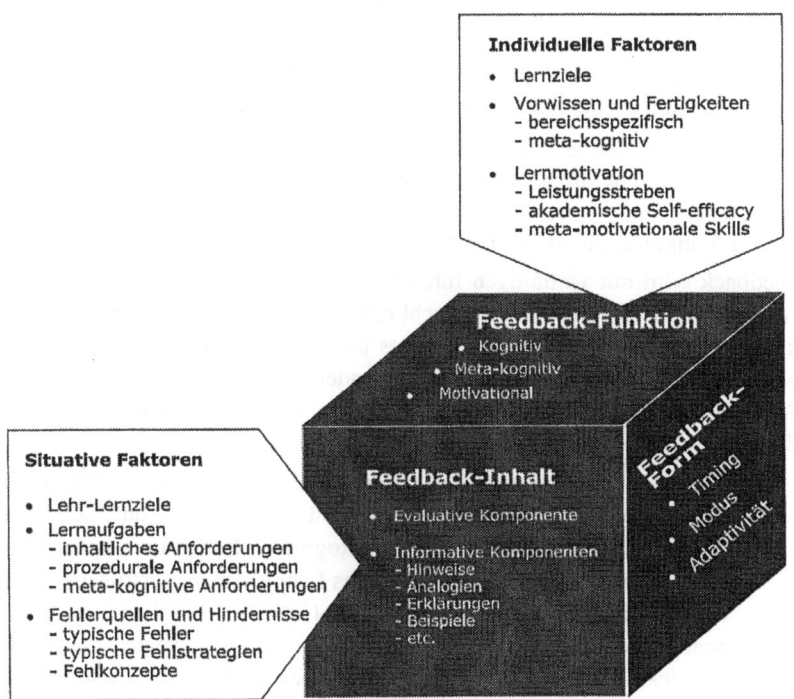

Abbildung 6:   Übersicht über Determinanten des Informationswerts von Feedback

Aus dem in Kapitel 3.1 beschriebenen heuristischen Modell zur Analyse und Untersuchung von Feedback-Effekten in Lehr-Lernsituationen sowie aus Studien, in denen untersucht wurde, welche Effekte unterschiedliche Feedback-Arten bei unterschiedlichen Aufgaben (z.B. Adelman, 1981; Andre & Thieman, 1988; Castellan & Swaine, 1977; Clariana, Ross & Morrison, 1991; Merrill, 1987), unterschiedlicher Aufgabenschwierigkeit (z.B. Clariana & Lee, 2001; Lindell, 1976) oder bei unterschiedlichen Lernvoraussetzungen haben (z.B. Clariana, 1993), lässt sich ableiten, dass bei der Gestaltung von Feedback mehrere Passungsprobleme gelöst werden müssen. Hierzu gehören die Passung zwischen Lernaufgaben und Feedback-Inhalten; die Passung zwischen Fehlern und Feedback-Inhalten sowie die Passung zwischen Lern- oder Wissensniveau der Lernenden und Feedback-Inhalten.

Bei der inhaltlichen Gestaltung von ITF-Komponenten sollten demzufolge mindestens die folgenden Faktoren berücksichtigt werden (Abb. 6):

(a) Funktion, Inhalt und Form des Feedback,

(b) Merkmale der Lehr-Lernsituation, insbesondere Lernziele, -inhalte und -aufgaben und die damit verknüpften Anforderungen,

(c) individuelle Merkmale der Lernenden wie z.B. Vorwissen oder metakognitives Wissen sowie motivationale Faktoren.

3.2.1.1 Funktion, Inhalt und Form von Feedback

Feedback wird mit vielfältigen Inhalten und Darbietungsweisen in Lern- und Arbeitsprozessen eingesetzt. Versucht man die zahlreichen Feedback-Arten zu klassifizieren, stellt man fest, dass dies unter anderem deshalb nicht gelingt, weil Feedback nicht eindimensional, sondern multidimensional ist. Wie in Abbildung 6 illustriert, müssen zur Beschreibung von Feedback mindestens drei Facetten berücksichtigt werden:

• Eine funktionale Facette, die eng mit den Lehr-Lernzielen verknüpft ist, und daher je nach Festlegung dieser Lehr-Lernziele unterschiedliche kognitive, motivationale und metakognitive Funktionen spezifizieren kann. Möchte man beispielsweise das Lehr-Lernziel verfolgen, dass die Lernenden nicht nur ihre Fehler mit Hilfe des Feedback korrigieren, sondern auch lernen Fehler zu erkennen und Korrekturstrategien zu entwickeln, muss das Feedback nicht nur eine kognitive, also eine korrigierende Funktion, sondern auch meta-kognitive Funktionen haben.

• Eine formale Facette, in der die Form und der Modus der Feedback-Präsentation festgelegt sind. Feedback kann beispielsweise mündlich oder schriftlich, unmittelbar oder verzögert, in sich verkürzenden oder festen Zeitintervallen, mit grafischen oder sprachlichen Zeichen etc. präsentiert werden.

- Eine semantische oder inhaltliche Facette, bei der man im Allgemeinen davon ausgeht, dass sie aus mindestens zwei Komponenten besteht, einer evaluativen und einer informativen Komponente. Die evaluative Komponente liefert Informationen über den erreichten Leistungsstand oder über die Korrektheit der Lösung (z.B. richtig/ falsch; % korrekt gelöster Aufgaben). Dieser evaluativen Komponente wird von manchen Autoren eine kontrollierende Funktion zugeschrieben (z.B. Keller, 1983; Kulhavy & Stock, 1989). Die informative Komponente beinhaltet zusätzliche Informationen, die sich entsprechend der intendierten Funktion(en) auf kognitive Aspekte (z.B. Fehler, Lösungsstrategien oder -schritte, Aufgabenmerkmale), meta-kognitive Strategien (z.B. Hinweise zur Relevanz von Lerninhalten oder Strategien) oder auch motivationale Aspekte (z.B. individueller Lernfortschritt) beziehen können.

3.2.1.2 Merkmale der Lehr-Lernsituation

Welche Funktionen, welche Inhalte und welche Präsentationsform bei der Feedback-Gestaltung am besten geeignet sind, hängt wesentlich von den Lehr-Lernzielen, den Lerninhalten, der Art der Lernaufgaben sowie möglichen Quellen für Fehlkonzepte und Fehler ab. Verfolgt man in einer Lehr-Lernsituation z.B. eher produktorientierte Lehr-Lernziele (z.B. Wissen einer ausgewählten Menge an Fakten), wird man den Schwerpunkt auf andere Lerninhalte legen und damit auch andere Lernaufgaben stellen, als in einer Situation, in der prozessorientierte Lehr-Lernziele (z.B. Argumentieren) im Mittelpunkt des Interesses stehen. Unterschiedliche Lernaufgaben können jedoch unterschiedliche Quellen für Fehlkonzepte bzw. Fehler beinhalten. Man muss daher auch andere Feedback-Funktionen spezifizieren und entsprechend andere Inhalte und Präsentationsformen auswählen. Entscheidungen bzgl. der drei Feedback-Facetten müssen also so gefällt werden, dass eine Passung zwischen Merkmalen der Lehr-Lernsituation, insbesondere den Lehr-Lernzielen und Feedback hergestellt wird (siehe auch Hannafin, Hannafin & Dalton, 1993; Schimmel, 1988; Smith & Ragan, 1993).

3.2.1.3 Merkmale der Lernenden

Wie die mit dem Feedback präsentierte Information verarbeitet und genutzt werden kann, hängt wesentlich von individuellen Lernvoraussetzungen ab. Bei Lernenden mit einem hohen Kenntnisniveau genügt es für die Fehlerkorrektur, den Ort des Fehlers zu kennzeichnen, während bei Lernenden mit ge-

ringem Kenntnisniveau häufig noch Angaben zu Art und Ursache sowie zu
möglichen Korrekturstrategien notwendig sind, damit sie in der Lage sind,
ihre Fehler zu beheben. Meta-Analysen (z.B. Azevedo & Bernard, 1995;
Bangert-Drowns et al., 1991; Mory, 1996) und die Ansätze von Butler und
Winne (1995) sowie Kluger und DeNisi (1996) weisen darüber hinaus darauf
hin, dass auch individuelle Unterschiede in motivationalen Faktoren (z.B.
akademisches Selbstkonzept, akademisches Leistungsstreben) und metakognitiven Strategien beeinflussen, wie Lernende die angebotene Feedback-Information nutzen und verarbeiten. Der Informationswert eines bestimmten
Feedbacks kann also in Abhängigkeit von individuellen Lernvoraussetzungen
erheblich variieren, d.h. unterschiedliche Lernende können mit ein und dem-
selben Feedback unterschiedlich gut lernen. Für die Feedback-Gestaltung bedeutet dies, dass man Strategien entwickeln muss, wie man eine Passung zwischen den Voraussetzungen der Lernenden und Feedback herstellen kann.

3.2.2   Auswahl der Funktionen der tutoriellen Feedback-Komponenten

Den Ausgangspunkt für die systematische Gestaltung von informativem tutoriellem Feedback bildet eine sorgfältige Auswahl und Spezifikation der intendierten Feedback-Funktionen. Hierbei ist zu beachten, dass in Lehr-Lernsituationen in der Regel mehrere Feedback-Funktionen gleichzeitig bedeutsam sein
können. Kognitive, meta-kognitive sowie motivationale Feedback-Funktionen
schließen sich daher nicht grundsätzlich aus, sollten aber sorgfältig ausgewählt und aufeinander abgestimmt werden.

Um Feedback-Funktionen spezifizieren und aufeinander abstimmen zu
können, müssen die (curricular vorgegebenen) Lehr-Lernziele konkretisiert,
d.h. im Sinne konkreter Lernergebnisse operationalisiert werden. Die Multi-
funktionalität von Feedback hat zur Konsequenz, dass hierbei neben kognitiven Lernergebnissen auch meta-kognitive und motivationale Ergebnisse des
Lernprozesses ausgewählt und/oder spezifiziert werden sollten. Entsprechend
dieser Lernziel-Spezifikationen können dann für die in der Lehr-Lernsituationen typischen Aufgaben und Lernereignisse sowie für verschiedene Lern-
niveaus Feedback-Funktionen ausgewählt werden.

3.2.3   Auswahl der Inhalte der tutoriellen Feedback-Komponenten

Die systematische Auswahl inhaltlicher Feedback-Komponenten setzt voraus,
dass die in der gegebenen Lehr-Lernsituation relevanten Anforderungen sowie
mögliche typische Fehler oder Probleme, die bei der Bewältigung dieser Anforderungen auftreten können, bekannt sind. Des Weiteren ist es notwendig,
mögliche Ursachen für diese Fehler und Probleme zu identifizieren, um auf

dieser Grundlage Informationskomponenten ableiten zu können. Sind die Anforderungen, die Fehler sowie die Fehlerquellen nicht bekannt, kann man sie mit Hilfe kognitiver Aufgaben- und Fehleranalysen bestimmen (z.B. Jonassen, Tessmer & Hannum, 1999; VanLehn, 1990; VanLehn et al., 2005).

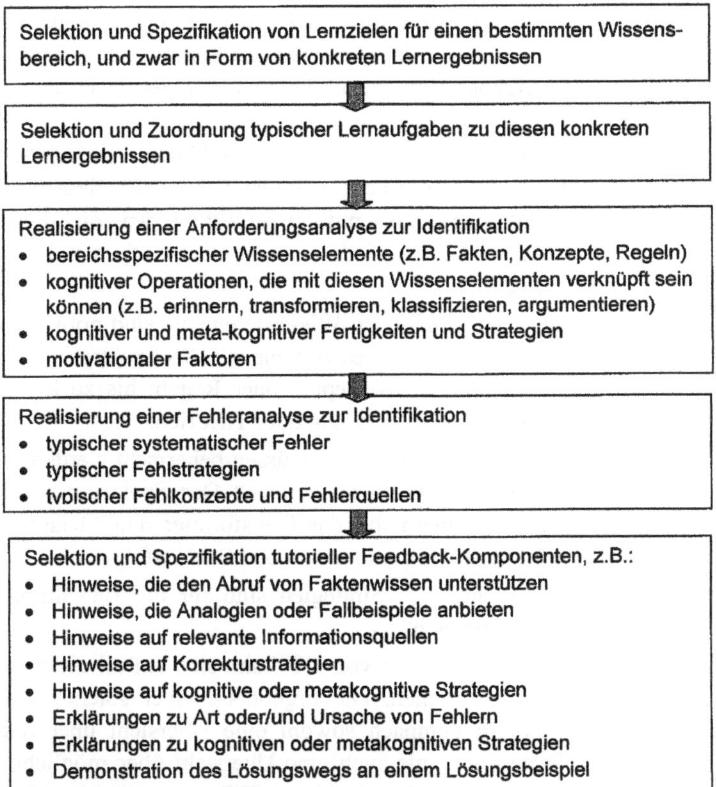

Selektion und Spezifikation von Lernzielen für einen bestimmten Wissensbereich, und zwar in Form von konkreten Lernergebnissen

Selektion und Zuordnung typischer Lernaufgaben zu diesen konkreten Lernergebnissen

Realisierung einer Anforderungsanalyse zur Identifikation
- bereichsspezifischer Wissenselemente (z.B. Fakten, Konzepte, Regeln)
- kognitiver Operationen, die mit diesen Wissenselementen verknüpft sein können (z.B. erinnern, transformieren, klassifizieren, argumentieren)
- kognitiver und meta-kognitiver Fertigkeiten und Strategien
- motivationaler Faktoren

Realisierung einer Fehleranalyse zur Identifikation
- typischer systematischer Fehler
- typischer Fehlstrategien
- typischer Fehlkonzepte und Fehlerquellen

Selektion und Spezifikation tutorieller Feedback-Komponenten, z.B.:
- Hinweise, die den Abruf von Faktenwissen unterstützen
- Hinweise, die Analogien oder Fallbeispiele anbieten
- Hinweise auf relevante Informationsquellen
- Hinweise auf Korrekturstrategien
- Hinweise auf kognitive oder metakognitive Strategien
- Erklärungen zu Art oder/und Ursache von Fehlern
- Erklärungen zu kognitiven oder metakognitiven Strategien
- Demonstration des Lösungswegs an einem Lösungsbeispiel
- Demonstration des korrekten Lösungswegs
- Leitfragen

Abbildung 7: Auswahl und Spezifikation von ITF-Komponenten

Im Einzelnen bedeutet dies die folgenden Arbeitsschritte für die Auswahl inhaltlicher Feedback-Komponenten (s. Abb. 7):

1. In einem ersten Schritt müssen ausgehend von übergeordneten Lehr-Lernzielen wie sie in Lehrplänen und/oder anderen Curricula festgehalten sind (z.B. Wissen und Anwenden der Grundrechenregeln im

Zahlenraum bis 1000), konkrete Lehr-Lernziele ausgewählt und im Sinne operationalisierbarer Lernergebnisse spezifiziert werden (z.B. Erkennen, wann welche Regel anzuwenden ist, korrektes Rechnen mit der Regel).

2. Feedback wird in der Regel nach der Bearbeitung von Lernaufgaben angeboten. Lernaufgaben bilden daher den Ausgangspunkt für die Gestaltung von Feedback. In einem zweiten Schritt sollten demzufolge typische Lernaufgaben den spezifizierten Lernergebnissen zugeordnet werden.

3. Da Lernaufgaben multidimensional sind (vgl. hierzu Narciss, Proske & Körndle, 2004) sollten in einem weiteren Schritt für diese typischen Aufgaben Anforderungsanalysen durchgeführt werden. Ziel dieser Anforderungsanalysen ist es, für jede der typischen Aufgaben die folgenden Fragen zu klären:

   (a) Welche bereichsspezifischen Wissenselemente sind notwendig, um die Aufgabe erfolgreich lösen zu können? Das Spektrum reicht hier von einfachen Fakten, Konzepten oder Regeln bis zu komplexen Konzepten, Prinzipien, Modellen oder Theorien.

   (b) Welche kognitiven Operationen müssen beherrscht werden, um die Aufgabe erfolgreich lösen zu können? Das Spektrum reicht hier vom einfachen Erinnern über das Transformieren und Klassifizieren bis zum komplexen Argumentieren und Schlussfolgern.

   (c) Welche metakognitiven Strategien sind für die Bewältigung der Lernaufgaben hilfreich?

   Die informative Komponente von ITF kann sich auf all diese Aspekte einer Lernaufgabe beziehen. Die Ergebnisse einer solchen Anforderungsanalyse liefern demnach sowohl eine Übersicht über relevante Aufgabenanforderungen als auch eine Übersicht über mögliche informative Elemente, die zur Gestaltung von ITF genutzt werden können.

4. Da Feedback vor allem dann wichtig ist, wenn die Lernenden Fehler machen oder auf Hindernisse bei der Bewältigung von Lernaufgaben stoßen, sollte als ein weiterer wichtiger Schritt eine Fehleranalyse durchgeführt werden. Hierbei muss festgestellt werden, bei welchen Aufgaben sich welche Fehler häufen, welche Aufgabenanforderungen zu diesen Fehlern geführt haben könnten und welche Fehlkonzepte oder Fehlstrategien diesen Fehlern zugrunde liegen könnten. Ziel dieser Fehleranalyse ist es, für jede Aufgabe anzugeben, welche Aufgabenanforderungen zu Fehlern führen könnten.

5. Die Ergebnisse der Aufgaben- und der Fehleranalyse können in einem letzten Schritt dazu genutzt werden, hilfreiche Informationskomponenten für die Bewältigung der Lernaufgaben bzw. für die Korrektur von typischen Fehlern auszuwählen. Solche Komponenten können beispielsweise allgemeine oder spezifische Korrekturhinweise, Hinweise auf Informationsquellen, Hinweise auf allgemeine oder spezifische Lösungsstrategien, Hinweise auf relevante metakognitive Strategien oder auch Leitfragen im Sinne des Sokratischen Dialogs sein (s. Abb. 7; vgl. auch Merrill, Reiser, Ranney & Trafton, 1992; Narciss & Huth, 2004).

3.2.4 Formale Gestaltung des informativen tutoriellen Feedback

In vielen Studien, in denen verschieden komplexe elaborierte Feedback-Arten hinsichtlich ihrer Wirksamkeit verglichen wurden, zeigt sich, dass die Auswahl geeigneter Feedback-Informationen eine notwendige, aber keine hinreichende Bedingung für die Effizienz von Feedback ist (z.B. Anderson et al., 1971; Kulhavy et al., 1985). Neben den in Kapitel 2.3 beschriebenen individuellen Faktoren, die Einfluss darauf haben, ob die Lernenden die Feedback-Informationen sinnvoll verarbeiten, beeinflusst auch die Form und der Modus der Feedback-Präsentation, wie Feedback-Informationen verarbeitet werden (können). Die bisherige Feedback-Forschung weist beispielsweise darauf hin, dass negative Auswirkungen aufgrund der formalen Gestaltung von Feedback dann auftreten, wenn (a) nicht ausreichend kontrolliert wurde, dass die Lernenden das Feedback erst nach der Aufgabenbearbeitung zur Verfügung haben und (b) elaborierte Feedback-Komponenten gleichzeitig mit knowledge of the correct result angeboten werden.

Aus dem in Kapitel 3.1 dargestellten heuristischen Modell lässt sich darüber hinaus ableiten, dass negative Auswirkungen aufgrund der formalen Feedback-Gestaltung auch dann zu erwarten sind, wenn (c) wenn sehr umfangreiche elaborierte Feedback-Komponenten auf einmal präsentiert werden und den Lernenden keine Gelegenheit gegeben wird, die Feedback-Information für einen nächsten Lösungsversuch zu nutzen, und (d) nicht ausreichend sicher gestellt wurde, dass das Lernkriterium erreicht wurde, also eine stabile Übereinstimmung von interner und externer Aufgabenrepräsentation hergestellt wurde. Des Weiteren liefern Studien zur lernförderlichen Präsentation von Informationen in multimedialen Lehr-Lernumgebungen Hinweise für die Feedback-Präsentation (z.B. Clarks & Mayer, 2003; Mayer, 2001; Mayer & Moreno, 2002, 2003).

Vor dem Hintergrund dieser empirisch und theoretisch begründeten Überlegungen ergeben sich für die Auswahl und Spezifikation von Form und

Modus der Feedbackpräsentation die folgenden Prinzipien (vgl. Narciss & Huth, 2004):

(a) Feedback, insbesondere knowledge of the correct response (KCR) sollte erst dann präsentiert werden, wenn die Lernenden selbst versucht haben, die Aufgaben zu bearbeiten. Wenn KCR-Feedback zur Verfügung steht, bevor die Lernenden einen eigenen Lösungsversuch unternehmen, besteht eine hohes Risiko, dass die Lernenden sich nicht selbst anstrengen, um die Lösung zu erarbeiten, sondern diese einfach abschreiben. Das von Kulhavy (1977) eingeführte Konzept der „presearch availability" bezieht sich auf dieses Problem. Meta-Analysen zeigen, dass in Studien, in denen die „presearch availability" nicht sorgfältig kontrolliert wurden, keine oder sehr geringe Feedback-Effekte zu verzeichnen sind, während in Studien, in denen sie sorgfältig kontrolliert wurden, positive Feedback-Effekte zu beobachten sind (siehe z.B. Anderson et al., 1971; 1972; Bangert-Drowns et al., 1991).

(b) Elaborierte Feedback-Komponenten, insbesondere tutorielle Komponenten, sollten nicht unmittelbar zusammen mit Angaben zur korrekten Lösung (KCR) angeboten werden. Studien, in denen elaborierte Feedback-Komponenten unmittelbar mit KCR kombiniert wurden, zeigen, dass diese Kombination einem einfachen KCR-Feedback nicht überlegen ist (z.B. Kulhavy et al., 1985; Phye & Bender, 1989). Ähnlich wie beim oben skizzierten Problem der „presearch availability" erhöht sich durch die kombinierte Präsentation von elaborierten Komponenten und KCR das Risiko, dass die Lernenden oberflächliche Verarbeitungsstrategien anwenden (vgl. Schimmel, 1988). Die elaborierten Informationskomponenten werden hierbei nur flüchtig oder gar nicht bearbeitet, da durch das Bereitstellen der Lösung die Notwendigkeit einer vertieften Verarbeitung nicht gesehen wird.

(c) Elaborierte, insbesondere tutorielle Feedback-Komponenten sollten nicht auf einmal, sondern schrittweise mit Hilfe eines Multiple-Try-Feedback-Algorithmus präsentiert werden. Dieser Mulitple-Try-Feedback-Algorithmus sollte so gestaltet sein, dass bei jedem Schritt mehr Unterstützung angeboten wird und die angebotenen Informationen unmittelbar für einen neuen Lösungsversuch genutzt werden können (vgl. auch Wood & Wood, 1999). Man kann beispielsweise in einem ersten Schritt nur Informationen über die Richtigkeit der Lösung, also KR anbieten, in einem zweiten Schritt den Fehlerort und die Fehlerart angeben, in einem dritten Schritt fehlerspezifische Korrekturhinweise geben und in einem letzten Schritt demonstrieren, wie die Aufgabe korrekt bearbeitet wird. Präsentiert man komplexe elaborierte Feedback-Komponenten auf einmal, kann dies nicht nur zu oberflächlichen Verarbeitungsstrategien verleiten, sondern auch zu einer kognitiven Überlastung („cognitive overload") führen, da die menschliche Kapazität Informationen zu verarbeiten, begrenzt ist (z.B. Chandler & Sweller, 1991; 1992; Sweller, van Merrienboer & Paas, 1998). Darüber hinaus ermöglicht die schrittweise Präsentation nicht nur das Abfangen von Flüchtigkeitsfehlern, sondern auch für jeden Lernenden nur so viel Information anzubieten, wie er oder sie zur Korrektur von Fehlern oder zur Überwindung von Hindernissen benötigt. Für einige Lerner genügt es, KR-Feedback oder KR in Verbindung mit Angaben zu Fehlerort und -art anzubieten, andere Lerner benötigen zusätzliche strategische und oder konzeptuelle Informationen. Die schrittweise Präsentation von Feedback-Komponenten stellt daher eine ziemlich ökonomische Strategie dar, Feedback-Inhalte an die Bedürfnisse der Lernenden anzupassen.

(d) Solange keine stabile Übereinstimmung zwischen externem und internem Soll-Wert hergestellt ist, sollte man die Lernenden nicht mit neuen Anforderungen, d.h. mit einer neuen Art von Aufgaben konfrontieren. Man sollte ihnen vielmehr die Gelegenheit geben, die neu erworbenen Kenntnisse und Fertigkeiten auf weitere Aufgaben derselben Art anzuwenden. Geht man wie in der vorliegenden Arbeit davon aus, dass in einer Lehr-Lernsituation mit externem Feedback eine relativ stabile Übereinstimmung zwischen extern festgelegtem Soll-Wert bzw. Lernkriterium und internem Soll-Wert hergestellt werden muss, empfiehlt es sich, genau zu definieren, wann diese stabile Übereinstimmung erreicht ist (z.B., wenn mindestens zwei Aufgaben einer Aufgabenklasse nacheinander und ohne weitere Unterstützung korrekt gelöst wurden). Geht man im Lernprozess weiter, bevor eine stabile Übereinstimmung hergestellt wurde, kann es zu Interferenzeffekten oder dem Ausprobieren aller möglichen Fehlstrategien kommen („bug migration" VanLehn, 1990). Lernende sollten demzufolge erst dann mit neuen Anforderungen konfrontiert werden, wenn sie die aktuellen erfolgreich bewältigen.

(e) Elaborierte ITF-Komponenten sollten nach dem Prinzip der zeitlich-räumlichen Nähe präsentiert werden, und zwar so, dass die Lernenden ihre individuelle Lösung mit den ITF-Komponenten vergleichen können. Elaborierte ITF-Komponenten können sehr umfangreich sein. In

computer-unterstützten Lehr-Lernsituationen sollten daher alle Möglichkeiten der Multimodalität moderner Informationstechnologien aus-
geschöpft werden. Hierbei sind neben dem Prinzip der Kontiguität auch
die Prinzipien der Redundanz, der Kohärenz und der Multimodalität zu
beachten, um Interferenz-Effekten oder perzeptuellen und kognitiven
Überlastungen vorzubeugen (z.B. Clark & Mayer, 2003; Mayer 2001).
Dies bedeutet, dass Feedback nicht automatisch als Textfenster erscheinen, sondern eher als gesprochener Text präsentiert werden sollte, da
vor allem bei komplexem Feedback ein Textfenster den eigentlichen
Aufgabenbereich überdecken könnte. Bei einer auditiven Präsentation
kann darüber hinaus das interaktive Potenzial moderner Medien so genutzt werden, dass zur auditiv präsentierten Erklärung simultan die entsprechenden Arbeitsschritte visuell demonstriert werden (Multimodali-
täts-Prinzip). Die visuellen und auditiven Informationen sollten sich
hierbei ergänzen und nicht unnötig redundant sein (Redundanz-Prin-
zip).

3.3   Ableitung von Evaluationsprinzipien

Vor dem Hintergrund der im Vorangegangenen abgeleiteten Gestaltungsprinzipien wird deutlich, dass informatives tutorielles Feedback (ITF) eine multi-
dimensionale Instruktionsmaßnahme ist. Das in Kapitel 3.1 dargestellte heuristische Modell weist darüber hinaus darauf hin, dass ITF seine Wirkungen in
Interaktion mit der lernenden Person, also einem komplexen informationsver-
arbeitenden System, entfaltet. Dies bedeutet, dass die Wirkungen von ITF
nicht generell, sondern nur unter bestimmten situativen und individuellen Bedingungen zum Tragen kommen könnten. Möchte man die Effekte unterschiedlicher ITF-Arten untersuchen, sind demzufolge prinzipiell die folgenden
Fragen zu klären:

- Welche inhaltlichen, formalen und funktionalen Unterschiede gibt es
  zwischen den zu untersuchenden ITF-Arten?
- Welche Wirkungen sind für diese ITF-Arten zu erwarten?
- Zu welchem Zeitpunkt und über welchen Zeitraum sind diese Wirkungen zu erwarten?
- Unter welchen situativen und/oder individuellen Bedingungen sind
  diese Wirkungen überhaupt zu erwarten?

Im Folgenden sollen einige grundlegende methodische Überlegungen dargestellt werden, die bei der Bearbeitung dieser Fragen zu beachten sind. Diese

methodischen Überlegungen gründen sich einerseits auf das in Kapitel 3.1 aufgestellte heuristische Modell, andererseits auf Erkenntnisse der Feedback-forschung (s. Kap. 2, S. 14ff.) und experimentellen Lehr-Lernforschung (z.b. Postman, 1976) sowie auf Erkenntnisse der Forschung zur Evaluation von psychologischen Instruktions- bzw. Trainingsmaßnahmen (z.b. Hager, Patry & Brezing, 2000; Klauer, 2001; Kirkpatrick, 1959, 1960).

3.3.1 Multiple Gestaltung des informativen tutoriellen Feedback

Die Vielzahl der Gestaltungsmöglichkeiten für informatives tutorielles Feed-back (ITF) hat zur Konsequenz, dass bei der Evaluation von ITF-Arten sehr sorgfältig beschrieben werden muss, wie die zu untersuchenden ITF-Arten gestaltet wurden. Vor dem Hintergrund der in Abschnitt 3.2.1 (S. 81ff.) darge-stellten Feedback-Dimensionen und -Facetten bedeutet dies, dass einerseits eine sorgfältige Darstellung des untersuchten Lehr-Lernkontextes, speziell der in diesem Kontext relevanten Ziele, typischen Lernaufgaben und vor allem typischen Fehler erfolgen sollte. Andererseits bedeutet dies, dass für jede der verwendeten ITF-Arten die intendierten Funktionen, die ausgewählten inhalt-lichen ITF-Komponenten und der Modus sowie die Form der Feedback-Prä-sentation erläutert werden müssen. Mit Blick auf die bereits erwähnten Pas-sungsprobleme, die bei der Gestaltung von ITF gelöst werden müssen, gilt es hierbei auch Angaben darüber zu machen, ob und gegebenenfalls wie die Pas-sung zwischen Lehr-Lernzielen und Feedback, zwischen Aufgabenanforde-rungen und Feedback, zwischen typischen Fehlern und Feedback sowie zwi-schen individuellem Lernniveau und Feedback hergestellt wird. Diese sorg-fältigen Beschreibungen der Dimensionen und Facetten der zu untersuchenden ITF-Arten sind eine wesentliche Voraussetzung dafür, die inhaltlichen, for-malen und funktionalen Unterschiede zwischen den zu untersuchenden Feed-back-Arten analysieren bzw. bestimmen zu können.

3.3.2 Multiple Wirkungsebenen des informativen tutoriellen Feedback

Informatives tutorielles Feedback (ITF) soll Lehr-Lernprozesse so regulieren, dass die Lernenden das notwendige Wissen und die notwendigen Fertigkeiten erwerben, um die für die Bearbeitung von Lernaufgaben relevanten kogniti-ven, meta-kognitiven und motivationalen Anforderungen zu bewältigen. Das heuristische Modell geht demzufolge davon aus, dass ITF-Komponenten nicht nur Einfluss auf kognitive, sondern auch auf motivationale und meta-kogni-tive Faktoren des Lernprozesses haben können (vgl. Butler & Winne, 1995; Kluger & DeNisi, 1996; Mory, 1996). Die Untersuchung der Wirksamkeit von ITF-Komponenten erfordert daher eine differenzierte Untersuchung des Lernprozesses, bei der nicht nur die Frage, ob Feedback wirksam ist, sondern vielmehr die Frage welche ITF-Komponente welche spezifischen Wirkungen hat, geklärt werden sollte. Die Klärung dieser Frage erfordert neben globalen Leistungsmaßen auch spezifische Indikatoren für die Erfassung dieser unterschiedlichen Wirkungen.

Bei der differenzierten Untersuchung eines Lehr-Lernprozesses mit informativem turoriellem Feedback ist zu beachten, dass in Lehr-Lernprozessen nicht nur Veränderungen im beobachtbaren Verhalten, sondern auch in den diesem Verhalten zugrunde liegenden kognitiven, meta-kognitiven und motivationalen Strategien und Prozessen stattfinden können. Wie in anderen Evaluationsstudien ist hierbei von grundlegender Bedeutung, dass für die intendierten oder auch vermuteten Wirkungen äußerst sorgfältig Indikatoren ausgewählt werden, anhand derer mögliche Veränderungen erfasst werden können (vgl. hierzu Hager, 2000; Wottawa & Thierau, 1998). Das können in Anlehnung an Kirkpatricks Evaluationsansatz (1959, 1960) sowohl Indikatoren für beobachtbare Lern- und Motivationsaspekte sein (z.B. Anzahl korrigierter Fehler, Zeit für die Bearbeitung der Aufgaben) als auch berichtbare Indikatoren wie z.B. Einschätzungen bzgl. der Selbstbewertung der Leistung oder des Lernfortschritts oder bzgl. des Nutzens der Feedback-Information. Tabelle 6 illustriert, wie solche Indikatoren für die in Abschnitt 3.1.3 (S. 76ff.) genannten Feedback-Funktionen abgeleitet werden können.

Bei der Ableitung berichtbarer Indikatoren stellt sich das Problem, dass sich die beobachtbaren und vor allem auch die berichtbaren Indikatoren für die erwarteten kognitiven und meta-kognitiven Effekte kaum trennen lassen. In Tabelle 6 werden daher die möglichen berichtbaren Indikatoren für die kognitiven und meta-kognitiven Wirkungen in einer Zelle zusammengefasst. Auch die beobachtbaren Indikatoren für die motivationalen Effekte (z.B. Steigerung der Anstrengung oder Ausdauer) sind nicht völlig unabhängig von den beobachtbaren Indikatoren für die kognitiven bzw. meta-kognitiven Effekte (vgl. auch Annett, 1969). Die Anzahl der in einer Lehr-Lernsituation bearbeiteten Aufgaben ist beispielsweise ein Indikator dafür, inwiefern sich das Feedback auf die Bereitschaft, sich überhaupt auf die Bearbeitung von Aufgaben einzulassen, auswirkt. Wer jedoch viele Aufgaben bearbeitet, kann auch mehr Fehler machen bzw. bei mehr Aufgaben das Lernkriterium erreichen. Ebenso ist die investierte Zeit ein Indikator für die Anstrengungsbereitschaft. Doch auch hier gilt, dass bei einer längeren Arbeitszeit auch mehr Aufgaben bearbeitet werden können.

Tabelle 6: Ableitung von Indikatoren für die Untersuchung von kognitiven, meta-kognitiven und motivationalen Feedback-Effekten

Feedback-Funktionen	Erwartete Wirkungen	Indikatoren für die erwarteten Wirkungen	
		Beobachtbar	Berichtbar, d.h. über Fragen erfassbar
Kognitiv			
• Informieren • Ergänzen • Korrigieren • Diskriminieren • restrukturieren	• Fehler werden erkannt • Fehlendes Wissen wird ergänzt • Falsches Wissen wird korrigiert • Ungenaues Wissen wird präzisiert • Falsch verknüpfte Elemente werden neu zugeordnet	• Anzahl korrigierter Fehler • Anzahl korrekt/falsch gelöster Aufgaben • Anzahl von Aufgaben, bei denen das Lernkriterium erreicht wurde	• Antwortsicherheit • Einschätzungen bzgl. möglicher Fehler • Einschätzung bzgl. der Nützlichkeit der angebotenen Feedback-Informationen
Meta-kognitiv			
• Informieren • Ergänzen • Korrigieren • Lenken	• Falsche Strategien werden erkannt • Fehlende Strategien werden ergänzt • Falsche Strategien werden korrigiert • Strategien werden mehr beachtet	• Anzahl von Aufgaben, die benötigt wurden, um das Lernkriterium zu erreichen • Abruf von Informationen • Lösungsschritte • Spezifische Strategien	
Motivational			

• Anreiz erhöhen
• Schwierigkeit reduzieren
• Erfolgswahrscheinlichkeit erhöhen
• Anstrengung & Erfolg verknüpfen
• Chance auf Erleben von Kompetenzzuwachs erhöhen
	• Attraktivität von Aufgaben nimmt zu
	• Bereitschaft Aufgaben zu bearbeiten, nimmt zu
	• Erfolgszuversicht nimmt zu
	• Anstrengungsbereitschaft nimmt zu
	• Ausdauerbereitschaft nimmt zu
	• Selbstbewertung wird positiver
		• Anzahl bearbeiteter Aufgaben
		• Investierte Zeit
		  - für Aufgaben-Bearbeitung
		  - für Feedback-Bearbeitung
		• Anzahl von Aufgaben, bei denen die Lernenden aufgegeben haben
			• Interessantheit von Aufgaben
			• Spaß bei der Aufgabenbearbeitung
			• Bereitschaft, künftig Aufgaben zu bearbeiten
			• Subjektive Aufgabenschwierigkeit
			• Erwartungen (z.B. Self-Efficacy)
			• Subjektive Leistungseinschätzung
			• Zufriedenheit mit der Leistung

Aus diesem Grund erscheint es gerade im Hinblick auf die motivationalen Effekte sinnvoll, nicht nur beobachtbare, sondern auch berichtbare Indikatoren
abzuleiten. Dies gilt insbesondere vor dem Hintergrund der Tatsache, dass in
zahlreichen Untersuchungen zur Motivation in Lehr-Lernsituationen solche
berichtbaren Indikatoren verwendet werden und es damit zahlreiche Erfahrungen zur Operationalisierung solcher Indikatoren gibt (eine Übersicht findet
sich bei Wigfield & Eccles, 2002).

3.3.3   Multiple Wirkungszeitpunkte und Wirkungszeiträume

Anhand des heuristischen Modells wird deutlich, dass eine wesentliche Funktion von informativem tutoriellen Feedback (ITF) darin besteht, bei einer Diskrepanz zwischen externer und interner Repräsentation der Aufgabenanforderungen Regulationsmaßnahmen anzuregen, die dazu dienen, eine relativ überdauernde Übereinstimmung zwischen der externen und internen Repräsentation der Aufgabenanforderungen herzustellen. ITF wird also als Instruktionsmaßnahme aufgefasst, die Lernprozesse im Sinne einer relativ überdauernden
Veränderung von Verhalten und die dem Verhalten zugrunde liegenden Wissensstrukturen und -prozesse unterstützt. Da Regulationsprozesse bzw. Veränderungen in der Regel Zeit benötigen, stellen sich vor dem Hintergrund des
heuristischen Modells unter anderem die folgenden Fragen:

- Wie lange dauert es, bis eine relativ überdauernde Übereinstimmung zwischen externer und interner Aufgabenrepräsentation
  hergestellt ist?

- Bei wie vielen unterschiedlichen Aufgaben des ausgewählten Wissensbereichs gelingt das Herstellen einer relativ überdauernden
  Übereinstimmung?

Diese Fragen sind vor allem dann von Interesse, wenn die Wirkungen von
ITF-Arten untersucht werden, die nach den in Kapitel 3.2 beschriebenen Gestaltungsprinzipien entwickelt wurden (s. S. 80ff.). Die Untersuchung dieser
Fragen setzt nämlich voraus, dass mit dem Feedback nicht unmittelbar die
Lösung präsentiert wird, sondern strategische oder konzeptionelle Informationen angeboten werden. Die Lernenden sollten darüber hinaus die Gelegenheit
bekommen, die angebotenen Informationen direkt für einen neuen Lösungsversuch anwenden zu können. Darüber hinaus sollten die ITF-Komponenten
wiederholt präsentiert werden, falls die Korrektur von Fehlern nicht beim
ersten Mal gelingt.

Das Ausmaß der Diskrepanz zwischen externer und interner Aufgabenrepräsentation hat Einfluss darauf, wie lange es dauert, bis eine Übereinstimmung zwischen den beiden Repräsentationen hergestellt werden kann. Zur Untersuchung dieser Fragen ist es demzufolge wichtig, in einem Prätest dieses Ausmaß der Diskrepanz zu erfassen. Die von Bangert-Drowns et al. (1991) gewonnene Erkenntnis, dass in Studien, in denen ein Prätest verwendet wurde, geringere Feedback-Effekte zu verzeichnen sind als in Studien ohne Prätest, sollte demzufolge nicht dazu führen, in Feedback-Studien eine Messung der Baseline wegzulassen.

Zur Untersuchung dieser Fragen ist es des Weiteren notwendig, Kriterien festzulegen, anhand derer nicht nur die Übereinstimmung, sondern auch die relative Stabilität der Übereinstimmung zwischen externer und interner Aufgabenrepräsentation überprüft werden kann. Prinzipiell ist hierbei anzunehmen, dass eine Übereinstimmung erst dann gegeben ist, wenn die Lernenden die Aufgabenanforderungen auch ohne ITF-Unterstützung erfolgreich bewältigen. Des Weiteren ist anzunehmen, dass eine relative Stabilität der Übereinstimmung erst dann vorliegt, wenn diese erfolgreiche Bewältigung der Aufgabenanforderungen wiederholt werden kann. Es genügt also nicht zu untersuchen, inwiefern die Lernenden in der Lage sind, mit Hilfe der ITF-Komponenten die gegebene Aufgabe zu lösen. Man sollte vielmehr auch untersuchen, inwiefern die Lernenden in der Lage sind, das erworbene Wissen auf weitere Aufgaben derselben Art zu transferieren. Da Veränderungen während des Treatments sowie kurz- oder langfristig nach dem Treatment auftreten können, empfiehlt es sich, hierzu sowohl Daten während des Treatments als auch Daten nach dem Treatment zu erfassen (vgl. hierzu auch Phye, 1991, 2001; Phye & Sanders, 1994). Diese Empfehlungen decken sich mit grundsätzlichen methodischen Überlegungen wie sie z.B. in der experimentellen Lernforschung (z.B. Postman, 1976) sowie in der Forschung zur Evaluation von Interventions- und Trainingsmaßnahmen diskutiert werden (eine Übersicht findet sich bei Hager, Patry & Brezing, 2000).

3.3.4 Multiple Wirkungsbedingungen

Anhand des in Kapitel 2 dargestellten empirischen und theoretischen Erkenntnisstandes sowie anhand des heuristischen Modells wird deutlich, dass es zahlreiche situative und individuelle Faktoren gibt, die Einfluss darauf haben, welche Effekte wann und wie lange beim Lernen mit externem Feedback auftreten können.

Wie lange es beispielsweise dauert, bis Fehler mit Hilfe von informativen tutoriellen Feedback-Komponenten behoben werden können, hängt ab von

(a) den individuellen Voraussetzungen der Lernenden,

(b) der Qualität der ITF-Komponenten,

(c) der Art, Komplexität und Schwierigkeit der Aufgaben sowie

(d) der Art der Fehler.

Bei Lernenden mit einem hohen Fähigkeitsniveau oder bei einfachen Aufgaben oder Flüchtigkeitsfehlern genügt beispielsweise ein einfaches knowledge of result-Feedback, um beim nächsten Lösungsversuch die korrekte Lösung anzuregen. Bei Lernenden mit einem geringen Lernniveau, bei sehr komplexen und sehr schwierigen Aufgaben oder auch bei gravierenden Fehlern kann es möglich sein, dass ITF-Komponenten nicht ausreichen, um die hohen Anforderungen zu bewältigen (vgl. Birenbaum & Tatsuoka, 1987; Clariana & Lee, 2001; Nagata, 1997).

Die Wirkungen unterschiedlicher Feedbackbedingungen hängen des Weiteren wesentlich davon ab, wie die Lernenden die gegebenen Informationen verarbeiten und interpretieren. Hierbei spielen neben kognitiven Voraussetzungen (z.B. Vorwissen, strategisches Wissen) vor allem auch individuelle motivationale Voraussetzungen wie Self-Efficacy oder Leistungsmotivation eine große Rolle. Um differenzierte Aussagen über die Wirkungen unterschiedlicher Feedback-Arten treffen zu können, müssten demzufolge nicht nur die kognitiven, sondern auch die individuellen motivationalen Voraussetzungen sowie die Art und Weise der individuellen Feedback-Verarbeitung kontrolliert werden (vgl. Morrison et al., 1995; Mory, 1992; 1996).

3.4   Zusammenfassende Diskussion und Schlussfolgerungen

In den bisherigen Erklärungsansätzen zur Inkonsistenz von Feedback-Befunden standen individuelle Faktoren und Prozesse, die die Wirksamkeit von Feedback beeinflussen, im Mittelpunkt des Interesses. Die Bedeutung der inhaltlichen und formalen Feedback-Qualität wurde in diesen Ansätzen eher randständig bearbeitet. Mit Hilfe eines heuristischen Modells, das Erkenntnisse aus Lehr-Lernmodellen, systemtheoretische Annahmen und wesentliche Erkenntnisse der bisherigen Feedback-Forschung verbindet, wurde daher der zentrale Stellenwert der inhaltlichen und formalen Feedback-Qualität herausgearbeitet.

Dieses heuristische Modell ist von der Grundkonzeption her ein Regelkreis-Modell mit zwei interagierenden Regelkreisen: einem internen Regelkreis, in dem das interne Feedback, also die direkt dem Lernenden zugängige Ist-Größe verarbeitet wird, und einem externer Regelkreis, in dem die durch das Lehrmedium (z.B. Lehrer, Lernprogramm oder auch Experimentator) erfasste Ist-Größe verarbeitet wird.

Aus diesem Modell lässt sich ableiten, dass zur Untersuchung der Wirksamkeit von Feedback mindestens die folgenden Fragen berücksichtigt werden müssen:

- Wie gut funktioniert der externe Regelkreis? – Bei der Klärung dieser Frage interessiert insbesondere, welche funktionale, inhaltliche und formale Qualität das externe Feedback hat.

- Wie gut funktioniert der interne Regelkreis, also die Feedback-Verarbeitung durch die Lernenden?

- Wie funktioniert die Interaktion zwischen dem internen und externen Regelkreis, d.h., wie gut ist die Passung zwischen internem und externem Regelkreis?

Auf der Grundlage dieses Modells werden einerseits die grundlegenden Bedingungen für die inhaltliche und formale Qualität von Feedback abgeleitet. Hierzu gehören die präzise Bestimmung der Regelstrecke und Regelgrößen, d.h. der in der Lehr-Lernsituation relevanten Anforderungen, sowie die präzise Festlegung der Soll-Größen für die Bewältigung dieser Anforderungen. Aus diesen Bedingungen wird des Weiteren abgeleitet, dass die sorgfältige Analyse der mit den Lernzielen und den Aufgaben verbundenen Anforderungen und Fehler eine zentrale Voraussetzung für die systematische Gestaltung von ITF-Komponenten ist. Andererseits werden im Hinblick auf die Evaluation von ITF-Arten mögliche Wirkungsebenen und Funktionen von ITF aus dem Modell abgeleitet. Hierzu gehören neben den vielfach untersuchten Wirkungen von Feedback auf Lernleistungen auch metakognitive und motivationale Effekte, die wiederum Einfluss auf die Lernleistung haben können.

Vor dem Hintergrund dieser theoretischen Überlegungen wurden Prinzipien für die systematische Entwicklung und Evaluation informativer tutorieller Feedback-Arten für Lehr-Lernsituationen entwickelt:

- Zu den Entwicklungsprinzipien gehört einerseits die Auswahl der Funktionen und Inhalte tutorieller Feedback-Komponenten auf der Basis kognitiver Aufgaben- und Fehleranalysen.

- Andererseits zählen hierzu formale Gestaltungsregeln wie

  (a) Feedback erst nach der Aufgabenbearbeitung anzubieten,

(b) elaborierte Feedback-Komponenten nicht unmittelbar zusammen mit knowledge of the correct result anzubieten,

(c) den Lernenden die Gelegenheit zu geben, die Feedback-Information für einen nächsten Lösungsversuch zu nutzen, und

(d) sicher zu stellen, dass das Lernkriterium relativ überdauernd erreicht wurde, also das mit Hilfe des Feedback erworbene Wissen mindestens bei einer weiteren Aufgabe derselben Art erfolgreich angewandt wird.

- Zu den Evaluationsprinzipien zählt die Berücksichtigung

  (a) multipler Dimensionen und Facetten von ITF-Arten,

  (b) multipler Wirkungsebenen und Funktionen,

  (c) multipler Wirkungszeitpunkte und -dauern sowie

  (d) multipler Wirkungsbedingungen.

Die Berücksichtigung dieser Gestaltungs- und Evaluationsprinzipien hat zur Konsequenz, dass bei der Evaluation unterschiedlicher ITF-Arten nicht nur globale, sondern sehr differenzierte Analysen der Bedingungen und Wirkungen der einzelnen Feedback-Arten durchgeführt werden müssen. Es geht dabei nicht mehr um die Frage, welche Feedback-Art die Beste ist, sondern vielmehr um folgende Fragen:

1. Unter welchen individuellen und situativen Bedingungen haben welche Feedback-Komponenten einen hohen Informationswert für die Lernenden?

2. Welche kognitiven, meta-kognitiven und motivationalen Wirkungen haben unterschiedliche Feedback-Arten unter diesen individuellen und situativen Bedingungen?

Abbildung 8 fasst diese Überlegungen bzgl. der Bedingungen und Wirkungen unterschiedlich informativer tutorieller Feedback-Arten in einem Rahmenmodell zusammen.

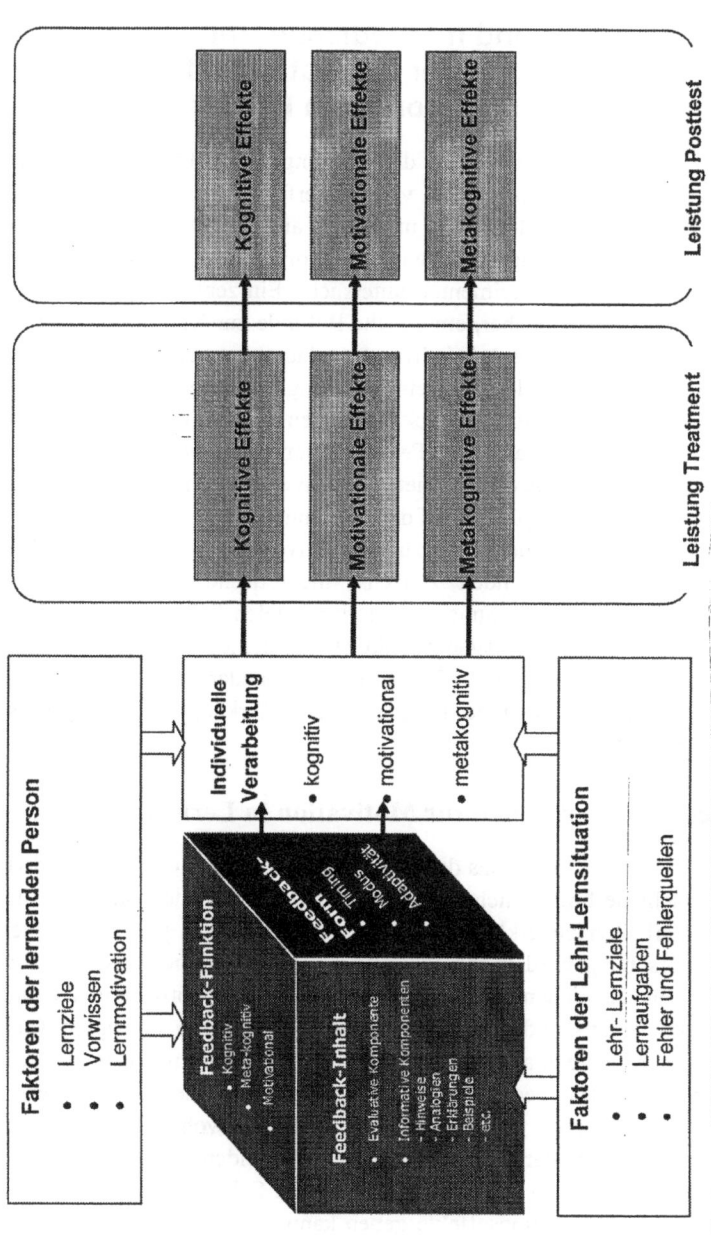

Abbildung 8: Zusammenfassendes Rahmenmodell zu den Bedingungen und Wirkungen von Feedback in Lehr-Lernsituationen

4 Konzeptuelle und methodische Überlegungen zur Untersuchung der Motivationseffekte von informativem tutoriellem Feedback (ITF)

In der bisherigen Forschung wurden die Wirkungen von ITF-Komponenten bzw. -Algorithmen vor allem anhand von Lernerfolgsdaten untersucht. Welchen Einfluss ITF auf die Motivation und damit auf die Leistung haben kann und welche Wechselwirkungen es zwischen Motivations- und Lerneffekten gibt, wurde bisher nicht experimentell untersucht. Ein zentrales Anliegen der vorliegenden Arbeit ist es daher, empirische Befunde zur Klärung dieser Fragen beizutragen. Die zentrale Arbeitshypothese lautet hierbei wie folgt: Wenn Feedback so gestaltet wurde, dass eine Passung zwischen Lernzielen und Feedback, Lernaufgaben und Feedback, typischen Fehlern und Feedback sowie zentralen Lernermerkmalen und Feedback hergestellt wurde, dann hat es positive Effekte auf kognitive und meta-kognitive sowie motivationale Prozesse und wirkt sich damit günstig auf die Leistung aus.

Da bisher keine Untersuchungen zu den motivationalen Effekten von ITF vorliegen, sollen im Folgenden zunächst theoretische und methodische Aspekte, die bei der Untersuchung von motivationalen Effekten zu beachten sind, erläutert werden. Als Ausgangspunkt hierfür dienen einerseits Erkenntnisse über die Motivation in Lehr-Lernsituationen, andererseits Erkenntnisse aus der Feedback-Forschung zu motivationalen Wirkungen von ergebnisorientierten Feedback-Arten.

4.1 Theoretische Ansätze zur Motivation in Lernsituationen

Motivation ist ein Konstrukt, das dazu dient, interindividuelle und intraindividuelle Unterschiede hinsichtlich der (Ziel-)Gerichtetheit, Intensität und Ausdauer von Verhalten zu erklären. Seit den Anfängen der psychologischen Motivationsforschung wird in Anlehnung an Lewins feldtheoretische Überlegungen zu menschlichem Verhalten, das Konstrukt Motivation als eine Funktion von person- und situationsspezifischen Faktoren konzipiert (vgl. Lewin, 1951). Möchte man die Effekte von Instruktionsmaßnahmen (z.B. informatives tutorielles Feedback) auf die Motivation der Lernenden untersuchen, muss man demnach davon ausgehen, dass es sowohl aufgrund unterschiedlicher motivationaler Dispositionen der Lernenden als auch aufgrund unterschiedlicher situativer Faktoren (z.B. Art und Schwierigkeit der Aufgaben) differentielle Motivationseffekte geben kann. Bei der Untersuchung der Motivationseffekte von ITF müssen demzufolge einerseits die individuellen motivationalen Voraussetzungen der Lernenden, andererseits die situativen Faktoren sorgfältig kontrolliert werden, um dann Veränderungen im Motivationsgeschehen in Abhängigkeit dieser individuellen und situativen Faktoren untersuchen zu können. Hierbei muss man sich mit einer Vielzahl von Konstrukten, die die individuelle motivationale Disposition im Sinne eines Traits konzipieren sowie mit einer Vielzahl von Theorien zur Motivation in Lehr-Lernsituationen auseinandersetzen (vgl. Bong, 1996; Murphy & Alexander, 2000). Dazu gehören für Lernsituationen differenzierte Erwartungs-Wert-Ansätze (z.B. Heckhausen, 1989; Heckhausen & Rheinberg, 1980; Rheinberg, 1989; Wiegfild & Eccles, 2002), attributionstheoretische Ansätze (Weiner, 1992), Ansätze zur kausalen Autonomie (DeCharms, 1976), zur intrinsischen selbstbestimmten Motivation (Deci & Ryan, 1980, 1985, 2002), zum Interesse als personspezifischem Konstrukt (Krapp, 1999; Krapp & Prenzel, 1992; Renninger, Hidi & Krapp, 1992), zum Flow-Erleben (Csikzentmihaly, 1992, 2000), zur Zielorientierung (z.B. Ames, 1992; Dweck, 1991; Elliot & Trash, 2001; Nicholls, 1984), sowie Ansätze zur Rolle des akademischen Selbstkonzepts (z.B. Marsh, 1993; Meyer, 1983) und der Self-Efficacy (Bandura, 1977, 1997). Des Weiteren sind heuristische Rahmenmodelle, die im Hinblick auf selbstregulierte Lernsituationen entwickelt wurden, zu nennen (z.B. Boekarts, 1996; Pintrich, 1999; Pintrich & DeGroot, 1990).

Auch wenn diese Theorien aus unterschiedlichen Perspektiven entwickelt wurden, überschneiden sich die verwendeten Konstrukte sowie zentrale theoretische Annahmen zum Teil erheblich. Es stellt sich demzufolge die Frage, welche Gemeinsamkeiten und Unterschiede zwischen den Konstrukten bzw. Theorien existieren. Im Folgenden werden daher die grundlegenden Aspekte dieser verschiedenen Konstrukte und Theorien skizziert und geordnet, um darauf aufbauend die wesentlichen Bestimmungsstücke, die bei der Untersuchung von Motivationseffekten in einer computerunterstützten Lehr-Lernsituation mit informativem tutoriellem Feedback berücksichtigt werden sollten, ableiten zu können.

4.1.1 Klassische Erwartungs-Wert-Ansätze zur Leistungsmotivation

In der klassischen experimentellen Leistungsmotivations-Forschung geht man davon aus, dass Personen sich bei der Wahl von Handlungsalternativen rational entscheiden. Als Grundlage für diesen Entscheidungsprozess dienen einerseits Erwartungen über die Erfolgswahrscheinlichkeit unterschiedlicher Handlungsalternativen, andererseits der Anreizwert des Erfolgs der entsprechenden Alternativen. Die Entscheidung, ob es sich lohnt, eine Aufgabe zu bearbeiten bzw. bei einer Aufgabe Anstrengung und Ausdauer zu investieren, hängt also davon ab, wie für diese Aufgabe die folgenden Fragen beantwortet werden:

1. Wie schwierig ist diese Aufgabe?
2. Was ist der Erfolg bei dieser Aufgabe wert?
3. Wie wahrscheinlich ist der Erfolg bei dieser Aufgabe?

In klassischen Erwartungs-Wert-Theorien (z.B. Atkinsons Risiko-Wahl-Modell; Atkinson & Raynor, 1974) wird postuliert, dass der Anreizwert des Erfolges linear mit der subjektiven Schwierigkeit der Aufgaben zusammenhängt.

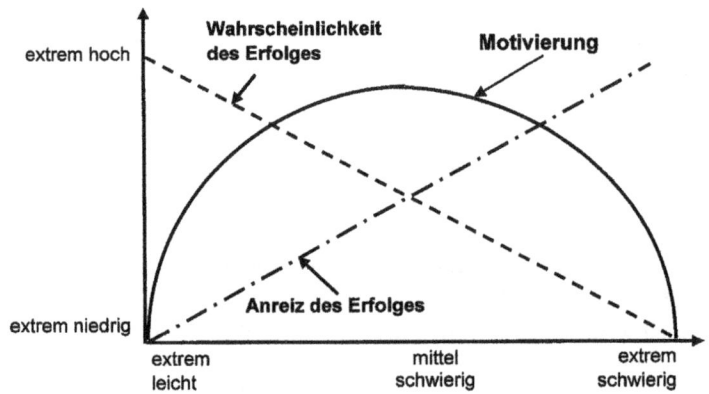

Abbildung 9: Schematische Darstellung des Zusammenwirkens von Erfolgswahrscheinlichkeit und Anreizwert des Erfolges in Abhängigkeit von der subjektiven Aufgabenschwierigkeit (Rheinberg, 1997)

Eine höhere subjektive Aufgabenschwierigkeit geht demnach mit einem höheren Anreizwert des Erfolges einher. Auch bei der Kalkulation der Erfolgswahrscheinlichkeit wird die Aufgabenschwierigkeit als ein zentraler Faktor betrachtet. Hierbei gilt die Annahme, dass die Erfolgswahrscheinlichkeit mit zunehmender Aufgabenschwierigkeit abnimmt. Zwischen Erwartungs- und Wert-Komponente postulieren klassische Modelle also eine reziproke Beziehung: Je höher die Aufgabenschwierigkeit, desto geringer die subjektive Erfolgswahrscheinlichkeit, aber umso mehr kann man auf den Erfolg stolz sein, d.h., desto größer der Wert des Erfolges. Daraus ergibt sich des Weiteren die

Annahme, dass die aktuelle Motivation determiniert wird durch das Produkt aus Erwartung und Wert. Die aktuelle Motivation wird demnach dann gegen Null gehen, wenn einer der Faktoren gegen Null geht (z.B. bei sehr geringer bzw. sehr hoher Aufgabenschwierigkeit), und ist dann am größten, wenn das Produkt aus Erwartung und Wert maximal ist (bei mittlerer Aufgabenschwierigkeit; vgl. Abb. 9).

Mit dieser Grundkonzeption eines Erwartungs-Wert-Modells lässt sich vorhersagen und erklären, dass Personen im Allgemeinen Aufgaben mittlerer Schwierigkeit im Vergleich zu Aufgaben mit sehr geringer oder sehr hoher Aufgabenschwierigkeit präferieren. Es lässt sich jedoch nicht erklären, warum manche Personen sehr leichte oder sehr schwierige Aufgaben wählen. Zur Erklärung dieses Phänomens werden neben der situativen Variablen Aufgabenschwierigkeit auch individuelle Variablen in die Berechnungen der resultierenden Motivation integriert. Hierzu werden in Anlehnung an Lewins Gedanken, bei der Analyse von Verhalten anziehende und abstoßende Kräfte zu berücksichtigen, individuelle Unterschiede in einer positiven bzw. negativen Ausrichtung auf Erfolg postuliert. Dies bedeutet, mit jeder leistungsbezogenen Handlung ist nicht nur die Möglichkeit von Erfolg (mit dem nachfolgenden Gefühl des Stolzes), sondern auch die Möglichkeit von Misserfolg (mit dem nachfolgenden Gefühl der Scham) verbunden.

Tabelle 7:   Komponenten des Risiko-Wahl-Modells

Komponenten des Modells	Formalisierung
Die **erfolgsaufsuchende Tendenz (T_e)** wird beschrieben durch das Produkt der drei Faktoren ♦ Motiv, Erfolg zu suchen (M_e), ♦ subjektive Wahrscheinlichkeit auf Erfolg (W_e) ♦ Anreiz des Erfolges (A_e)	$T_e = M_e \times W_e \times A_e$
Die **misserfolgsmeidende Tendenz (T_m)** wird beschrieben durch das Produkt der drei Faktoren ♦ Motiv, Misserfolg zu meiden (M_m) ♦ subjektive Wahrscheinlichkeit des Misserfolgs ($W_m = 1 - W_e$) ♦ negativer Anreiz des Misserfolgs (A_m)	$T_m = M_m \times W_m \times A_m$
Die **resultierende Tendenz (T_r)** setzt sich zusammen aus ♦ erfolgsaufsuchender Tendenz (T_e) ♦ misserfolgsmeidender Tendenz (T_m)	$T_r = T_e + T_m$

Die Berechnung der erfolgsaufsuchenden bzw. misserfolgsmeidenden Tendenz erfolgt daher mit Hilfe der Wahrscheinlichkeiten für Erfolg und Misserfolg, der Anreizwerte für Erfolg und Misserfolg sowie der Ausprägungen von Hoffnung auf Erfolg und Furcht vor Misserfolg. Die resultierende Tendenz ergibt sich aus der additiven Verknüpfung der erfolgsaufsuchenden und misserfolgsmeidenden Tendenz (s. Tab. 7). Überwiegt die Hoffnung auf Erfolg, ergibt sich demnach eine positive Motivationstendenz, überwiegt dagegen die Furcht vor Misserfolg, ergibt sich eine negative Handlungstendenz, die sich unter anderem in der Wahl von Aufgaben mit sehr geringer oder sehr hoher Aufgabenschwierigkeit äußern kann.

Das Risiko-Wahl-Modell wurde zur Erklärungen von Entscheidungen in Aufgaben-Wahl-Situationen entwickelt. Es betrachtet den Motivationsprozess demnach nur bis zu dieser Entscheidung. Nach der Entscheidung geht jedoch der eigentliche Handlungsprozess weiter. Die Person muss die gewählte Aufgabe bearbeiten, dabei Anstrengung und gegebenenfalls Ausdauer investieren, erzielt ein Handlungsergebnis und bewertet dieses Handlungsergebnis. Diese Bewertung des Handlungsergebnisses hat wiederum Einfluss darauf, wie die Person in künftigen Situationen den Wert einer Aufgabe derselben Art einschätzen wird. In Weiners attributionstheoretischem Ansatz zur Leistungsmotivation steht daher die Frage, welche Faktoren Einfluss auf die Bewertung des Handlungsergebnisses haben im Mittelpunkt des Interesses (Weiner, 1984; 1992). Bei der Bewertung des Handlungsergebnisses ist die Kausalattribution des erreichten Ergebnisses von zentraler Bedeutung. Werden die Ursachen eines Handlungsergebnisses der eigenen Person zugeschrieben, wirkt sich dies auf die Selbstbewertung aus. Wie stark diese Wirkung ist, hängt davon ab, ob die Ursachen als stabil oder variabel bzw. als kontrollierbar oder unkontrollierbar erachtet werden (Weiner, 1992). Die Zeitstabilität einer zugeschriebenen Ursache hängt dabei eng mit der Erwartung zusammen, wie gut die Aufgabe künftig bewältigt werden kann.

Mit seinem Selbstbewertungsmodell der Leistungsmotivation knüpft Heckhausen (1968; 1989) einerseits an die Erkenntnisse des Risiko-Wahl-Modells, andererseits an attributionstheoretische Überlegungen an. Als leistungsmotiviert bezeichnet Heckhausen Verhalten dann, wenn es primär um die Selbstbewertung der eigenen Tüchtigkeit bzw. Kompetenz bei der Auseinandersetzung mit einem für verbindlich erachteten Gütemaßstab geht. Erfolg bzw. Misserfolg wird demzufolge im Hinblick auf diesen Gütemaßstab festgestellt und bewertet. Bei der Selbstbewertung ist die Kausalattribution des erreichten Ergebnisses von zentraler Bedeutung. Heckhausen integriert daher neben den Komponenten Erwartung und Wert auch die Kausalattribution in sein Modell. Das Zusammenwirken der Komponenten Erwartung, Wert und Kausalattribution wird im Selbstbewertungs-Modell der Leistungsmotivation über die folgenden Teilprozesse beschrieben:

- Auf der Grundlage der Erwartung über die Erfolgswahrscheinlichkeit und des Anreizwertes eines Erfolges wird in der gegebenen Handlungssituation ein individueller Standard gesetzt, also das aktuelle Anspruchsniveau festgelegt. Die Standard-Setzung kann nach drei unterschiedlichen Bezugssystemen erfolgen, einem sachlichen (Normen werden anhand sachlich begründeter Lernkriterien definiert), einem individuellen (Normen werden auf der Basis vorangegangenen Leistungen definiert) und einem sozialen (Normen werden anhand der Leistungen anderer Personen definiert).

- Das erreichte Handlungsergebnis wird mit diesem Standard verglichen. Wurde der Standard erreicht oder sogar übertroffen, kann das Resultat prinzipiell als Erfolg gewertet werden. Wurde er nicht erreicht, kann das Resultat als Misserfolg interpretiert werden.

- Wie sich Erfolg oder Misserfolg auf die Selbstbewertung auswirken, hängt von der Kausalattribution ab. Wird ein Erfolg der eigenen Person zugeschrieben, folgt eine positive Selbstbewertung. Man kann stolz sein auf diese Leistung. Umgekehrt hat eine interne Kausalattribution bei Misserfolg eine negative Selbstbewertung zur Konsequenz. Wird ein Erfolg oder Misserfolg dagegen externalen Faktoren zugeschrieben, hat dieser Erfolg keine oder kaum Auswirkungen auf die Selbstbewertung.

Aussagenlogisch betrachtet, hängt die Selbstbewertung hierbei von der Beantwortung der folgenden Fragen ab:

1. Wie gut möchte ich diese Aufgabe bewältigen?
2. Habe ich mein Ziel erreicht?
3. Inwiefern bin ich für das Ergebnis verantwortlich?

Das Selbstbewertungsmodell konzipiert den Leistungsmotivations-Prozess also als ein sich selbst verstärkendes System, bei dem Zielsetzung, Kausalattribution und Selbstbewertungsaffekte sich wechselseitig stabilisieren. Wie im Risiko-Wahl-Modell wird davon ausgegangen, dass individuelle Unterschiede in der Ausprägung des Leistungsmotivs (Hoffnung auf Erfolg vs. Furcht vor Misserfolg) Einfluss auf diese Prozess-Komponenten haben (vgl. Abb. 10). Die Annahmen des Selbstbewertungsmodells dienten als Grundlage für die Entwicklung von Motivationsfördermaßnahmen, die in zahlreichen Trainingsstudien empirisch evaluiert wurden. Die Ergebnisse dieser Studien können als empirische Bestätigung der theoretischen Annahmen verstanden werden (vgl. Rheinberg & Krug, 1993; Rheinberg & Fries, 2001).

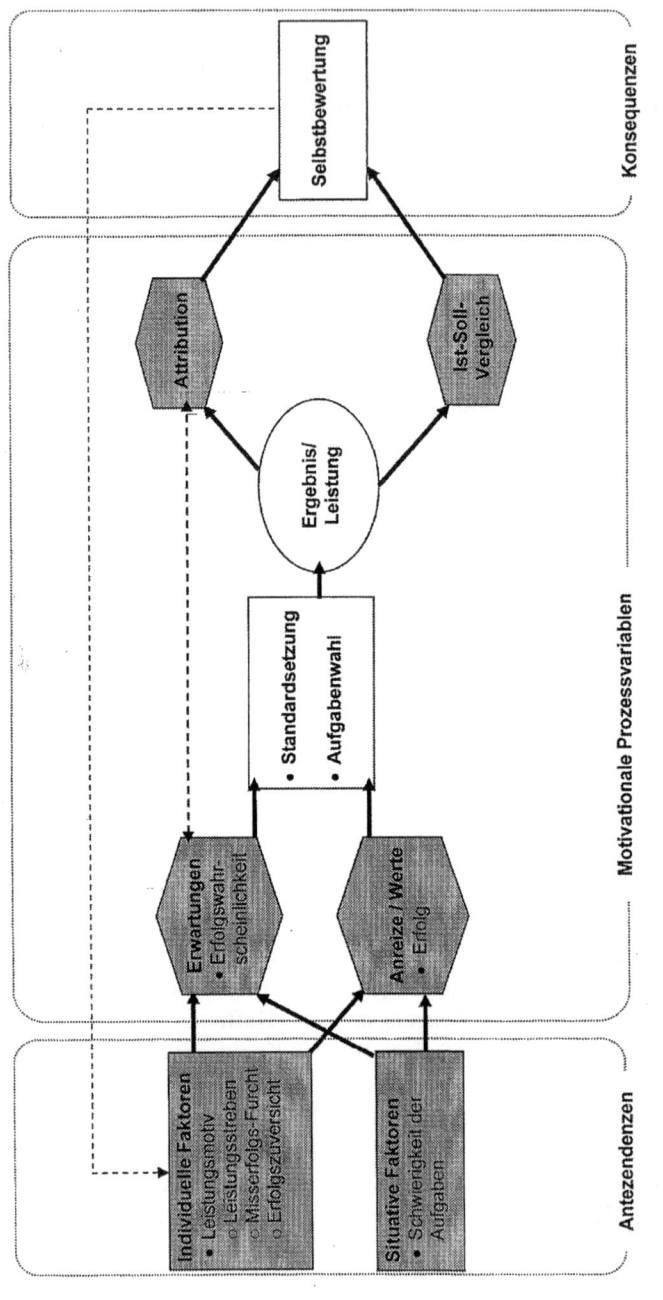

Abbildung 10: Schematische Darstellung der Komponenten des Selbstbewertungsmodells (vgl. Heckhausen, 1980; 1989)

4.1.2   Ansätze zur Zielorientierung in Leistungssituationen

Aktuelle Ansätze zur Zielorientierung in Leistungssituationen greifen ebenfalls die von Atkinson vorgenommene Differenzierung zwischen einer auf
Erfolg gerichteten und einer den Misserfolg meidenden Ausprägung der
Leistungsmotivation auf (Elliot, 1999; Elliot & Harackiewicz, 1996; Elliot &
Trash, 2001; Harackiewicz, Barron, Pintrich, Elliot & Trash, 2002). Sie gehen
davon aus, dass Personen im Laufe von Lernprozessen unterschiedliche Leistungsziele verfolgen.

Als leistungsmotiviert gilt in Zielorientierungs-Ansätzen Verhalten nicht
nur, wenn es um das Erleben der eigenen Kompetenz oder des eigenen
Kompetenz-Zuwachses geht, sondern auch, wenn es um das Demonstrieren
von Kompetenz, also um die Fremdbewertung geht. Aktuelle Zielorientierungs-Ansätze gehen demzufolge davon aus, dass zur Beantwortung der
Frage, warum Personen eine Aufgabe möglichst gut bewältigen wollen, einerseits eine auf Erfolg gerichtete oder den Misserfolg meidende Valenz-Dimen-
sion, andererseits drei unterschiedliche Bezugssysteme berücksichtigt werden
sollten. Sie unterscheiden hierbei, ebenso wie Heckhausen (1968), die folgenden Bezugssysteme:

- ein absolutes, an sachlichen bzw. aufgabenimmanenten Kriterien
  orientiertes Bezugssystem (sachliche/kriteriale Bezugsnorm),
- ein intraindividuelles Bezugssystem, bei dem das aktuelle Ergebnis
  mit vorangegangenen Ergebnissen derselben Person verglichen wird
  (individuelle Bezugsnorm),
- ein interindividuelles, häufig als normativ bezeichnetes Bezugssystem, bei dem die Bewertung von Leistungen im sozialen Vergleich erfolgt (soziale Bezugsnorm).

Berücksichtigt man alle möglichen Kombinationen der Valenz- und Bezugs-
system-Dimension, ergeben sich insgesamt sechs mögliche Zielorientierungen
für Leistungssituationen. Personen mit einer auf Erfolg gerichteten Zielorientierung können demnach eine gute Leistung anstreben, weil sie sachlich begründete Lernkriterien möglichst gut erreichen wollen, besser sein wollen als
bei vorangegangenen Versuchen oder besser sein wollen als andere Personen.
Personen mit einer auf Misserfolg-Meidung ausgerichteten Zielorientierung
verfolgen dagegen Ziele wie Fehler oder Nicht-Erfüllung von Lernkriterien zu
vermeiden, nicht schlechter abzuschneiden, als bei vorangegangen Versuchen
oder im Vergleich zu anderen Personen nicht schlechter zu sein (vgl. Tab. 8).

Ältere Ansätze zur Zielorientierung in Leistungssituationen unterscheiden
zum Teil nur zwischen zwei Zielorientierungen und fassen dabei einerseits die

auf Erfolg gerichteten absoluten und intra-individuellen Zielorientierungen zusammen zu einer auf Kompetenz-Erleben orientierten Zielorientierung. Andererseits unterscheiden sie nicht zwischen Erfolgs- bzw. Misserfolg-Meidungs-Ausrichtungen der Zielorientierung, so dass auch nur von einer inter-individuellen Zielorientierung ausgegangen wird, bei der es um die Demonstration von Kompetenz geht. Die auf Kompetenz-Erleben ausgerichtete Zielorientierung nennt Ames (1992) mastery goal orientation, Dweck (1991) learning goal orientation und Nicholls (1984) task involvement. Die auf die Demonstration von Kompetenz gerichtete Zielorientierung nennen Ames und Dweck performance goal orientation und Nicholls bezeichnet sie als ego-involvment.

Tabelle 8:   Übersicht über Zielorientierungen in Leistungssituationen (in Anlehnung an Elliot & Trash, 2001)

Bezugssystem	Auf Erfolg gerichtet *"approach"*	Auf Misserfolg-Meidung gerichtet *"avoidance"*
absolut-sachlich kriteriumsorientiert	Lernaufgaben erfolgreich bewältigen *absolut/approach*	Fehler vermeiden *absolut/avoid*
intra-individuell	Besser sein, als bei vorangegangenen Versuchen *intra-indivduell/approach*	Nicht schlechter abschneiden als bei vorangegangenen Versuchen *intra-indivduell/avoid*
inter-individuell sozial	Besser sein als andere Personen *Inter-individuell/approach = performance approach goal*	Nicht schlechter abschneiden als andere Personen *inter-individuell/avoid= performance avoidance goal*

Im Mittelpunkt des Interesses der Zielorientierungs-Forschung steht die Frage, welchen Einfluss unterschiedliche Zielorientierungen auf die Motivation, d.h. die Energetisierung und Aufgabenwahl, sowie auf das Lernverhalten, insbesondere die Auswahl von Lernstrategien haben. Zahlreiche Befunde der Zielorientierungs-Forschung weisen darauf hin, dass die auf Erfolg gerichteten Zielorientierungen mit der Wahl günstiger Lernstrategien (z.B. Elaborations-Techniken) kombiniert sind, während die auf Misserfolg-Meidung gerichteten Zielorientierungen mit der Wahl ungünstiger Lernstrategien einhergehen (siehe Harackiewicz, Barron, Pintrich, Elliot & Trash, 2002). Wie die klassischen Leistungsmotivations-Modelle erlauben Zielorientierungs-Ansätze demnach die Beschreibung und Erklärung von Entscheidungen bzgl. der Aufgabenwahl. Während jedoch die klassischen Leistungsmotivations-Modelle

davon ausgehen, dass die resultierende Motivation eine Funktion von Anreizwert der Leistung, Erfolgszuversicht und Misserfolgsangst ist, abstrahieren
Zielorientierungs-Ansätze von der Höhe des Leistungs-Anreizes und erklären
die Unterschiede in der Aufgabenwahl über die Unterschiede in der Zielorientierung. In Zielorientierungs-Ansätzen interessiert also nicht, ob eine Person
eine hohe oder niedrige Ausprägung bei einer Zielorientierung hat, sondern
nur, welche Zielorientierung für sie relevant ist. Die Relevanz der unterschiedlichen Zielorientierungen wird hierbei stark von situativen Faktoren
beeinflusst.

In einem hierarchischen Modell zur Leistungsmotivation schlagen Elliot
und Trash (2001) daher vor, Leistungsziele als aktuelle Konkretisierung von
Bedürfnissen oder Motiven zu verstehen. Leistungsziele werden demzufolge
in diesem Modell als proximale Faktoren und Motive bzw. Bedürfnisse als
distale Faktoren des Motivationsprozesses betrachtet (vgl. Abb. 11).

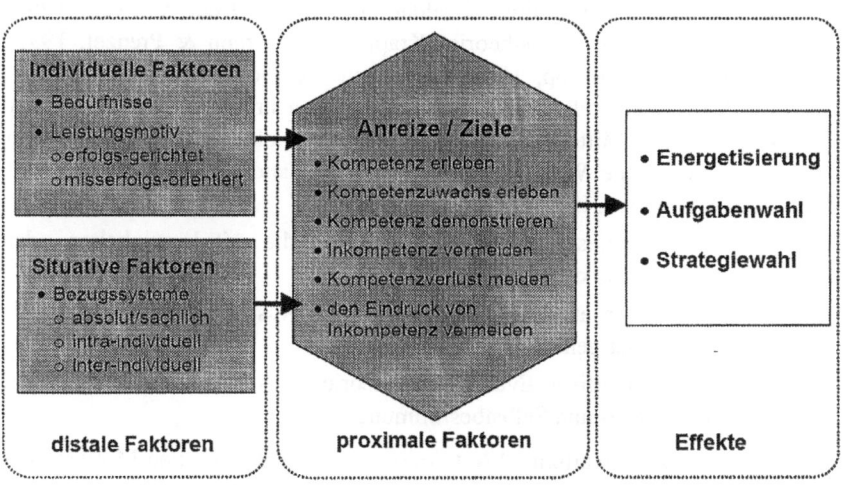

Abbildung 11:   Schematische Darstellung der Komponenten des hierarchischen Zielorientierungs-Modells
(nach Elliott & Trash, 2001)

4.1.3 Ansätze zur intrinsischen Motivation

Das Selbstbewertungs-Modell sowie die aktuellen Zielorientierungs-Ansätze beschreiben und erklären Motivationsprozesse, bei denen der Wert der Aufgabe primär über die mit dem Erfolg der Aufgabe verknüpften Bewertungsfolgen bestimmt wird. Insbesondere klassischen Erwartungs-Wert-Modellen wird daher aus einer pädagogisch-psychologischen Perspektive häufig vorgeworfen, dass sie den Motivationsprozess aus einer zweckrationalen Perspektive betrachten, bei der extrinsische Werte, d.h. die instrumentellen Folgen des Ergebnisses im Vordergrund stehen und intrinsische Werte, d.h. die unmittelbar mit den Lerninhalten und -aktivitäten verknüpften Anreize, vernachlässigt werden (vgl. hierzu Krapp, 1993). Dabei wird jedoch außer Acht gelassen, dass Erwartungs-Wert-Modelle die Selbstbewertung der eigenen Kompetenz als eine der zentralen Folgen des Ergebnisses betrachten und damit sowohl extrinsische, als auch intrinsische Wert-Komponenten berücksichtigen.

Ansätze wie die Kognitive Evaluations-Theorie (Deci & Ryan, 1980, 1985, 2002), die Interessenstheorie (Krapp, 1999; Krapp & Prenzel, 1992; Renninger, Hidi & Krapp, 1992) oder auch die Flow-Theorie (Csikszentmihaly, 1992, 2000) stellen dagegen nur die nicht instrumentellen Aspekte der Motivation in den Mittelpunkt des Interesses. Sie fokussieren hierbei auf so genannte intrinsische Wertaspekte, die bei der Handlungsausführung selbst zum Tragen kommen. Hierzu gehören

- in der Interessenstheorie die Anreize, die mit Lerninhalten oder -objekten verknüpft sind,
- im Flow-Ansatz die Anreize, die mit der Ausführung von Lernaktivitäten einher gehen,
- in der Kognitiven Evaluations-Theorie die Anreize des Erlebens von Kompetenz- und Selbstbestimmung.

Im Gegensatz zu Erwartungs-Wert-Ansätzen betrachten sie den Motivationsprozess aus einer primär hedonistischen Perspektive. Sie gehen davon aus, dass Personen Aufgaben dann auswählen und gegebenenfalls hohe Anstrengung und Ausdauer investieren, wenn sie diesen Aufgaben einen hohen intrinsischen Wert beimessen. Die Kognitiven Evaluations-Theoretiker Deci und Ryan postulieren darüber hinaus, dass intrinsische Werte einen höheren Einfluss auf die Motivation haben als extrinsische und extrinsische Werte (z.B. materielle Belohnungen) zur Korrumpierung intrinsischer Motivation führen können. Zahlreiche Untersuchungen zu diesen Annahmen zeigen, dass materielle Belohnungen in der Tat zu negativen Kontrasteffekten führen können, während nicht kontrollierendes informierendes Feedback keine negativen

Auswirkungen auf die intrinsische Motivation hat (vgl. die Meta-Analyse von Deci, Koestner & Ryan, 1999a; 1999b).

Auch in diesen Ansätzen zur intrinsischen Motivation hat das Kompetenz-Erleben, also die Selbstbewertung der eigenen Leistung, einen zentralen Stellenwert. Entsprechend findet man in allen Ansätzen zur intrinsischen Motivation Annahmen über die Faktoren, die Einfluss auf das Zustandekommen eines positiven Kompetenz-Erlebens haben:

- In der Kognitiven Evaluations-Theorie von Deci und Ryan wird z.B. davon ausgegangen, dass das Bedürfnis nach Kompetenz neben den Bedürfnissen nach sozialen Beziehungen und Anerkennungen sowie nach Selbstbestimmung zu den Elementarbedürfnissen gehört. Eine wesentliche Bedingung für die Befriedigung des Kompetenz- und des Selbstbestimmungs-Bedürfnisses sind nach den Kognitiven Evaluations-Forschern informative, nicht kontrollierende Rückmeldungen (Deci, Koestner & Ryan, 1999a; 1999b).

- In interessenstheoretischen Ansätzen wird dem Erleben von Kompetenz-Zuwachs eine wichtige Funktion für die Ausbildung relativ überdauernder Interessen zugeschrieben. Da hohes Interesse und gute Leistungen in der Regel eng zusammenhängen, wird zwischen den mit den Lerninhalten und dem Erleben der eigenen Kompetenz verknüpften Werten ebenfalls eine enge Beziehung postuliert (z.B. Renninger & Hidi, 2002).

- Im Flow-Ansatz wird postuliert, dass das Erleben von Kompetenz und Kontrolle zu den zentralen Bedingungen für das Flow-Erleben, also das völlige Aufgehen in einer Handlung, gehören. Zu den grundlegenden Faktoren, die das Erleben von Kompetenz und Kontrolle ermöglichen, gehören einerseits die Passung zwischen Fähigkeiten und Anforderungen, andererseits klare Handlungsstrukturen und -abläufe sowie unmittelbare, informative Rückmeldungen (Csikszentmihaly, 1992, 2000).

4.1.4 Ansätze zu kompetenz-bezogenen kognitiven Schemata

Das Erleben von Kompetenz und Kontrolle steht auch in Motivations-Ansätzen, die sich auf die Untersuchung der mit der Erwartungs-Komponente verknüpften Einschätzungen der eigenen Kompetenzen konzentrieren im Mittelpunkt des Interesses. Hierzu gehören Ansätze zum akademischen Selbstkonzept (z.B. Marsh, 1993), zur Self-Efficacy (Bandura, 1977, 1997; Schunk & Pajares, 2002), zum Selbstkonzept der Begabung (z.B. Meyer, 1973; 1976; 1983), zum Selbstvertrauen (z.B. Jerusalem, 1990), zum Selbstwert-Gefühl

(z.B. Covington, 1992, 1998; Covington & Dray, 2002), zur wahrgenomme-
nen Kompetenz (z.B. Harter, 1981) oder auch zur kausalen Autonomie (z.B.
DeCharms, 1979; Rotter, 1966).

Diese verschiedenen Forschungsansätze unterscheiden sich darin, inwiefern sie Einschätzungen bzgl. der eigenen Kompetenzen eine relative Generalität und Stabilität vs. eine relative Spezifität und Veränderbarkeit zuschreiben. In Banduras Self-Efficacy-Theorie werden subjektive Einschätzungen der eigenen Kompetenz z.B. aufgaben- und situationsspezifische Erwartungen, als so genannte Selbstwirksamkeits-Erwartungen aufgefasst. In
Marshs (1993) Ansatz zum akademischen Selbstkonzept werden sie dagegen
als Bestandteil eines relativ stabilen, bereichsspezifischen, aber situations-
übergreifenden Schemas über die eigenen Fähigkeiten betrachtet.

Darüber hinaus gibt es unterschiedliche Sichtweisen, ob das kompetenz-
bezogene Schema auch Wert-Komponenten wie z.B. Interesse am Lerngegen-
stand oder Freude an der Lernhandlung umfasst oder nicht. Marsh (1993)
betrachtet diese Wert-Komponenten als Bestandteile des akademischen
Selbstkonzepts, während Bandura das Konstrukt der Self-Efficacy unabhängig
von Wert-Komponenten konzipiert. Fragebögen zum akademischen Selbstkonzept beinhalten daher neben Items zur Kompetenz-Einschätzung auch immer Items zum Interesse und zur Freude an den entsprechenden akademischen
Bereichen und Aktivitäten, während Instrumente zur Erfassung der Self-
Efficacy keine Items zu Wertaspekten beinhalten.

Unabhängig davon, ob die theoretischen Ansätze ein situationsspezifi-
sches oder situationsübergreifendes Konstrukt postulieren, überschneiden sie
sich in wichtigen Aspekten. Im Mittelpunkt des Interesses aller Ansätze stehen Einschätzungen bzgl. der eigenen Kompetenz. Alle Ansätze gehen davon
aus, dass Personen über irgendeine Art von Gedächtnisschema über die eigenen Fähigkeiten bzw. Kompetenzen verfügen und dieses Schema nicht nur
Einfluss auf die Initiierung von Verhalten, sondern auch auf die Anstrengung,
Ausdauer und Persistenz hat. Wenn eine Person die Frage „Kann ich (mit
meinen Fertigkeiten, Erfahrungen und Kompetenzen) diese Aufgabe erfolgreich lösen?" mit „Ja" beantworten kann, wird sie diesen Ansätzen zufolge
diese Aufgabe eher bearbeiten sowie bei Fehlern oder Hindernissen mehr Anstrengung, Ausdauer und Persistenz investieren als eine Person, die die entsprechende Frage mit „Nein" beantworten muss. Es gibt zahlreiche Untersuchungen, insbesondere zur Rolle des akadamischen Selbstkonzeptes und der
Self-Efficacy in Lehr-Lernsituationen, die diese Annahmen empirisch bestätigen (Bong & Skaalvik, 2003; Schunk & Pajares, 2002).

Darüber hinaus werden in allen Ansätzen die folgenden Informations-quellen als grundlegend für die Ausbildung der individuellen Schemata über die eigene Kompetenz eingeschätzt:

- Eigene Erfahrungen mit der erfolgreichen Bewältigung entsprechen-der Aufgaben gelten als die wichtigste Informationsquelle für die Ausbildung positiver Kompetenz-Einschätzungen. Man geht davon aus, dass sich ein aufgrund wiederholter Erfolgserlebnisse ausgebil-detes positives Schema bzgl. der eigenen Kompetenz durch vorüber-gehende Misserfolge nicht so leicht erschüttern lässt.

- Auch stellvertretende Erfahrungen mit der erfolgreichen Bewälti-gung von Aufgaben sind nach Bandura eine Informationsquelle für die Ausbildung von Kompetenz-Einschätzungen. Beobachtet bei-spielsweise eine Person, dass eine andere Person eine Aufgabe problemlos bewältigt, kann diese Beobachtung dazu beitragen, dass sie selbst die Erwartung ausbildet, eine solche Aufgabe erfolgreich bewältigen zu können. Stellvertretende Erfahrungen sind dann eine wichtige Informationsquelle für die Ausbildung von Kompetenz-Einschätzungen, wenn sich die Person mit dem Modell identifizieren kann (Bandura, 1997; Schunk & Hanson, 1985).

- Externes Feedback und externe Attributionen zu den eigenen Leis-tungen werden ebenfalls als wichtige Informationsquellen für die Ausbildung kompetenz-bezogener Schemata betrachtet. Feedback, das den Lernfortschritt hervorhebt und den Zusammenhang zwischen eigener Anstrengung und Leistung verdeutlicht, hat sich z.B. in zahl-reichen Untersuchungen als zentral für die Entwicklung positiver Kompetenz-Einschätzungen erwiesen (z.B. Schunk, 1981, 1983).

Des Weiteren zeigen Untersuchungen zu diesen Ansätzen, dass sich die kom-petenz-bezogenen Schemata in unterschiedlichen Wissensbereichen unter-schiedlich ausbilden können (z.B. Bong, 2001; Joo, Bong & Choi, 2000; Marsh, 1992; Marsh, Walker & Debus, 1991; Wigfield & Eccles, 2000). Aus diesem Grund werden in aktuellen Ansätzen die Konstrukte zu kompetenz-bezogenen Schemata bereichsspezifisch konzipiert. Man postuliert also nicht wie in der klassischen Leistungsmotivations-Forschung oder in manchen Ziel-orientierungs-Ansätzen ein generelles, bereichsübergreifendes, sondern ent-weder ein multidimensionales oder ein bereichs- bzw. aufgabenspezifisches Persönlichkeitskonstrukt, um Unterschiede in der Gerichtetheit, Intensität und Ausdauer von Verhalten zu erklären.

4.1.5 Integrative Erwartungs-Wert-Ansätze

Verschiedene Autoren haben versucht, zumindest einen Teil der Erkenntnisse aus den skizzierten Ansätzen in Rahmen-Modelle zu integrieren (z.B. Eccles & Wigfield, 2002; Wigfield & Eccles, 1992; Heckhausen, 1989; Pintrich 2003; Pintrich & DeGroot, 1990). Als Ausgangspunkt für die Integration motivationspsychologischer Erkenntnisse diente in all diesen Rahmen-Modellen eine Erwartungs-Wert-Konzeption. Auf der Basis des jeweils aktuellen Forschungsstandes wurde in diesen Ansätzen sowohl die Erwartungs- als auch die Wert-Komponente weiter differenziert und elaboriert (vgl. Abb. 12).

Heckhausen (1989) unterscheidet in seinem erweiterten kognitiven Motivationsmodell drei Erwartungstypen sowie lang- und kurzfristige Anreizwerte der mit einem Handlungsergebnis verknüpften Folgen. Die drei Erwartungstypen sind im Einzelnen:

2. Situations-Ergebnis-Erwartungen, die sich beziehen auf die Weiterentwicklung der Situation, wenn man nicht eingreifen würde (vgl. Bolles, 1967), und damit auch verstanden werden können als Erwartungen bzgl. des Ausmaßes der externalen Kontrolle der Situation. Ein hohes Ausmaß an externaler Kontrolle ist z.B. gegeben, wenn die Schwierigkeit der Aufgabe sehr hoch oder sehr niedrig ist und damit Misserfolg bzw. Erfolg situativ bereits festgelegt sind.

3. Handlungs-Ergebnis-Erwartungen, die sich darauf beziehen, ob die Person ihre Fähigkeiten so einschätzt, durch eigenes Handeln das Ergebnis hinreichend beeinflussen zu können. Diese Art der Erwartung entspricht weitgehend der Selbstwirksamkeits-Erwartung, die in Banduras Theorie zur Self-Efficacy im Mittelpunkt des Interesses steht (Bandura, 1977; 1997; Schunk & Pajares, 2002).

4. Ergebnis-Folge-Erwartungen, die sich darauf beziehen, inwiefern das Ergebnis des Handelns als Instrument für die Erreichung erwünschter bzw. in Aussicht gestellter Folgen wie Belohnung dient (vgl. Vroom, 1964). Dieser Erwartungs-Typ bezieht sich also auf die Wahrscheinlichkeit des Eintreffens der mit dem Ergebnis verknüpften Folgen. Ist die Instrumentalität des Ergebnisses, also die Wahrscheinlichkeit gering, dass die Ergebnis-Folgen eintreffen, hat dies negative Auswirkungen auf die Motivation. Eine geringe Instrumentalität des Ergebnisses liegt z.B. dann vor, wenn die Ergebnis-Folgen zeitlich weit entfernt wahrgenommen werden.

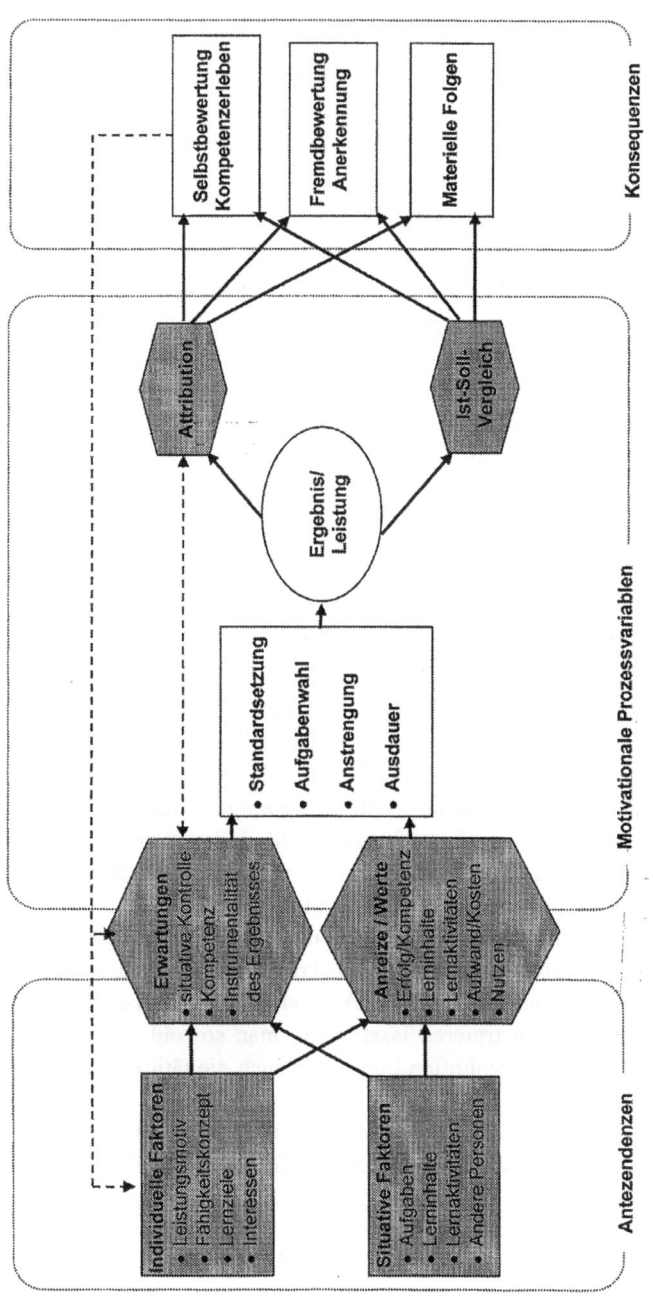

Abbildung 12: Übersicht über zentrale Komponenten integrativer Erwartungs-Wert-Modelle (vgl. Heckhausen, 1989; Eccles & Wigfield, 2002; Wigfield & Eccles, 1992)

Die Frage nach der Erfolgswahrscheinlichkeit wird in diesem Modell also differenziert in zwei Teilfragen und ergänzt um die Frage nach der Instrumentalität des Ergebnisses:

1. Wie sehr ist der Erfolg bereits durch die Aufgabenstellung, d.h. die Aufgabenschwierigkeit bestimmt?
2. Wie gut kann ich diese Aufgabe?
3. Wie wahrscheinlich sind die mit dem Ergebnis erwarteten Folgen?

Bei den Anreizen der Ergebnisfolgen differenziert Heckhausen zwischen Anreizen der Selbstbewertung, der Fremdbewertung und Anreizen irgendwelcher materieller oder auch immaterieller Folgen (z.B. Belohnungen, Statusgewinn). Diese Differenzierung der Wert-Komponenten hat zur Konsequenz, dass zur Bestimmung der Wert-Komponente je nach Lehr-Lernsituation die folgenden Fragen beantwortet werden müssen:

1. Was ist mir selbst der Erfolg bei dieser Aufgabe wert (Selbstbewertung)?
2. Wie wichtig ist mir die Anerkennung anderer Personen hinsichtlich meiner Leistung bei dieser Aufgabe (Fremdbewertung)?
3. Welche materiellen Konsequenzen sind mit dem Erfolg bei der Aufgabe verknüpft?

Mit Hilfe dieser Wertaspekte und der oben dargestellten Erwartungen lässt sich die Aufgabenwahl, Anstrengung und Ausdauer in einer primär zweckrationalen Lehr-Lernsituation erklären. Da das erweiterte kognitive Motivationsmodell eine Weiterentwicklung des Selbstbewertungs-Modells der Leistungsmotivation darstellt, lassen sich mit diesem Modell außerdem Unterschiede in der Selbstbewertung erklären. Für nicht primär zweckrationale Situationen ergänzen Heckhausen und Rheinberg (1980) das Modell um tätigkeitsspezifische Anreize, also Anreize wie Spaß und Freude an der Tätigkeit, die bei der Handlungsausführung direkt zum Tragen kommen. Rheinberg (1989) konnte mit seinen Arbeiten zu diesem Anreizfeld belegen, dass sich die Aufgaben-wahl genauer rekonstruieren lässt, wenn man sowohl die Anreizwerte der mit dem Ergebnis verknüpften Folgen als auch die tätigkeitsspezifischen Anreize berücksichtigt.

Auch Eccles und Wigfield elaborieren in ihrem Erwartungs-Wert-Modell der Leistungsmotivation die Wert-Komponente. Im Gegensatz zu Heckhausen berücksichtigen sie jedoch nur die Handlungs-Ergebnis-Erwartung (Eccles & Wigfield, 2002; Wigfield & Eccles, 1992; 2002). Sie differenzieren jedoch die Anreizebene weiter als Heckhausen und Rheinberg (1980).

Eccles und Wigfield unterscheiden zwischen Anreizwerten, die verbunden sind mit

(a) den Lerninhalten und Lernaktivitäten (z.B. Interesse, Spaß = intrinsic value),

(b) dem Erfolg bzw. dem Erleben der eigenen Leistung (= atteinment value),

(c) den instrumentellen Folgen des Ergebnisses (z.B. Statusgewinn = utility value) und

(d) den Kosten bzw. dem Aufwand (z.B. Anstrengung, Angst) verbunden sind.

Nach dem Modell von Eccles und Wigfield müssen zur Bestimmung der Wert-Komponente also die folgenden Fragen beantwortet werden:

1. Was ist mir selbst der Erfolg bei dieser Aufgabe wert (Selbstbewertung)?

2. Welche instrumentellen Werte sind mit dem Erfolg der Aufgabe verknüpft (Fremdbewertung, materielle Sanktionen)?

3. Welche intrinsischen Werte sind mit der Aufgabe verknüpft (Spaß, Interesse)?

4. Welche Kosten sind mit dem Erfolg verknüpft (Anstrengung, Angst)?

Eccles und Wigfield berücksichtigen in ihrem Modell zahlreiche individuelle Faktoren, die Einfluss auf die Entwicklung der Handlungs-Ergebnis-Erwartung und die Wertvorstellungen haben. Hierzu gehören Ziele, das generelle Selbstkonzept sowie das Konzept eigener Fähigkeiten, affektive und kognitive Erfahrungen mit ähnlichen Situationen und die daraus resultierende Ausprägung von Erfolgszuversicht oder Misserfolgsangst. Sie gehen in ihrem Modell davon aus, dass die Erwartungs- und die Wert-Komponente positiv korrelieren. Dieses Modell diente als Grundlage für Korrelations-Studien, bei denen es um die Untersuchung der Entwicklung der Motivation im Schulalltag ging (vgl. hierzu Wigfield & Eccles, 2002). Die Ergebnisse dieser Studien zeigen, dass Leistungs-Anreize, intrinsische und instrumentelle Anreize nicht nur theoretisch, sondern auch empirisch differenziert werden können (z.B. Wigfield & Eccles, 1992).

Pintrich (2003) ordnet den aktuellen Forschungsstand zur Motivation in Lehr-Lernsituationen ebenfalls auf der Grundlage eines Erwartungs-Wert-Modells (vgl. auch Pintrich & DeGroot, 1990). Auch in seiner theoretischen Analyse werden Erwartungen, insbesondere kompetenz-bezogene Erwartungen und extrinsische wie intrinsische Werte als grundlegend für den Motiva-

tionsprozess betrachtet. Da es zahlreiche Studien gibt, die die negativen Auswirkungen von Leistungsangst auf Lernleistungen zeigen, hebt Pintrich auch
die Bedeutung von affektiven Komponenten, insbesondere die Misserfolgs-
angst hervor. Diese affektive Komponente wird in Heckhausens Modell im
Sinne einer individuellen Disposition als zentraler Faktor für die Erwartungs-
Komponente betrachtet. In Eccles und Wigfields Modell wird davon ausgegangen, dass die Angst-Komponente bei der Wert-Kalkulation als Kosten-
faktor eine Rolle spielt. Inwiefern die Angst-Komponente als distaler oder als
proximaler Faktor im Motivationsprozess wirkt, ist jedoch bisher kaum empirisch untersucht (vgl. Pintrich, 2003).

Abbildung 12 liefert eine zusammenfassende Übersicht über die Komponenten der skizzierten integrativen Erwartungs-Wert-Modelle. In dieser Abbildung sind auch Komponenten dargestellt, die sich aus den in diesen Ansätzen
integrierten theoretischen und empirischen Erkenntnissen ergeben (z.B. Attributionen, Ist-Soll-Vergleich).

4.2 Konzeptuelle Aspekte für die Untersuchung von Motivationseffekten

Vor dem Hintergrund des im vorangegangenen Abschnitt dargestellten Forschungsstandes zur Motivation in Lehr-Lernsituationen wird deutlich, dass es
trotz der unterschiedlichen Forschungsperspektiven einige zentrale Gemeinsamkeiten bzgl. des Erkenntnisstandes gibt. Im Folgenden werden daher zunächst die Unterschiede und Gemeinsamkeiten der unterschiedlichen Ansätze
zusammengefasst. Darauf aufbauend werden Annahmen über mögliche motivierende Wirkungen von informativem tutoriellem Feedback abgeleitet sowie
die zentralen motivationalen Komponenten, die bei der Untersuchung von
computerunterstützten Lehr-Lernsituationen mit informativem tutoriellem
Feedback berücksichtigt werden sollen, herausgearbeitet.

4.2.1 Unterschiede und Gemeinsamkeiten der theoretischen Ansätze

Betrachtet man die skizzierten Ansätze aus einer meta-analytischen Perspektive, werden unter anderem die folgenden **Unterschiede** deutlich:

1. Die Motivation in Lehr-Lernsituationen wird aus **unterschiedlichen
   theoretischen Perspektiven** untersucht. Das Spektrum reicht hier von
   kognitiven experimentellen Ansätzen über sozial-kognitive differentielle und pädagogische Ansätze bis zu integrativen Ansätzen.

2. Je nach theoretischer Perspektive werden die Unterschiede in der Gerichtetheit, Intensität und Ausdauer von Verhalten mit Konstrukten erklärt, die sich entweder auf generelle individuelle Dispositionen im
Sinne von Traits beziehen oder auf situationsspezifische, aber indivi-
duell ausgeprägte kognitive Prozesse.

3. Je nach theoretischer Perspektive werden **unterschiedliche Ausschnitte des Lern- und Motivationsprozesses** untersucht. Hierzu gehören der prä-aktionale Entscheidungsprozess bis zur Aufgabenwahl,
der peri-aktionale Prozess der Aufgabenbearbeitung sowie der post-aktionale Prozess der Ergebnisbewertung.

4. Im Hinblick auf diese unterschiedlichen Ausschnitte des Lern- und
Motivationsprozesses werden unterschiedliche Forschungsfragen untersucht:

   (a) Betrachtet man den Motivationsprozess bis zur Aufgabenwahl,
   stellt sich z.B. die Frage, warum sich Personen dafür entscheiden,
   eine Aufgabe zu bearbeiten, während sie eine andere Aufgabe nicht
   auswählen (Aufgabenwahl, task choice, task engagement).

   (b) Betrachtet man die Motivation während der Aufgabenbearbeitung
   stellen sich Fragen wie, warum investieren Personen unterschiedlich viel Anstrengung in die Bewältigung von Aufgaben (Anstrengung, Intensität, Effort) oder warum geben Personen beim Auftreten von Hindernissen nicht auf, während andere die Aufgabenbearbeitung im Falle von Hindernissen abbrechen (Ausdauer, Persistenz)?

   (c) Betrachtet man das Ergebnis des Lern- und Motivationsprozesses,
   stellen sich Fragen nach den Zusammenhängen zwischen motivationalen Faktoren und Leistungen sowie zwischen motivationalen
   Faktoren, Leistungen und Selbstbewertungen.

5. Unterschiedliche theoretische Perspektiven und Forschungsfragen haben **unterschiedliche Forschungsstrategien** zur Konsequenz:

   (a) Aus der Perspektive von klassischen Leistungsmotiv-Ansätzen werden bei Untersuchungen zur Aufgabenwahl differentielle Unterschiede im Leistungsmotiv erfasst und untersucht, welchen Einfluss
   sie in Abhängigkeit von der Aufgabenschwierigkeit auf die Wahl
   der Aufgaben haben.

(b) Aus der Perspektive von attributionstheoretischen Ansätzen wird untersucht, wie Personen in Abhängigkeit vom Leistungsmotiv das Zustandekommen von Leistungen erklären.

(c) Aus der Perspektive des Selbstbewertungsmodells der Leistungsmotivation wurden, ausgehend von den theoretischen Überlegungen zum Zusammenwirken von Standardsetzung, Attribution sowie Standard-Ergebnis-Vergleich, Motivationstrainings entwickelt und evaluiert (Rheinberg & Krug, 1993; Rheinberg & Fries, 2001).

(d) Aus der Perspektive der Zielorientierungs-Ansätze wird untersucht, welche Zusammenhänge es zwischen unterschiedlichen Zielorientierungen und der Wahl von Aufgaben und Lernstrategien gibt.

(e) Aus der Perspektive von interessenstheoretischen Ansätzen wird untersucht, welche Zusammenhänge es zwischen persönlichen Interessen und der Wahl von Aufgaben gibt. Darüber hinaus werden die Zusammenhänge zwischen Interesse, Lernverhalten und Leistungen in unterschiedlichen Bereichen untersucht.

(f) Aus der Perspektive der Kognitiven Evaluations-Theorie von Deci und Ryan wird untersucht, unter welchen Bedingungen und wie lange sich Personen in einer freien Aufgabenwahl-Situation weiter mit einer experimentellen Aufgabe (z.B. Puzzle) beschäftigen oder andere Aktivitäten auswählen.

(g) Aus der Perspektive der Flow-Theorie wird untersucht, welche Bedingungen erfüllt sein müssen, damit ein Flow-Zustand zustande kommen kann. Darüber hinaus gibt es Untersuchungen zum Zusammenhang zwischen Flow-Erleben und Lernleistung.

(h) Aus der Perspektive von Ansätzen zu kompetenz-bezogenen kognitiven Schemata wird untersucht, welchen Einfluss Erwartungen oder Konzepte bzgl. der eigenen Kompetenzen auf die Aufgabenwahl, Anstrengung und Ausdauer in Lehr-Lernsituationen haben.

(i) Aus der Perspektive von integrativen Erwartungs-Wert-Ansätzen wird untersucht, welche Bedeutung unterschiedliche Erwartungen und Werte für den Motivationsprozess haben.

6. Unterschiedliche Forschungsperspektiven, -fragen und -strategien gehen wie in der Feedback-Forschung einher mit **unterschiedlichen Forschungsmethoden**. Untersuchungen zur Lernmotivation unterscheiden sich methodisch z.B. durch die Art der Lehr-Lernsituationen (das Spektrum reich von alltagsnahen Unterrichtssituationen bis zu streng

experimentelle Lehr-Lernsituationen), durch die Art der Lerninhalte (z.B. mathematisch-naturwissenschaftlich, sprachliche), durch die Art der Lernaufgaben (das Spektrum reicht von einfachen Diskriminationsaufgaben bis zu komplexen Lernaufgaben) sowie durch die Art der berücksichtigten individuellen und situativen Motivationsfaktoren (vgl. Pintrich & Maehr, 2003; Pintrich, 2003; Wigfield & Eccles, 2002).

Trotz dieser Unterschiede kann man auch einige *Gemeinsamkeiten* zwischen den Ansätzen feststellen. Hierzu gehört z.B., dass alle Ansätze die Zusammenhänge zwischen kognitiven Prozessen wie Erwartungen, subjektiven Einschätzungen, Zielen, Werten, Attributionen und der Gerichtetheit, Intensität und Ausdauer von Verhalten hervorheben. Alle Ansätze postulieren außerdem, dass differentielle Unterschiede diese kognitiven Prozesse beeinflussen (z.B. Motive, Bedürfnisse, Zielorientierungen, Interessen, Selbstkonzept). Die Konstrukte, die für diese differentiellen Unterschiede konzipiert wurden, haben sich in den meisten Ansätzen im Lauf der Forschung zunehmend spezifiziert. Generelle, relativ stabile Persönlichkeitskonstrukte wurden von bereichs-spezifischen Konstrukten abgelöst. In allen aktuellen Ansätzen werden demzufolge sowohl individuelle als auch situative Faktoren als Einflussgrößen für den Motivationsprozess thematisiert.

Neben den bereits genannten Gemeinsamkeiten ist gerade hinsichtlich der Motivation in Lehr-Lernsituationen hervorzuheben, dass die Einschätzung und das Erleben der eigenen Kompetenz in allen Motivations-Ansätzen als zentrale Faktoren des Motivationsgeschehens betrachtet werden. D.h. man kann quasi aus allen Ansätzen ableiten, dass ein positives Kompetenz-Erleben, also das Erleben von Stolz und Zufriedenheit mit der eigenen Leistung, der Schlüssel zur Motivationsförderung ist. Sowohl aus erwartungs-wert-theoretischer Sicht als auch aus Sicht von Ansätzen zur intrinsischen Motivation werden demzufolge dieselben Konsequenzen für die motivationsförderliche Gestaltung von Lehr-Lernsituationen abgeleitet (Brophy, 1999; Keller, 1983; 1987; Lepper & Chabay, 1985).

4.2.2 Annahmen zu den motivationalen Wirkungen von ITF

Die in den vorangegangenen Abschnitten dargestellten motivationspsychologischen Erkenntnisse machen deutlich, dass mindestens zwei grundlegende Bedingungen erfüllt sein müssen, damit Lernende sich überhaupt auf die Bearbeitung von Lernaufgaben einlassen, Anstrengung investieren und Persistenz zeigen. Die erste Bedingung ist, dass das Bearbeiten und Bewältigen der Aufgaben überhaupt einen Wert für die Lernenden hat, die zweite, dass die eigenen Kompetenzen so eingeschätzt werden, dass die Aufgabe als erfolgreich bearbeitbar beurteilt wird. Informatives tutorielles Feedback (ITF) kann erheblich dazu beitragen, dass diese Bedingungen erfüllt sind:

Wie jede andere Feedback-Art macht ITF sichtbar, ob Aufgaben erfolgreich oder nicht-erfolgreich bearbeitet wurden. Dadurch wird das Bearbeiten von Lernaufgaben mit Konsequenzen verknüpft, die für die Selbstbewertung der eigenen Leistung bedeutsam sind. Dies bedeutet, dass das für die Lernmotivation zentrale Anreizfeld des eigenen Kompetenz-Erlebens und des Erlebens des eigenen Kompetenz-Zuwachses aktiviert wird. Diesem Anreizfeld wird, wie oben dargestellt, in nahezu allen Theorien der Lern- und Leistungsmotivation eine zentrale Bedeutung zugeschrieben. Wird dieses Anreizfeld aktiviert, erhöht sich der Anreizwert einer erfolgreichen Aufgabenbearbeitung. Dadurch gewinnen automatisch auch die entsprechenden Aufgaben an Attraktivität, so dass es sich lohnt, sich überhaupt auf ihre Bearbeitung einzulassen oder sich anzustrengen. ITF bietet darüber hinaus strategische Informationen an, die zur Korrektur von Fehlern oder zur Überwindung von Problemen genutzt werden können. Es ermöglicht damit, auch beim Auftreten von Schwierigkeiten Lernaufgaben erfolgreich selbst zu bewältigen, und trägt dazu bei, dass auch schwierige Aufgaben als bearbeitbar erlebt werden, also die subjektive Aufgabenschwierigkeit reduziert wird.

Da ITF-Komponenten strategische Informationen anbieten, ohne gleichzeitig die Lösung anzugeben, bieten sie außerdem Gelegenheiten, Lernerfolge zu erleben, die intern attribuiert werden können. Im Gegensatz dazu verhindern KCR-Komponenten, die dem Lernenden das Nachdenken über den Fehler und das Suchen nach Lösungen abnehmen, genau diese intern attribuierbaren Erfolgsgelegenheiten (vgl. hierzu auch Lepper & Chabay, 1985). Das Erleben von Lernerfolg sowie die interne Attribution dieses Erfolgs sind nach dem aktuellen Stand der Lernmotivations-Forschung die zentralen Voraussetzungen für eine positive Selbstbewertung, also für Stolz auf die eigene Tüchtigkeit bzw. Zufriedenheit mit der eigenen Leistung. Dies bedeutet, dass nicht nur durch die evaluative, sondern auch durch ITF-Komponenten das Anreizfeld positiven Kompetenz-Erlebens aktiviert werden kann. Ein positives Kompetenz-Erleben ist wiederum eine wesentliche Voraussetzung dafür, dass sich motivationsgünstige Erwartungen für künftige Lernsituationen entwickeln und im Sinne eines positiven Konzeptes der eigenen Kompetenz stabilisieren können (Bandura, 1977, 1986, 1997; Heckhausen, 1977a, 1977b, 1989; Schunk, 1995, Schunk & Pajares, 2002).

Zusammenfassend lassen sich also die folgenden Annahmen über den Einfluss von informativem tutoriellem Feedback (ITF) auf kognitiv-motivationale Prozessvariablen festhalten (vgl. hierzu auch Hoska, 1993):

- ITF kann, wie jede andere Feedback-Art, das mit dem subjektiven Kompetenz-Erleben verknüpfte Anreizfeld aktivieren, da es Ergebnisse der Aufgabenbearbeitung sichtbar macht,
- ITF kann die (subjektive) Aufgabenschwierigkeit reduzieren, da es Informationen anbietet, die die Bewältigung der Aufgabenanforderungen unterstützen,
- ITF kann die subjektive Erfolgswahrscheinlichkeit erhöhen, da es tutorielle Komponenten, aber nicht die Lösung anbietet,
- ITF ermöglicht es, Erfolge der eigenen Anstrengung zuzuschreiben, also intern zu attribuieren, da es tutorielle Komponenten, aber nicht die Lösung anbietet,
- ITF kann die Chance erhöhen, Kompetenz-Zuwachs zu erleben.

Vor dem Hintergrund dieser Überlegungen lassen sich des Weiteren die folgenden Annahmen über den Einfluss von ITF auf die motivationalen Variablen Kompetenz-Erleben[1], Aufgabenwahl bzw. task engagement[2], Anstrengung und Persistenz ableiten:

1. Da intern attribuierbare Erfolge eine wesentliche Voraussetzung für die positive Bewertung der eigenen Leistung sind, müsste ITF, wenn es zur erfolgreichen Aufgabenbearbeitung beiträgt, einen positiven Einfluss auf das Kompetenz-Erleben haben.

2. Da Personen sich eher auf Aufgaben einlassen, bei denen sie positive Kompetenz-Erlebnisse haben, als sich für Aufgaben engagieren, bei denen sie sich inkompetent fühlen, müsste ITF außerdem einen positiven Einfluss darauf haben, ob und wie oft sich die Lernenden auf die Bearbeitung von Aufgaben einlassen.

3. Da Personen eher Anstrengung investieren, wenn sie Aussicht auf positive Kompetenz-Erlebnisse haben, müsste ITF einen positiven Einfluss auf die Anstrengungsinvestition haben.

4. Da Personen eher versuchen, Schwierigkeiten zu überwinden, wenn sie Aussicht auf positive Kompetenz-Erlebnisse haben, müsste ITF einen positiven Einfluss auf die Persistenz haben.

---

1 Im Folgenden wird der Begriff Kompetenz-Erleben für die Bezeichnung von positiven Selbstbewertungs-Konsequenzen eines Handlungsergebnisses verwendet.
2 In den folgenden Studien werden nicht verschiedene Aufgaben zur Wahl gestellt. Es wird den Versuchspersonen jedoch frei gestellt, ob sie sich auf weitere Aufgaben einlassen oder aufhören. Der englische Begriff „task engagement" ist daher passender als der Begriff „Aufgabenwahl".

4.2.3   Motivationale Komponenten beim computerunterstützten Lernen mit ITF

Die bisherige Feedback-Forschung weist darauf hin, dass individuelle motivationale Variablen wie z.B. Ziele (z.B. Schunk & Swartz, 1993), Anreize (Morrison, Ross, Gopalakrishna & Casey, 1995), Self-Efficacy (Karl, O'Leary-Kelly & Martocchio, 1993; Schunk, 1981, 1983) und Erwartungen (s. hierzu insbesondere die Forschung zur response confidence – Kulhavy & Stock, 1989) die Wirksamkeit von Feedback erheblich beeinflussen. Es ist also anzunehmen, dass Entscheidungen bzgl. der Aufgabenwahl, Anstrengungsinvestition und Persistenz nicht nur in Abhängigkeit von instruktionalen Maßnahmen wie z.B. Feedback, sondern vor allem auch in Abhängigkeit von individuellen motivationalen Variablen getroffen werden. Aus diesem Grund erfordern experimentelle Untersuchungen des Motivationsgeschehens in Lehr-Lernsituationen eine möglichst valide und reliable Kontrolle der in diesen Situationen relevanten individuellen motivationalen Voraussetzungen. Die in Abschnitt 4.1.5 skizzierten integrativen Erwartungs-Wert-Modelle (vgl. Abb. 12, S. 115) weisen darauf hin, dass je nach Lehr-Lernsituation unterschiedliche Erwartungs- und Wert-Komponenten für den Lern- und Motivationsprozess bedeutsam sein können. Es stellt sich daher die Frage, welche Erwartungen und welche Werte in einer experimentellen computerunterstützten Lehr-Lernsituation von Bedeutung sind und daher experimentell kontrolliert werden sollten.

In der vorliegenden Arbeit werden computerunterstützte Lehr-Lernsituationen mit unterschiedlichen Arten von informativem Feedback untersucht. Hierbei wird, wie in Lernexperimenten üblich, zunächst das Vorwissen bzw. Fähigkeitsniveau der Lernenden mit Hilfe eines Prä-Tests erfasst. Anschließend bearbeiten die Lernenden die computerunterstützten Lehr-Lernmaterialien und Aufgaben mit Feedback. Zum Schluss wird mit Hilfe eines Post-Tests der Lernerfolg erfasst. Computerunterstützte experimentelle Lehr-Lern-Situationen zeichnen sich dadurch aus, dass Lernende an einem PC Lernmaterialien und -aufgaben bearbeiten und dabei vom Lernprogramm Rückmeldungen und Unterstützung erhalten. Die Lernenden bearbeiten hierbei einzeln und unabhängig von anderen Personen diese Materialien und Aufgaben. In einem Lernexperiment handelt es sich darüber hinaus meist um eine Lehr-Lernsituation, bei der zwar der Experimentator, aber weder eine vertraute Lehrperson noch Eltern, noch Freunde zugegen sind. Die Lernenden erhalten also keine Bewertungen vom Versuchsleiter oder anderen Personen, sondern nur das in das computerunterstützte Lehr-Lernsystem implementierte Feedback. Materielle Belohnungen werden allenfalls für die Teilnahme am Experiment angeboten und werden für alle Personen konstant gehalten. Sie sind also nicht an den Lernerfolg gekoppelt.

Da wie oben beschrieben Feedback Selbstbewertungs-Prozesse aktiviert, ist anzunehmen, dass die mit der Selbstbewertung der eigenen Leistung verbundenen Erwartungen und Anreize eine sehr hohe Relevanz besitzen. Ebenso ist davon auszugehen, dass die mit unterschiedlichen Lerninhalten und/oder -aktivitäten verknüpften Anreizfelder von Bedeutung sind. Anreizfelder, die mit der Bewertung anderer Personen, der Demonstration von Kompetenz nach außen oder mit materiellen Belohnungen verbunden sind, werden jedoch kaum aktiviert. Instrumentellen Wert-Komponenten wird daher in der vorliegenden Arbeit eine geringe Bedeutung beigemessen. Dies hat zur Konsequenz, dass bzgl. der mit diesen instrumentellen Wert-Komponenten verknüpften Erwartungen, also den Ergebnis-Folge-Erwartungen, keine nennenswerten interindividuellen Unterschiede erwartet werden.

Vor dem Hintergrund dieser Überlegungen werden in den folgenden Untersuchungen einerseits Erwartungen bzw. Einschätzungen bzgl. der eigenen Kompetenz, andererseits gegenstands-, tätigkeitsspezifische und leistungsbezogene Anreize als individuelle motivationale Einflussgrößen berücksichtigt. Als motivationale Ausgangsgröße steht ausgehend von den im vorangegangenen Abschnitt abgeleiteten Annahmen über die motivationalen Wirkungen von informativem tutoriellem Feedback das post-aktionale Kompetenz-Erleben im Mittelpunkt des Interesses. Darüber hinaus werden in allen Studien ITF-Effekte auf die Leistung untersucht. Bei den Untersuchungen mit experimentellen Lernaufgaben galt das Interesse sowohl den motivationalen Prozessvariablen Task engagement, Anstrengung und Persistenz als auch der Leistung sowie insbesondere dem post-aktionale Kompetenz-Erleben (Tab. 9).

Tabelle 9: Übersicht über die motivationalen Komponenten bei computerunterstützten experimentellen Lehr-Lernsituationen

	Prä-aktional	Peri-aktional	Post-aktional
Motivationale Eingangsvariablen	• Situationsspezifische Kompetenz-Einschätzung • Situationsspezifische Anreizeinschätzung		
Motivationale Ausgangsvariablen		• Task engagement • Anstrengung • Persistenz	• Leistung • Kompetenz-Erleben

4.3   Methodische Aspekte für die Untersuchung von Motivationseffekten

Wie in Abschnitt 4.2.1 zusammengefasst, geht die konzeptuelle Vielfalt in der Forschung zur Lernmotivation einher mit einer methodischen Vielfalt. Zur Erfassung der in Tabelle 9 dargestellten motivationalen Komponenten gibt es daher unterschiedliche Forschungsinstrumente und -methoden. Man muss demzufolge passend zur Lehr-Lernsituation die Forschungsmethoden aus-wählen, die für die vorliegenden Forschungsfragen geeignet sind. Im Folgen-den wird erläutert, wie die in Tabelle 9 zusammengefassten prä-aktionalen, peri-aktionalen und post-aktionalen motivationalen Variablen in den Studien der vorliegenden Arbeit operationalisiert wurden.

4.3.1   Operationalisierung prä-aktionaler motivationaler Variablen

Die Vielzahl von Konstrukten bzw. Theorien zur Rolle individueller motiva-tionaler Faktoren hat zur Konsequenz, dass es eine sehr große Zahl an Mess-instrumenten für die Erfassung dieser individuellen motivationalen Vorausset-zungen gibt. Im Rahmen der klassischen Leistungsmotivations-Forschung wurden beispielsweise projektive, semi-projektive sowie respondente Verfah-ren zur Messung des Leistungsmotivs entwickelt (eine Diskussion der Vor- und Nachteile dieser Verfahren findet sich bei Schmalt & Sokolowski, 2000). Im Rahmen der verschiedenen Zielorientierungs-Ansätze wurde eine Vielzahl von Zielorientierungs-Fragebögen konstruiert (Dupeyrat & Mariné, 2001). Auch zu jedem Ansatz, der sich mit Erwartungen oder Einschätzungen der eigenen Kompetenz beschäftigt, liegt mindestens ein Fragebogen vor (eine sehr gute Übersicht zu Self-Efficacy Instrumenten findet man unter der URL http://www.emory.edu/EDUCATION/mfp/effpage.html).

Zielorientierungs-Fragebögen dienen insbesondere dazu, festzustellen, in welchem Maße einer Person Selbstbewertungs- vs. Fremdbewertungs-Anreize wichtig sind. Da Fremdbewertungs-Anreize in computerunterstützten experimentellen Lehr-Lernsituationen kaum zum Tragen kommen können (vgl. Abschnitt 4.2.3, S. 124ff.), erscheinen Zielorientierungs-Fragebögen für die vorliegenden Untersuchungen nicht geeignet. Damit schränkt sich die Menge der möglichen Instrumente zwar ein, es muss jedoch noch entschieden werden, wie die relevanten Anreizkomponenten sowie die subjektive Ein-schätzung der bereichs- oder aufgabenbezogenen Kompetenz erfasst werden sollen.

Zur Erfassung von prä-aktionalen Kompetenz-Einschätzungen ($KE_{prä}$) wurde daher in Anlehnung an aktuelle Ansätze zur Self-Efficacy und zum akademischen Selbstkonzept, ein Fragebogen entwickelt. Dieser Fragebogen besteht aus drei Items, die sich auf die Einschätzungen bzgl. der eigenen Begabung, der erlebten Aufgabenschwierigkeit sowie der eigenen Leistungsfähigkeit beziehen (vgl. Tab. 10). Die Beantwortung dieser Items erfolgt auf einer fünfstufigen Rating-Skala, (1 repräsentiert den positiven, 5 den negativen Pol). Die interne Konsistenz dieser drei Items erwies sich in allen Studien als gut (Cronbachs α >.80).

Zur Erfassung intrinsischer Anreiz-Komponenten wurden analog zu den $KE_{prä}$-Items zwei Items formuliert, die sich auf tätigkeitsspezifische und gegenstandsspezifische Anreiz-Aspekte bezogen (vgl. Tab. 10). In den vorliegenden Untersuchungen war die interne Konsistenz für diese Items größer als Cronbachs α = .75.

Tabelle 10: Items zur Erfassung individueller motivationaler Faktoren

Skala	Item
Prä-aktionale Kompetenz-Einschätzung ($KE_{prä}$)	• Ich bin für solche Aufgaben sehr begabt/überhaupt nicht begabt
	• Mir fallen solche Aufgaben meistens sehr leicht/sehr schwer
	• Ich löse solche Aufgaben meistens sehr gut/sehr schlecht.
Intrinsische Anreize (I_{Anreiz})	• Ich finde solche Aufgaben in der Regel sehr interessant/überhaupt nicht interessant
	• Ich löse solche Aufgaben in der Regel sehr gern/ überhaupt nicht gern
Leistungs-Anreize (L_{Anreiz})	• Beim Lernen sind die Anforderungen, die ich an mich stelle, sehr hoch/sehr gering
	• Das Bedürfnis, die Ansprüche an mich selbst zu steigern, ist sehr hoch/sehr gering
	• Der Vorsatz, „Aufgaben so gut wie möglich zu erledigen", ist für mich sehr wichtig/überhaupt nicht wichtig
	• In der Schule war das Bedürfnis, beim Lernen möglichst gut zu sein sehr stark/gering ausgeprägt.

Zur Erfassung von Leistungs-Anreizen wurde in Vorstudien zunächst auf ein standardisiertes deutschsprachiges Instrument der klassischen Leistungsmotivations-Forschung zurückgegriffen, den Leistungsmotivations-Test von Hermans, Petermann und Zielinski (1978). Der Leistungsmotivations-Test besteht aus 56 Items, die sich auf zwei Hauptdimensionen (Leistungsstreben/Ausdauer und Misserfolgs-Angst) mit je 28 Items verteilen. Die von den Autoren angegebenen Retest-Koeffizienten nach sechs Wochen liegen zwischen .74 und .82, die interne Konsistenz zwischen .62 und .84.

Beim Einsatz des Leistungsmotivations-Test in vorbereitenden Lernexperimenten hatten die Versuchspersonen oft Probleme mit Items, die sehr allgemein formuliert waren (z.B. „Es im Leben zu etwas bringen, wird in seiner
Bedeutung überschätzt.") oder in der Fragestellung mehrere Aspekte beinhalteten (z.B. „Wenn ich mich frage, ob ich in schwierigen Situationen Angst
habe, mich zu blamieren, muss ich sagen, dass dieser Gedanke mich (a)
manchmal bedrückt (= Häufigkeit); (b) nicht so sehr bedrückt (= Ausmaß)).
Daher wurde der ursprüngliche Leistungsmotivations-Test überarbeitet (vgl.
Narciss, 2001).

Ziel dieser Überarbeitung war es, die Formulierung der Items für Lernsituationen zu spezifizieren und das Antwortformat für alle Items konsistent
zu gestalten. Items mit allgemeinen oder unklaren Situationsbeschreibungen
wurden daher auf Lernsituationen spezifiziert, Items, bei denen mehrere verschiedene Aspekte angesprochen wurden, auf einen Aspekt reduziert. Für die
Beantwortung der Items wurden bipolare analoge Rating-Skalen angeboten,
bei denen man auf einem 10cm langen Strich die Einschätzung bzgl. des Items
angeben konnte.

Die empirische Prüfung der überarbeiteten Fassung erfolgte im Vergleich
zur ursprünglichen Fassung des Leistungsmotivations-Test. Die Ergebnisse
dieser Untersuchung zeigen, dass die Überarbeitung des Leistungsmotivations-Tests zu einer Verbesserung der Testgütekriterien führte. Die Werte der
internen Konsistenz, untersucht an einer Stichprobe von insgesamt 495
Studierenden, liegen für die einzelnen Testdimensionen des überarbeiteten
Leistungsmotivations-Tests zwischen .80 und .90. Auch die Retest-Reliabili-
tät, untersucht an einer Stichprobe von 70 Studierenden im Abstand von 6
Wochen, liegt zwischen .80 und .90.

Für die in der vorliegenden Arbeit dargestellten Studien wurden aus der
Skala Leistungsstreben des überarbeiteten Leistungsmotivations-Tests vier
Items zum individuellen Anspruchsniveau in Lernsituationen ausgewählt, um
den Leistungsanreiz zu erfassen (vgl. Tab. 10). Diese Items hatten sehr hohe
Faktorenladungen (zwischen .59 und .79) auf dem Faktor Leistungsstreben,
aber keine Ladungen auf den Angstfaktoren. Ihre interne Konsistenz war in
allen Studien zufrieden stellend ($\alpha > .70$). Im Gegensatz zu den Items zur si-
tuationsbezogenen Kompetenz-Einschätzung und den Items zur intrinsischen
Anreiz-Einschätzung beziehen sich diese Items nicht auf die konkrete Lehr-
Lernsituation, sondern auf Lehr-Lernsituationen im Allgemeinen.

4.3.2 Operationalisierung peri-aktionaler motivationaler Variablen

Während prä-aktionale motivationale Variablen Gegenstand zahlreicher Untersuchungen zur Motivation in Lehr-Lernsituationen sind, gibt es weit weniger Untersuchungen, in denen peri-aktionale motivationale Prozessvariablen wie Aufgabenwahl, Anstrengung oder Persistenz im Mittelpunkt des Interesses stehen. Darüber hinaus basieren die meisten Forschungsbefunde zur Rolle prä-aktionaler motivationaler Variablen auf Korrelationsstudien, bei denen die Daten aus verschiedenen Fragebögen zueinander oder auch mit Leistungsdaten in Beziehung gesetzt wurden. Sowohl bei den Daten aus Fragebögen als auch bei Leistungsdaten als (alleinige) motivationale Ausgangsgrößen stellt sich jedoch die Frage nach der Validität. Bereits McClelland (1965) zweifelte an der Aussagekraft von Selbstauskünften über Motivationsprozesse. Die Frage, inwiefern Selbstauskünfte valide Daten darstellen, wird auch heute noch in der Motivations-Forschung diskutiert (z.B. Bong, 1996; Brophy, 1999; Kanfer, 1987). Kognitive peri-aktionale motivationale Prozessvariablen (z.B. subjektive Aufgabenschwierigkeit oder subjektive Erfolgswahrscheinlichkeit) lassen sich jedoch nur mit Hilfe von Fragen an die Versuchspersonen erfassen.

In den folgenden Studien werden daher, wenn möglich, sowohl Daten über die Einschätzung des eigenen Kompetenz-Erlebens, als Daten zu den Variablen Aufgabenwahl bzw. Task engagement, Anstrengung und Persistenz erfasst. Diese Variablen können nicht nur über Fragebögen, sondern auch anhand beobachtbarer Verhaltensdaten untersucht werden. Die Aufgabenwahl kann man beispielsweise erfassen, indem man unterschiedliche Aufgaben anbietet und die Versuchspersonen selbst wählen lässt, welche sie bearbeiten. Dies ist das übliche Vorgehen in Aufgabenwahl-Experimenten, wie sie auf der Basis des Risiko-Wahl-Modells durchgeführt wurden. In den vorliegenden Studien hatten die Versuchspersonen jedoch keine Wahl zwischen unterschiedlichen Aufgaben, sondern nur die Wahl, ob sie sich auf die Bearbeitung weiterer Aufgaben einlassen. Sie waren also nicht gezwungen, eine bestimmte Anzahl von Aufgaben zu bearbeiten. Das Aufgabenwahl-Verhalten (im Folgenden mit dem englischen Fachbegriff „task engagement" bezeichnet) wird daher in der vorliegenden Arbeit über die Anzahl der bearbeiteten Aufgaben operationalisiert.

Die Variable Anstrengung wird häufig über die Zeit operationalisiert, die die Versuchspersonen konkret mit der Aufgabenbearbeitung zubringen (der englische Fachbegriff „time-on-task" ist auch hier prägnanter). Auch in der vorliegenden Arbeit wird diese Operationalisierung gewählt, wohl wissend, dass es keine Aussage über die Qualität der Anstrengung macht (vgl. hierzu die ausführliche Diskussion bei Kanfer, 1987).

Hoch motivierte Personen zeichnen sich in der Regel dadurch aus, dass sie nicht so schnell aufgeben, wenn Schwierigkeiten, Fehler oder auch Misserfolge auftreten. Um die Persistenz erfassen zu können, wurde es den Versuchspersonen daher frei gestellt, die Bearbeitung von Aufgaben abzubrechen. Die Variable Persistenz wurde also über den Prozentsatz abgebrochener Aufgaben operationalisiert.

4.3.3   Operationalisierung post-aktionaler motivationaler Variablen

Vor dem Hintergrund der in Abschnitt 4.2.2 abgeleiteten Annahmen werden in der vorliegenden Arbeit Leistungsdaten und Daten über das Kompetenz-Erleben nach der Bearbeitung der Aufgabe(n) als post-aktionale Variablen erfasst. Unter Berücksichtigung des in Kapitel 3.1 dargestellten heuristischen Feedback-Modells können hierbei je nach Art der Lernaufgaben unterschiedliche Leistungsmaße von Interesse sein. Hierzu gehören z.B. Lösungszeiten, die Anzahl von Fehlern, die Anzahl von Lösungsversuchen, bis das Lernkriterium erreicht wurde, die Anzahl unterschiedlicher Aufgaben, bei denen das Lernkriterium erreicht wurde, oder auch die Anzahl von erfolgreich korrigierten Fehlern (vgl. Tab. 6, S. 93). Gerade in Feedback-Untersuchungen sind nicht nur globale Leistungsmaße wie z.B. Lösungszeiten oder Fehlerzahlen von Interesse, sondern vor allem auch spezifischere Maße wie die Anzahl der erfolgreich korrigierten Aufgaben oder auch die Anzahl unterschiedlicher Aufgaben, bei denen das Lernkriterium erreicht wurde. Welche spezifischeren Maße erfasst werden können, hängt wesentlich von den Lerninhalten und -aufgaben ab. Aus diesem Grund wird bei den jeweiligen Studien ausführlich dargestellt, welche spezifischen Leistungsdaten auf welche Weise bei den ausgewählten Lernaufgaben erhoben wurden.

Aus den in Kapitel 4.1 dargestellten theoretischen Ansätzen lässt sich ableiten, dass das post-aktionale Kompetenz-Erleben, also die post-aktionale Motivation, davon abhängt, wie man z.B. die folgenden Fragen beantworten kann:

- Wie schätze ich die eigene Leistung ein?
- Wie schätze ich den eigenen Lernfortschritt ein?
- Wie zufrieden bin ich mit dieser Leistung?
- Wie anstrengend fand ich das Bearbeiten der Aufgaben?
- Wie schwer fiel mir die Bearbeitung der Aufgaben?
- Wie gut bin ich vorwärts gekommen?

Zur Erfassung des Kompetenz-Erlebens nach der Bearbeitung der Aufgaben wurden daher Items entwickelt, die sich auf diese Fragen bezogen, also die Zufriedenheit mit der eigenen Leistung, die subjektive Aufgabenschwierigkeit und die Bewertung der eigenen Leistung abfragten. Da diese Items im Rahmen der einzelnen Studien unterschiedlich formuliert und kombiniert wurden, werden sie im Einzelnen bei der Beschreibung der Studien dargestellt.

4.4 Zusammenfassende Diskussion und Schlussfolgerungen

Möchte man Motivationseffekte in Lehr-Lernsituationen untersuchen, muss man einerseits die individuellen motivationalen Voraussetzungen, andererseits die situativen Faktoren sorgfältig kontrollieren, um dann Veränderungen im Motivationsgeschehen erfassen zu können. Hierbei wird man mit einer Vielzahl von Konstrukten, die die individuellen Voraussetzungen der Lernenden im Sinne eines Traits konzipieren, sowie mit einer Vielzahl von Theorien zur Motivation in Lehr-Lernsituation konfrontiert (vgl. z.B. Bong, 1996; Murphy & Alexander, 2000; Pintrich, 2003). Diese Konstrukte und Theorien wurden aus unterschiedlichen theoretischen Perspektiven entwickelt und fokussieren auf unterschiedliche Ausschnitte des Lern- bzw. Motivationsprozesses. Trotz dieser unterschiedlichen Perspektiven betrachten alle aktuellen Ansätze zur Lernmotivation die Einschätzung und das Erleben der eigenen Kompetenz als einen zentralen Faktor des Motivationsgeschehens. Daraus lässt sich ableiten, dass ein positives Kompetenz-Erleben, also das Erleben von Stolz und Zufriedenheit mit der eigenen Leistung, der Schlüssel zur Motivationsförderung ist.

Die vorliegende Arbeit geht von der Annahme aus, dass durch informatives tutorielles Feedback Gelegenheiten geschaffen werden, auch bei schwierigen Aufgaben, Fehlern oder Hindernissen die eigene Kompetenz positiv zu erleben. Diese Annahme begründet sich darin, dass informatives tutorielles Feedback nicht nur Fehler rückmeldet und nicht nur einfach die korrekte Lösung liefert, sondern strategische Informationen zur Korrektur von Fehlern oder zur Überwindung von Hindernissen anbietet. Damit unterstützt informatives tutorielles Feedback die Lernenden darin, trotz Fehlern oder Schwierigkeiten Aufgaben doch noch erfolgreich zu bewältigen. Es erlaubt dabei den Lernenden, den Erfolg internal zu attribuieren. Das Erleben von internal attribuierbarem Erfolg ist eine wesentliche Bedingung für positives Kompetenz-Erleben.

Ein Ziel der folgenden Studien ist es, die Annahme, dass informatives tutorielles Feedback einen positiven Einfluss auf das Kompetenz-Erleben hat, zu untersuchen. Die Untersuchung dieser Annahme setzt jedoch die Bewältigung einiger methodischer Probleme voraus, da das Kompetenz-Erleben nicht nur von situativen Faktoren wie z.B. Feedback, sondern auch wesentlich von individuellen motivationalen Faktoren (z.B. prä-aktionalen Einschätzungen der eigenen Kompetenz, der Leistungs-Anreize sowie intrinsischer Anreize) abhängt. Zur Erfassung dieser individuellen motivationalen Faktoren gibt es sehr viele und zum Teil sehr ausführliche Instrumente. Für die folgenden Studien wurden diese Instrumente gesichtet, um zu klären, welche Items für die Erfassung der individuellen motivationalen Faktoren in computerunterstützten Lehr-Lernsituationen geeignet sein könnten. Um den Lern- und Motivationsprozess möglichst wenig zu stören, wurden dann ausgehend von den in den Kapiteln 4.1 und 4.2 dargestellten theoretischen Überlegungen möglichst kurze, situationsspezifische Fragebögen entwickelt.

5 Lern- und Motivationseffekte von informativem tutoriellem Feedback bei Konzeptlern-Aufgaben

Ein wesentliches Anliegen der vorliegenden Arbeit ist es, die in den vorangegangenen Kapiteln entwickelten Gestaltungs- und Untersuchungsprinzipien für informatives tutorielles Feedback bei verschiedenen typischen Lernaufgaben anzuwenden. Vor dem Hintergrund von Erkenntnissen über die Bereichsspezifität individueller motivationaler Voraussetzungen und von Erkenntnissen über die Bedeutung von Vorwissens-Unterschieden beim Lernen (z.B. Heit, 1997; Kaplan & Murphy, 2000) stellt sich hierbei das Problem, dass unterschiedliche Feedback-Bedingungen unter anderem deshalb nicht unterschiedlich wirken, weil die individuellen Voraussetzungen der Lernenden das Treatment erheblich moderieren oder sogar überlagern können. Wie in den Kapiteln 2.2 und 2.3 dargestellt, gibt es z.B. Befunde aus der Feedback-Forschung, die zeigen, dass individuelle motivationale Voraussetzungen einen erheblichen Einfluss darauf haben, ob und wie Feedback wirkt. Befunde zur Bedeutung von Interessen in Lehr-Lernsituationen zeigen z.B., dass Personen mit hohem Interesse für die Lerninhalte ungünstigere Feedback-Bedingungen zum Teil kompensieren können (z.B. Harris, Tetrich & Tiegs, 1993; Sansone, 1989; vgl. hierzu auch Pintrich & Zusho, 2002). Aus diesem Grund wurden die ersten Studien mit Hilfe einer experimentellen Lehr-Lernsituation durchgeführt.

Um den Einfluss von Interesse und Vorwissen weitgehend kontrollieren zu können, wurden experimentelle Lehr-Lernaufgaben ausgewählt, die die folgenden Anforderungen erfüllen sollten:

- Sie sollten möglichst unabhängig von inhaltlichen Wissensbereichen sein.
- Sie sollten typische, alltägliche und relativ komplexe Lernprozesse erfordern.
- Sie sollten neu für möglichst alle Versuchspersonen sein.
- Sie sollten eine eindeutige Fehler-Erkennung erlauben.
- Sie sollten bereits auf Lösungsstrategien und typische Fehler bzw. Fehlstrategien untersucht sein.

Bruner, Goodnow und Austins (1956) klassische Konzepterwerbs-Aufgaben erfüllen diese Anforderungen. Mit Hilfe dieser Konzepterwerbs-Aufgaben wurde daher ein computerunterstütztes Experimentalparadigma entwickelt, das es erlaubt, die in Abschnitt 4.2.2 abgeleiteten Annahmen in einem für die

Lernenden bisher weitgehend unbekannten Inhaltsbereich zu untersuchen. Als Lehr-Lernmaterial dienten Konzeptlern-Aufgaben, die im Rahmen eines Rezeptionsparadigmas, bei dem die Konzept-Beispielkarten sukzessive präsentiert wurden, bearbeitet wurden. Im Folgenden wird beschrieben, wie für diese Konzeptlern-Aufgaben informative tutorielle Feedback-Komponenten ausgewählt und in ein computerunterstütztes Rezeptionsparadigma implementiert wurden. Anschließend werden die Studien dargestellt, die mit diesem Paradigma durchgeführt wurden.

5.1   Gestaltung von ITF für Konzeptlern-Aufgaben

Experimentelle Konzepte werden in der Regel über eine bestimmte Anzahl von Merkmalsdimensionen, die eine bestimmte Anzahl von Merkmalsausprägungen annehmen können, sowie logische Verknüpfungsregeln definiert. Für die vorliegende Konzeptlern-Aufgabe wurden in Anlehnung an die von Bruner et al. (1956) verwendeten Materialien 81 Stimulus-Karten verwendet, bei denen 4 Merkmalsdimensionen mit je drei Ausprägungen variiert werden konnten (vgl. Abb. 13).

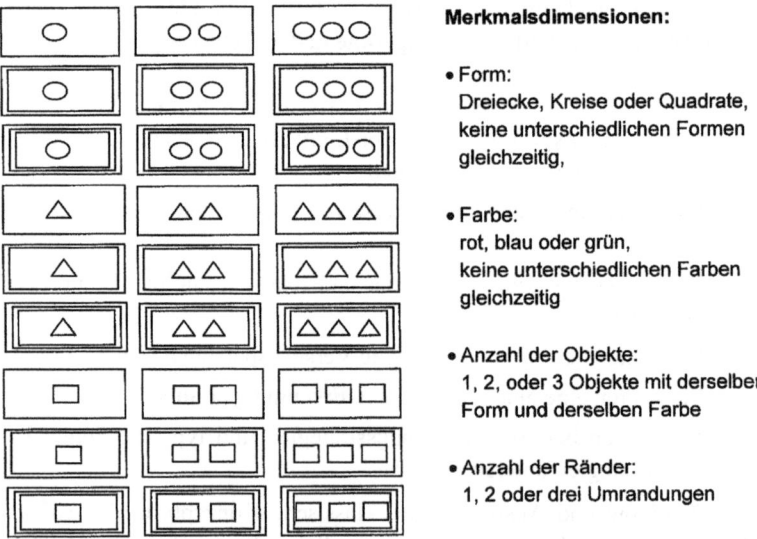

Merkmalsdimensionen:

• Form:
Dreiecke, Kreise oder Quadrate,
keine unterschiedlichen Formen
gleichzeitig,

• Farbe:
rot, blau oder grün,
keine unterschiedlichen Farben
gleichzeitig

• Anzahl der Objekte:
1, 2, oder 3 Objekte mit derselben
Form und derselben Farbe

• Anzahl der Ränder:
1, 2 oder drei Umrandungen

Abbildung 13:   Stimulus-Karten der Konzeptlern-Aufgabe

Für die einzelnen Aufgaben wurden die Konzepte so ausgewählt, dass zwei dieser vier Merkmalsdimensionen mit spezifischen Ausprägungen entweder konjuktiv (z.B. rot und 2 Ränder) oder disjunktiv (z.B. rot oder 2 Objekte) verknüpft wurden. Die Versuchspersonen mussten also herausfinden, welche Merkmalsdimensionen und -ausprägungen relevant sind. Außerdem mussten sie die korrekte Verknüpfungsregel identifizieren. Solche Aufgaben werden als Konzeptlern-Aufgaben bezeichnet und sowohl abgegrenzt von Merkmals-identifikations-Aufgaben, bei denen die Versuchsperson die Verknüpfungs-regel kennt, die Merkmale jedoch unbekannt sind, als auch von Regellern-Aufgaben, bei denen die relevanten Merkmale bekannt sind, die Verknüp-fungsregel jedoch unbekannt ist (vgl. z.B. Spada, 1998).

Des Weiteren sind Konzeptlern-Aufgaben abzugrenzen von Konzept-Anwendungs-Aufgaben. Konzept-Anwendungs-Aufgaben zeichnen sich da-durch aus, dass sowohl die relevanten Merkmale als auch die relevanten Ver-knüpfungsregeln bekannt sind und dieses Wissen über die Merkmale und Verknüpfungen bei der Klassifikation von Konzeptbeispielen angewandt wer-den muss. Solche Aufgaben sind typisch für schulische und universitäre Lehr-Lernsituationen, in denen zunächst die Definitionen von Fachbegriffen, dann deren Anwendung vermittelt wird (s. auch Anderson, Kulhavy & Andre, 1972). In den meisten Feedback-Studien, bei denen Konzepterwerbs-Aufga-ben eingesetzt wurden, handelt es sich um Konzept-Anwendungs-Aufgaben (z.B. Merrill, 1987; Waldrop et al., 1986).

Wie in Kapitel 3 dargestellt, setzt die Gestaltung von informativen tuto-riellen Feedback-Komponenten voraus, dass man für die ausgewählten Lern-aufgaben sowohl eine kognitive Anforderungs- als auch eine Fehler-Analyse durchführt. Im Folgenden werden demzufolge zunächst die kognitiven Anfor-derungen, dann typische Fehlstrategien, die mit Konzeptlern-Aufgaben ver-bunden sind, beschrieben. Auf der Grundlage dieser Anforderungs- und Feh-ler-Analysen werden dann Funktion, Inhalt, Form und Präsentationsmodus für die informativen tutoriellen Feedback-Komponenten ausgewählt.

5.1.1 Kognitive Anforderungen von Konzeptlern-Aufgaben

Für die vorliegende Studie wurden Konzeptlern-Aufgaben nach dem Prinzip eines sukzessiven Rezeptionsparadigmas konstruiert. Bei einem sukzessiven Rezeptionsparadigma werden die Stimulus-Karten nacheinander in einer vor-gegebenen Reihenfolge präsentiert. In den vorliegenden Studien geschah dies reihenweise auf einem PC-Bildschirm (vgl. Abb. 14).

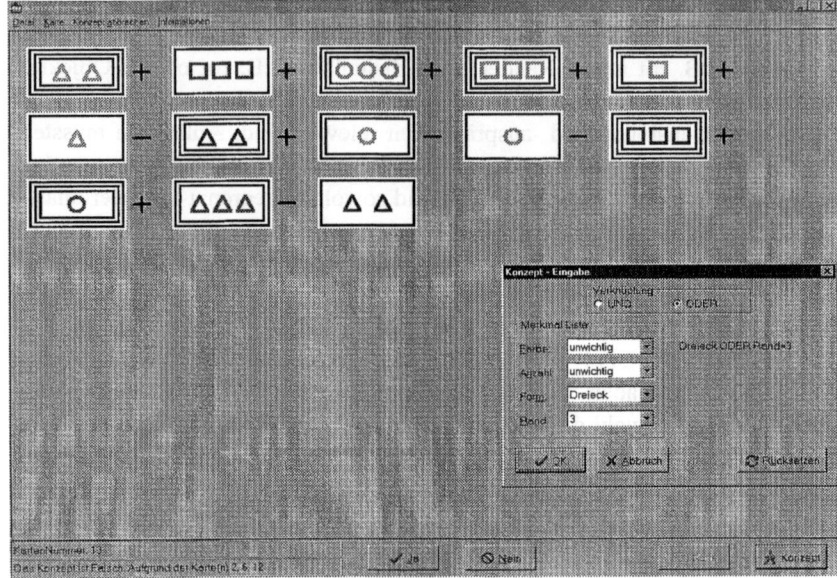

Abbildung 14:   Präsentation der Stimulus-Karten für die Konzeptlern-Aufgaben.
(Ein Plus rechts von den Karten zeigt einen Vertreter an, ein Minus einen Nicht-Vertreter. Rechts das Konzept-Eingabe-Fenster.)

Bei jeder neuen Karte mussten die Versuchspersonen zunächst entscheiden, ob sie zum gesuchten Konzept gehört, also ein Vertreter oder Nicht-Vertreter des gesuchten Konzeptes ist. Diese Entscheidung wurde unmittelbar vom Programm verifiziert und die Karte mit einem Plus versehen, falls sie ein Vertreter war, bzw. mit einem Minus, falls sie ein Nicht-Vertreter war. Sobald die Versuchspersonen eine Hypothese bzgl. des gesuchten Konzeptes hatten, sollten sie das Konzept-Eingabe-Fenster öffnen und ihre Hypothese dort eingeben. Sie mussten hierbei einerseits angeben, ob es sich um eine konjunktive oder eine disjunktive Verknüpfung von Merkmalen handelt. Andererseits mussten sie für jede Merkmalsdimension entscheiden, ob sie relevant war oder nicht, und falls sie relevant war, die Merkmalsausprägung, die sie für das Konzept als bedeutsam erachteten, bestimmen. Zu jeder Hypothese erhielten die Versuchspersonen Feedback. Dieses Feedback beinhaltete immer Angaben darüber, ob die Hypothese korrekt war oder nicht. Je nach der experimentellen Feedback-Bedingung wurden darüber hinaus zusätzliche strategische Informationen angeboten. Die Versuchspersonen sollten also die Attribute und Verknüpfungsregeln anhand einer vorgegebenen Kartenreihenfolge, bei der die Karten nacheinander präsentiert wurden, identifizieren.

Das Lösen von Konzeptlern-Aufgaben in einem sukzessiven Rezeptionsparadigma erfordert induktives, also schlussfolgerndes Denken. Um ein Konzept zu ermitteln, muss man anhand der präsentierten Vertreter und Nicht-Vertreter erschließen, welche Merkmalsdimensionen und -ausprägungen sowie welche Verknüpfungsregel relevant sind. Nach Klauers Theorie zum induktiven Denken lassen sich die hierfür notwendigen kognitiven Teilprozesse wie folgt auflisten (vgl. Klauer, 1987, 2001):

1. Man muss herausfinden, welche Merkmale und Relationen die präsentierten Vertreter gemeinsam haben (Gleichheit von Merkmalen und Relationen).

2. Man muss feststellen, wie sich die Vertreter von den Nicht-Vertretern bzgl. der Merkmale und Relationen unterscheiden (Feststellen von Verschiedenheit von Merkmalen und Relationen).

3. Man muss anhand dieser Gemeinsamkeiten und Unterschiede Hypothesen bzgl. der relevanten Merkmale und Verknüpfungsregel generieren und prüfen (Entdecken der Regelhaftigkeit).

Die dazu notwendigen Denkprozesse sind von grundlegender Bedeutung für zahlreiche Lernprozesse. Merrill (2001) und Feldman (2003) bezeichnen Konzepte daher als die elementaren Komponenten von Lern- und Wissenserwerbs-Prozessen. Klauer (1987) entwickelte und evaluierte aus diesem Grund ein Denktraining, in dem genau diese Denkprozesse geübt werden.

5.1.2 Strategien und typische Fehler bei Konzeptlern-Aufgaben

Wie in Abschnitt 5.1.1 beschrieben, verlangen Konzeptlern-Aufgaben, dass die Lernenden anhand der vorhandenen Vertreter und Nicht-Vertreter Hypothesen generieren und diese dann prüfen. Es gibt zahlreiche Untersuchungen, die zeigen, dass Personen hierbei unterschiedlich vorgehen. Bruner et al. (1956) grenzen beispielsweise eine holistische, also ganzheitliche Strategie von einer selektiven Scanning-Strategie ab. Bei der holistischen Strategie wird eine Anfangshypothese generiert, bei der alle Merkmale des ersten Vertreters als relevante Merkmale berücksichtigt sind. Anhand jeden weiteren Vertreters werden die Merkmale aus der Hypothese eliminiert, die auf diesen Vertreter nicht zutreffen. Bei der selektiven Scanning-Strategie wird eine Anfangshypothese generiert, bei der nur ein Teil der Merkmale des ersten Vertreters als relevant betrachtet wird. Anhand der weiteren Stimulus-Karten wird diese

Hypothese dann verändert. Personen gehen also in der Regel nicht nach der von Klauer (1987) vorgeschlagenen idealen, analytischen Lösungsstrategie vor, bei der Vertreter-Beispiele systematisch auf Gemeinsamkeiten und Unterschiede untersucht werden, dann eine Hypothese generiert und anhand von Nicht-Vertretern überprüft wird.

Zahlreiche Untersuchungen zeigen, dass Aufgaben, bei denen konjunktive Konzepte identifiziert werden müssen, in der Regel besser gelöst werden als Aufgaben mit disjunktiven Konzepten (siehe hierzu Bourne, 1963). Rein logisch betrachtet, sind gerade bei künstlichen Konzepten konjunktive Konzepte jedoch nicht weniger komplex als disjunktive (Feldman, 2003). Dass Aufgaben mit disjunktiven Konzepten dennoch schlechter gelöst werden als konjunktive, liegt einerseits daran, dass Personen nicht die ideale, analytische Lösungsstrategie anwenden. Andererseits zeigen Studien, dass Personen zur Generierung und zur Überprüfung von Hypothesen vor allem die Vertreter heranziehen und die Nicht-Vertreter häufig nicht beachten (Bruner, Goodnow & Austin, 1956).

Dieser vielfach replizierte Befund, dass Nicht-Vertreter in der Regel ignoriert werden, wird vor allem darüber erklärt, dass beim Erwerb von natürlichen Begriffen das Wissen darüber, dass etwas kein Vertreter von einem Konzept ist, relativ wenig Informationen darüber liefert, welche Merkmale das gesuchte Konzept hat, weil die Menge der möglichen Merkmalsdimensionen und -ausprägungen sehr groß ist. Bei einem Konzept-Vertreter erhält man dagegen konkrete Informationen über das Konzept. Bei experimentellen Konzeptlern-Aufgaben mit disjunktiven Konzepten ist die Menge der möglichen relevanten Merkmalsdimensionen und -ausprägungen jedoch begrenzt. Bei Konzepterwerbs-Prozessen, in denen Konzepte mit einer begrenzten Menge von Merkmalsdimensionen und -ausprägungen gelernt werden sollen, liefern demzufolge die Nicht-Vertreter konkrete Informationen darüber, welche Merkmalsausprägungen auf jeden Fall irrelevant und daher nicht Element der Menge der möglichen Merkmale sind (Bourne, Ekstrand & Montgomery, 1969). Dass Nicht-Vertreter wichtige Informationen für das Konzeptlernen liefern, gilt nicht nur für Konzeptlern-Aufgaben mit künstlichen Konzepten, sondern auch für Aufgaben, bei denen sprachliche Konzepte erworben werden sollen (z.B. Tennyson, 1973).

Bei den vorliegenden Konzeptlern-Aufgaben kann man anhand der Nicht-Vertreter je 4 Merkmalsausprägungen hundertprozentig ausschließen. Bei einem Vertreter können dagegen von den 4 abgebildeten Merkmalsdimensionen maximal 2 relevant sein. Die Wahrscheinlichkeit, beide relevanten Merkmale korrekt auszuwählen, beträgt maximal 58,3%. Die Wahrscheinlichkeit bei einem disjunktiven Konzept, bei Vertretern mit nur einem relevanten Merkmal dieses Merkmal korrekt auszuwählen, beträgt sogar maximal 25%. Bei experimentellen Konzeptlern-Aufgaben mit disjunktiven Konzepten ist das Nicht-Beachten von Nicht-Vertretern demnach eine sehr ineffiziente Strategie.

5.1.3   Selektion von Funktion und Inhalt von ITF-Komponenten

Die kognitiven Anforderungs- und Fehler-Analysen weisen darauf hin, dass Personen Konzeptlern-Aufgaben in der Regel nicht nach einer idealen analytischen Lösungsstrategie bearbeiten. Bei einem sukzessiven Repräsentations-Paradigma ist demzufolge zu erwarten, dass die Versuchspersonen bereits Hypothesen über das Konzept generieren, bevor hinreichend Informationen, also hinreichend viele Vertreter und Nicht-Vertreter vorliegen, um das Konzept eindeutig identifizieren zu können. Darüber hinaus, lässt sich aus den Erkenntnissen über die Bevorzugung von Vertretern ableiten, dass die damit verknüpfte Strategie des Ignorierens von Nicht-Vertretern bei nahezu allen Lernenden zu erwarten ist. Vor dem Hintergrund dieser Überlegungen wurden die folgenden kognitiven Funktionen für die ITF-Komponenten ausgewählt:

1. Die ITF-Komponenten sollten die Lernenden darüber informieren, ob die vorgeschlagene Hypothese korrekt oder inkorrekt ist.

2. Die ITF-Komponenten sollten im Falle von falschen Hypothesen darüber informieren, warum diese Hypothese bei den vorgegebenen Vertretern und Nicht-Vertretern nicht stimmen kann und damit systematische Vergleichsprozesse anregen.

3. Die ITF-Komponenten sollten im Falle von falschen Hypothesen die ineffiziente Strategie des Ignorierens von Nicht-Vertretern korrigieren, indem sie die Aufmerksamkeit auf die Nicht-Vertreter lenken.

4. Die ITF-Komponenten sollten im Falle von ungültigen Konzeptvorschlägen (z.B. wenn mehr als zwei Merkmalsdimensionen und eine disjunktive Verknüpfung angegeben werden) Informationen über die Regeln für Konzeptvorschläge liefern.

Die vorliegende Lernaufgabe erlaubt eine eindeutige Fehlerdiagnose, d.h. bei einer falschen Hypothese kann man genau angeben, aufgrund welcher der vorliegenden Stimulus-Karten diese Hypothese nicht korrekt sein kann. Bei falschen Hypothesen bot es sich daher an, Angaben zu diesen mit der Hypothese inkompatiblen Stimulus-Karten als ITF-Komponente anzubieten. Da diese ITF-Komponente Informationen über Ort, Art und Ursache von Fehlern liefert, wird sie im Folgenden, entsprechend der in Tabelle 2 dargestellten inhaltsbezogenen Feedback-Klassifikation, als knowledge-about-mistakes-Komponente (KM-Komponente) bezeichnet (vgl. S. 22).

Im Hinblick auf die ineffiziente Strategie des Ignorierens von Nicht-Vertretern wurde eine ITF-Komponente entwickelt, die sich direkt auf den Informationswert von Nicht-Vertretern bezog. Diese ITF-Komponente bestand aus dem folgenden Hinweis:

> Die Karten, die nicht zum Konzept gehören, beinhalten wichtige Informationen darüber, welche Merkmale bzw. Merkmalskombinationen das gesuchte Konzept nicht haben kann.

Auf der Basis der in Tabelle 2 dargestellten Feedback-Klassifikation kann man diese ITF-Komponente als knowledge-on-how-to-proceed-Komponente (Know-How-/KH-Komponente) bezeichnen (vgl. Narciss, 1999).

Im Hinblick auf ungültige Konzeptvorschläge wurde eine ITF-Komponente entwickelt, die eine Wiederholung der Regeln für die Formulierung der Konzeptvorschläge beinhaltete, also knowledge on task constraints anbot (vgl. Tab. 2, S. 23). Diese ITF-Komponente gab an, dass der Konzeptvorschlag ungültig ist, beschrieb, warum der Konzeptvorschlag ungültig ist und lieferte dann folgende Informationen über die Regeln:

> Bitte denken Sie daran, es gibt 4 Merkmalsdimensionen mit je 3 Ausprägungen, die miteinander verknüpft sein können:
> * Die Farbe (rot, grün, blau)
> * Die Anzahl der Objekte (1, 2, 3)
> * Die Form der Objekte (Dreieck, Kreis, Quadrat)
> * Die Anzahl der Umrandungen (1, 2, 3)
> Bei einem Konzept sind mindestens 2 Merkmalsdimensionen verknüpft. Bei einer ODER-Verbindung sind 2 Merkmale verknüpft. Bei einer UND-Verbindung können es mehrere Merkmale sein. Eine Merkmalsdimension kann immer nur in einer Merkmalsausprägung vorliegen.

5.1.4   Selektion der Präsentationsform der ITF-Komponenten

Im Mittelpunkt des Interesses der folgenden Studien stehen informative tutorielle Feedback-Arten, bei denen die Lernenden zwar strategische Informationen zur Korrektur von Fehlern erhalten, aber keine Angaben über die Lösung im Sinne eines knowledge of the correct response (KCR). Die Lernenden sollten vielmehr trotz falscher Lösungsvorschläge die Möglichkeit erhalten, die gegebene Aufgabe doch noch erfolgreich zu bearbeiten. Zur Präsentation der verschiedenen inhaltlichen Feedback-Komponenten wurde daher für die folgenden Studien ein „answer-until-correct"-Algorithmus (AUC-Algorithmus) ausgewählt (vgl. Abb. 15).

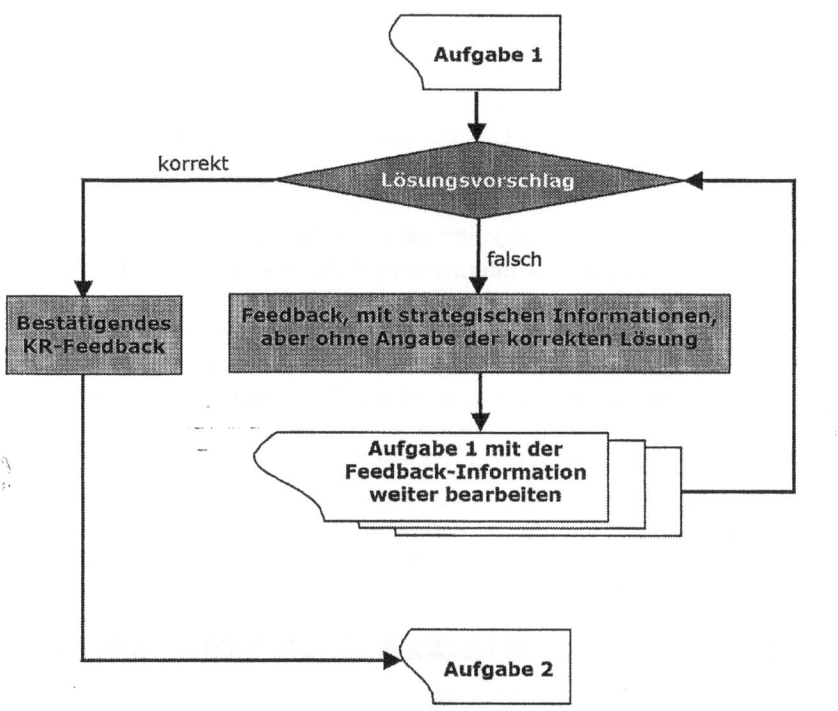

Abbildung 15: Schematische Darstellung eines Feedback-Algorithmus
nach dem „Answer-until-correct"-Prinzip

Bei einem AUC-Algorithmus erhalten die Lernenden Informationen über die
Richtigkeit ihrer Hypothese sowie, im Falle von falschen Hypothesen, je nach
experimenteller Feedback-Bedingung zusätzliche strategische Informationen
(z.B. die KM- und/oder die Know-How-Komponente). Sie bekommen dann
die Gelegenheit, diese Feedback-Informationen bei einem weiteren Lösungsversuch direkt zu nutzen. Die Lernenden können also mit Hilfe der Feedback-
Informationen die vorliegenden Vertreter und Nicht-Vertreter erneut auf Gemeinsamkeiten und Unterschiede analysieren und eine neue Hypothese generieren. Ist diese Hypothese wieder falsch, bekommen sie erneut Feedback, das
sie dann wiederum zur Bearbeitung der Aufgabe und zur Generierung einer
weiteren Hypothese anwenden können. Dieses Vorgehen wird solange fortge-
setzt, bis die Lernenden die korrekte Lösung gefunden haben. Die korrekte
Lösung wird unmittelbar mit einer KR-Feedback-Meldung bestätigt. Dann
können die Lernenden zur Bearbeitung der nächsten Aufgabe weitergehen.

5.2   Experimental-Software

Zur Durchführung der Studien wurde mit Hilfe der Programmiersprache
DELPHI ein Programm entwickelt, das es erlaubt, mit Hilfe der 81 Stimulus-
Karten unterschiedlich schwierige Konzeptlern-Aufgaben im Rahmen eines
sukzessiven Rezeptions-Paradigmas zu präsentieren. Neben einer systematischen Variation des Schwierigkeitsgrades der Aufgaben ermöglicht dieses
Programm die Variation des Informationsgehalts des Feedbacks, die Proto-
kollierung von Daten über den Lern- und den Motivationsprozess sowie die
Transformation der Rohdaten-Files in ein Datenformat, das von gängigen Sta-
tistik-Paketen verarbeitet werden kann. Im Folgenden werden die für das Verständnis der Studien relevanten Aspekte dieses Programms beschrieben.

5.2.1   Festlegen von Konzepten, Kartenfolgen und Feedback-Inhalten

Das Programm erlaubt es, alle möglichen disjunktiven und konjunktiven Konzepte, die man mit Hilfe der 4 Merkmalsdimensionen und ihren 3 Merkmalsausprägungen gestalten kann, als Konzepte für Experimental-Aufgaben
auszuwählen (vgl. Abb. 16).

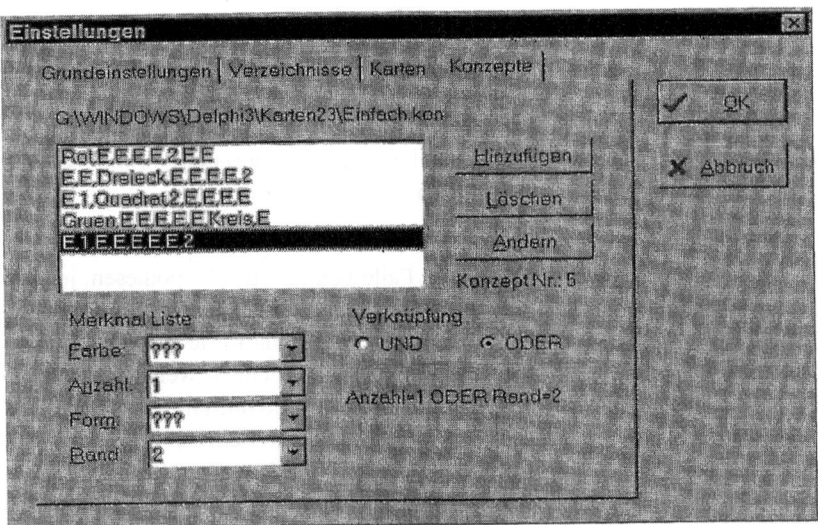

Abbildung 16: Fenster für die Bestimmung der Konzepte

Hierzu wird für jedes ausgewählte Konzept mit Hilfe der Merkmalsliste festgelegt, welche Merkmalsdimensionen und -ausprägungen sowie welche Verknüpfungsregel relevant sind. Anschließend wird das so definierte Konzept

der Liste der Experimental-Konzepte hinzugefügt. Man kann beliebig viele Konzepte auf diese Weise festlegen. Darüber hinaus ist es möglich, eine bestimmte Anzahl von Konzepten festzulegen und danach bei allen weiteren Aufgaben die Konzepte zufällig generieren zu lassen. Für die Konzeptaufgaben der folgenden Studien wurden z.B. 5(7) Konzepte festgelegt und für weitere Aufgaben die Konzepte zufällig generiert.

Für die ausgewählten Konzepte kann man mit Hilfe des Programms systematisch Kartenreihenfolgen nach vorher definierten Kriterien festlegen. Kartenreihenfolgen können z.B. aus unterschiedlich vielen Vertretern oder Nicht-Vertretern bestehen. Zur Festlegung der Kartenreihenfolge muss man im Karten-Menü eine Liste der Karten erstellen, aus der die gewünschte Kartenreihenfolge bestehen soll. Die Merkmale jeder Karte dieser Liste können einerseits, ähnlich wie bei der Konzept-Eingabe, mit Hilfe der Merkmalsliste festgelegt werden (vgl. Abb. 17).

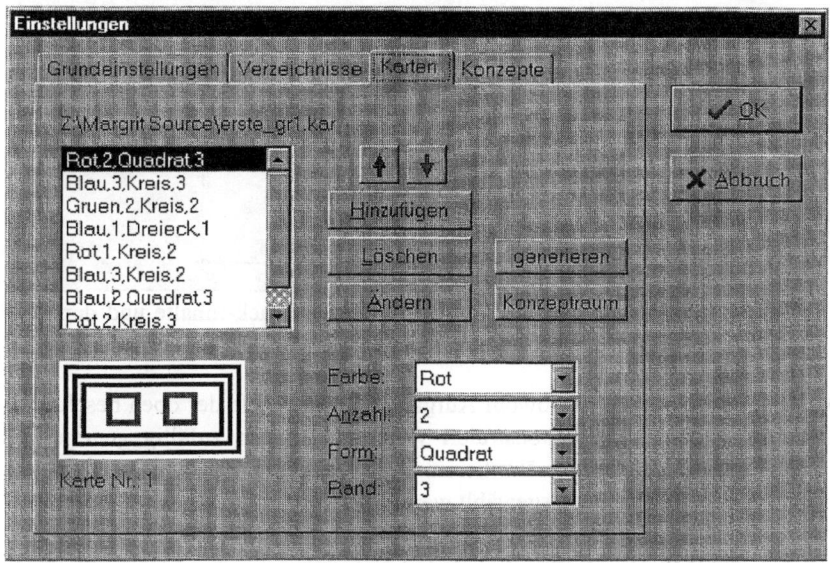

Abbildung 17: Fenster für die Bestimmung der Kartenreihenfolgen

Zur Kontrolle werden die Eigenschaften der Karte grafisch repräsentiert. Andererseits bietet das Programm die Möglichkeit, automatisch Kartenreihenfolgen, die bestimmten Kriterien genügen, zu generieren. Hierzu muss man festlegen, aus wie vielen Karten die Reihenfolge insgesamt bestehen soll und wie viele Vertreter und Nicht-Vertreter präsentiert werden sollen. Das Programm schlägt dann je eine Liste mit Vertretern und Nicht-Vertretern vor. Aus diesen Listen kann man dann die Kartenreihenfolge zusammenstellen.

Mit Hilfe des Fensters „Grundeinstellungen" können einerseits unterschiedliche Feedback-Inhalte, andererseits unterschiedliche Modalitäten für die Auswahl von Experimental-Aufgaben eingestellt werden (vgl. Abb. 18).

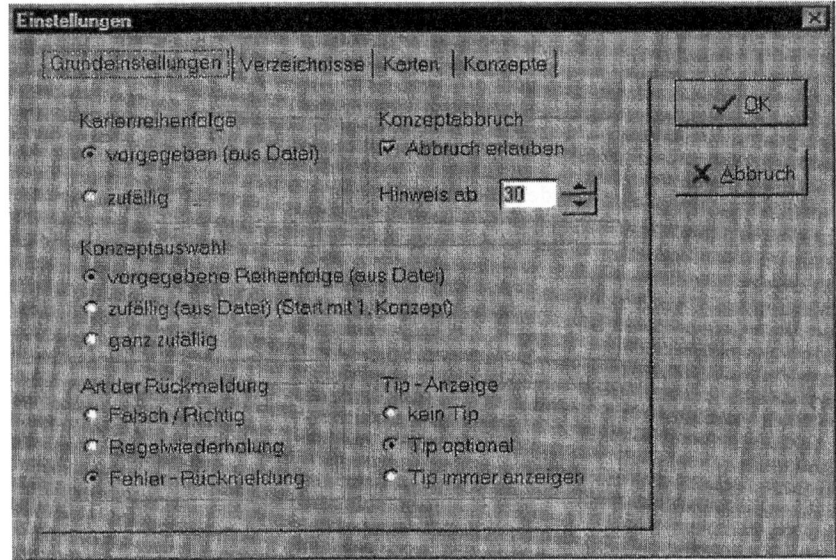

Abbildung 18: Fenster für die Festlegung der Feedback-Inhalte und der Bedingungen für die Auswahl der Experimental-Aufgaben

Das Programm erlaubt es, sowohl Aufgaben die mit Hilfe der oben beschriebenen Programm-Module konstruiert wurden, als auch zufällig generierte Konzeptlern-Aufgaben zu präsentieren. Für diese Aufgaben können die folgenden Feedback-Inhalte ausgewählt werden:

- KR-Feedback (richtig/falsch)
- KTC-Feedback (Regelwiederholung)
- KM-Feedback (Angaben über Ort und Ursache von Fehlern)
- Know-How-Feedback (Tipp, die Nicht-Vertreter zu beachten)

Die Know-How-Komponente kann mit den anderen Komponenten entweder so kombiniert werden, dass sie immer angezeigt wird oder nur optional.

5.2.2 Interface für die Versuchsperson

Das Interface für die Versuchsperson wurde mit Hilfe der Split-Screen-Technik in einen Bereich zur Präsentation der Stimulus-Karten sowie eine Menü-Leiste und eine Befehls-Leiste eingeteilt. Die Versuchspersonen haben Zugriff auf alle Befehle der Befehls-Leiste am unteren Bildschirmrand. Sie können auf die Menüs „Konzept abbrechen" und „Informationen" aber nicht auf die für die Versuchsleiter relevanten Menüs „Datei" und „Karte" zugreifen. Das Menü „Informationen" beinhaltet die Regeln zur Konzept-Bestimmung (vgl. KTC-Feedback). Das Menü „Konzept abbrechen" bietet die Wahlmöglichkeiten (a) Weiterraten, (b) Tipp einholen und Weiterraten, (c) Aufgabe abbrechen und Lösung ansehen, und (c) Aufgabe abbrechen, Lösung interessiert mich nicht.

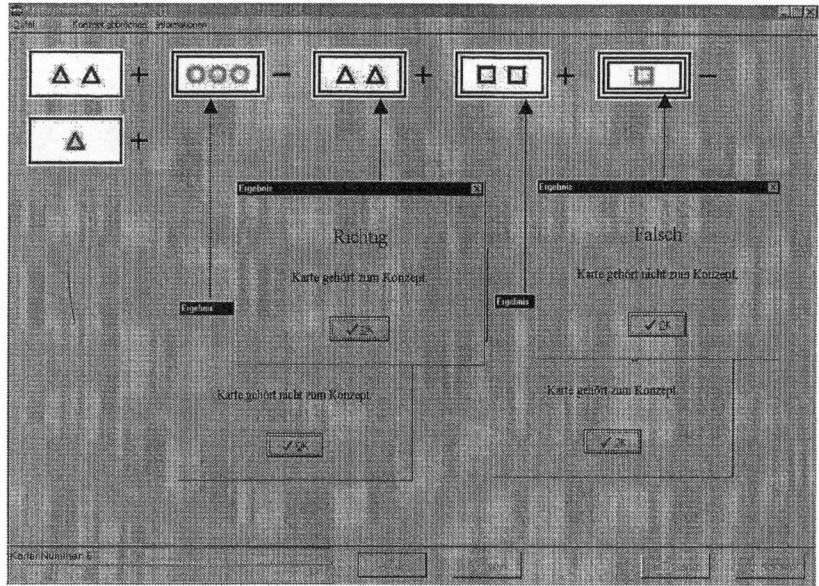

Abbildung 19: Interface mit Verifikations-Fenstern
(links bestätig. Verifikations-Fenster für richtige Entscheidungen; rechts korrigier. Verifikations-Fenster für falsche Entscheidungen)

Im Präsentationsbereich werden die Stimulus-Karten nacheinander in einer vorgegebenen Reihenfolge eingeblendet. Damit eine neue Karte präsentiert wird, muss man auf den Button „Karte" in der Befehls-Leiste am unteren

Bildschirmrand klicken. Die neue Karte erscheint rechts neben der vorangegangenen oder links in einer neuen Zeile. Die vorliegende Konzeptlern-Aufgabe besteht zunächst darin, bei jeder neuen Karte zu entscheiden, ob sie zum
gesuchten Konzept gehört, also ein Vertreter oder Nicht-Vertreter des gesuchten Konzeptes ist. Zur Angabe eines Vertreters steht der Button „Ja", zur
Angabe eines Nicht-Vertreters der Button „Nein" zur Verfügung. Diese Entscheidung wird unmittelbar vom Programm verifiziert und die Karte mit einem Plus versehen, falls sie ein Vertreter ist, bzw. mit einem Minus, falls sie
ein Nicht-Vertreter ist. Darüber hinaus erscheint ein Verifikations-Fenster, das
bei einer korrekten Entscheidung die Meldung beinhaltet, „Richtig – Karte
gehört (bzw. gehört nicht) zum Konzept". Im Falle einer falschen Entscheidung lautet die Meldung: Falsch – (...).

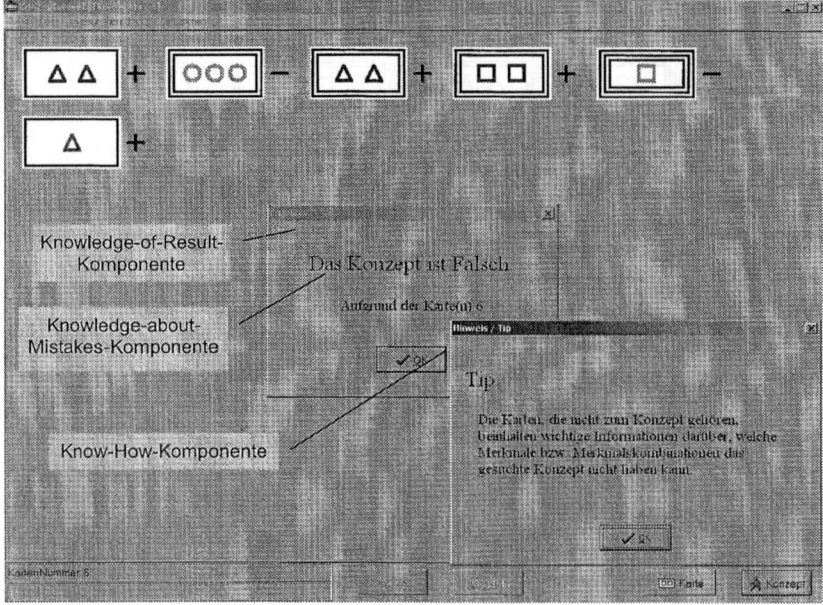

Abbildung 20: Interface mit ITF-Feedback-Fenstern

Zum Öffnen des Konzept-Eingabefensters steht der Button „Konzept" zur
Verfügung. Zur Eingabe einer Hypothese in dieses Konzept-Eingabe-Fenster
muss man wie folgt vorgehen:

1. Wenn es sich um ein konjunktives Konzept handelt, muss man im Feld „Verknüpfung" UND anklicken, wenn ein disjunktives Konzept vermutet wird, muss man ODER anklicken.

2. Für jede Merkmalsdimension muss man angeben, ob sie „unwichtig" oder relevant ist. Wenn sie relevant ist, muss man die entsprechende Merkmalsausprägung mit Hilfe der Pfeiltasten einstellen.

Zur Bestätigung der Eingaben muss man auf den Button „OK" klicken, dann erscheinen je nach Feedback-Bedingung das bzw. die Feedback-Fenster (vgl. Abb. 20). Die Feedback-Fenster können an beliebige Stellen des Bildschirms verschoben werden, so dass alle anderen Informationen zugänglich gemacht werden können.

5.2.3 Datenprotokollierung und Datenverarbeitung

Alle vom Programm unterstützten Aufgabenbearbeitungs-Schritte sowie die Experimental-Einstellungen wurden für jede Versuchsperson protokolliert und in einer entsprechenden Protokoll-Datei gespeichert. Im Einzelnen wurden hierbei in einer ersten Version des Programms (vgl. Studie 1) neben demographischen Variablen wie Alter, Geschlecht und Studienfach die folgenden Rohdaten registriert:

- das Zielkonzept,
- die Feedback-Art,
- die korrekten oder falschen Entscheidungen bzgl. der Vertreter bzw. Nicht-Vertreter,
- die Anzahl der benötigten Karten,
- die Anzahl der Konzeptvorschläge,
- die Art der Konzeptvorschläge (für die ersten 6 Vorschläge),
- die Lösungszeit für jede Aufgabe,
- die Zeit, die insgesamt mit dem Programm gearbeitet wurde,
- die Ratings zu den Items zur prä-aktionalen, situationsbezogenen Kompetenz-Einschätzung (vgl. Tab. 10, S. 127),
- die Ratings zu den Items zu den intrinsischen Anreizwerten (vgl. Tab. 10, S. 127),
- die Anzahl der über das Menü „Konzept abbrechen" aufgerufenen Tipps.

Des Weiteren wurde protokolliert, ob die Versuchspersonen das Menü „Konzept abbrechen" aufgerufen und welchen Unterpunkt dieses Menüs sie dann gewählt hatten. In einer zweiten Version des Programms wurden darüber hinaus nach jeder Aufgabe Daten über die Zufriedenheit mit der eigenen Leistung sowie über die subjektive Aufgabenschwierigkeit erfasst. Außerdem wurden nach Beendigung der Aufgabenbearbeitungszeit Daten zur motivationalen Einschätzung der Konzeptlern-Situation erhoben (vgl. Abb. 22, S. 165).

5.3   Studie 1 – Free-Choice-Paradigma

In den meisten computerunterstützten Lehr-Lernangeboten wird ganz traditionell ergebnisorientiertes Feedback präsentiert. Die Lernenden werden also darüber informiert, ob ihre Lösung korrekt ist oder nicht, und falls sie falsch ist, wird die korrekte Lösung, manchmal ergänzt durch Erklärungen, angeboten. Den Lernenden wird durch die unmittelbare Präsentation der Lösung im Falle eines Fehlers jedoch die Chance genommen, den Fehler selbst zu finden und/oder selbst zu korrigieren. Da informatives tutorielles Feedback (ITF) die Lösung nicht unmittelbar anbietet, sondern strategische Informationen liefert, die für die Fehlerkorrektur genutzt werden können, bietet es den Lernenden die Chance, Fehler oder Schwierigkeiten im Lernprozess selbstständig zu überwinden.

Wie in Kapitel 4 abgeleitet, müsste ITF daher nicht nur lern-, sondern insbesondere auch motivationsförderlicher sein als ergebnisorientierte Feedback-Arten, die nur evaluative Informationen (z.B. falsch/richtig = KR) oder die Lösung (KCR) anbieten. Ob es den Lernenden allerdings gelingt, mit Hilfe der ITF-Komponenten Fehler oder Fehlstrategien zu korrigieren, hängt auch von zahlreichen individuellen Faktoren ab (vgl. Kap. 3, S. 68ff.). In computerunterstützten Lehr-Lernsituationen sind das neben dem Vorwissen vor allem auch die motivationalen Faktoren prä-aktionale Kompetenz-Einschätzung ($KE_{prä}$)sowie intrinsische Anreize und Leistungs-Anreize (s. Abschnitt 4.2.3, S. 124ff.). Ziel der vorliegenden Studie ist es demzufolge, die kognitiven und motivationalen Effekte von ITF in Abhängigkeit von diesen individuellen Variablen zu untersuchen.

5.3.1   Fragestellungen

Im Mittelpunkte des Interesses standen die folgenden Forschungsfragen:

1. Welchen Einfluss haben unterschiedliche Feedback-Arten und unterschiedliche kognitive sowie motivationale Voraussetzungen der Lernenden auf

    (a) die motivationalen Prozessvariablen Task engagement, Anstrengung und Persistenz,

(b) die Lernleistung

(c) das post-aktionale Kompetenz-Erleben?

2. Welche Unterschiede gibt es hinsichtlich der Lernleistung in Abhängigkeit von unterschiedlichen Feedback-Arten, Lernvoraussetzungen und
motivationalen Prozessvariablen?

3. Welche Unterschiede gibt es hinsichtlich des post-aktionalen Kompetenz-Erlebens in Abhängigkeit von unterschiedlichen Feedback-Arten,
Lernvoraussetzungen und Lernleistungen?

5.3.2 Methode

Das methodische Vorgehen der vorliegenden Studie basiert auf den in den
Kapiteln 3 und 4 dargestellten konzeptuellen und methodischen Überlegungen. Die Datenerhebung erfolgte im Rahmen eines „Free-Choice"-Konzept-
lern-Paradigmas.

5.3.2.1 Versuchspersonen

An der Studie nahmen 186 Studierende der Technischen Universität Dresden
teil. Das Alter dieser Studierenden lag zwischen 18 Jahren und 36 Jahren
(Mittelwert: 20.8). Die Stichprobe setzte sich aus 50 Männern und 136 Frauen
zusammen. Die Rekrutierung der Versuchspersonen erfolgte in Vorlesungen
der Fachrichtungen Psychologie, Erziehungswissenschaft und Kommunika-
tionswissenschaft. Für die Teilnahme am Experiment gab es keine finanzielle
Vergütung. Auf Wunsch erhielten die Versuchspersonen jedoch die Experimental-Aufgabe als Spielversion auf einer Diskette.

5.3.2.2 Aufgaben

Für die vorliegende Studie wurden Konzeptlern-Aufgaben nach dem Prinzip
des sukzessiven Präsentationsparadigmas konstruiert. Die Versuchspersonen
sollten die Attribute und Verknüpfungsregeln anhand einer vorgegebenen
Kartenreihenfolge, bei der die Karten nacheinander präsentiert wurden, identifizieren. Die ersten 5 Aufgaben waren identisch für alle Versuchspersonen.
Sie verlangten das Identifizieren der folgenden Konzepte:

- Konzept 0 – „Rot oder 2 Objekte" (Basis-Kompetenz-Aufgabe)
- Konzept 1 – „Dreieck oder 2 Ränder"
- Konzept 2 – „1 Objekt und Quadrat und 2 Ränder"
- Konzept 3 – „Grün oder Kreis"
- Konzept 4 – „1 Objekt oder 2 Ränder"

Die Kartenreihenfolgen für diese Aufgaben waren so ausgewählt, dass jede Karte dazu genutzt werden konnte, den Merkmalsraum einzugrenzen. Bei jeder Kartenreihenfolge war es möglich, nach 10 Karten das Konzept logisch eindeutig zu bestimmen, wenn man sowohl Vertreter als auch die Nicht-Vertreter beachtete. Bei Nicht-Beachtung der Nicht-Vertreter war eine logisch eindeutige Lösung erst nach 20 Karten möglich.

In Vorstudien mit dem vorliegenden Konzeptlern-Paradigma zeigte sich, dass Versuchspersonen im Schnitt nach 5 Aufgaben ein hohes Leistungsniveau erreicht haben und in der Regel nicht mehr als 5 Aufgaben bearbeiten. Aus diesem Grund wurden in der vorliegenden Studie nach den ersten 5 Aufgaben für alle weiteren Aufgaben die Konzepte und Kartenreihenfolgen vom Programm zufällig generiert.

5.3.2.3 Versuchsablauf

Das Experiment wurde im Multimedia Lehr-Lern-Labor der Professur für die Psychologie des Lehrens und Lernens der Technischen Universität Dresden durchgeführt. Da das Labor mit 8 Arbeitsplätzen ausgestattet ist, bearbeiteten die Versuchspersonen die Konzeptlern-Aufgaben in Gruppen mit maximal 8 Personen. Bei jeder dieser Gruppen war ein Versuchsleiter oder eine Versuchsleiterin präsent, um Fragen oder technische Probleme klären zu können. Nach einer kurzen Einleitung zur Sitzung beantworteten die Versuchspersonen den Leistungsmotivations-Test für Lernsituationen (ca. 10 Minuten). Dann erhielten sie ausführliche Instruktionen zur Bedienung des Experimental-Programms und zur Experimental-Aufgabe (ca. 10 Minuten). Anschließend bearbeiteten die Versuchspersonen eine erste Konzeptlern-Aufgabe (rot oder 2 Objekte), die dazu diente, die aufgabenspezifischen Basis-Kompetenzen der Versuchspersonen zu erfassen. Nach dieser Aufgabe beantworteten die Versuchspersonen den Fragebogen zur aufgabenspezifischen Kompetenz-Einschätzung sowie zu den aufgabenspezifischen intrinsischen Anreizwerten. Danach begannen die Versuchspersonen mit der Bearbeitung weiterer Konzeptlern-Aufgaben. Es war den Versuchspersonen frei gestellt, wie viele weitere Konzeptlern-Aufgaben sie bearbeiteten. Darüber hinaus hatten sie die Möglichkeit, Konzeptlern-Aufgaben abzubrechen, wenn sie es wollten.

5.3.2.4 Feedback-Bedingungen

Mit Hilfe der in Kapitel 5.1 abgeleiteten inhaltlichen Feedback-Komponenten für Konzeptlern-Aufgaben wurden die folgenden Feedback-Bedingungen gestaltet:

1. Eine Feedback-Bedingung, die nur evaluative Informationen im Sinne des „knowledge of result" (KR) lieferte. Bei dieser KR-Feedback-Bedingung öffnete sich nach Eingabe eines Konzeptvorschlages ein Fenster mit der Meldung: „Das Konzept ist falsch [richtig]".

2. Eine Feedback-Bedingung, die evaluative Informationen sowie, im Falle von falschen Hypothesen, Informationen darüber lieferte, warum die Hypothese falsch ist, also „knowledge about mistakes" (KM). Bei dieser KR+KM-Feedback-Bedingung öffnete sich im Falle einer falschen Hypothese ein Fenster mit der folgenden Meldung: „Das Konzept ist falsch, aufgrund der Karten x, z."

3. Eine informative tutorielle Feedback-Bedingung (ITF), die Informationen darüber lieferte, ob die Hypothese falsch oder korrekt ist, sowie im Falle einer falschen Hypothese, warum die Hypothese falsch ist. Darüber hinaus öffnete sich ein Fenster mit dem folgenden Tipp: „Die Karten, die nicht zum Konzept gehören, beinhalten wichtige Informationen darüber, welche Merkmale bzw. Merkmalskombinationen das gesuchte Konzept nicht haben kann." (vgl. Abb. 20, S. 146).

Jede dieser Feedback-Bedingungen wurde mit Hilfe eines Answer-until-correct-Feedback-Algorithmus präsentiert (vgl. Abb. 15, S. 141).

5.3.2.5 Versuchsdesign

Entsprechend der in Kapitel 3 abgeleiteten Evaluationsprinzipien wurde die vorliegende Studie mit einem multivariaten Versuchsdesign durchgeführt. Als unabhängiger Faktor dienten die im Abschnitt 5.3.2.4 dargestellten Feedback-Bedingungen. Die Versuchspersonen wurden diesen Feedback-Bedingungen zufällig zugeordnet. Als individuelle Faktoren im Sinne prä-aktionaler Kontrollvariablen wurden einerseits aufgabenspezifische Basis-Kompetenzen, andererseits wie in Kapitel 4 abgeleitet, situationsspezifische Kompetenz-Einschätzungen ($KE_{prä}$) sowie situationsspezifische Anreiz-Einschätzungen (Leistungs-Anreize und intrinsische Anreize) berücksichtigt. Als abhängige Variablen wurden sowohl die Leistungen bei den Konzeptlern-Aufgaben als auch die peri-aktionalen motivationalen Prozessvariablen Task engagement, Anstrengung und Persistenz sowie die post-aktionalen motivationalen Variablen Kompetenz-Erleben untersucht. Tabelle 11 liefert eine Übersicht über die Variablen des Versuchs-Designs.

Bei der Überprüfung der Voraussetzungen für eine Kovarianz-Analyse stellte sich heraus, dass bei der Kovariablen prä-aktionale Kompetenz-Einschätzung ($KE_{prä}$) für mehrere der abhängigen Variablen die Unterschiede zwischen den standardisierten Regressions-Koeffizienten größer als 0,4 sind (vgl. Bortz, 1999). Aus diesem Grund wurde die gesamte Stichprobe post-hoc mit Hilfe der $KE_{prä}$-Scores in drei $KE_{prä}$-Gruppen eingeteilt ($KE_{prä\text{-niedrig}}$, n = 68; $KE_{prä\text{-mittel}}$, n = 60; $KE_{prä\text{-hoch}}$, n = 56). Die Aufteilung in drei Gruppen begründet sich darin, dass bei nahezu einem Drittel der Versuchspersonen eine Tendenz zum mittleren Einschätzen der $KE_{prä}$-Items zu verzeichnen war. Die durchschnittlichen $KE_{prä}$-Scores der Feedback-Gruppen unterscheiden sich nicht: KR ($M_{KEprä}$ = 9.2; SD = 1.8), KR+KM ($M_{KEprä}$ = 9.4; SD = 2.2), ITF ($M_{KEprä}$ = 9.2; SD = 2.2).

Tabelle 11: Versuchsbedingungen und Variablen der Konzeptlern-Studie 1

Feedback – $KE_{prä}$	n	Prä-aktionale, individuelle Kontroll-Variablen	Peri-aktionale abhängige Variablen	Post-aktionale abhängige Variablen
KR	62			
• $KE_{prä\text{-niedrig}}$	20	• Aufgabenspezifische Basis-Kompetenzen	• Task engagement	• Leistung
• $KE_{prä\text{-mittel}}$	26	• Intrinsische Anreize	• Anstrengung	• Kompetenz-Erleben
• $KE_{prä\text{-hoch}}$	16	• Leistungs-Anreize	• Persistenz	
KR+KM	62			
• $KE_{prä\text{-niedrig}}$	27	• Aufgabenspezifische Basis-Kompetenzen	• Task engagement	• Leistung
• $KE_{prä\text{-mittel}}$	15	• Intrinsische Anreize	• Anstrengung	• Kompetenz-Erleben
• $KE_{prä\text{-hoch}}$	20	• Leistungs-Anreize	• Persistenz	
KR+KM+KH [ITF]	62			
• $KE_{prä\text{-niedrig}}$	21	• Aufgabenspezifische Basis-Kompetenzen	• Task engagement	• Leistung
• $KE_{prä\text{-mittel}}$	19	• Intrinsische Anreize	• Anstrengung	• Kompetenz-Erleben
• $KE_{prä\text{-hoch}}$	20	• Leistungs-Anreize	• Persistenz	

5.3.2.6 Datenerhebung

Aufgabenspezifische Basis-Kompetenzen: Auch wenn man zur Bearbeitung der vorliegenden Konzeptlern-Aufgabe kein spezifisches deklaratives Vorwissen benötigt, können individuelle Unterschiede in den für Konzeptlern-Aufgaben notwendigen induktiven Kompetenzen (vgl. 5.1.1, S. 135) einen Einfluss auf die Leistung bei diesen Aufgaben haben. Aus diesem Grund sollten die Versuchspersonen die erste Konzeptlern-Aufgabe im Sinne eines Prä-Tests bearbeiten.

Zur Berechnung eines Leistungs-Indexes für diese Aufgabe wurden die Rohwerte für die Anzahl der benötigten Karten, der Konzeptvorschläge und die Lösungszeit reziprok transformiert und zwar nach den folgenden Formeln:

1 / Anzahl Karten

1 / Anzahl Konzepte

1 / Lösungszeit in sec

Sehr große Werte wurden dadurch zu sehr kleinen Werten. Die transformierten Werte wurden, falls die Aufgabe bis zur korrekten Lösung bearbeitet wurde, mit 1, falls sie abgebrochen wurde mit 0 multipliziert. Aufgrund der unterschiedlichen Maßeinheiten wurden diese Werte z-transformiert. Die interne Konsistenz für diese standardisierten Scores betrug $\alpha = .66$, so dass für die multivariaten Analysen als Basis-Kompetenz-Index der Mittelwert dieser z-Scores verwendet wurde.

Prä-aktionale Kompetenz-Einschätzung ($KE_{prä}$): Nach der Bearbeitung der ersten Konzeptlern-Aufgabe wurde die prä-aktionale Kompetenz-Einschätzung mit Hilfe der in Abschnitt 4.3.1 dargestellten Items zur Einschätzung der eigenen Begabung, der erlebten Aufgabenschwierigkeit sowie der eigenen Leistungsfähigkeit erfasst (vgl. Tab. 10, S. 127). In der vorliegenden Studie war die interne Konsistenz dieser drei Items gut (Cronbach's Alpha = .88). Für die statistischen Analysen wurde daher der Summenscore der drei Items als $KE_{prä}$-Index verwendet.

Intrinsische Anreiz-Einschätzung ($I\text{-}_{Anreiz}$): Die Einschätzung des intrinsischen Anreizwertes wurde mit Hilfe von zwei Items erfasst, die sich auf tätigkeitsspezifische und gegenstandsspezifische Anreiz-Aspekte bezogen (vgl. Tab. 10, S. 127). Für die vorliegenden Daten war die interne Konsistenz dieser Items gut (Cronbach's Alpha = .82). Für die statistischen Analysen wurde der Summenscore dieser Items als I_{Anreiz}-Index verwendet.

Leistungsanreiz-Einschätzung ($L\text{-}_{Anreiz}$): Die Erfassung erfolgt wie in Abschnitt 4.3.1 dargestellt mit Hilfe von vier Items aus der Skala Leistungsstreben des LMT-L (vgl. Tab. 10, S. 127). Diese Items bezogen sich auf das Anspruchsniveau in Lehr-Lernsituationen. Die Studierenden beantworteten diese Items indem sie einen Pfeil auf einer bipolaren 10-stufigen Rating-Skala positionierten. Im vorliegenden Datensatz war die interne Konsistenz für diese Items gut (Cronbach's Alpha = .82).

Gesamt-Leistungs-Index: Für jede bearbeitete Aufgabe wurde entsprechend dem Leistungs-Index, der für die erste Aufgabe berechnet wurde, ein Karten-Index aus der Anzahl der benötigten Karten, ein Hypothesen-Index aus der Anzahl der Konzeptvorschläge und ein Lösungszeit-Index berechnet. Für diese Leistungs-Indices wurden dann über alle Aufgaben Summenscores gebildet. Diese Summenscores wurden aufgrund der unterschiedlichen Maßeinheiten z-transformiert. Die interne Konsistenz für diese standardisierten Leistungsscores beträgt $\alpha = .90$. Für weitere statistische Analysen wurde daher der Mittelwert dieser drei standardisierten Leistungsscores verwendet.

Task engagement: In der vorliegenden Studie hatten die Versuchspersonen die Wahl, sich auf die Bearbeitung weiterer Aufgaben einzulassen oder aufzuhören. Sie waren also nicht gezwungen, eine bestimmte Anzahl von Aufgaben zu bearbeiten. Die Anzahl der bearbeiteten Aufgaben wurde daher als ein Indikator für das Task engagement erfasst.

Anstrengung: Da es den Versuchspersonen auch frei gestellt war, die Konzeptlern-Aufgaben zu jedem beliebigen Zeitpunkt abzubrechen, wurde die Zeit, die die Studierenden mit der Aufgabenbearbeitung zubrachten („time-on-task"), als Indikator für die Anstrengung erhoben.

Persistenz: Die Versuchspersonen hatten die Möglichkeit das Menü „Konzept abbrechen" aufzurufen, d.h., sie konnten die Aufgaben abbrechen bevor sie die Merkmale und Verknüpfungsregel des Konzepts korrekt identifiziert hatten. Als Indikator für die Persistenz wurde der Prozentsatz abgebrochener Aufgaben bzw. der Prozentsatz bis zur Lösung bearbeiteter Aufgaben berechnet.

Kompetenz-Erleben (post-aktional): Aus den in Kapitel 4 dargestellten konzeptuellen Überlegungen ergibt sich unter anderem, dass die subjektive Leistungseinschätzung, die Zufriedenheit und die erlebte Aufgabenschwierigkeit als zentrale Aspekte des post-aktionalen Kompetenz-Erlebens betrachtet werden können. Nach jeder Aufgabe wurden die Versuchspersonen daher aufgefordert, ihre Leistung im Vergleich zu einer „Ideallösung" einzuschätzen. Sie sollten angeben, wie viele Karten sie im Vergleich zur idealen Lösung der Aufgabe mehr oder weniger benötigt hatten. Diese Angaben wurden für weitere Berechnungen mit Hilfe eines 10stufigen Maßstabs transformiert, bei dem ein Wert von 1 eine negative und ein Wert von 10 eine positive Leistungseinschätzung bedeutete.

Bei dem vorliegenden „Free-Choice-Paradigma" erschien es zu riskant, unmittelbar nach jeder Aufgabe auch noch die Zufriedenheit und die erlebte Schwierigkeit zu erheben, da eine wiederholte Reflexion bzgl. der eigenen Leistung die Bereitschaft, sich in weitere Aufgaben einzulassen, untergraben kann (vgl. Wigfield & Eccles, 2002). Aus diesem Grund wurde zur Erfassung der Zufriedenheit und der subjektiven Aufgabenschwierigkeit ein Cued-Recall-Vorgehen gewählt. Die Versuchspersonen erhielten, nachdem sie sich entschieden hatten, keine weiteren Aufgaben zu bearbeiten, Screen-Shots, die die Kartenreihenfolgen für die ersten 4 Aufgaben repräsentierten (vgl. Abb.

14, S. 136 oder Abb. 20, S. 146). Mit Hilfe dieser Screen-Shots sollten sie die Zufriedenheit mit der eigenen Leistung sowie die subjektive Aufgabenschwierigkeit für diese Aufgaben einschätzen. Sie erhielten hierzu bipolare Rating-Skalen von 1 (überhaupt nicht zufrieden/überhaupt nicht schwierig) bis 10 (sehr zufrieden/sehr schwierig).

Korrelations-Analysen sowohl für die Einschätzungen der eigenen Leistungen als auch für die Einschätzungen bzgl. der Zufriedenheit und Aufgabenschwierigkeit zeigten, dass über die Aufgaben hinweg die Werte dieser Einschätzungen hoch korrelierten. Aus diesem Grund wurde für die drei Einschätzungen der Mittelwert berechnet. Die interne Konsistenz dieser gemittelten Einschätzungen bzgl. der eigenen Leistung, der Zufriedenheit und der subjektiven Aufgabenschwierigkeit beträgt im vorliegenden Datensatz α = .71, so dass für die multivariaten Analysen die über die Aufgaben gemittelten Items zu einem Kompetenz-Erleben-Score zusammengefasst wurden.

5.3.2.7 Statistische Analysen und Auswertungen

Zunächst wurden die Korrelationen zwischen den Kovariablen und den abhängigen Variablen analysiert. Um mögliche Geschlechtsunterschiede zu prüfen, wurde außerdem eine explorative Datenanalyse mit dem Faktor Geschlecht durchgeführt. Anschließend wurden die Haupt- und Interaktions-Effekte der unabhängigen Variablen mit Hilfe einer 3 x 3 faktoriellen multivariaten Kovarianz-Analyse untersucht. Die Faktoren mit je 3 Stufen waren hierbei durch die Feedback-Bedingungen und die mit Hilfe der prä-aktionalen Kompetenz-Einschätzungen *(KE$_{prä}$)* eingeteilten *KE$_{prä}$*-Gruppen definiert. Als Kovariablen wurden der Basis-Kompetenz-Index, der Leistungs-Anreiz-Index und der intrinsische Anreiz-Index berücksichtigt. Als abhängige Variablen wurden das Task engagement, die Anstrengung, die Persistenz sowie die Gesamt-Leistung und das post-aktionale Kompetenz-Erleben untersucht.

Signifikante multivariate Effekte wurden mit Hilfe univariater Varianz-Analysen weiter exploriert. Da die beiden Faktoren je 3 Stufen hatten, wurde außerdem mit Hilfe multipler Mehrfach-Vergleiche mit Bonferroni-Adjustierung untersucht, welche der 3 Faktorenstufen sich signifikant unterscheiden. Im Falle von signifikanten Interaktionen wurden diese Mehrfach-Vergleiche, für alle neun möglichen Feedback-*KE$_{prä}$*-Bedingungen durchgeführt. Um Aussagen über die praktische Bedeutsamkeit aus den Ergebnissen ableiten zu können, wurden für alle varianzanalytischen Ergebnisse Effektstärke-Maße (eta^2) berechnet. Ein eta^2 < .03 wird in der Regel als klein, ein eta^2 zwischen .03 und .10 als mittel, und ein eta^2 > .10 als großer Effekt interpretiert (vgl. Cohen, 1988; Sedlmeier, 1996).

5.3.3 Ergebnisse

Die explorative Datenanalyse erbrachte keine signifikanten geschlechtsspezifischen Unterschiede. Mittelwerte und Standardabweichungen für die peri-
aktionalen Motivationsvariablen (task engagement, Anstrengung, Persistenz),
die Leistung und das post-aktionale Kompetenz-Erleben sind in Tabelle 12 für
alle Experimental-Bedingungen getrennt dargestellt.

Tabelle 12: Mittelwerte und Standardabweichungen der abhängigen Variablen für alle Versuchsbedingungen der Konzeptlern-Studie 1

Versuchs-bedingungen	Task engagement[a]		Anstrengung[b]		Persistenz[c]		Leistung[d]		Kompetenz-Erleben post[e]	
	Mean	SD	Mean	SD	Mean	SD	Mean	SD	Mean	SD
KR										
• $KE_{prä\text{-}niedrig}$	3.30	1.8	1067.95	636.4	84.00	31.6	-.132	.66	5.09	1.9
• $KE_{prä\text{-}mittel}$	3.38	2.1	999.61	749.9	82.72	34.2	-.033	.64	5.62	1.2
• $KE_{prä\text{-}hoch}$	3.06	1.6	1147.56	580.1	88.85	26.0	-.195	.50	5.67	.9
KR+KM										
• $KE_{prä\text{-}niedrig}$	3.04	2.0	1248.11	809.6	67.82	39.0	-.309	.55	3.83	1.9
• $KE_{prä\text{-}mittel}$	3.40	1.9	1263.93	922.7	97.22	7.5	-.044	.63	5.67	1.5
• $KE_{prä\text{-}hoch}$	3.50	1.6	1296.10	660.5	87.50	26.3	.020	.59	6.00	1.6
KR+KM+KH										
• $KE_{prä\text{-}niedrig}$	3.22	2.1	1243.14	960.7	74.49	37.9	-.115	.68	4.55	2.0
• $KE_{prä\text{-}mittel}$	3.33	2.2	1219.47	875.5	88.98	26.7	-.173	.58	4.71	1.3
• $KE_{prä\text{-}hoch}$	4.30	3.7	2097.60	1830.9	90.60	21.4	.808	1.83	6.76	1.3

KR = knowledge of result; KM = knowledge about mistakes; KH = knowledge on how to proceed
$KE_{prä}$ = Situationsbezogene Kompetenz-Einschätzung (prä-aktional)
[a]   Anzahl bearbeiteter Aufgaben
[b]   Time-on-task in Sekunden
[c]   Prozentsatz bis zur Lösung bearbeiteter Aufgaben
[d]   z-Wert berechnet aus der Anzahl benötigter Karten, der Anzahl der Konzeptvorschläge und
     der Lösungszeit (vgl. 5.3.2.5)
[e]   Mittelwert der aufsummierten Einschätzungen von Leistung, Zufriedenheit und Aufgaben-
     schwierigkeit

5.3.3.1 Korrelationen

In einem ersten Schritt wurde eine Korrelations-Analyse für alle Variablen
durchgeführt. Für diese Korrelations-Analyse wurde nicht der faktorisierte
Wert der prä-aktionalen subjektiven Kompetenz-Einschätzung $(KE_{prä})$, sondern der ursprüngliche $KE_{prä}$-Score verwendet. Tabelle 13 liefert eine Übersicht über die Ergebnisse dieser Korrelations-Analyse. Wie bereits in Abschnitt 5.3.2.5 erwähnt, gab es keinen bedeutsamen Zusammenhang zwischen
den Feedback-Bedingungen und der prä-aktionalen situationsbezogenen Kom-

petenz-Einschätzung. Der $KE_{prä}$-Score korreliert signifikant mit dem Basis-Kompetenz-Index, mit dem intrinsischen Anreiz-Index sowie mit den abhängigen Variablen Task engagement, Persistenz, Leistung und Kompetenz-Erleben (post). Für die Kovariable Leistungs-Anreiz gab es zwar keine signifikanten Korrelationen zu den abhängigen Variablen, dafür aber zum Faktor Feedback. Zwischen den Kovariablen intrinsischer Anreiz und Basis-Kompetenz war eine signifikante positive Korrelation zu verzeichnen.

Wie vermutet, gab es darüber hinaus signifikante Korrelationen zwischen den motivationalen Prozessvariablen Task engagement, Anstrengung und Persistenz, den motivationalen Prozessvariablen und der Leistung sowie der Leistung und dem post-aktionalen Kompetenz-Erleben.

Tabelle 13: Korrelationen zwischen allen Variablen der Konzeptlern-Studie 1

	$KE_{prä}$	BK	I_{Anreiz}	L_{Anreiz}	Engage	Effort	Persist	Leist
Kompetenz-Einschätzung ($KE_{prä}$)								
Basis-Kompetenz (BK)	.40**							
Intrinsischer Anreiz (I_{Anreiz})	.72**	.39**						
Leistungs-Anreiz (L_{Anreiz})	.01	-.09	.01					
Task engagement (Engage)	.16*	.14	.19**	.02				
Anstrengung (Effort)	.14	.09	.19**	.12	.71**			
Persistenz (Persist)	.24**	.43**	.31**	.02	.24**	.17*		
Leistung (Leist)	.17*	.20**	.19**	.03	.93**	.54**	.30**	
Kompetenz-Erleben, post	.39**	.36**	.33**	-.12	.11	-.04	.52**	.21**

* p< .05. ** p< .01

5.3.3.2 Multivariate Effekte von Feedback und Kompetenz-Einschätzung

Die Ergebnisse einer multivariaten Kovarianz-Analyse (MANCOVA) mit den Faktoren Feedback (3) und situationsbezogene Kompetenz-Einschätzung ($KE_{prä}$, 3), den Kovariablen aufgabenspezifische Basis-Kompetenz, intrinsischer Anreiz und Leistungs-Anreiz, sowie den abhängigen Variablen Task engagement, Anstrengung, Persistenz, Leistung und post-aktionales Kompetenz-Erleben werden in Tabelle 14 zusammen gefasst.

Tabelle 14 zeigt, dass es einen signifikanten Haupteffekt für den Faktor $KE_{prä}$ gab. Des Weiteren zeigte die MANCOVA eine signifikante Interaktion zwischen den Faktoren Feedback und $KE_{prä}$, aber keinen signifikanten Haupteffekt des Faktors Feedback. Außerdem belegte die MANCOVA auch für die Basis-Kompetenz einen statistisch signifikanten multivariaten Effekt.

Tabelle 14: Zusammenfassung der multivariaten und *univariaten* Ergebnisse von Konzeptlern-Studie 1

Varianz-Quelle • *Abhängige Variablen*	λ	$df_{Hyp.}$	$Df_{Error.}$	F	p	η^2
Kovariablen						
Intrinsischer Anreiz	.95	5	168	1.68	.14	.05
Leistungs-Anreiz	.94	5	168	2.13	.06	.06
Basis-Kompetenz	.87	5	168	5.18	<.001	.13
• *Task engagement*		*1*	*172*	*2.12*	*.15*	*.01*
• *Anstrengung*		*1*	*172*	*0.59*	*.44*	*<.01*
• *Persistenz*		*1*	*172*	*22.17*	*<.001*	*.11*
• *Leistung*		*1*	*172*	*5.17*	*.02*	*.03*
• *Kompetenz-Erleben*		*1*	*172*	*9.01*	*<.01*	*.05*
Faktoren						
Feedback (FB)[a]	.96	10	336	0.79	.64	.02
• *Task engagement*		*2*	*172*	*2.33*	*.10*	*.03*
• *Anstrengung*		*2*	*172*	*2.59*	*.08*	*.03*
• *Persistenz*		*2*	*172*	*0.63*	*.94*	*<.01*
• *Leistung*		*2*	*172*	*2.17*	*.12*	*.03*
• *Kompetenz-Erleben*		*2*	*172*	*0.19*	*.82*	*<.01*
Kompetenz-Einschätzung ($KE_{prä}$)	.87	10	336	2.34	.01	.07
• *Task engagement*		*2*	*172*	*0.95*	*.39*	*.01*
• *Anstrengung*		*2*	*172*	*1.39*	*.25*	*.02*
• *Persistenz*		*2*	*172*	*0.31*	*.73*	*<.01*
• *Leistung*		*2*	*172*	*1.12*	*.33*	*.01*
• *Kompetenz-Erleben*		*2*	*172*	*5.77*	*<.01*	*.06*
Interaktionen						
Feedback X $KE_{prä}$	.83	20	558.14	1.66	.04	.05
• *Task engagement*		*4*	*172*	*2.62*	*.04*	*.06*
• *Anstrengung*		*4*	*172*	*1.74*	*.14*	*.04*
• *Persistenz*		*4*	*172*	*1.11*	*.35*	*.03*
• *Leistung*		*4*	*172*	*2.98*	*.02*	*.07*
• *Kompetenz-Erleben*		*4*	*172*	*3.78*	*<.01*	*.08*

[a] Die Ergebnisse der univariaten Analysen werden aus exploratorischen Gründen dargestellt.

Abbildung 21 illustriert mit Hilfe von z-Werten der abhängigen Variablen die Unterschiede zwischen den Experimental-Gruppen. Sie weist darauf hin, dass im vorliegenden „Free-choice"-Paradigma nur die Studierenden mit einer hohen prä-aktionalen Kompetenz-Einschätzung ($KE_{prä}$) von der ITF-Bedingung (KR+KM+KH) profitierten. Darüber hinaus zeigt sie, dass Studierende mit einer niedrigen prä-aktionalen Kompetenz-Einschätzung unabhängig von der Feedback-Bedingung bei allen Variablen unterdurchschnittliche Werte hatten.

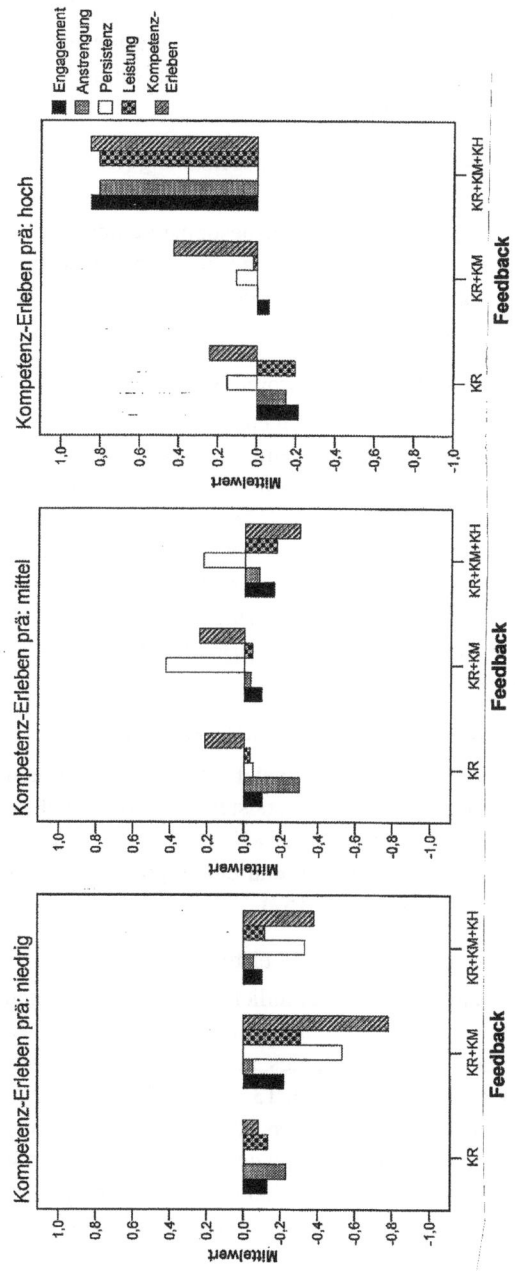

Abbildung 21: Illustration des multivariaten Effektes des prä-aktionalen Kompetenz-Erlebens ($KE_{prä}$) sowie der multivariaten Interaktion zwischen Feedback-Bedingungen und prä-aktionalem Kompetenz-Erleben (KR = knowledge of result, KM = knowledge aboout mistakes, KH = knowledge on how to proceed)

Zur weiteren Exploration des Einflusses der beiden Faktoren und der Kovariablen wurden univariate Kovarianz-Analysen für die verschiedenen abhängigen Variablen durchgeführt. Die Ergebnisse dieser univariaten Analysen
sind ebenfalls in Tabelle 14 zusammengefasst.

5.3.3.3 Effekte der prä-aktionalen Kompetenz-Einschätzung ($KE_{prä}$)

Die Ergebnisse der univariaten Analysen weisen darauf hin, dass der Faktor
situationsbezogene Kompetenz-Einschätzung insbesondere einen Einfluss auf
das post-aktionale Kompetenz-Erleben hatte. Eine hohe prä-aktionale Kompetenz-Einschätzung ging einher mit einem hohen post-aktionalen Kompetenz-Erleben (vgl. Tab. 13, S. 157).

5.3.3.4 Univariate Interaktionseffekte der Faktoren Feedback und $KE_{prä}$

Die Ergebnisse der univariaten Analysen zeigen, dass es signifikante Interaktionseffekte für die Variablen Task engagement, Leistung und post-aktionales Kompetenz-Erleben gab. Studierende mit einer hohen prä-aktionalen
Kompetenz-Einschätzung ließen sich unter der ITF-Bedingung auf mehr Aufgaben ein, erbrachten bessere Leistungen und schätzten ihr post-aktionales
Kompetenz-Erleben höher ein, als Studierende der anderen Experimental-Bedingungen (vgl. Tab. 13, S. 157). Post-hoc-Mehrfach-Vergleiche mit Bonferroni-Adjustierung für alle neun Feedback-$KE_{prä}$-Bedingungen belegen, dass
diese Unterschiede statistisch signifikant sind.

5.3.3.5 Univariate Effekte der Kovariablen Basis-Kompetenz

Für die Kovariable Basis-Kompetenz ergaben sich bei einer univariaten Analyse signifikante Effekte für die Variablen Persistenz, Leistung und post-aktionales Kompetenz-Erleben. Eine hohe Basis-Kompetenz ging einher mit
einer hohen Persistenz, einer guten Leistung und einem positivem post-aktionalen Kompetenz-Erleben (vgl. Tab. 13, S. 157).

5.3.3.6 Motivationalen Prozessvariablen und Leistung

Für die Variable Lernleistung wurden im Hinblick auf die Forschungsfrage 2
eine weitere univariate Kovarianz-Analysen durchgeführt. Bei dieser Analyse
wurden aufgrund des engen Zusammenhangs zwischen den motivationalen
Prozessvariablen und der Leistung (vgl. Tab. 13) die motivationalen Prozessvariablen als Kovariablen in die Berechnungen integriert. Die Ergebnisse dieser Analyse zeigen, dass bei Auspartialisierung der Effekte der motivationalen
Prozessvariablen weder ein signifikanter Effekt der Basis-Kompetenz, $F(1,
169) = 2.89$, p = .09, $eta^2 = .02$, noch eine signifikante Interaktion der Fakto-

ren Feedback und prä-aktionale Kompetenz-Einschätzung; $F(1, 169) = .87$, p $= .49$, $eta^2 = .02$ zu verzeichnen sind. Sie weisen damit darauf hin, dass die motivationalen Prozessvariablen sowohl die Effekte des situativen Faktors Feedback, als auch die Effekte individueller Faktoren wie Basis-Kompetenz und prä-aktionaler Kompetenz-Einschätzung mediieren können.

5.3.3.7 Leistung und Kompetenz-Erleben (post-aktional)

Da eine hohe Basis-Kompetenz und eine hohe prä-aktionale Kompetenz-Einschätzung unter der ITF-Bedingung mit einer höheren Leistung einhergingen, stellt sich die Frage, inwiefern die Effekte der Variablen Basis-Kompetenz und prä-aktionale Kompetenz-Einschätzung auf das post-aktionale Kompetenz-Erleben vor allem auch mit Leistungseffekten zusammenhängen. Aus diesem Grund wurde für das Kompetenz-Erleben eine weitere univariate Kovarianz-Analyse durchgeführt, in die die Leistung als Kovariable integriert wurde. Auch bei Auspartialisierung der Leistung lassen sich sowohl die signifikanten Effekte der Kovariablen Basis-Kompetenz, $F(1, 171) = 7.05$, p $= .01$, $eta^2 = .04$, sowie des Faktors prä-aktionale Kompetenz-Einschätzung, $F(2, 171) = 5.35$, p $= .01$, $eta^2 = .06$; als auch die signifikante Interaktion der Faktoren Feedback und prä-aktionale Kompetenz-Einschätzung, $F(4, 171) = 2.99$, p $= .02$, $eta^2 = .07$ nachweisen. Darüber hinaus erweist sich bei dieser Analyse die Variable Leistungs-Anreiz als statistisch bedeutsam, $F(1, 171) = 4.46$, p $= .04$, $eta^2 = .03$.

5.3.4 Diskussion

Die vorliegenden Ergebnisse zeigen, wie wichtig es ist, multiple Bedingungen und Wirkungen bei der Untersuchung unterschiedlicher Feedback-Arten zu beachten. Ob und wie gut das informative tutorielle Feedback (ITF) seine Wirkungen entfalten konnte, hing wesentlich von den individuellen Faktoren Basis-Kompetenz und prä-aktionale Kompetenz-Einschätzung ab. Wären diese Faktoren nicht berücksichtigt worden, könnte man zu der Schlussfolgerung kommen, dass sich die verwendeten Feedback-Arten in ihrer Wirksamkeit nicht wesentlich unterscheiden. Dies gilt insbesondere, wenn man – wie dies in zahlreichen Feedback-Studien erfolgte – die Wirksamkeit nur hinsichtlich globaler Leistungsmaße und nicht auch hinsichtlich der Motivation untersucht.

Die Ergebnisse der multivariaten Analysen zeigen, wie stark der Einfluss des individuellen Faktors prä-aktionale Kompetenz-Einschätzung ($KE_{prä}$) auf die Feedback-Wirksamkeit ist. Versuchspersonen mit hoher $KE_{prä}$ und der ITF-Bedingung erzielten bei allen kognitiven und motivationalen Variablen überdurchschnittliche Werte. Bei Versuchspersonen mit niedriger $KE_{prä}$ lagen die Werte für alle kognitiven und motivationalen Variablen dagegen unabhängig von der Feedback-Bedingung unter dem Durchschnitt. Bei Personen mit mittlerer $KE_{prä}$ ergab sich ein uneindeutiges Befundmuster (vgl. Abb. 21, S. 159). Dieses Ergebnis weist darauf hin, dass in einer Lehr-Lernsituation, in der es den Lernenden frei gestellt ist, wie viel, wie lange und wie hartnäckig sie sich mit den Lernaufgaben beschäftigen, ITF eine effektive Feedback-Bedingung für Lernende mit einer hohen $KE_{prä}$ ist. Für Lernende mit einer niedrigen oder mittleren $KE_{prä}$ war ITF bei einer offenen Lehr-Lernsituation dagegen weniger wirksam.

Dieses Ergebnis stimmt mit den Befunden von Studien überein, in denen ebenfalls die Haupt- und Interaktionseffekte unterschiedlicher Feedback-Bedingungen und prä-aktionaler Kompetenz-Einschätzungen untersucht wurden. In einem Trainingsexperiment fanden Karl und ihre Mitarbeiter z.B., dass Lernende mit einer hohen Self-Efficacy mehr vom angebotenen Leistungs-Feedback profitierten als Lernende mit niedriger Self-Efficacy (Karl et al., 1993). Bisher gibt es wenig empirische Befunde, die einen Beitrag zur Erklärung dieses differentiellen Effektes liefern.

Die vorliegenden Daten über die motivationalen Prozessvariablen Task engagement, Anstrengung und Persistenz weisen auf eine mögliche Erklärung für den differentiellen Feedback-Effekt hin: Im vorliegenden „Free-Choice"-Konzeptlern-Paradigma hatten die Versuchspersonen die Möglichkeit, frei zu wählen, wie viele Aufgaben sie wie lange bearbeiteten. Versuchspersonen mit hoher prä-aktionaler Kompetenz-Einschätzung ($KE_{prä}$) ließen sich unter der ITF-Bedingung auf die Bearbeitung von mehr Aufgaben ein als Versuchspersonen mit niedriger $KE_{prä}$. Personen mit niedriger $KE_{prä}$ hatten daher auch weniger Gelegenheiten, mit Hilfe des ITF doch noch zu einer erfolgreichen Lösung zu kommen. Wenige Erfolgsgelegenheiten haben jedoch auch wenige Gelegenheiten für ein positives Kompetenz-Erleben zur Konsequenz.

5.4   Studie 2 – Time-on-task-constraints Paradigma

Vor dem Hintergrund der Ergebnisse von Studie 1 wurde in der zweiten Studie die Offenheit der Lehr-Lernsituation eingeschränkt. Die Lernenden sollten in einem vorgegebenen Zeitrahmen von 90 Minuten die Fragebögen und Experimental-Aufgaben bearbeiten. Es war den Lernenden also nicht mehr frei gestellt, wie lange sie in der Lehr-Lernsituation blieben. Innerhalb dieses Zeitrahmens sollten die Lernenden so viele Konzeptlern-Aufgaben wie möglich bearbeiten. Es war den Lernenden jedoch frei gestellt, wie lange sie sich mit den einzelnen Aufgaben beschäftigten und ob sie sie bis zur Lösung bearbeiteten.

Diesem Vorgehen lag die Annahme zugrunde, dass Personen mit niedriger prä-aktionaler Kompetenz-Einschätzung ($KE_{prä}$) dazu gebracht werden sollten, trotz möglicher Fehler bzw. Misserfolge mehrere Aufgaben zu bearbeiten. Denn nur wer sich auf mehrere Aufgaben einlässt, hat die Chance auf ein positives Kompetenz-Erleben bei diesen Aufgaben. Im Mittelpunkt des Interesses der vorliegenden Studie stand daher die Frage, ob unter den restriktiven Zeitvorgaben die Effekte der informativen tutoriellen Feedback-Bedingung nicht nur für Personen mit hoher $KE_{prä}$, sondern auch für Personen mit mittlerer und niederer $KE_{prä}$ zu verzeichnen sind.

5.4.1 Fragestellungen

Ziel der vorliegenden Studie war es, einen Beitrag zur Klärung der folgenden Forschungsfragen zu liefern:

1. Gelingt es durch die restriktiven Zeitvorgaben, die Anzahl der Konzeptlern-Aufgaben zu erhöhen, auf die sich die Schülerinnen und Schüler im Laufe des Experiments einlassen?

2. Wenn es gelingt, die Bearbeitung mehrerer Aufgaben anzuregen, welchen Einfluss haben dann unterschiedliche Feedback-Arten und unterschiedliche kognitive sowie motivationale Lerner-Voraussetzungen

    (a) auf die motivationalen Variablen Task engagement, Anstrengung und Persistenz,

    (b) auf die Lernleistung und

    (c) auf das post-aktionale Kompetenz-Erleben?

5.4.2 Methode

Das methodische Vorgehen der vorliegenden Studie entsprach weitgehend dem Vorgehen der Studie 1. Ausgehend von den in den Kapiteln 3 und 4 dargestellten konzeptuellen und methodischen Überlegungen wurden für die multiplen Bedingungen und Wirkungen der ausgewählten Feedback-Arten Daten erfasst und multivariat ausgewertet.

5.4.2.1 Versuchspersonen

An der Studie nahmen 92 Schülerinnen und Schüler eines technischen Berufsschul-Zentrums aus Dresden teil. Diese Schülerinnen und Schüler machten eine Ausbildung für informationstechnische Berufe (z.B. Mechatronik, Elektronik, Kommunikationstechnik). Die Schülerinnen und Schüler bearbeiteten klassenweise im Rahmen einer regulären Schul-Doppelstunde (90 Minuten) die Experimental-Aufgaben und -materialien. Die sechs teilnehmenden Klassen wurden vom Schulleiter und den Klassenlehrern ausgewählt. Das Alter der Schüler lag zwischen 16 und 26 Jahren (78 männlich; 12 weiblich).

5.4.2.2 Aufgabe

Für die vorliegende Studie wurden analog zur ersten Studie Konzeptlern-Aufgaben nach dem Prinzip des sukzessiven Präsentationsparadigmas verwendet. Da sich die dritte Aufgabe (konjunktives Konzept mit drei Merkmalsdimensionen) in der ersten Studie als besonders schwierig erwies, wurde diese Aufgabe erst als 6. Aufgabe präsentiert und durch eine einfachere Aufgabe ersetzt. Um dennoch untersuchen zu können, ob die Versuchspersonen nach der schwierigen 6. Aufgabe weiter arbeiten, wurde danach eine weitere Aufgabe präsentiert. Die ersten sieben Aufgaben waren also identisch für alle Versuchspersonen:

- Konzept 0 – „Rot oder 2 Objekte" (Basis-Kompetenz-Aufgabe)
- Konzept 1 – „Dreieck oder 2 Ränder"
- Konzept 2 – „2 Objekte und 1 Rand"
- Konzept 3 – „Grün oder Kreis"
- Konzept 4 – „1 Objekt oder 2 Ränder"
- Konzept 5 – „1 Objekt und Quadrat und 2 Ränder"
- Konzept 6 – „Blau oder Quadrat"

Die Kartenreihenfolgen für die neuen Aufgaben (Aufgabe 3 und 7) wurden nach denselben Prinzipien wie bei den anderen Aufgaben ausgewählt. D.h. auch bei diesen Aufgaben war es möglich, nach 10 Karten das Konzept logisch eindeutig zu bestimmen, wenn man sowohl Vertreter als auch die Nicht-Vertreter beachtete. Bei Nicht-Beachtung der Nicht-Vertreter war eine logisch eindeutige Lösung erst nach 20 Karten möglich. Nach den ersten 7 Aufgaben wurden für alle weiteren Aufgaben die Konzepte und Kartenreihenfolgen vom Programm zufällig generiert.

5.4.2.3 Versuchsablauf

Da die Untersuchung im Rahmen regulärer Unterrichtsstunden durchgeführt wurde, fand sie in einem mit 15 Multimedia-PCs ausgestatteten Klassenzimmer des Berufsschul-Zentrums statt. Jede der 6 Klassen nahm am Ende des Schuljahres, d.h., nach Abschluss der Zeugnis-Konferenzen an der Untersuchung teil. Insgesamt standen 2 Schulstunden, also 90 Minuten zur Verfügung. Im Gegensatz zur ersten Studie waren damit Zeitgrenzen vorgegeben (90 Minuten – Instruktionszeit – Zeit für Fragebögen = ca. 50 Min.). Im Rahmen dieser Zeitgrenzen sollten die Schülerinnen und Schüler möglichst viele Aufgaben bearbeiten. Es war ihnen jedoch freigestellt, wie viele Aufgaben sie letztendlich bearbeiteten.

Der Ablauf der Untersuchung verlief ähnlich wie bei ersten Studie: Nach einer Begrüßung und kurzen Einleitung beantworteten die Versuchspersonen den Leistungsmotivations-Test für Lernsituationen (ca. 10 Min.). Dann lasen sie sich die ausführlichen Instruktionen zur Bedienung des Experimental-Programms und zur Experimental-Aufgabe durch (ca. 10–15 Minuten). Nach dieser Instruktions-Phase beantworteten die Versuchspersonen den Fragebogen zur aufgabenspezifischen Kompetenz-Einschätzung sowie zu den aufgabenspezifischen intrinsischen Anreizwerten. Anschließend bearbeiteten die Versuchspersonen eine erste Konzeptlern-Aufgabe (rot oder 2 Objekte), die dazu diente, die aufgabenspezifischen Basis-Kompetenzen der Versuchspersonen zu erfassen. Danach begannen die Versuchspersonen mit der Bearbeitung weiterer Konzeptlern-Aufgaben. Es war den Versuchspersonen frei gestellt, wie viele weitere Konzeptlern-Aufgaben sie bearbeiteten. Darüber hinaus hatten sie die Möglichkeit, Konzeptlern-Aufgaben abzubrechen, wenn sie es wollten.

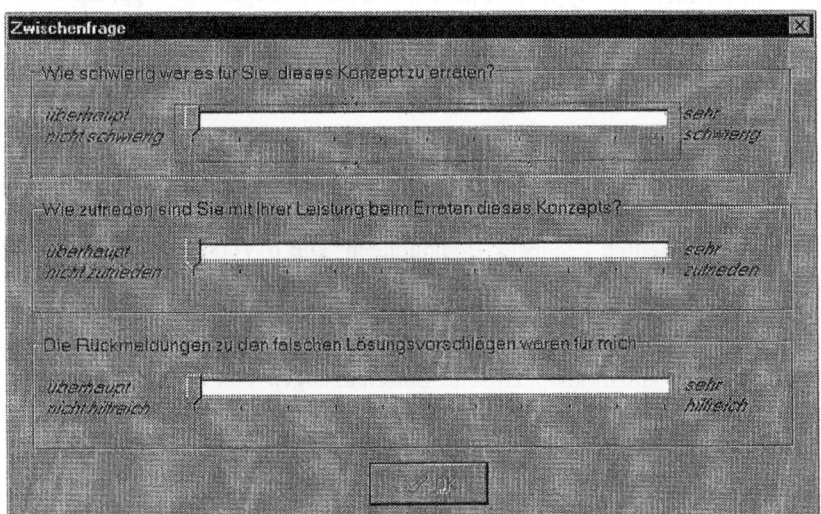

Abbildung 22: Fenster zur Einschätzung des post-aktionalen Kompetenz-Erlebens

Da die Schülerinnen und Schüler auf jeden Fall die zwei Schulstunden mit den Experimental-Aufgaben zubringen sollten, erschien das Risiko, dass ihr Task engagement für weitere Aufgaben aufgrund einer Unterbrechung durch Zwischenfragen gestört wurde, nicht mehr so groß. Aus diesem Grund wurden die Fragen zum post-aktionalen Kompetenz-Erleben nach jeder Aufgabe gestellt. Nach Eingabe der korrekten Hypothese öffnete sich hierzu das Kompetenz-Einschätzungs-Fenster. Mit Hilfe von Schiebereglern kann man in diesem Fenster angeben, wie schwierig die vorangegangene Aufgabe war, wie zufrieden man mit seiner Leistung ist und wie hilfreich man die Feedback-Komponenten fand (vgl. Abb. 22). Danach konnten die Versuchspersonen eine neue Aufgabe aufrufen.

5.4.2.4 Feedback-Bedingungen

In der vorliegenden Studie wurden nur zwei Feedback-Bedingungen untersucht, da es unter den quasi-experimentellen Bedingungen sehr schwierig erschien, drei Feedback-Bedingungen zu implementieren. Als experimentelle Feedback-Bedingungen wurden die KR-Bedingung und die ITF-Bedingung (KR+KM+KH) ausgewählt. Die Schülerinnen und Schüler erhielten nach Eingabe einer Hypothese über das mögliche Konzept entweder die Information „richtig/falsch" oder sowohl „richtig/falsch" als auch Angaben zu den Karten, die nicht zur Hypothese passen und den strategischen Tipp, die Nicht-Vertreter zu beachten, da diese wichtige Informationen für die Identifikation des Konzeptes liefern. Wie in der ersten Studie wurden die inhaltlichen Feedback-Komponenten mit einem Answer-Until-Correct-Algorithmus präsentiert.

5.4.2.5 Versuchsdesign

Wie Studie 1 wurde die vorliegende Studie mit einem multivariaten Versuchsdesign durchgeführt. Als unabhängiger Faktor dienten die im Abschnitt 5.4.2.4 dargestellten Feedback-Bedingungen. Die 6 Versuchsklassen wurden diesen Feedback-Bedingungen zufällig zugeordnet. Als individuelle prä-aktionale Kontrollvariablen, waren einerseits die aufgabenspezifische Basis-Kompetenz, andererseits die situationsspezifische Kompetenz-Einschätzung ($KE_{prä}$) sowie situationsspezifische Einschätzungen von intrinsischen Anreizen und Leistungs-Anreizen vorgesehen. Bei der Überprüfung, inwiefern diese Kontrollvariablen mit den abhängigen und unabhängigen Variablen korrelieren, stellte sich jedoch heraus, dass es für die Kovariable Leistungs-Anreiz keine signifikanten Korrelationen zu den abhängigen gab (vgl. Tab. 17, S. 171). Aus diesem Grund wurde die Variable Leistungs-Anreiz bei den multivariaten Auswertungen nicht weiter berücksichtigt.

Tabelle 15: Versuchsbedingungen und Variablen der Konzeptlern-Studie 2

Feedback	n	Prä-aktionale, individuelle Kontroll-Variablen	Peri-aktionale abhängige Variablen	Post-aktionale abhängige Variablen
KR	43	• Aufgabenspezifische Basiskompetenzen • Prä-aktionale Kompetenz-Einschätzung • Intrinsische Anreize • [Leistungs-Anreize][a]	• Task engagement • Anstrengung • Persistenz	• Leistung • Kompetenz-Erleben
KR+KM+KH [ITF]	47	• Aufgabenspezifische Basiskompetenzen • Prä-aktionale Kompetenz-Einschätzung • Intrinsische Anreize • [Leistungs-Anreize][a]	• Task engagement • Anstrengung • Persistenz	• Leistung • Kompetenz-Erleben

[a] bei den multivariaten Auswertungen nicht berücksichtigt, da es keine signifikanten Korrelationen zu den abhängigen Variablen gab

Im Gegensatz zur ersten Studie ergaben sich bei der Überprüfung der Voraussetzungen für eine Kovarianz-Analyse für die Kovariable *prä-aktionales Kompetenz-Erleben* keine beachtenswerten Unterschiede zwischen den standardisierten Regressions-Koeffizienten. In der vorliegenden Studie konnte die Variable *prä-aktionales Kompetenz-Erleben* daher als Kovariable und nicht als zweiter Faktor berücksichtigt werden.

Als abhängige Variablen wurden wie in der ersten Studie sowohl die Leistungen bei den Konzeptlern-Aufgaben, als auch die motivationalen Prozessvariablen Task engagement, Anstrengung und Persistenz sowie die postaktionale motivationale Variable Kompetenz-Erleben untersucht. Tabelle 15 liefert eine Übersicht über die Variablen des Versuchs-Designs.

5.4.2.6 Datenerhebung

Aufgabenspezifische Basis-Kompetenz. Wie in Studie 1 bearbeiteten die Versuchspersonen die erste Konzeptlern-Aufgabe im Sinne eines Prä-Tests. Zur Berechnung eines Leistungs-Indexes für diese Aufgabe wurden die Rohwerte für die Anzahl der benötigten Karten, der Konzeptvorschläge und die Lösungszeit wie in Studie 1 reziprok transformiert (vgl. 5.3.2.6). Die transformierten Werte wurden, falls die Aufgabe korrekt gelöst wurde, mit 1, falls sie abgebrochen wurde mit 0 multipliziert. Die resultierenden Werte wurden aufgrund der unterschiedlichen Maßeinheiten z-transformiert. Die interne Konsistenz für diese standardisierten Scores beträgt $\alpha = .79$, so dass für die multivariaten Analysen als Basiskompetenz-Index der Mittelwert dieser z-Scores verwendet wurde.

Prä-aktionale Kompetenz-Einschätzung (KE$_{prä}$). Die $KE_{prä}$ wurde mit Hilfe der in Abschnitt 4.3.1 (vgl. Tab. 10; S. 127) dargestellten Items zur Einschätzung der eigenen Begabung, der erlebten Aufgabenschwierigkeit sowie der eigenen Leistungsfähigkeit erfasst. In der vorliegenden Studie war die interne Konsistenz dieser drei Items gut (Cronbach's Alpha = .86). Für die statistischen Analysen wurde daher der Summenscore der drei Items als $KE_{prä}$-Index verwendet.

Intrinsische Anreiz-Einschätzung (I$_{Anreiz}$): Die Einschätzung des intrinsischen Anreizwertes wurde mit zwei Items erfasst, die sich auf tätigkeitsspezifische und gegenstandsspezifische Anreiz-Aspekte bezogen (s. Tab. 10, S. 127). Für die vorliegenden Daten war die interne Konsistenz dieser Items zufrieden stellend (Cronbach's Alpha = .79). Für die statistischen Analysen wurde daher der Summenscore dieser Items verwendet.

Leistungsanreiz-Einschätzung (L$_{Anreiz}$): Die Erfassung erfolgte wie in Studie 1 dargestellt mit Hilfe von vier Items aus der Skala Leistungsstreben des LMT-L (vgl. Tab. 10). Diese Items erfassen das Anspruchsniveau in Lehr-Lernsituationen. Im vorliegenden Datensatz war die interne Konsistenz für diese Items gut (Cronbach's Alpha = .84).

Gesamt-Leistungs-Index: Wie in Studie 1 wurde für jede bearbeitete Aufgabe ein Kartenindex aus der Anzahl der benötigten Karten, ein Hypothesenindex aus der Anzahl der Konzeptvorschläge und ein Lösungszeit-Index berechnet. Diese Indices wurden dann über alle Aufgaben aufsummiert. Diese Summenscores wurden aufgrund der unterschiedlichen Maßeinheiten z-transformiert. Die interne Konsistenz für diese standardisierten Leistungsscores betrug α = .87. Für weitere statistische Analysen wurde daher der Mittelwert dieser standardisierten Leistungsscores als Gesamt-Leistungs-Index verwendet.

Motivationale Prozessvariablen: Die motivationalen Prozessvariablen *Task engagement, Anstrengung* und *Persistenz* wurden wie in der ersten Studie über die Anzahl der bearbeiteten Aufgaben, die Time-on-task und den Prozentsatz der bis zur Lösung bearbeiteten Aufgaben erfasst.

Kompetenz-Erleben (post-aktional): In der vorliegenden Studie war den Versuchspersonen ein zeitlicher Rahmen vorgegeben. Das Risiko, dass ihre Bereitschaft sich auf weitere Aufgaben einzulassen, durch Zwischenfragen untergraben würde, wurde daher in der vorliegenden Studie geringer eingeschätzt als in der ersten Studie. Darüber hinaus berichteten einige Versuchspersonen der ersten Studie, dass ihnen das Einschätzen der Zufriedenheit und

Aufgabenschwierigkeit trotz des Cued-Recall-Vorgehens zum Teil sehr schwer gefallen sei. In dieser Studie erfolgte daher sowohl die Erfassung der subjektiven Leistungseinschätzung als auch die Erhebung der Zufriedenheit und der subjektiven Aufgabenschwierigkeit direkt nach jeder Aufgabe. Nach der Bearbeitung einer Aufgabe öffnete sich daher nicht nur ein Fenster zur Angabe der Diskrepanz zwischen Idealleistung und aktueller Leistung, sondern auch ein Fenster, in dem die Versuchspersonen mit Hilfe eines bipolaren Schiebereglers die Zufriedenheit mit der aktuellen Leistung sowie die erlebte Aufgabenschwierigkeit einschätzen konnten (vgl. Abb. 22, S. 165).

Wie in Studie 1 wurde über alle Aufgaben für jede der drei Einschätzungen der Mittelwert berechnet. Die interne Konsistenz dieser gemittelten Einschätzungen bzgl. der eigenen Leistung, der Zufriedenheit und der subjektiven Aufgabenschwierigkeit betrug im vorliegenden Datensatz $\alpha = .62$. Analog zur ersten Studie wurden die über die Aufgaben gemittelten Einschätzungen zu einem Kompetenz-Erleben-Score zusammengefasst (Mittelwert der über alle Aufgaben gemittelten Einschätzungen).

5.4.2.7 Statistische Analysen und Auswertungen

Um den Vergleich der Ergebnisse zwischen den beiden Studien zu erleichtern, wurden die statistischen Analysen, so weit dies möglich war, analog zur ersten Studie durchgeführt. In einem ersten Schritt wurde jedoch zunächst geprüft, ob die Zeitvorgaben die Schülerinnen und Schüler tatsächlich dazu brachten, sich auf mehr Aufgaben einzulassen sowie mehr Zeit und Persistenz zu investieren als in der ersten Studie. Für diesen Manipulations-Check wurden die Daten der beiden Studien zusammen gefügt, um für die motivationalen Prozessvariablen eine multivariate Varianz-Analyse mit dem Faktor Zeitvorgabe berechnen zu können. Danach erfolgte eine Analyse der Korrelationen zwischen den unabhängigen Variablen, den Kovariablen und den abhängigen Variablen. Anschließend wurden die Effekte der Feedback-Bedingungen und der Kovariablen mit Hilfe einer multivariaten Kovarianz-Analyse untersucht. Die beiden Feedback-Bedingungen KR und ITF (KR+KM+KH) stellten hierbei den unabhängigen Faktor dar. Als Kovariablen wurden die Basiskompetenz, die situationsbezogene Kompetenz-Einschätzung und der intrinsische Anreiz-Index berücksichtigt. Als abhängige Variablen wurden das Task engagement, die Anstrengung, die Persistenz sowie die Gesamt-Leistung und das post-aktionale Kompetenz-Erleben untersucht. Signifikante multivariate Effekte wurden mit Hilfe univariater Varianz-Analysen weiter exploriert.

5.4.3   Ergebnisse

Auch in dieser Studie gab es keine geschlechtsspezifischen Unterschiede. Mittelwerte und Standardabweichungen für die motivationalen Prozessvariablen, die Leistung und das post-aktionale Kompetenz-Erleben sind in Tabelle 16 für die Experimental-Bedingungen getrennt dargestellt.

Tabelle 16: Mittelwerte und Standardabweichungen der abhängigen Variablen für alle Versuchsbedingungen der Konzeptlern-Studie 2

Versuchs-bedingungen	Task engagement[a]		Anstrengung[b]		Persistenz[c]		Leistung[d]		Kompetenz-Erleben post[e]	
	Mean	SD	Mean	SD	Mean	SD	Mean	SD	Mean	SD
KR	5.30	2.5	1475.53	525.6	75.68	33.2	-.164	.84	4.52	1.9
• $KE_{prä}$-niedrig	4.29	3.0	1128.29	414.8	85.49	20.3	-.153	.78	4.29	2.0
• $KE_{prä}$-mittel	5.13	1.5	1484.93	473.4	72.51	39.9	-.428	.63	4.23	2.2
• $KE_{prä}$-hoch	5.76	2.8	1584.57	562.9	74.68	31.9	.022	.97	4.80	1.8
KR+KM+KH	6.49	2.4	1733.81	387.9	78.79	28.4	.150	.92	4.93	1.8
• $KE_{prä}$-niedrig	4.70	1.5	1675.50	264.1	57.33	37.7	-.582	.57	3.87	2.3
• $KE_{prä}$-mittel	6.31	2.2	1766.50	522.9	81.92	22.6	.084	.83	5.06	1.4
• $KE_{prä}$-hoch	7.48	2.4	1736.67	327.4	86.62	22.9	.549	.90	5.33	1.6

KR = knowledge of result; KM = knowledge about mistakes; KH = knowledge on how to proceed
[a]   Anzahl bearbeiteter Aufgaben
[b]   Time-on-task in Sekunden
[c]   Prozentsatz bis zur Lösung bearbeiteter Aufgaben
[d]   z-Wert berechnet aus der Anzahl benötigter Karten, der Anzahl der Konzeptvorschläge und der Lösungszeit (vgl. 5.3.2.5)
[e]   Mittelwert der aufsummierten Einschätzungen bzgl. der eigenen Leistung, Zufriedenheit und Aufgabenschwierigkeit

Um den Vergleich zwischen den beiden Studien zu erleichtern, werden auch die Mittelwerte für die drei $KE_{prä}$-Gruppen berichtet. Die beiden Feedback-Gruppen wurden hierzu wie in Studie 1 anhand der $KE_{prä}$-Scores in drei Gruppen aufgeteilt. Die durchschnittlichen $KE_{prä}$-Scores der Feedback-Gruppen unterscheiden sich nicht signifikant: KR ($M_{KEprä}$ = 9.7; SD = 1.9), ITF ($M_{KEprä}$ = 9.6; SD = 2.1).

Die deskriptiven Daten in den Tabellen 14 und 16 zeigen, dass die Versuchspersonen der zweiten Studie sich auf die Bearbeitung von mehr Aufgaben eingelassen haben, mehr Zeit mit den Aufgaben verbrachten, aber weniger Persistenz zeigten. Eine multivariate Varianz-Analyse mit dem unabhängigen Faktor Zeitvorgabe belegt, dass es einen signifikanten Unterschied hinsichtlich der motivationalen Prozessvariablen gibt, Wilks lambda = .84, $F(3, 272)$

= 17.91, p < .001. Die anschließenden univariaten Analysen wiesen darauf hin, dass es signifikante Unterschiede hinsichtlich der Variablen Task engagement, $F(1, 275) = 40.74$, p <.001; eta^2 = .13, und der Variablen Anstrengung, $F(1, 275) = 921$, p =.003; eta^2 = .03 gab. Der Unterschied für die Variable Persistenz erwies sich dagegen als statistisch nicht bedeutsam. Diese Ergebnisse zeigen, dass es mit Hilfe der Zeitvorgaben gelungen ist, die Anzahl der bearbeiteten Aufgaben zu erhöhen. Im Schnitt bearbeiteten die Versuchspersonen der zweiten Studie 2 Aufgaben mehr als in der ersten Studie.

5.4.3.1 Korrelationen

Die Ergebnisse der Korrelations-Analyse für alle Variablen sind in Tabelle 17 zusammengefasst. Wie in der ersten Studie gab es keinen bedeutsamen Zusammenhang zwischen den Feedback-Bedingungen und der prä-aktionalen situationsbezogenen Kompetenz-Einschätzung ($KE_{prä}$). Der $KE_{prä}$-Score korreliert signifikant mit dem intrinsischen Anreiz-Index sowie mit den abhängigen Variablen Task engagement, Persistenz, Leistung und post-aktionales Kompetenz-Erleben (vgl. Studie 1, Tab. 13, S. 157). Für die Kovariable Leistungs-Anreiz gibt es, wie in Abschnitt 5.4.2.5 erwähnt, weder signifikante Korrelationen zu den abhängigen Variablen, noch zum unabhängigen Faktor Feedback.

Zwischen den abhängigen Variablen ergab die Korrelations-Analyse ein ähnliches Befundmuster wie in der ersten Studie (vgl. Tab. 13, S. 157 und Tab. 17): Die motivationalen Prozessvariablen Task engagement, Anstrengung und Persistenz korrelierten signifikant miteinander. Außerdem korrelierten sie sowohl signifikant mit der Leistung, als auch mit dem post-aktionalen Kompetenz-Erleben. Des Weiteren korrelierte die Leistung signifikant mit dem post-aktionalen Kompetenz-Erleben.

Tabelle 17: Korrelationen zwischen allen Variablen der Konzeptlern-Studie 2

	$KE_{prä}$	BK	I-Wert	L-Wert	Engage	Effort	Persist	Leist
Kompetenz-Einschätzung ($KE_{prä}$)								
Basis-Kompetenz (BK)	.07							
Intrinsischer Anreiz (I-Wert)	.36**	.10						
Leistungs-Anreiz (L-Wert)	.07	.00	.23*					
Task engagement (Engage)	.35**	.21*	.13	.06				
Anstrengung (Effort)	.13	.06	.07	.15	.47**			
Persistenz (Persist)	.22**	.38**	.12	.01	.34**	.30**		
Leistung (Leist)	.36**	.32**	.22**	.09	.81**	.32**	.64**	
Kompetenz-Erleben, post	.29**	.44**	.21	.01	.29**	.22*	.78**	.57**

* p< .05. ** p< .01

5.4.3.2 Multivariate Effekte der Feedback-Bedingungen

Wie in Studie 1 wurde eine multivariate Kovarianz-Analyse (MANCOVA) mit dem Faktor Feedback (2) und den Kovariablen prä-aktionale Kompetenz-Einschätzung ($KE_{prä}$), aufgabenspezifische Basiskompetenz und intrinsischer Anreiz sowie den abhängigen Variablen Task engagement, Anstrengung, Persistenz, Leistung und post-aktionales Kompetenz-Erleben durchgeführt. Die Kovariable Leistungs-Anreiz wurde bei dieser MANCOVA nicht berücksichtigt, da sie mit keiner der abhängigen Variablen statistisch signifikant korrelierte (s. Tab. 17). Die Ergebnisse dieser MANCOVA zeigen, dass es einen signifikanten Haupteffekt des Faktors Feedback gibt. Des Weiteren belegen sie signifikante Effekte der Kovariablen $KE_{prä}$ sowie der Kovariablen Basis-Kompetenz. Für die Kovariable intrinsischer Anreiz ergaben sich keine signifikanten multivariaten Effekte (s. Tab. 18). Zur weiteren Exploration des Einflusses des Faktors Feedback und der Kovariablen wurden univariate Kovarianz-Analysen für die verschiedenen abhängigen Variablen durchgeführt. Die Ergebnisse dieser Analysen sind ebenfalls in Tabelle 18 zusammengefasst.

Tabelle 18: Zusammenfassung der multivariaten und *univariaten* Ergebnisse von Konzeptlern-Studie 2

Varianz-Quelle • *Abhängige Variablen*	λ	$df_{Hyp.}$	$Df_{Error.}$	F	p	η^2
Kovariablen						
Intrinsischer Anreiz	.96	5	81	0.64	.67	04
Basis-Kompetenz	.78	5	81	4.49	<.01	.22
• *Task engagement*		1	85	4.33	.04	.05
• *Anstrengung*		1	85	2.94	.09	.03
• *Persistenz*		1	85	13.95	<.001	.14
• *Leistung*		1	85	10.12	<.01	.12
• *Kompetenz-Erleben*		1	85	20.24	<.001	.19
Kompetenz-Einschätzung ($KE_{prä}$)	.84	5	81	3.02	.02	.16
• *Task engagement*		1	85	11.29	<.001	.12
• *Anstrengung*		1	85	1.25	.27	.02
• *Persistenz*		1	85	3.48	.07	.04
• *Leistung*		1	85	10.58	<.01	.11
• *Kompetenz-Erleben*		1	85	5.73	.02	.06
Faktor						
Feedback (FB)	.86	5	81	2.68	.04	.14
• *Task engagement*		1	85	7.25	<.01	.08
• *Anstrengung*		1	85	7.77	<.01	.08
• *Persistenz*		1	85	0.50	.48	<.01
• *Leistung*		1	85	4.51	.04	.05
• *Kompetenz-Erleben*		1	85	2.07	.15	.02

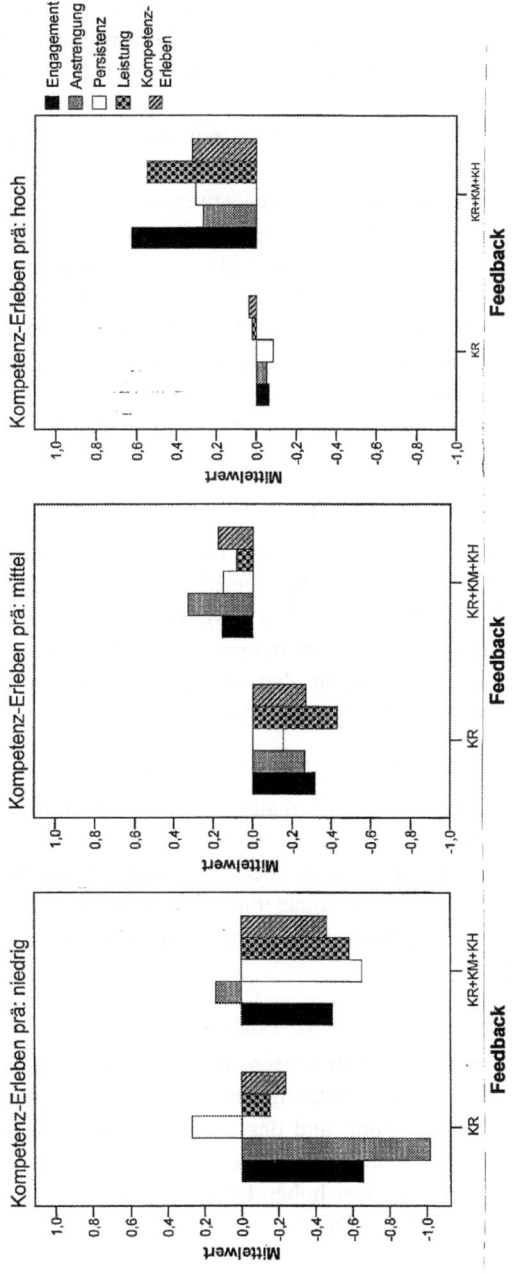

Abbildung 23:   Illustration der multivariaten Effekte der Feedback-Bedingungen und der Kovariablen prä-aktionales Kompetenz-Erleben (KE_prä)

(KR = knowledge of result, KM = knowledge about mistakes; KH = knowledge on how to proceed)

Abbildung 23 illustriert mit Hilfe von z-Werten der abhängigen Variablen die Unterschiede zwischen den Experimental-Gruppen für die verschiedenen Variablen. Um den Vergleich zur Studie 1 zur erleichtern, wurden für die Abbildung die Versuchspersonen anhand ihrer Scores für die prä-aktionale Kompetenz-Einschätzung ($KE_{prä}$) in drei Gruppen aufgeteilt. Auf diese Weise wird deutlich, dass im Gegensatz zur ersten Studie nicht nur die Versuchspersonen mit einer hohen prä-aktionaler Kompetenz-Einschätzung von der informativen tutoriellen Feedback-Bedingung (KR+KM+KH) profitieren, sondern auch Schülerinnen und Schüler mit einer mittleren prä-aktionalen Kompetenz-Einschätzung. Bei Schülerinnen und Schüler mit einer geringen prä-aktionalen Kompetenz-Einschätzung ist in dieser Studie insbesondere bei der Anstrengung ein Unterschied zwischen den Feedback-Bedingungen zu beobachten. Unter der informativen tutoriellen Feedback-Bedingung (KR+KM+KH) strengten sich diese Personen wesentlich mehr an, als unter der KR-Bedingung (vgl. Tab. 16, S. 170).

5.4.3.3 Univariate Effekte des Faktors Feedback

Die Ergebnisse der univariaten Analysen zeigen, dass es für die Variablen Task engagement, Anstrengung und Leistung signifikante Unterschiede zwischen den Feedback-Bedingungen gab (s. Tab. 18). Die Schülerinnen und Schüler mit der ITF-Bedingung bearbeiteten demnach signifikant mehr Aufgaben, verbrachten mehr der verfügbaren Zeit mit den Aufgaben und erbrachten bessere Leistungen als die Schüler der KR-Bedingung.

5.4.3.4 Univariate Effekte der Kovariablen Basis-Kompetenz

Für die Kovariable Basis-Kompetenz ergaben sich bei einer univariaten Analyse signifikante Effekte für die Variablen Task engagement, Persistenz, Leistung und post-aktionales Kompetenz-Erleben. Eine hohe Basis-Kompetenz ging einher mit einem hohen Task engagement, einer hohen Persistenz, einer guten Leistung und einem positivem post-aktionalen Kompetenz-Erleben (vgl. Tab. 17, S. 171).

5.4.3.5 Effekte der prä-aktionalen Kompetenz-Einschätzung ($KE_{prä}$)

Die Ergebnisse der univariaten Analysen weisen darauf hin, dass die Kovariable prä-aktionalen Kompetenz-Einschätzung einen signifikanten Einfluss auf das Task engagement, die Leistung und das post-aktionale Kompetenz-Erleben hatte. Eine hohe prä-aktionale Kompetenz-Einschätzung ging einher mit einem hohen Task engagement, einer hohen Leistung sowie einem hohen post-aktionalen Kompetenz-Erleben (s. Tab. 17, S. 171).

5.4.3.6 Motivationale Prozessvariablen und Leistung

Für die Variable Lernleistung wurde, wie in der ersten Studie, eine weitere univariate Kovarianz-Analyse durchgeführt. Bei dieser Analyse wurden aufgrund des engen Zusammenhangs zwischen den motivationalen Prozessvariablen und der Leistung (vgl. Tab. 17, S. 171) die motivationalen Prozessvariablen als Kovariablen berücksichtigt. Die Ergebnisse dieser Analyse zeigen, dass bei Auspartialisierung der Effekte der motivationalen Prozessvariablen weder ein signifikanter Feedback-Effekt, $F(1, 82) = .42$, p = .52, $eta^2 = .01$, noch signifikante Effekte der Kovariablen Basis-Kompetenz, $F(1, 82) = .32$, p = .57, $eta^2 = .01$, und prä-aktionale Kompetenz-Einschätzung, $F(1, 82) = .08$, p = .78, $eta^2 = .01$ zu verzeichnen waren. Wie in der ersten Studie belegen diese Ergebnisse, dass die motivationalen Prozessvariablen sowohl die Effekte des situativen Faktors Feedback, als auch die Effekte individueller Faktoren wie Basis-Kompetenz und prä-aktionale Kompetenz-Einschätzung mediieren können.

5.4.3.7 Leistung und Kompetenz-Erleben (post-aktional)

Da eine hohe Basis-Kompetenz und eine hohe prä-aktionalen Kompetenz-Einschätzung ($KE_{prä}$) auch in dieser Studie mit einer höheren Leistung einhergingen, stellte sich ebenfalls die Frage, inwiefern die Effekte der Variablen Basis-Kompetenz und prä-aktionale Kompetenz-Einschätzung auf das post-aktionale Kompetenz-Erleben vor allem auch mit Leistungseffekten zusammenhängen. Aus diesem Grund wurde für das post-aktionale Kompetenz-Erleben eine weitere univariate Kovarianz-Analyse durchgeführt, in die die Leistung als Kovariable integriert wurde. Auch bei Auspartialisierung der Leistung lässt sich der signifikante Effekt der Kovariablen Basis-Kompetenz, $F(1, 84) = 10.72$, p = .01, $eta^2 = .11$, nachweisen. Der Effekt der Kovariablen $KE_{prä}$, $F(1, 84) = 1.12$, p = .01, $eta^2 = .01$; ist statistisch jedoch nicht mehr bedeutsam, wenn man die Leistung herauspartialisiert. Dieses Ergebnis deutet darauf hin, dass die Leistung den Effekt der prä-aktionalen Kompetenz-Einschätzung auf das post-aktionale Kompetenz-Erleben mediieren kann.

5.4.4 Diskussion

Ziel der zweiten Studie war es, die Effekte von informativem tutoriellem Feedback zu untersuchen, wenn es den Versuchspersonen nicht völlig freigestellt ist, wie lange sie arbeiten. Es wurde angenommen, dass Versuchspersonen, wenn sie die Konzeptlern-Aufgaben in einem vorgegebenen Zeitrahmen von ca. 50 Minuten bearbeiten, sich auf mehr Aufgaben einlassen und eher Anstrengungen und Persistenz investieren, als in der offenen Lernsituation von Studie 1. Der multivariate Haupteffekt der restriktiven Zeitvorgabe weist darauf hin, dass es in der vorliegenden Studie gelungen ist, die Schülerinnen und Schüler bei der Bearbeitung der Konzeptlern-Aufgaben zu halten. Im Schnitt wurden in der zweiten Studie zwei Aufgaben mehr bearbeitet als in der ersten Studie (vgl. Tab. 12, S. 156, Tab. 16, S. 170).

Die multivariate Analyse der Studie 2 macht deutlich, dass unter den vorliegenden Lehr-Lernbedingungen sowohl die Feedback-Bedingung als auch die prä-aktionale Kompetenz-Einschätzung ($KE_{prä}$) sowie die Basis-Kompetenz einen wesentlichen Einfluss auf die Motivation und die Leistung beim Bearbeiten von Konzeptlern-Aufgaben haben. Die univariaten Analysen zeigen, dass die Feedback-Gruppen sich hinsichtlich der motivationalen Prozessvariablen Task engagement und Anstregung sowie hinsichtlich des postaktionalen Kompetenz-Erlebens unterscheiden. Darüber hinaus belegen sie, dass eine hohe prä-aktionale Kompetenz-Einschätzung sowie eine hohe Basis-Kompetenz einhergehen mit einem hohen Task engagement, einer hohen Leistung und einem hohen post-aktionalen Kompetenz-Erleben. Die Basis-Kompetenz erwies sich außerdem als statistisch bedeutsam für die Persistenz. Die vorliegenden Ergebnisse liefern damit einen empirischen Beleg dafür, dass Motivation und Leistung beim Lernen mit unterschiedlichen Feedback-Arten wesentlich von individuellen kognitiven und motivationalen Faktoren abhängen (vgl. Kapitel 3 und 4).

Im Gegensatz zur ersten Studie und zu den Befunden von Karl et al. (1993) war in der vorliegenden Studie keine statistisch signifikante Interaktion zwischen Feedback-Bedingung und prä-aktionale Kompetenz-Einschätzung zu verzeichnen. Man könnte aus diesem Ergebnis schließen, dass Motivation und Leistung zwar von der prä-aktionalen Kompetenz-Einschätzung beeinflusst werden, alle Versuchspersonen mit der ITF-Bedingung sich jedoch von denen mit der KR-Bedingung unterscheiden. Die deskriptiven Daten weisen allerdings darauf hin, dass Versuchspersonen mit niederer prä-aktionaler Kompetenz-Einschätzung nach wie vor am wenigsten von der ITF-Bedingung profitierten (vgl. Abb. 23, S. 173; Tab. 16, S. 170). Die vorliegenden Daten weisen darauf hin, dass die mangelnde Persistenz der Versuchspersonen mit niederer prä-aktionaler Kompetenz-Einschätzung und der ITF-Bedingung wesentlich zu diesem Befund beitrug. 4 von den 10 Personen mit niederer prä-aktionaler Kompetenz-Einschätzung und der ITF-Bedingung brachen bereits bei der ersten Aufgabe, d.h. der Vortest-Aufgabe ab und setzten dieses Verhalten fort. Für weitere Studien könnte es daher interessant sein, die Lehr-Lernsituation noch mehr einzuschränken und das Abbrechen von Aufgaben zu erschweren.

5.5 Zusammenfassende Diskussion und Schlussfolgerungen

Die vorliegenden Studien untersuchten die Effekte von informativem tutoriellem Feedback auf Motivation und Leistung beim Bearbeiten von Konzeptlern-Aufgaben. Hierbei wurden entsprechend dem in Kapitel 3 dargestellten heuristischen Modell zur Feedback-Gestaltung und -Evaluation individuelle Variablen wie die aufgabenspezifische Basis-Kompetenz, die prä-aktionale Kompetenz-Einschätzung sowie intrinsische Anreize und Leistungs-Anreize berücksichtigt. In Studie 1 war es den Versuchspersonen völlig freigestellt, wie viele Aufgaben sie bearbeiteten und wie viel Zeit sie mit den Aufgaben verbrachten. In Studie 2 war für alle Personen derselbe Zeitrahmen vorgegeben.

Während in beiden Studien multivariate Effekte der individuellen Variablen prä-aktionale Kompetenz-Einschätzung und Basis-Kompetenz nachgewiesen werden konnten, war nur in der zweiten Studie ein signifikanter multivariater Effekt des Faktors Feedback zu verzeichnen. Die Ergebnisse beider Studien belegen damit einerseits, wie wichtig es ist, bei der Untersuchung unterschiedlicher Feedback-Arten die individuellen Voraussetzungen der Lernenden sorgfältig zu kontrollieren (vgl. Kap. 2.1, 14ff.; 3.1, S. 69ff. und 3.4, S. 96). Andererseits zeigen sie, dass sich informatives tutorielles Feedback (ITF) im Vergleich zu ergebnisorientiertem KR-Feedback sowohl günstig auf die Leistung, als auch günstig auf motivationale Prozessvariablen wie Task engagement, Anstrengung und Persistenz, sowie post-aktionales Kompetenz-Erleben auswirken kann. Hierbei ist hervorzuheben, dass für die vorliegenden Studien eine relativ unspezifische ITF-Art verwendet wurde, bei es neben knowledge of result und knowledge of the correct response immer denselben strategischen Hinweis gab und keine schrittweise stärkere Unterstützung stattfand.

Diese positiven Effekte auf die Motivation und Leistung sind allerdings nur dann zu beobachten, wenn die Lernenden sich wiederholt und ernsthaft auf die Aufgaben einlassen. In den vorliegenden Studien ließen sich, wie man das aus motivationspsychologischen Erkenntnissen vorhersagen würde, insbesondere Personen mit niedriger prä-aktionaler Kompetenz-Einschätzung wenig auf Aufgaben ein oder brachen die Aufgabenbearbeitung häufig ab. Sie hatten entsprechend weniger Gelegenheit, die Erfahrung zu machen, dass sie mit Hilfe der ITF-Komponente doch noch zu einer erfolgreichen Aufgabenbearbeitung kommen, als Personen mit mittlerer und hoher prä-aktionaler Kompetenz-Einschätzung. Sie hatten damit auch keine oder wenig Gelegenheiten, zufrieden mit ihrer Leistung zu sein oder einen Kompetenz-Zuwachs zu erleben.

Vor dem Hintergrund der inkonsistenten Befundlage zur Wirkung elaborierter Feedback-Arten heben verschiedene Autoren die Bedeutung individueller Faktoren für die Feedback-Wirksamkeit hervor (vgl. Kap. 2.3, S. 42ff.; Bangert-Drowns et al., 1991; Butler & Winne, 1995; Kluger & DeNisi, 1996; Mory, 1996). Neben den Studien zum Response-Confidence-Modell von Kulhavy und Stock (1989) gibt es jedoch nur wenige Studien, die explizit die Rolle individueller, insbesondere motivationaler Faktoren beim Lernen mit Feedback untersuchen. Die Befunde dieser wenigen Studien weisen darauf hin, dass individuelle motivationale Faktoren wie Self-Efficacy oder Leistungs-Anreize zu differentiellen Effekten unterschiedlicher Feedback-Arten führen (z.B. Karl et al., 1993; Morrison et al., 1995). Die vorliegenden Ergebnisse bzgl. des Einflusses der prä-aktionalen Kompetenz-Einschätzung auf motivationale Prozessvariablen, die Leistung und das post-aktionale Kompetenz-Erleben stimmen weitgehend mit den Ergebnissen dieser Studien überein. Sie bestätigen darüber hinaus theoretische und empirische Befunde zur Rolle von prä-aktionalen Kompetenz-Einschätzungen in Lehr-Lernsituationen (vgl. Abschnitt 4.1.4, S. 111ff.; Bandura, 1986, 1997; Bong & Skaalvik, 2003; Marsh, 1993; Schunk, 1995). Für die künftige Forschung und Praxis implizieren die vorliegenden differentiellen Befunde, dass Instruktionsmaßnahmen wie informatives tutorielles Feedback nur dann ihre Wirkung entfalten können, wenn man darauf achtet, dass Vermeidungsstrategien der Lernenden zumindest teilwiese ausgeschaltet werden. Dies gilt insbesondere für Personen mit niederen prä-aktionalen Kompetenz-Einschätzungen.

Theorien zur Motivation in Lehr-Lernsituationen gehen davon aus, dass es sich selbst verstärkende Prozesse zwischen prä-aktionalen Kompetenz-Einschätzungen, motivationalen Prozessvariablen, Lernergebnissen und dem mit diesen Ergebnisse verknüpften Kompetenz-Erleben gibt (vgl. Kap. 4.1, S. 100ff.; Bandura, 1993; Deci & Ryan, 1985; Heckhausen, 1989; Weiner, 1992; Wigfield & Eccles, 2002). Bisher gibt es jedoch kaum experimentelle Studien, in denen untersucht wird, wie sich diese selbst verstärkenden Motivationsprozesse auf die Effektivität von Instruktionsmaßnahmen wie z.B. informatives Feedback auswirken. Die vorliegenden Befunde weisen darauf hin, dass gerade diese sich selbst verstärkenden Motivationsprozesse wesentlich zur Wirksamkeit von Feedback beitragen können. Aus diesem Grund sollten künftige Studien über die Wirksamkeit unterschiedlich informativer Feedback-Arten nicht nur Daten über den Lernprozess, sondern auch Daten über motivationale Prozess- und Produktvariablen untersuchen.

In den vorliegenden Studien wurden experimentelle Konzeptlern-Aufgaben als Lernmaterial verwendet. Diese Konzeptlern-Aufgaben erforderten die Identifikation wohl-definierter Konzepte anhand logisch eindeutig gestalteter Beispiele. Da natürliche Konzepte häufig nicht wohl definiert sind, könnte man diese Aufgabe daher als sehr realitätsfern beurteilen. Die für die Bewältigung solcher Konzeptlern-Aufgaben notwendigen Denkprozesse sind jedoch grundlegend für zahlreiche Lernprozesse und Denkleistungen (vgl. Abschnitt 5.1.1, S. 135ff.; Feldman, 2003; Klauer, 1987; Merrill, 2001). Darüber hinaus zeigen Studien, bei denen der Erwerb sprachlicher und experimenteller Konzepte verglichen wurde, dass diese Erwerbs-Prozesse sehr ähnlich sind (z.B. McDonald & MacWhinney, 1991). Dennoch stellt sich für künftige Studien die Frage, inwiefern die vorliegenden Erkenntnisse auf realitätsnähere Lernaufgaben übertragen werden können.

6 Lern- und Motivationseffekte von informativem tutoriellem Feedback bei Subtraktionsaufgaben

Die Ergebnisse der Konzeptlern-Studien zeigen, dass die in Kapitel 3 und 4 entwickelten theoretischen und methodischen Überlegungen einer empirischen Überprüfung bei experimentellen Lernaufgaben weitgehend standhalten. Im Mittelpunkt des Interesses der folgenden Studien steht die Frage, inwiefern sich diese theoretischen und methodischen Überlegungen auch bei der Untersuchung von ITF-Effekten in einem realitätsnahen schulischen Aufgabenbereich bewähren. Ziel dieser Studien war es daher, einen Beitrag zur Klärung der folgenden Fragen zu leisten:

1. Inwiefern eignen sich die in Kapitel 3 abgeleiteten Gestaltungsprinzipien für die Entwicklung informativer tutorieller Feedback-Komponenten für schulische Lernaufgaben?

2. Inwiefern lassen sich die Evaluationsprinzipien bei der Untersuchung von Lern- und Motivationseffekten von informativem tutoriellem Feedback in schulischen Aufgaben-Bereichen umsetzen?

3. Inwiefern lassen sich auch in einem schulischen Aufgabenbereich Lern- und Motivationseffekte von informativem tutoriellem Feedback nachweisen?

Die Bearbeitung dieser Fragestellungen erfolgte im Rahmen einer von der Autorin betreuten Doktorarbeit (Huth, 2004). Die folgenden Darstellungen fassen die wesentlichen Aspekte dieser Arbeit zusammen und zeigen dabei einerseits, wie man die in der vorliegenden Arbeit entwickelten Gestaltungs- und Evaluationsprinzipien konsequent bei schulischen Lernaufgaben umsetzt. Andererseits belegen sie, dass sich Lern- und insbesondere Motivationseffekte von informativem tutoriellem Feedback nicht nur bei experimentellen, sondern auch bei schulischen Lernaufgaben nachweisen lassen.

6.1 Gestaltung von ITF für Subtraktionsaufgaben

Da die Umsetzung der Gestaltungsprinzipien für informatives tutorielles Feedback die Kenntnis kognitiver Anforderungen und typischer Fehler voraussetzt, wählte Huth (2004) zur Bearbeitung der oben genannten Fragestellungen einen Aufgabenbereich aus, zu dem es eine lange Forschungstradition gibt – das schriftliche Subtrahieren. Zum schriftlichen Subtrahieren existieren eine Reihe von Studien, die mit Hilfe empirischer Fehler-Analysen zeigen, dass ca. 70-90% der Fehler bei Subtraktionsaufgaben als systematische Fehler klassifiziert werden können (Gerster, 1982; Kühnhold & Padberg, 1986; Radatz, 1980). Darüber hinaus gibt es zahlreiche Studien, die ausgehend von VanLehns „repair theory" untersuchen, wie Fehler beim schriftlichen Subtrahieren zustande kommen (z.B. Brown & Burton, 1978; Brown & VanLehn, 1980; VanLehn, 1990).

Die vorliegenden Erkenntnisse über die Anforderungen und Fehler beim schriftlichen Subtrahieren konnten jedoch nur teilweise für die Gestaltung von informativen tutoriellen Feedback-Komponenten genutzt werden. Dies liegt einerseits daran, dass sehr viele Studien im anglo-amerikanischen Sprachraum durchgeführt wurden und dort das Borge-Verfahren und nicht das – in Sachsen verbreitete – Ergänzungsverfahren gelehrt wird. Andererseits stehen die individuellen, insbesondere falschen Strategien bzw. Lösungsschritte häufig zu sehr im Mittelpunkt der Studien. Dies hat z.B. in den Arbeiten von Brown und Burton (1978), von Young und O'Shea (1991), von Gagne, Briggs und Wager (1992) sowie von Resnick (1982) zur Konsequenz, dass die kognitiven Anforderungen des schriftlichen Subtrahierens auf einem sehr elementaren Niveau analysiert werden. Die Autoren versuchen sämtliche deklarativen und prozeduralen Elemente, die beim schriftlichen Subtrahieren relevant sein könnten, vollständig abzubilden. In den deutschsprachigen Arbeiten führt dieser Fokus auf die Fehler und die falschen Strategien dazu, dass zwar eine Klassifikation von Fehlern und Fehlstrategien aufgestellt wird, diese jedoch bei Aufgaben mit unterschiedlich komplexen Anforderungen erfolgt (Gerster, 1982; Kühnhold & Padberg; 1986). Vor dem Hintergrund von VanLehns Erkenntnissen über das Verhalten von Schülern beim Bewältigen von Aufgabenanforderungen, die sie noch nicht beherrschen (= Sackgassen), erscheint ein solches Vorgehen jedoch fraglich. VanLehn konnte mit seinen Arbeiten zur Repair Theory zeigen, dass Schüler im Falle von Sackgassen auf unterschiedliche, möglicherweise falsche Lösungsschritte zurückgreifen, um weiterrechnen zu können (Brown & VanLehn, 1980; VanLehn, 1990).

Aufgrund der Unterschiede in den Subtraktions-Verfahren sowie aufgrund des auf Fehlkonzepten ausgerichteten Fokusses bisheriger Arbeiten hat Huth (2004) für die Gestaltung von ITF-Komponenten für schriftliche Subtraktionsaufgaben selbst kognitive Anforderungs- und Fehler-Analysen durchgeführt. Ausgangspunkt für die Anforderungs-Analysen ist der auf der Wissensstruktur-Theorie von Doignon und Falmagne (1985; Albert & Lukas, 1999) basierende Kompetenz-Performanz-Ansatz von Korossy (1996; Korossy & Held, 2001). In diesem Ansatz zur Wissensdiagnose stehen elementare kognitive Anforderungen und die zur Bewältigung dieser Anforderungen notwendigen Elementar-Kompetenzen im Mittelpunkt des Interesses.

Sowohl die kognitiven Anforderungen als auch die Elementar-Kompetenzen werden in Korossys Ansatz so definiert, dass anhand der korrekten oder auch falschen Lösungen von Mathematik-Aufgaben (= Performanz) Rückschlüsse darüber gezogen werden können, welche Anforderungen bewältigt wurden oder nicht. Wie in Kapitel 3.2 dargestellt sind diese Rückschlüsse vom beobachtbaren Lösungsverhalten auf die Elementar-Kompetenzen für die Auswahl und Entwicklung von ITF-Komponenten von grundlegender Bedeutung. Im Folgenden wird daher beschrieben, wie Huth (2004) mit Hilfe dieses Kompetenz-Performanz-Ansatz die elementaren Anforderungen schriftlicher Subtraktionsaufgaben bestimmte und diese als Ausgangspunkt für empirische Fehler-Analysen nutzte.

6.1.1 Kognitive Anforderungs-Analyse

Um elementare kognitive Anforderungen und Elementarkompetenzen für schriftliche Subtraktionsaufgaben definieren zu können, hat Huth (2004) die von Gerster (1982) sowie von Kühnhold und Padberg (1986) verwendeten Test-Aufgaben hinsichtlich der folgenden Fragen analysiert:

- Welche unterschiedlichen Anforderungen beinhalten die Aufgaben?
- Was müssen die Lernenden wissen bzw. können, um diese Anforderungen zu bewältigen?

Vor dem Hintergrund von VanLehns (1990) Erkenntnissen über das Zustandekommen von Fehlern beim schriftlichen Subtrahieren erfolgt die Klärung dieser Fragen nicht wie bei Gerster (1982) oder Kühnhold und Padberg (1986) ausgehend von den Fehlern, sondern ausgehend von den Aufgaben-Anforderungen.

Anhand der folgenden Beispielaufgabe soll dieses Vorgehen erläutert werden:

$$20019$$
$$-\ \underline{\ 4029}$$

Um diese Aufgabe korrekt lösen zu können, muss man mehrere Teilaufgaben, d.h. mehrere Anforderungen erfolgreich bewältigen. Hierzu gehören z.B.:

- das Subtrahieren von zwei gleichen Ziffern,
- das Subtrahieren, wenn die untere Ziffer, also der Subtrahend, größer als die obere Ziffer (Minuend) ist,
- das Rechnen mit einem Übertrag, wenn in der Spalte 2 gleiche Ziffern stehen,

- das Rechnen mit einem Übertrag, wenn in der Spalte die Ziffer 0 im Minuenden steht,

- das Rechnen mit einem Übertrag, wenn in der Spalte eine Leerstelle ist.

Das Bewältigen dieser Anforderungen erfordert einerseits Wissen über die Regeln für die entsprechenden Rechenprozeduren, andererseits Wissen über die für die Rechenprozeduren notwendigen Konzepte (z.B. das Konzept der „Null"). Um die aufgelisteten Anforderungen bewältigen zu können, benötigt man demzufolge mindestens die folgenden elementaren Kompetenzen:

- Wissen und Anwenden der Regeln und Konzepte für die Differenz zweier Ziffern (Regeln für Subtrahieren, Konzept der „Null")

- Wissen und Anwenden der Regeln und Konzepte für die Differenz zweier gleicher Ziffern (Regeln für Subtrahieren mit gleichen Ziffern, Konzept der „Null")

- Wissen und Anwenden der Regeln und Konzepte für das Erweitern des Minuenden, falls dieser kleiner als der Subtrahend ist (Regeln für das Subtrahieren mit Übertrag, Konzept des „Übertrags")

- Wissen und Anwenden der Regeln und Konzepte für das Subtrahieren, wenn eine 0 im Minuend steht (Regeln für Subtrahieren mit 0 im Minuend, Konzept der „Null")

- Wissen und Anwenden der Regeln und Konzepte für das Subtrahieren, wenn eine 0 im Subtrahend steht (Regeln für Subtrahieren mit 0 im Subtrahend, Konzept der „Null")

- Wissen und Anwenden der Regeln und Konzepte für das Subtrahieren, wenn eine Leerstelle vorliegt (Regeln für Subtrahieren mit Leerstelle, Konzept der „Null").

In der vorliegenden Beispiel-Aufgabe sind also mindestens fünf verschiedene Anforderungen kombiniert. Nach Huths (2004) Aufgaben-Analyse stellen diese Anforderungen die elementaren Anforderungen für schriftliche Subtraktionsaufgaben dar. Entsprechend dem Kompetenz-Performanz-Ansatz von Korossy (1996) werden diesen elementaren Anforderungen fünf Elementarkompetenzen zugeordnet (vgl. Tab. 19).

Tabelle 19: Elementare Aufgabenmerkmale, Elementarkompetenzen und Regeln für schriftliche Subtraktionsaufgaben (modifiziert nach Huth, 2004)

Elementare Anforderung	Elementarkompetenzen	Regeln	Beispiele	
Subtrahend < Minuend	Wissen und Anwenden der Regeln für das Subtrahieren, wenn Subtrahend < Minuend	Wenn die Ziffer im Subtrahend < als die des Minuend ist, kann man sie einfach von der Ziffer des Minuenden abziehen.	$\dfrac{\begin{array}{r}37\\-\,24\end{array}}{}$	$\dfrac{\begin{array}{r}375\\-\,244\end{array}}{}$
Leere Stelle	Wissen und Anwenden der Regeln für das Subtrahieren mit einer leeren Stelle.	Wenn in einer Spalte nur oben eine Ziffer steht, dann kann man diese obere Ziffer in die Ergebniszeile übernehmen, falls kein Übertrag in der Spalte steht.	$\dfrac{\begin{array}{r}37\\-\,4\end{array}}{}$	$\dfrac{\begin{array}{r}375\\-\,43\end{array}}{}$
Subtrahend > Minuend (Übertrag)	Wissen und Anwenden der Regeln für das Subtrahieren, wenn Subtrahend > Minuend (Subtrahieren mit einem Übertrag)	Wenn in einer Spalte die obere Ziffer kleiner ist als die untere, dann erweitere die obere Ziffer um 10 und übertrage eine 1 in die nächste Spalte. Diese 1 muss man dann zur unteren Ziffer dieser Spalte addieren, bevor man sie von der oberen abzieht.	$\dfrac{\begin{array}{r}357\\-\,174\end{array}}{}$	$\dfrac{\begin{array}{r}35\\-\,17\end{array}}{}$
Null im Subtrahenden	Wissen und Anwenden der Regeln für das Subtrahieren mit einer Null im Subtrahenden	Wenn in einer Spalte die untere Ziffer eine 0 ist, dann muss man von der oberen Ziffer nichts abziehen, falls kein Übertrag in der Spalte vorliegt.	$\dfrac{\begin{array}{r}357\\-\,104\end{array}}{}$	$\dfrac{\begin{array}{r}35\\-\,10\end{array}}{}$
Null im Minuenden (Ergänzen zur 10)	Wissen und Anwenden der Regeln für das Subtrahieren mit einer Null im Minuenden	Wenn in einer Spalte die obere Ziffer eine 0 ist, dann muss man sie um 10 erweitern und eine 1 in die nächste Spalte übertragen. Diese 1 muss man dann zur unteren Ziffer dieser Spalte addieren, bevor man sie von der oberen abzieht.	$\dfrac{\begin{array}{r}307\\-\,174\end{array}}{}$	$\dfrac{\begin{array}{r}30\\-\,17\end{array}}{}$
Gleiche Ziffern übereinander	Wissen und Anwenden der Regeln für das Subtrahieren mit gleichen Ziffern übereinander	Wenn in einer Spalte oben und unten die gleichen Ziffern stehen, gibt es keinen Unterschied zwischen den Ziffern, d.h. man kann in die Ergebniszeile 0 schreiben, falls kein Übertrag in der Spalte steht.	$\dfrac{\begin{array}{r}357\\-\,154\end{array}}{}$	$\dfrac{\begin{array}{r}537\\-\,514\end{array}}{}$

Betrachtet man, wie im vorliegenden Aufgaben-Beispiel, komplexe Aufgaben, bei denen mehrere Anforderungen kombiniert sind, benötigt man zur Lösung dieser Aufgaben sowohl die entsprechenden Elementar-Kompetenzen als auch zusätzliche Kompetenzen wie beispielsweise das Wissen darüber, unter welchen Bedingungen, und in welcher Reihenfolge die relevanten Regeln anzuwenden sind. Hat man z.B. eine Aufgabe mit Übertrag und Leerstelle, muss zunächst die Bedingung für Leerstellen-Regel geprüft werden, dann muss die

Übertrag-Regel, auf die Leerstellen-Situation adaptiert, angewandt werden (es gibt ja keine untere Ziffer, zu der man den Übertrag addieren kann). Für komplexe Aufgaben mit mehreren Anforderungen muss man demnach auch für die aus der Kombination von elementaren Anforderungen resultierenden Zusatz-Anforderungen Kompetenzen definieren (z.B. Wissen und Anwenden der Bedingungen für die Anwendung der einzelnen Subtraktions-Regeln; Wissen, in welcher Reihenfolge die Regeln anzuwenden sind).

6.1.2 Empirische Fehleranalyse

Die in Abschnitt 6.1.1 beschriebene Aufgaben-Analyse macht deutlich, dass gerade bei komplexen Aufgaben unterschiedliche Fehler auftreten können, je nachdem wie die Lernenden mit den verschiedenen Anforderungen umgehen. In den Studien von Gerster (1982) sowie Kühnhold und Padberg (1986) wurden aber vor allem komplexe Subtraktionsaufgaben als Test-Aufgaben verwendet. Bei den aus diesen Studien resultierenden Fehler-Klassifikationen werden daher Aufgaben-Anforderungen und die mit diesen Anforderungen verknüpften Fehlstrategien vermischt. Eine eindeutige Fehlerdiagnose ist auf der Basis dieser Studien daher nicht möglich. Aus diesem Grund hat Huth (2004) selbst einen diagnostischen Test zusammengestellt, in dem je drei Aufgaben mit je einer der elementaren Aufgaben-Anforderungen enthalten sind. Da die Studie von Kühnhold und Padberg (1986) zeigt, dass es sehr viele Fehler bei Aufgaben mit einer Kombination der Anforderungen „Übertrag" und „Leerstelle" gibt, enthält dieser Test auch drei Aufgaben mit „Übertrag in eine Leerstelle". Dieser Test mit insgesamt 18 Aufgaben wurde von 76 Viertklässlern aus zwei Dresdner Grundschulen im Rahmen einer regulären Unterrichtsstunde (45 Minuten) bearbeitet. Die insgesamt 1362 Aufgabenlösungen wurden hinsichtlich der folgenden Fragen ausgewertet:

- Bei welchen Aufgaben treten gehäuft Fehler auf?
- Welche Fehler treten gehäuft auf?
- Mit welchen Fehlstrategien lassen sich die gehäuft auftretenden Fehler erklären?
- Wie hoch ist der Anteil systematischer Fehler?

Bei den 1362 Aufgabenlösungen identifizierte Huth (2004) insgesamt 178 Fehler, wobei in seltenen Fällen zwei Fehler pro Aufgabe auftraten. Von den 178 Fehlern konnten 146 Fehler (82%) auf systematische Fehlstrategien bei der Bewältigung der Aufgaben-Anforderungen zurückgeführt werden (vgl. Tab. 20).

Tabelle 20: Aufgabenmerkmale und systematische Fehler mit Fehlstrategien
(modifiziert nach Huth, 2004; Narciss & Huth, 2004)

Aufgaben-Anforderung	Beispiel	Typischer Fehler und Fehlstrategie	Häufigkeit Anzahl	%
Leere Stelle	759 − 48	= 11 → ignorieren der Ziffer über der Leerstelle	9	3.9
0 im Subtrahend	759 − 420	= 330 → 0 wird übernommen	2	4.4
		= 331 → obere Ziffer von 0 subtrahieren, ohne Übertrag	4	
		= 321 → obere Ziffer von 0 subtrahieren, mit Übertrag	4	
0 im Minuend (Ergänzen zur 10)	709 − 487	= 302 → 0 wird übernommen	8	21.1
		= 322 → Übertrag vergessen	24	
		= 422 → Übertrag von der unteren Ziffer subtrahieren/ zur oberen Ziffer addieren	1	
		= 382 → addieren statt subtrahieren/obere Ziffer von unterer Ziffer subtrahieren	14	
		= 282 → addieren statt subtrahieren/obere Ziffer von unterer Ziffer subtrahieren und Übertrag	1	
Spalte mit gleichen Ziffern	759 − 429	= 320 → Übertrag	7	6.6
		= 328 → addieren der gleichen Ziffern	3	
		= 734 → Ziffer übernehmen	2	
		= 034 → Null in erste Spalte schreiben	3	
Subtrahend größer als Minuend (Übertrag)	749 − 487	= 342 → obere Ziffer von der unteren subtrahieren	13	12.3
		= 362 → Übertrag vergessen	12	
		= 242 → obere Ziffer subtrahieren mit Übertrag	2	
		= 222 → addieren statt subtrahieren mit Übertrag	1	
Übertrag in Leere Stelle	749 − 87	= 862 → Übertrag zu der oberen Ziffer addieren	16	15.8
		= 762 → Übertrag vergessen	9	
		= 742 → obere Ziffer von der unteren subtrahieren	8	
		= 562 → Übertrag zweimal subtrahieren	2	
		= 62 → Ziffer über Leerstelle ignoriert	1	
		Summe:	146	82%

14 Fehler konnten keiner spezifischen Fehlstrategie zugewiesen werden, 6
Aufgaben wurden nicht bearbeitet, bei 5 Aufgaben wurden alle Ziffern addiert
statt subtrahiert und bei 7 Aufgaben wurde mit Übertrag gerechnet, obwohl
kein Übertrag notwendig war. Der Anteil systematischer Fehler (82%) liegt in
der Größenordnung der Anteile systematischer Fehler, wie sie in vorangegangenen Studien berichtet werden: Gerster (1982) konnte mit seiner Fehlerklas-
sifikation einen Anteil von 80% systematischer Fehler nachweisen, Radatz
(1980) berichtet, dass der Anteil systematischer Fehler in seinen Fehler-Analysen zwischen 70 und 90% lag.

6.1.3 Selektion von Funktion und Inhalt der ITF-Komponenten

Die kognitive Anforderungs-Analyse macht deutlich, dass das Lösen schriftlicher Subtraktionsaufgaben vor allem Wissen darüber verlangt, wann und wie welche Subtraktionsregel angewandt werden muss. Für die ITF-Komponenten wurden daher die folgenden kognitiven Funktionen ausgewählt (vgl. Huth, 2004):

1. Die ITF-Komponenten sollten die Lernenden darüber informieren, ob die Lösung korrekt oder inkorrekt ist (knowledge of result, KR).

2. Die ITF-Komponenten sollten im Falle von Fehlern über den Ort, die Art und die Ursache des Fehlers informieren (knowledge about mistakes, KM).

3. Die ITF-Komponenten sollten im Falle von systematischen Fehlern fehlerspezifische strategische Informationen zur Korrektur dieses Fehlers liefern (knowledge on how to proceed, KH).

4. Die ITF-Komponenten sollten im Falle von Fehlern konditionales Wissen zur Anwendung der Regeln bereitstellen.

5. Die ITF-Komponenten sollten im Falle von Fehlern Informationen zu meta-kognitiven Strategien anbieten (z.B. Umkehroperation zur Kontrolle vornehmen; knowledge on meta-cognition, KMC).

6. Die ITF-Komponenten sollten im Falle von unsystematischen Fehlern aufgabenspezifische strategische Informationen liefern.

7. Die ITF-Komponenten sollten im Falle von korrigierten Fehlern die korrekte Lösung bestätigen und zur Festigung der korrekten Lösungsstrategie beitragen (knowledge of the correct response, KCR).

Im Hinblick auf diese Funktionen wurden neben einer einfachen ergebnisorientierten Feedback-Komponente, die über die Richtigkeit der Lösung informierte (*KR-Komponente*), die folgenden informativen tutoriellen Feedback-Komponenten entwickelt:

KM-Komponente: Die in den vorliegenden Studien verwendeten schriftlichen Subtraktionsaufgaben mit je einer elementaren Anforderung erlauben es, nicht nur zu diagnostizieren, ob eine Aufgabe korrekt oder falsch gelöst wurde, sondern auch systematische Fehler eindeutig zu identifizieren. Für systematische Fehler wurde daher wie in den Konzeptlern-Studien eine knowledge-about-mistakes Komponente (KM-Komponente) ausgewählt, die nicht nur den Fehlerort angibt (z.B. durch Markierung der Fehlerstelle), sondern auch Erklärungen anbietet, warum der entsprechende Rechenschritt falsch ist. Bei unsystematischen Fehlern bestand die KM-Komponente aus der Angabe des Fehler-Ortes.

Hinweisende KH-Komponente: Für die Korrektur von systematischen Fehlern wurden darüber hinaus fehlerspezifische Korrekturhinweise, also Know-How-Hinweise (KH-Hinweis-Komponente) entwickelt. Diese Know-How-Hinweise liefern zum einen Informationen dazu, welche Regel(n) bei der gegebenen Aufgabe angewandt werden sollen. Zum anderen weisen sie darauf hin, wie und warum die Regel anzuwenden ist. Bei einer Aufgabe mit Übertrag besteht eine solche KH-Hinweis-Komponente z.B. aus dem Hinweis, die Übertrags-Ziffer in die nächste Spalte zu notieren (vgl. Tab. 22, S. 197, rechts unten). Für unsystematische Fehler bestand diese KH-Hinweis-Komponente aus dem Hinweis auf ein ausgearbeitetes Lösungsbeispiel (vgl. Tab. 24, S. 199).

Instruierende KH-Komponente: Im Hinblick auf systematische Fehler, die auch mit Hilfe der KH-Hinweis-Komponenten nicht korrigiert werden konnten, wurde eine instruierende Know-How Komponente entwickelt, bei der die Lösungsschritte der Aufgabe sowohl erklärt, als auch an der Aufgabe demonstriert wurden (vgl. Tab. 23, S. 198).

Hinweisende KR-KH-Komponente: Zur Festigung korrigierter Lösungsschritte wurden Feedback-Komponenten entwickelt, die einerseits das korrekte Ergebnis bestätigen, andererseits auf die für die korrekte Lösung notwendigen Rechenschritte hinweisen (vgl. Tab. 22, S. 197).

6.1.4   Selektion von Form und Modus der Feedback-Präsentation

Wie in den Konzeptlern-Studien sollten die ITF-Komponenten entsprechend der in Kapitel 3.2 dargestellten Prinzipien präsentiert werden. Die Lernenden sollten also die ITF-Komponenten so angeboten bekommen, dass sie bei Fehlern die Möglichkeit erhielten, die Fehler zu korrigieren und die gegebene Aufgabe doch noch erfolgreich zu bearbeiten. Die im vorangegangenen Abschnitt abgeleiteten ITF-Komponenten wurden daher in einen dreistufigen Multiple-Try-Feedback-Algorithmus implementiert. Dieser dreistufige ITF-Algorithmus ermöglichte es den Lernenden, die Aufgabe maximal drei Mal zu bearbeiten. Er besteht aus folgenden Prozess-Schritten (vgl. Abb. 24):

1.   Präsentation einer Aufgabe mit einer der spezifischen elementaren Anforderungen.

2.   Nach dem ersten falschen Lösungsversuch werden die KR-Komponente und die Aufforderung, es nochmals zu versuchen, präsentiert.

3. Nach dem zweiten falschen Lösungsversuch werden die KM-Komponente und die hinweisende KH-Komponente präsentiert. Hierbei wird
   der Fehlerort markiert, die Fehlerart bei systematischen Fehlern erklärt
   und es erfolgt ein Hinweis auf die korrekte Lösungsstrategie. Bei einem
   unsystematischen Fehler erfolgt ein Hinweis auf ein ausgearbeitetes
   Lösungsbeispiel zu dieser Aufgabenart.

4. Nach einem dritten falschen Lösungsversuch werden die KM-Komponente und die instruierende KH-Komponente präsentiert. Hierbei wird
   der Fehlerort farblich markiert und die Aufgabe wird Schritt für Schritt
   vorgerechnet. Die Erklärung der Rechenschritte erfolgt hierbei akus-
   tisch und wird an der konkreten Aufgabe durch farbliche Unterlegung
   der entsprechenden Aufgabenstellen demonstriert. Das korrekte Ergebnis, also knowledge of the correct result (KCR), erscheint hierbei suk-
   zessiv, und zwar unterhalb der falschen Lösung.

Der ITF-Algorithmus stellt auf relativ einfache Weise eine Passung zwischen
Fähigkeitsniveau und Feedback-Inhalten her. Er präsentiert die nächste Stufe,
d.h. weitere ITF-Komponenten nur dann, wenn die Aufgabe erneut falsch gelöst wurde. Gelingt es den Lernenden also bereits mit der ersten Stufe des Algorithmus, d.h. mit der KR-Komponente den Fehler zu beheben, gibt es bestätigendes KR-Feedback sowie eine Wiederholung der korrekten Lösungsstrategie (vgl. Tab. 22, S. 197) und es geht zu einer neuen Aufgabe mit derselben Aufgaben-Anforderung weiter. Reicht die erste Stufe des ITF-Algorithmus nicht, um die Aufgabe korrekt zu bearbeiten, wird die zweite Stufe des
ITF-Algorithmus präsentiert. Falls es dem Lernenden gelingt, die Aufgabe mit
Hilfe der ITF-Komponenten der zweiten Stufe beim nächsten Versuch korrekt
zu bearbeiten, erhält er bestätigendes KR-Feedback zusammen mit einer Wiederholung der korrekten Lösungsstrategie und es geht zu einer neuen Aufgabe
mit derselben Aufgaben-Anforderung weiter (vgl. korrekt nach 1. Stufe). Wird
die Aufgabe auch bei einem dritten Versuch falsch bearbeitet, gibt es die 3.
Stufe des ITF-Algorithmus. Entsprechend der in Kapitel 3 erläuterten Überlegungen zur Herstellung einer relativ überdauernden Übereinstimmung zwischen externer und individueller Repräsentation der Aufgaben-Anforderungen
wird eine neue Aufgabe mit einer neuen Aufgaben-Anforderung erst dann
präsentiert, wenn die gegebene Aufgaben-Art zweimal nacheinander (dreimal
in Studie 2) beim ersten Versuch korrekt gelöst wurde.

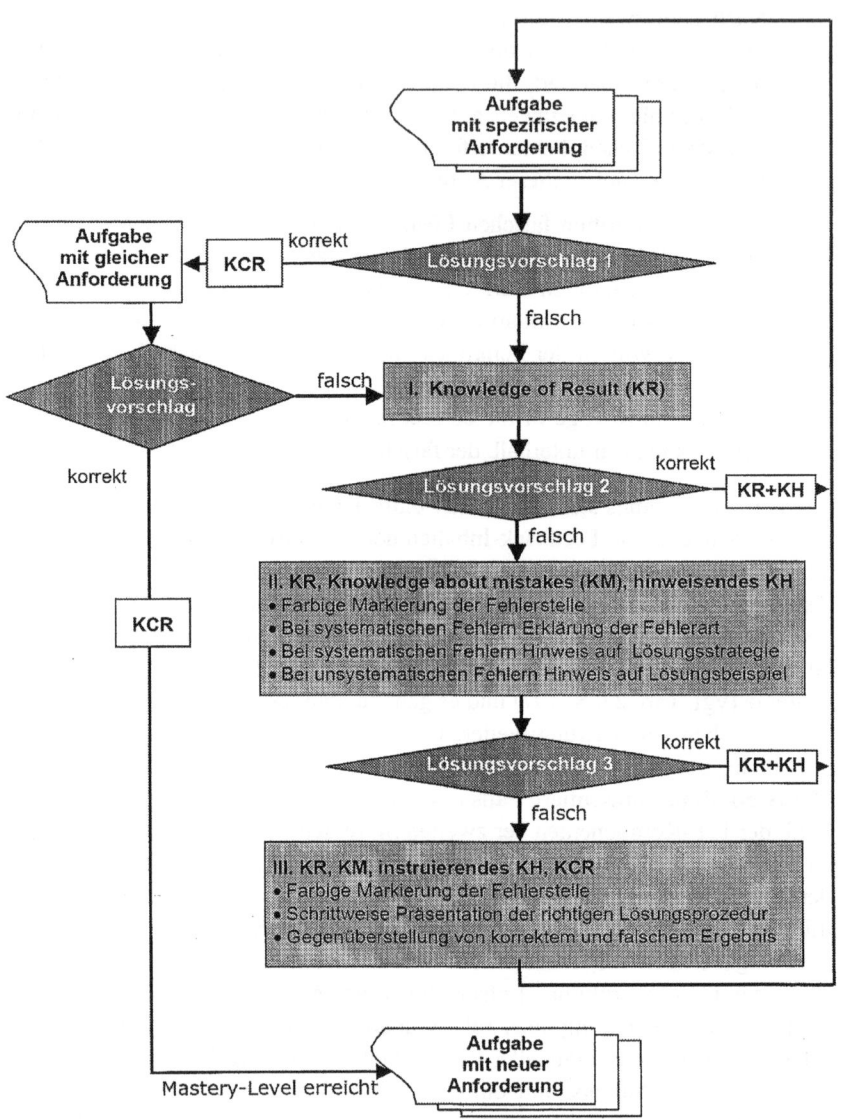

Abbildung 24: Dreistufiger ITF-Algorithmus für schriftliche Subtraktionsaufgaben (modifiziert nach Huth, 2004)

In zahlreichen computer-unterstützten Lern- und Trainingsprogrammen ist ein maximal zweistufiger Feedback-Algorithmus implementiert, der nach einem ersten falschen Versuch eine KR-Komponente zusammen mit der Aufforderung es nochmals zu versuchen, und nach einem zweiten falschen Versuch die korrekte Lösung, also eine KCR-Komponente präsentiert (vgl. Abb. 25). Dieser zweistufige KR-KCR-Feedback-Algorithmus diente in den folgenden Studien als Vergleichs-Bedingung.

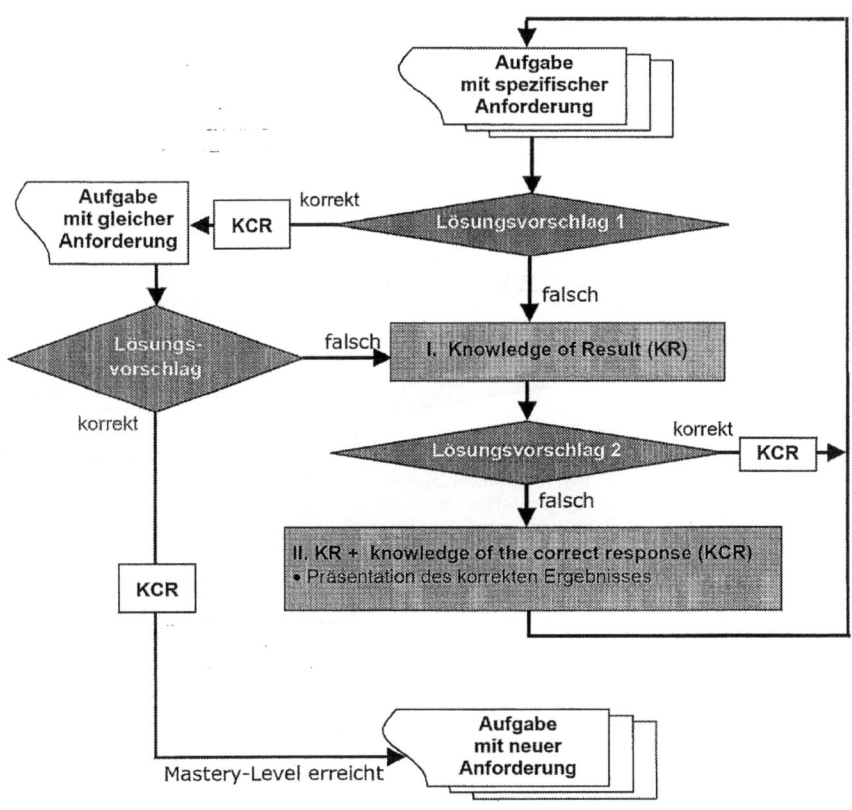

Abbildung 25: Zweistufiger KR-KCR-Algorithmus für schriftliche Subtraktionsaufgaben (modifiziert nach Huth, 2004)

Darüber hinaus wurden im Rahmen der zweiten Studie die Lern- und Motivationseffekte des dreistufigen ITF-Algorithmus auch verglichen mit den Effekten von zwei weiteren zweistufigen Feedback-Algorithmen, einem KR-
ITF$_2$+KCR-Feedback-Algorithmus (vgl. Abb. 26) und einem KR-ITF$_3$+KCR-
Feedback-Algorithmus (vgl. Abb. 27):

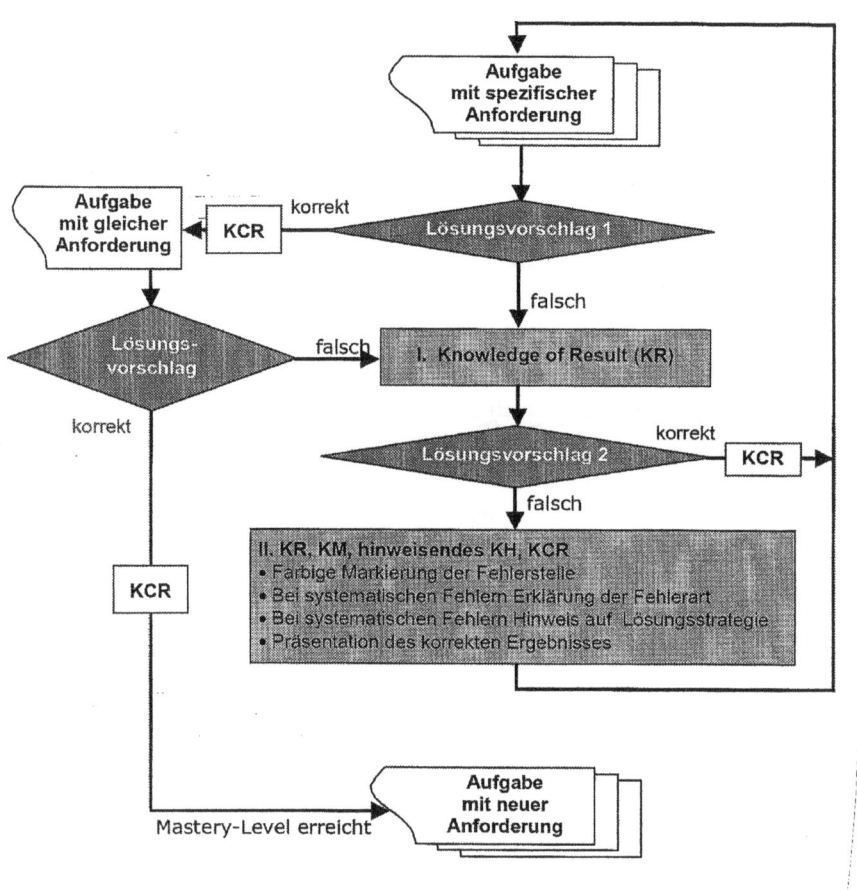

Abbildung 26: Zweistufiger KR-ITF$_2$+KCR-Algorithmus für schriftliche
Subtraktionsaufgaben (modifiziert nach Huth, 2004)

Beim KR-ITF$_2$+KCR-Algorithmus und beim KR-ITF$_3$+KCR-Algorithmus erhielten die Lernenden wie im ITF- und im KR-KCR-Algorithmus nach einem
ersten falschen Versuch KR und die Aufforderung, es nochmals zu versuchen.
Der KR-ITF$_2$+KCR-Algorithmus präsentierte nach einem zweiten falschen
Lösungsversuch einerseits die zweite Stufe des dreistufigen ITF-Algorithmus
(=ITF$_2$), also Angaben über Ort, Art und Ursache von Fehlern sowie allgemeine Korrekturhinweise (hinweisendes KH), andererseits die korrekte Lösung (KCR) (vgl. Abb. 25).

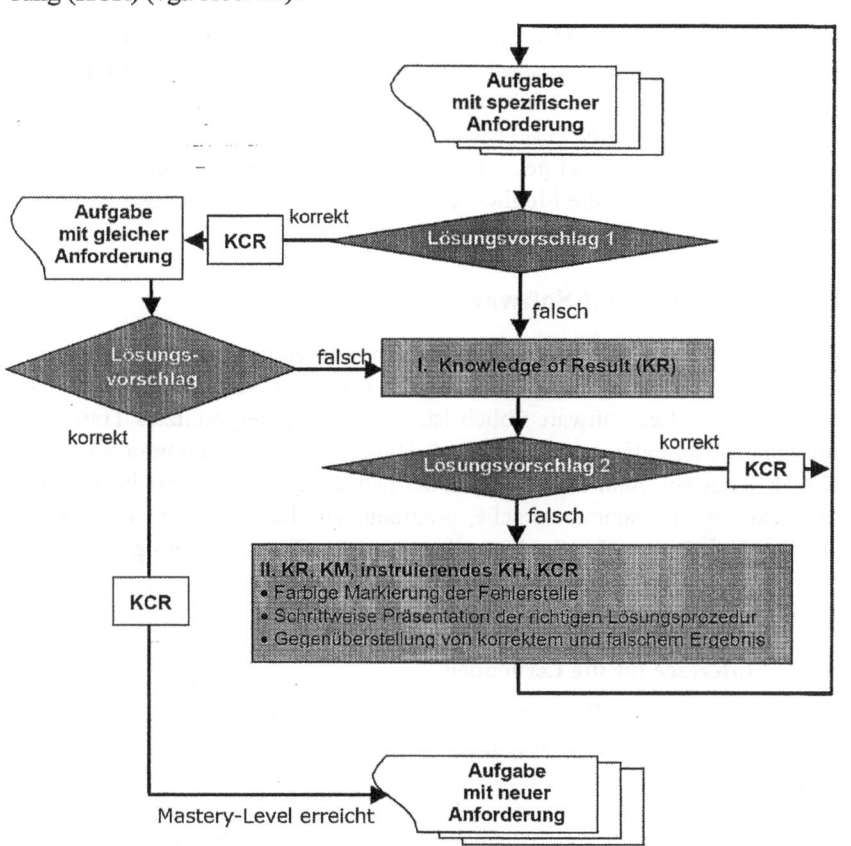

Abbildung 27: Zweistufiger KR-ITF$_3$+KCR-Algorithmus für schriftliche
Subtraktionsaufgaben (modifiziert nach Huth, 2004)

Der KR-ITF$_3$+KCR-Algorithmus präsentierte nach einem zweiten falschen Lösungsversuch sowohl die dritte Stufe des dreistufigen Feedback-Algorithmus (=ITF$_3$), also fehlerspezifische Korrekturhinweise in Form einer konkreten Modellierung der einzelnen Rechenschritte (instruierendes KH), als auch die korrekte Lösung (KCR) (s. Abb. 27). Sowohl nach dem KR-ITF$_2$+KCR-Algorithmus als auch nach dem KR-ITF$_3$+KCR-Algorithmus wurden die Schüler aufgefordert, eine weitere Aufgabe mit derselben Anforderung zu bearbeiten.

Bei allen Feedback-Algorithmen wurden die in Kapitel 3.2 dargestellten Prinzipien der Feedback-Präsentation umgesetzt (vgl. S. 85ff.). Eine neue Aufgabe, d.h. eine Aufgabe mit einer anderen Fehlerquelle, wurde erst aufgerufen, wenn das Mastery Level (zwei/drei Aufgaben beim ersten Lösungsversuch nacheinander korrekt gelöst) erreicht wurde. Die Lernenden hatten also bei allen Algorithmen die Möglichkeit, die Feedback-Informationen unmittelbar bei der Lösung weiterer Aufgaben anzuwenden.

6.2   Experimental-Software

Zur Durchführung von Evaluations-Studien wurden der entwickelte dreistufige ITF-Algorithmus sowie ein KR-KCR-Feedback-Algorithmus, wir er in kommerzieller Lernsoftware üblich ist, in ein computergestütztes Trainingsprogramm (Subtratino) implementiert. Dieses Trainingsprogramm wurde in Tcl/Tk, einer von John Ousterhout an der University of California in Berkeley entwickelten Programmiersprache, programmiert. Im Folgenden werden die für das Verständnis der Studien relevanten Aspekte dieses Programms beschrieben. Eine ausführliche Programm-Beschreibung und Dokumentation befindet sich in der Arbeit von Huth (2004).

6.2.1   Interface für die Lernenden

Das Interface und der Programm-Ablauf sind bis auf die experimentelle Feedback-Variation in beiden Programm-Versionen identisch. Bei der Gestaltung des Interfaces für die Lernenden wurde großen Wert darauf gelegt, dass ergonomische und lernpsychologische Prinzipien berücksichtigt werden. Aus diesem Grund wurde z.B. das Arbeitsfenster wie dies in Rechenheften üblich ist, kariert gestaltet, die Ziffern werden sorgfältig in Spalten untereinander geschrieben und es wurden bekannte Werkzeuge (z.B. Radiergummi) angeboten. Die Versuchspersonen loggen sich mit Hilfe ihres Vornamens und Geburtsdatums ein. Damit wird für jede Person eine eigene Protokoll-Datei angelegt. Nach dem Einloggen öffnet sich ein Aufgaben-Auswahl-Fenster, das die über die elementaren Anforderungen definierten 6 Aufgaben-Klassen anbietet. Nach der Auswahl einer Aufgaben-Klasse öffnet sich das Arbeitsfenster mit dem Rechenblatt (vgl. Abbildungen Tab. 21, 22, S. 196f.). Die auf diesem interaktiven Rechenblatt präsentierten Aufgaben werden nach folgenden Regeln zufällig generiert:

- ein Drittel der Aufgaben sind zweistellig, zwei Drittel der Aufgaben dreistellig,

- jede Aufgabe enthält nur das für diesen Aufgabentyp typische Aufgabenmerkmal, z.B. einen Übertrag,

- das Aufgabenmerkmal variiert systematisch in seiner Lokation, z.B. Übertrag von der Einer- in die Zehnerspalte oder Übertrag von der Zehner- in die Hunderterspalte.

Die Schüler können ihre Antwort per Tastatur oder per Mausklick über die am linken Bildschirm-Rand implementierten Ziffern-Buttons eingeben. Bei fehlerhafter Eingabe ist eine Korrektur über die „Backspace" Taste bzw. über den „Radiergummi" Button möglich. Ist die Aufgabe vollständig bearbeitet, kann man den Daumen am rechten unteren Rand des Rechenblattes anklicken, um das Feedback anzufordern. Dieses Feedback variiert je nach Lösung und je nach Programm-Version. Um bei den relativ umfangreichen tutoriellen Feedback-Meldungen den Leseaufwand für die Lernenden zu minimieren, wird der Feedback-Text in allen Programm-Versionen von der Programm-Figur „Subtratino" mündlich präsentiert.[3] Zusätzlich werden die wichtigsten Informationen im grünen Fenster am oberen Bildschirmrand zusammengefasst. Hierbei wurde entsprechend der Redundanz- und Komplementaritäts-Prinzipien für die audio-visuelle Präsentation von Informationen darauf geachtet, dass der gesprochene und der geschriebene Text sich nicht decken, sondern der geschriebene Text, nur die wesentlichen Stichworte des gesprochenen Textes aufgreift (vgl. Clark & Mayer, 2003).

Nach dem ersten Lösungsversuch wird in beiden Programm-Versionen, je nachdem ob die Lösung richtig oder falsch ist, im Fenster am oberen Bildschirmrand ein bestätigendes knowledge of result-Feedback (richtig, dein Ergebnis stimmt; KR) oder ein knowledge of result-Feedback (hoppla, deine Lösung ist nicht richtig; KR) präsentiert. Bei falschen Lösungen fordert außerdem die Programm-Figur „Subtratino" auf, es nochmals zu versuchen (vgl. Tab. 21, S. 196).

---

3 Der Text der in den Abbildungen der Tabellen 21-24 gezeigten Sprechblasen ist also für die Lernenden nicht zu sehen, sondern nur zu hören.

Tabelle 21: Feedback-Fenster nach dem 1. Lösungsversuch – Subtratino

Programmfenster	Beschreibung
 KR-Feedback-Fenster bei korrekter Antwort	**I. Lösungsversuch korrekt** • Im Fenster am oberen Bildschirmrand erscheint eine Bestätigung, dass die Lösung stimmt. • „Subtratino" hebt den Daumen und lobt das Ergebnis. • Das Ergebnis wird doppelt unterstrichen. • Der Feedback-Daumen wird inaktiv. • Eine neue Aufgabe mit dem gleichen Aufgabenmerkmal kann über den roten Pfeil aufgerufen werden.
 KR-Feedback-Fenster bei falscher Antwort	**II. Lösungsversuch falsch** • Im Fenster am oberen Bildschirmrand erscheint eine KR-Meldung, dass die Lösung falsch ist. • „Subtratino" schüttelt den Kopf, weist auf das falsche Ergebnis hin und fordert dazu auf, die Aufgabe nochmals zu bearbeiten. • Das falsche Ergebnis wird gelöscht. • Der Feedback-Daumen wird inaktiv. • Die Aufgabe kann erneut bearbeitet werden.

Nach dem zweiten Lösungsversuch erscheint in der KR-KCR-Programm-Version bei korrekten Lösungen ein Fenster mit einer bestätigenden KCR-Meldung. In allen anderen Programm-Versionen erscheint in diesem Fall eine knowledge of result-Meldung mit einer hinweisenden Know-How Komponente (z.B.: richtig, jetzt stimmt's, denk daran, wenn du …; KR+KH; vgl. Tab. 22).

Tabelle 22: Feedback-Fenster nach dem 2. Versuch (korrekt) – Subtratino

Programmfenster	Beschreibung
KR-Feedback-Fenster bei korrekter Antwort – 2./3. Versuch	**KR-KCR-Algorithmus** • Im Fenster am oberen Bildschirmrand erscheint eine Bestätigung, dass die Lösung stimmt. • „Subtratino" hebt den Daumen und lobt das Ergebnis. • Das Ergebnis wird doppelt unterstrichen. • Der Feedback-Daumen wird inaktiv. • Eine neue Aufgabe mit dem gleichen Aufgabenmerkmal kann über den roten Pfeil aufgerufen werden.
KR+KH-Feedback-Fenster bei korrekter Antwort 2./3. Versuch	**ITF-Algorithmus** • Im Fenster am oberen Bildschirm-Rand erscheint eine Bestätigung, dass die Lösung stimmt. • „Subtratino" hebt den Daumen, lobt das Ergebnis und wiederholt bei einem systematischen Fehler die korrekte Lösungsstrategie. • Das Ergebnis wird doppelt unterstrichen. • Der Feedback-Daumen wird inaktiv. • Eine neue Aufgabe mit der gleichen Anforderung kann aufgerufen werden.

Bei falschen Lösungen im zweiten Lösungsversuch wird in der KR-KCR-Programm-Version eine KR+KCR-Komponente präsentiert (oh, dein Ergebnis ist leider nicht richtig, Das richtige Ergebnis lautet ...; vgl. Tab. 23, oben). In der ITF- und der KR-ITF$_2$+KCR-Version werden nach einer zweiten falschen Lösung Angaben zu Fehlerort, Fehlerart und ein allgemeiner Know-How-Hinweis zur Fehlerkorrektur angeboten (vgl. Tab. 23; unten). In der KR-ITF$_2$+KCR-Version wird außerdem bereits nach dem zweiten falschen Lösungsversuch auch das korrekte Ergebnis genannt und unterhalb der falschen Schülerlösung gezeigt.

Tabelle 23: Feedback-Fenster nach dem 2. Versuch (falsch) – Subtratino

Programmfenster	Beschreibung
Oh, Dein Ergebnis ist leider nicht richtig. Das richtige Ergebnis lautet 124. KR+KCR-Feedback bei falscher Lösung nach 2. Versuch	**KR-KCR-Algorithmus** • Im grünen Fenster am oberen Bildschirm-Rand erscheint eine KCR-Meldung, • „Subtratino" schüttelt den Kopf, weist auf das falsche Ergebnis hin und nennt das korrekte Ergebnis. • Der Feedback-Daumen wird inaktiv. • Eine neue Aufgabe mit der gleichen Anforderung kann aufgerufen werden.
Oh, Dein Ergebnis ist leider nicht richtig. Schau dir mal die Spalte mit der roten Ziffer an. Du scheinst den Übertrag beim weiteren Rechnen vergessen zu haben. Solange du die schriftliche Subtraktion mit Übertrag noch nicht wie im Schlaf beherrschst, ist es besser, du schreibst die 1 immer noch in die nächste Spalte. Addiere dann die 1 zur 1 und ergänze zur 4. Versuch's noch einmal. KR-KM+KH-Feedback bei falscher Lösung nach 2. Versuch	**ITF-Algorithmus** • Im Fenster am oberen Bildschirm-Rand erscheint ein KH-Hinweis. • „Subtratino" schüttelt den Kopf, weist auf das falsche Ergebnis hin, nennt den Ort sowie die Ursache des Fehlers und gibt strategische Tipps zur Lösung. • Die Fehlerstelle wird rot eingefärbt. • Der Feedback-Daumen wird inaktiv. • Eine neue Aufgabe mit der gleichen Anforderung kann aufgerufen werden.

Einen dritten Lösungsversuch bei derselben Aufgabe gibt es nur in der ITF-Programm-Version. Nach diesem dritten Lösungsversuch wird bei korrekten Lösungen die bestätigende KR+KH-Meldung präsentiert. Bei falschen Lösungen erscheint die 3. Stufe des ITF-Algorithmus mit einer instruierenden KH-Komponente (s. Tab. 24). „Subtratino" erklärt Schritt für Schritt, wie man die Aufgabe rechnet. Parallel dazu wird an der Aufgabe auf dem Rechenblatt je-

der Rechenschritt farblich unterlegt. Die Ergebnisse der einzelnen Rechenschritte erscheinen unterhalb der falschen Schülerlösung, so dass der Fehler
sichtbar ist. Diese 3. Stufe des ITF-Algorithmus wird beim KR-ITF$_3$+KCR-
Algorithmus bereits nach dem zweiten falschen Lösungsversuch präsentiert.

Tabelle 24: Instruierendes Know-how-Feedback-Fenster – Subtratino

falsch im 3./2. Versuch

- Im Fenster am oberen Bildschirmrand erscheint das richtige Ergebnis
- „Subtratino" schüttelt den Kopf, weist auf das falsche Ergebnis hin, und rechnet vor.
- Die Fehlerstelle wird rot eingefärbt.
- Parallel zum Vorrechnen wird jeder Rechenschritt gelb unterlegt.
- Die Ergebnisse der Rechenschritte erscheinen Schritt für Schritt unter dem falschen Ergebnis.
- Der Feedback-Daumen wird inaktiv.
- Eine neue Aufgabe mit der gleichen Anforderung kann aufgerufen werden.

In allen Programm-Versionen gibt es darüber hinaus ausgearbeitete Lösungsbeispiele (vgl. Tab. 25). Auf diese Lösungsbeispiele kann man zugreifen, indem man auf den Rettungsring am unteren Rand des Rechenblattes klickt. In
der ITF-Programm-Version wird im Falle von unsystematischen Fehlern beim
zweiten Lösungsversuch explizit auf die Möglichkeit hingewiesen, das ausgearbeitete Lösungsbeispiel zu nutzen. Klickt man auf den Rettungsring, erscheint in der Spalte neben dem Rechenblatt das Lösungsbeispiel. Es erklärt
Schritt für Schritt, wie man mit den Anforderungen der gegebenen Aufgabe
umgeht, und zwar anhand einer Aufgabe mit derselben spezifischen Anforderung, aber anderen Ziffern.

In allen Programm-Versionen konnte das Aufgaben-Auswahl-Fenster erst
dann wieder geöffnet werden, wenn das Mastery Level erreicht wurde. Um
das Mastery Level zu erreichen, muss man nacheinander zwei/drei Aufgaben
mit derselben Anforderung beim ersten Lösungsversuch korrekt lösen.

Tabelle 25: Fenster mit ausgearbeitetem Lösungsbeispiel – Subtratino

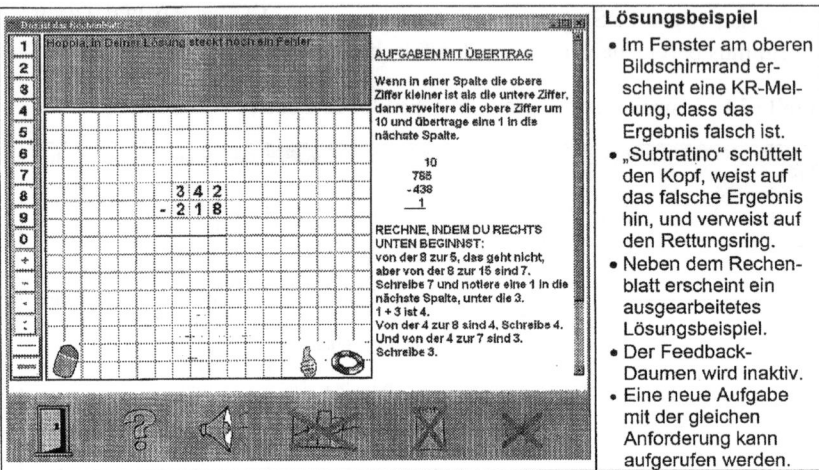

	Lösungsbeispiel
	• Im Fenster am oberen Bildschirmrand erscheint eine KR-Meldung, dass das Ergebnis falsch ist.
	• „Subtratino" schüttelt den Kopf, weist auf das falsche Ergebnis hin, und verweist auf den Rettungsring.
	• Neben dem Rechenblatt erscheint ein ausgearbeitetes Lösungsbeispiel.
	• Der Feedback-Daumen wird inaktiv.
	• Eine neue Aufgabe mit der gleichen Anforderung kann aufgerufen werden.

6.2.2 Datenprotokollierung und -auswertung

Für jeden Programm-Nutzer wird mit Hilfe des Vornamens und Geburtsdatums ein Logfile angelegt. In diesem Logfile wird jede bearbeitete Aufgabe mit ihrer korrekten Lösung, jeder Lösungsversuch, bei systematischen Fehlern die Fehlerart sowie jeder Aufruf von ausgearbeiteten Lösungsbeispielen protokolliert. Diese Protokoll-Dateien können in Excel eingelesen werden.

6.3 Experimentelle Befunde zu den Wirkungen des ITF-Algorithmus

Zur Evaluation des entwickelten ITF-Algorithmus wurden zwei experimentelle Studien mit Schülern durchgeführt. Ziel dieser Studien war es insbesondere, die Lern- und Motivationseffekte des dreistufigen ITF-Algorithmus zu vergleichen mit den Lern- und Motivationseffekten des weit verbreiteten KR-KCR-Feedback-Algorithmus. Im Rahmen der zweiten Studie wurden die Lern- und Motivationseffekte des ITF-Algorithmus darüber hinaus verglichen mit den Effekten des KR-ITF$_2$+KCR-Feedback-Algorithmus und des KR-ITF$_3$+KCR-Feedback-Algorithmus (vgl. 6.1.4, S. 188ff.).

Im Folgenden werden zunächst die für das Verständnis der Ergebnisse dieser Studien notwendigen methodischen Aspekte für beide Studien zusammengefasst berichtet (eine detaillierte Darstellung und Begründung findet sich bei Huth, 2004). Anschließend werden analog zur Ergebnis-Darstellung der Konzeptlern-Studien die Ergebnisse dieser beiden Studien dargestellt.

6.3.1 Methodische Aspekte

Die experimentellen Evaluations-Studien zu den Wirkungen des entwickelten ITF-Algorithmus wurden mit den in Kapitel 6.2.1 dargestellten Versionen des computer-unterstützten Trainingsprogrammes Subtratino durchgeführt. Die Planung und Durchführung der Studien erfolgte auf der Grundlage des in Kapitel 3 dargestellten heuristischen Modells zur Analyse und Untersuchung von Feedback-Effekten.

6.3.1.1 Versuchspersonen

Komplexe informative tutorielle Feedback-Arten können nur dann ihre Wirksamkeit entfalten, wenn die Lernenden ihre Leistung noch verbessern können. Für beide Studien wurden daher mit Hilfe von Vortests Schülerinnen und Schüler ausgewählt, die das schriftliche Subtrahieren zwar schon im Unterricht geübt hatten, aber noch viele Fehler bei der Bearbeitung von Subtraktionsaufgaben machten. In Studie 1 nahmen 38 Viertklässler teil (16 Mädchen, 22 Jungen; 9-10-jährig). Diese Schüler hatten in einem Vortest mit 32 Subtraktionsaufgaben, die je zwei der elementaren Anforderungen enthielten, mehr als 50% der Aufgaben falsch gelöst. Für Studie 2 wurden 82 Viertklässler aus 10 Dresdner Grundschulen (36 Mädchen, 46 Jungen; 9-10 Jahre alt) und 31 Sechstklässler aus Förderschulen (10 Mädchen, 21 Jungen; 11-13 Jahre alt) ausgewählt. Die Auswahl dieser Schüler erfolgte mit Hilfe eines Vortests, der aus je 4 Subtraktionsaufgaben mit den in Abschnitt 6.1.1 definierten elementaren Anforderungen und 4 Aufgaben mit der Anforderungskombination Übertrag in Leerstelle bestand. Die insgesamt 113 Versuchsteilnehmer hatten bei der Bearbeitung dieses Tests mindestens ein Drittel der Aufgaben falsch gelöst.

6.3.1.2 Versuchsdesign

In beiden Studien wurde entsprechend der in Kapitel 3 abgeleiteten Evaluationsprinzipien ein multivariates Versuchsdesign umgesetzt. Als unabhängiger Faktor dienten die im Abschnitt 6.1.4 dargestellten Feedback-Bedingungen. In der ersten Studie wurden die Wirkungen des dreistufigen ITF-Algorithmus im Vergleich zu dem weit verbreiteten zweistufigen KR-KCR-Algorithmus untersucht. In der zweiten Studie wurden die in Tabelle 26 dargestellten vier Feedback-Bedingungen verglichen (vgl. 6.1.4 und 6.2.1). Die Versuchspersonen wurden diesen Feedback-Bedingungen zufällig zugeordnet.

Tabelle 26: Feedback-Bedingungen – Subtraktions-Studie 2

Bezeichnung	Abkürzung	Feedback-Komponenten	
dreistufiger ITF-Algorithmus	ITF_{MTF3}	1. Stufe:	KR
		2. Stufe:	KR + KM + hinweisendes KH
		3. Stufe:	KR + KM + instruierendes KH
zweistufiger KR-KCR-Algorithmus	$KR\text{-}KCR_{MTF2}$	1. Stufe:	KR
		2. Stufe:	KR + KCR
Zweistufiger KR-ITF$_2$+KCR-Algorithmus	$KR\text{-}ITF_2\text{+}KCR_{MTF2}$	1. Stufe:	KR
		2. Stufe	KR + KM + hinweisendes KH + KCR
Zweistufiger KR-ITF$_3$+KCR-Algorithmus	$KR\text{-}ITF_3\text{+}KCR_{MTF2}$	1. Stufe:	KR
		2. Stufe	KR + KM + instruierendes KH + KCR

Als individuelle Faktoren im Sinne prä-aktionaler Kontrollvariablen wurden einerseits aufgabenspezifisches Vorwissen, andererseits Vorerfahrungen im Umgang mit Computern und computer-unterstützten Lernprogrammen erfasst (vgl. Tab. 27).

Tabelle 27: Übersicht über Versuchsbedingungen und Variablen der Evaluationsstudien – Subtraktionsaufgaben

Feedback	n^a	Prä-aktionale, individuelle Kontroll-Variablen	Peri- und post-aktionale abhängige Variablen	
			kognitiv	*motivational*
Studie 1		• Vorwissen Subtrahieren	• Treatment-Leistung	
ITF_{MTF3}	15	• PC-Erfahrung		• post-aktionales Kompetenz-Erleben
$KR\text{-}KCR_{MTF2}$	15	• Aufgabenspezifisches Selbstkonzept	• Korrektur-Leistung	
			• Posttest-Leistung	
Studie 2		• Vorwissen Subtrahieren	• Treatment-Leistung[b]	
ITF_{MTF3}	27 [25][b]	• PC-Erfahrung		• post-aktionales Kompetenz-Erleben[b]
$KR\text{-}KCR_{MTF2}$	23 [21][b]	• Aufgabenspezifische Kompetenz-Einschätzung	• Korrektur-Leistung[b]	
$KR\text{-}ITF_2\text{+}KCR_{MTF2}$	31 [23][b]		• Posttest-Leistung[b]	
$KR\text{-}ITF_3\text{+}KCR_{MTF2}$	24 [23][b]	• Intrinsische Anreize		

Anmerkungen:
[a] Der Vortest wurde 14 Tage vor dem Treatment durchgeführt. Daten von Versuchspersonen, die sich in den 14 Tagen bis zum Treatment erheblich verbessert hatten, wurden bei der Auswertung nicht berücksichtigt.
[b] In Studie 2 gab es zwei 30-minütige Treatmentphasen im Abstand von einer Woche. Alle abhängigen Variablen wurden demzufolge zweimal erhoben. 12% der Versuchspersonen fehlten zum 2. Zeitpunkt.

Darüber hinaus wurden wie in Kapitel 4 abgeleitet, aufgabenspezifische Kompetenz-Einschätzungen ($KE_{prä}$) sowie aufgabenspezifische Einschätzungen der intrinsischen Anreize berücksichtigt. Als abhängige Variablen wurden sowohl die Leistungen während des Treatments als auch die Leistungen nach dem Treatment erfasst.

Außerdem wurde vor dem Hintergrund der Multi-Funktionalität von Feedback auch das post-aktionale Kompetenz-Erleben untersucht. Da es in Studie 2 nicht wie in Studie 1 nur eine, sondern zwei Treatment-Phasen gab, in denen die Versuchspersonen jeweils 30 Minuten üben konnten, wurden diese abhängigen Variablen in der zweiten Studie zweimal erfasst. Tabelle 27 liefert eine Übersicht über die Variablen diese Designs.

6.3.1.3 Versuchsablauf

Da an beiden Studien Schülerinnen und Schüler mit einem hohen Fehlerniveau beim schriftlichen Subtrahieren teilnehmen sollten, wurden die Vortests zwei Wochen vor dem eigentlichen Treatment in den Schulen durchgeführt. Insgesamt bearbeiteten in der ersten Studie 131 Viertklässler, in der zweiten Studie 501 Viert- und Sechstklässler (Förderschüler; vgl. 6.3.1.1; S. 201) den Vortest. In der zweiten Studie wurden bei dieser Gelegenheit auch die Fragebögen zur Erfassung der Kontroll-Variablen ausgefüllt. In der ersten Studie erfolgte die Erhebung der Kontroll-Variablen am Anfang der Experimental-Sitzung.

Die auf der Grundlage schlechter Vortest-Leistungen ausgewählten Schülerinnen und Schüler nahmen zwei Wochen später in Gruppen von 6-12 Schülern an den Experimental-Sitzungen teil. Zu Beginn dieser Experimental-Sitzungen erhielten sie eine ausführliche Instruktion zur Bedienung des Subtratino-Programmes (ca. 30 Minuten). Danach arbeiteten die Schüler unter allen Feedback-Bedingungen 30 Minuten mit dem Programm. Sie begannen hierbei mit dem Aufgaben-Typ, bei dem sie im Vortest besonders viele Fehler gemacht hatten (meist Aufgaben mit Übertrag). Hatten die Versuchspersonen bei einem Aufgabentyp das Mastery-Level erreicht, d.h. in Studie 1 zwei Aufgaben, in Studie 2 drei Aufgaben nacheinander beim ersten Versuch korrekt gelöst, ging es zu einem anderen Aufgabentyp weiter. Nach der 30-minütigen Treatmentphase wurde zunächst das post-aktionale Kompetenz-Erleben, dann die Posttest-Leistung erfasst. In der zweiten Studie lief die zweite Experimental-Sitzung, bis auf die Instruktions-Phase, genauso ab wie die erste Sitzung.

6.3.1.4 Datenerhebung

In beiden Studien wurden wie in Abschnitt 6.3.1.2 skizziert im Wesentlichen dieselben Variablen erfasst. Für die zweite Studie wurden aufgrund der Erfahrungen der ersten Studie sowie aufgrund der Erfahrungen mit den Konzeptlern-Studien die Messverfahren zum Teil ergänzt oder verändert (vgl. Huth, 2004). Im Folgenden werden daher falls notwendig sowohl die Messinstrumente von Studie 1 als auch die von Studie 2 dargestellt.

Prä- und Posttest-Leistung schriftliches Subtrahieren: Die Prä- und die Posttest-Leistungen für das schriftliche Subtrahieren wurde in beiden Studien mit Testaufgaben erfasst, die die in Abschnitt 6.1.1 definierten 5 elementaren Aufgaben-Anforderungen beinhalteten. In den 32 Test-Aufgaben von Studie 1 waren je zwei dieser Anforderungen kombiniert, in den 24 Test-Aufgaben von Studie 2 waren es je 4 Aufgaben mit einer der 5 elementaren Anforderungen sowie 4 Aufgaben mit der Anforderungskombination „Übertrag & Leerstelle". Die Leistung in diesen Tests wurde über die Anzahl der korrekt bearbeiteten Aufgaben operationalisiert.

Treatment-Leistung: In beiden Studien arbeiteten die Schülerinnen und Schüler 30 Minuten mit dem Trainings-Programm. Sie konnten hierbei Aufgaben aus sechs Aufgaben-Klassen bearbeiten. Wie bei den Test-Aufgaben von Studie 2 bestanden fünf dieser Aufgaben-Klassen aus Aufgaben mit je einer elementaren Anforderung. Die sechste Aufgaben-Klasse bestand aus Aufgaben mit den beiden elementaren Anforderungen „Übertrag" und „Leerstelle". Die Schüler begannen mit Aufgaben der Aufgaben-Klasse, bei der sie im Prätest viele Fehler gemacht hatten. Bei den meisten Schülern waren das Aufgaben mit der Anforderung „Übertrag". In beiden Studien konnten erst dann Aufgaben anderer Aufgaben-Klassen bearbeitet werden, wenn mindestens zwei (Studie 1) bzw. drei (Studie 2) Aufgaben der gegebenen Aufgaben-Klasse nacheinander beim ersten Versuch korrekt gelöst wurden, d.h. das Mastery-Level bei dieser Aufgaben-Klasse erreicht wurde. Hatten die Schüler bei allen Aufgaben-Klassen das Mastery-Level erreicht, aber noch Zeit, mit dem Programm zu arbeiten, begannen sie wieder mit der Bearbeitung von Aufgaben der ersten Aufgaben-Klasse. Die Leistung in der Treatment-Phase wurde daher über die Anzahl der Aufgaben-Klassen erfasst, bei denen das Mastery-Level erreicht wurde.

Korrektur-Leistung: Zur Erfassung der korrigierenden Wirkung der unterschiedlichen Feedback-Bedingungen wurde auf der Grundlage der Prä- und Posttest-Leistungen der von Phye (1979) vorgeschlagene Korrektur-Wahrscheinlichkeits-Index berechnet (vgl. auch Phye & Bender, 1989; Peeck, van den Bosch & Kreupeling, 1985). Zur Berechnung dieses Indexes wird die Anzahl der vom Vortest zum Nachtest korrigierten Aufgaben durch die Anzahl aller falsch gelösten Vortest-Aufgaben dividiert.

Aufgabenspezifisches Selbstkonzept (ASK; Studie 1): Die Erfassung der motivationalen Kontroll-Variablen erfolgte auf vierstufigen Rating-Skalen mit Hilfe der folgenden Items:

- Das Lösen schriftlicher Subtraktionsaufgaben fällt mir normalerweise sehr schwer.
- Rechnen fällt mir normalerweise sehr schwer.
- Das Lösen schriftlicher Subtraktionsaufgaben macht mir sehr viel Spaß.
- Rechnen macht mir sehr viel Spaß.

Die Ratings der Versuchspersonen wurden für alle Items so kodiert, dass hohe Werte eine positive Ausrichtung des Selbstkonzepts anzeigen. Die interne Konsistenz für diese Items war im vorliegenden Datensatz gut (Cronbach's α = .82), so dass für statistische Analysen der Summenscore dieser Items verwendet werden konnte.

Aufgabenspezifisches Selbstkonzept (ASK; Studie 2): In der zweiten Studie wurden die motivationalen Kontroll-Variablen in Anlehnung an die in den Konzeptlern-Studien entwickelten Items zur prä-aktionalen Kompetenz-Einschätzung *(KE$_{prä}$)* und zur Einschätzung intrinsischer Anreize erfasst (vgl. Tab. 10, S. 127). Sowohl die drei Items zur subjektiven Kompetenz-Einschätzung, als auch die beiden Items zu den intrinsischen Anreizen wurden hierbei auf Subtraktionsaufgaben spezifiziert (z.B. Ich denke, ich bin für das Subtrahieren begabt). Die Beantwortung erfolgte auf einer sechsstufigen Rating-Skala von stimmt total (=1) bis stimmt überhaupt nicht (=6). Die interne Konsistenz für diese *ASK*-Items war für den vorliegenden Datensatz zufriedenstellend (Cronbach's α = .77). Sowohl die drei *KE$_{prä}$*-Items als auch die beiden Items zu den intrinsischen Anreizen wurden daher für weitere statistische Analysen mit einem Summenscore zusammengefasst.

PC-Vorerfahrung – Computernutzung: Als weitere Kontrollvariable wurde in beiden Studien erfasst, wie häufig die Schülerinnen und Schüler den Computer nutzen. Dies geschah mit Hilfe einer fünfstufigen Rating-Skala von täglich (=1), über 1-2-mal in der Woche (=2), 1-2-mal im Monat (=3), seltener (=4) bis nie (=5). Für weitere Auswertungen wurden diese Ratings umgepolt, so dass ein hoher Wert eine hohe PC-Erfahrung bedeutet.

Post-aktionales Kompetenz-Erleben: In beiden Studien wurde direkt nach der Treatment-Phase das Kompetenz-Erleben erfasst. Dies geschah in der ersten Studie mit 6 Items, die sich auf die Zufriedenheit mit der Leistung, das subjektive Anstrengungserleben, die subjektive Leistungseinschätzung, die subjektive Aufgabenschwierigkeit, die Freude an der Aufgabenbearbeitung und den subjektiven Lernfortschritt bezogen (vgl. Tab. 30). Diese Items wurden auf einer vierstufigen Ratingskala beantwortet. Die interne Konsistenz für diese Items war sehr gut (Cronbach's α = .92). Für die statistischen Auswertungen wurde daher der Summenscore dieser 6 Items verwendet.

In der zweiten Studie wurde das post-aktionale Kompetenz-Erleben mit Hilfe von 7 Items auf einer sechsstufigen Rating-Skala erfasst. Neben den Items zur Zufriedenheit, Leistungseinschätzung, Lernfortschritt und zur Freude an der Aufgabenbearbeitung wurden zwei weitere Items zu intrinsischen Anreizaspekten und eines zur Unzufriedenheit verwendet (vgl. Tab. 28). Die interne Konsistenz für die Daten des ersten und des zweiten Mess-Zeitpunktes war gut (Cronbach's α = .84), so dass auch diese Items für die statistischen Analyse zusammengefasst wurden.

Tabelle 28: Items zur Erfassung des post-aktionalen Kompetenz-Erlebens

Item	Studie 1	Studie 2
Ich bin mit meiner Leistung in dieser halben Stunde sehr zufrieden.	X	X
Ich fand das Lösen der Aufgaben sehr anstrengend.	X	
Ich fand meine Leistung in dieser halben Stunde sehr gut.	X	X
Ich fand das Beantworten der Aufgaben sehr leicht.	X	
Mir hat das Lösen der Aufgaben sehr viel Spaß gemacht.	X	X
Ich denke, ich habe in dieser halben Stunde sehr viel dazu gelernt.	X	X
Ich bin in dieser halben Stunde überhaupt nicht so vorwärts gekommen wie ich wollte.		X
Ich fand das Lösen der Subtraktionsaufgaben sehr interessant.		X
Beim Lernen am Computer verging die Zeit wie im Fluge.		X
Cronbach's α	.92	.84

6.3.2   Ergebnisse Subtraktionsaufgaben-Studie 1

In Studie 1 wurden der ITF$_{MTF3}$-Algorithmus und der weit verbreitete KR-KCR$_{MTF2}$-Feedback-Algorithmus hinsichtlich ihrer Effekte auf die Trainings-Leistung, die Korrektur-Leistung, die Posttest-Leistung sowie auf das post-aktionale Kompetenz-Erleben untersucht. Im Gegensatz zu den Daten-Analysen von Huth (2004) wurden in der vorliegenden Arbeit die Daten analog zu den Konzeptlern-Studien mit Hilfe multivariater Kovarianz-Analysen ausgewertet. Entsprechend der in Kapitel 3.3 vorgeschlagenen Evaluationsprinzipien wurden hierbei individuelle Voraussetzungen wie Vorwissen, PC-Erfahrung, und das aufgabenspezifische Selbstkonzept als Kontrollvariablen erfasst.

Tabelle 29 liefert eine Übersicht über die Mittelwerte und Standardabweichungen für die Leistungsvariablen und das post-aktionale Kompetenz-Erleben.

Tabelle 29: Mittelwerte und Standard-Abweichungen der abhängigen Variablen für den ITF_{MTF3}- und den $KR-KCR_{MTF2}$-Algorithmus – Subtraktions-Studie 1

Feedback	n^a	Treatment-Leistung		Korrektur-Leistung		Posttest-Leistung		Kompetenz-Erleben post	
		Mean	SD	Mean	SD	Mean	SD	Mean	SD
ITF_{MTF3}	13	4,08	2,25	49,4%	.29	17,54	8,56	14,0	3,2
$KR-KCR_{MTF2}$	14	1,14	1,46	28,7%	.29	13,21	8,51	9,7	5,4

[a] In den vorliegenden Analysen wurden nur vollständige Datensätze berücksichtigt.

6.3.2.1 Korrelationen

Um zu prüfen, inwiefern die Voraussetzungen für eine multivariate Kovarianz-Analyse erfüllt sind, wurde eine Korrelations-Analyse für alle Variablen durchgeführt. Tabelle 30 liefert eine Übersicht über die Ergebnisse dieser Korrelations-Analyse.

Tabelle 30: Korrelationen zwischen den Variablen der Subtraktions-Studie 1

	PräL	ASK	PC-Erf	TreatL	KorrL	PostL
Vorwissen (PräL)	-					
Aufgabenspezifisches Selbstkonzept (ASK)	.50**	-				
PC-Erfahrung (PC-Erf)	-.28	-.01	-			
Treatmentleistung (TreatL)	-.02	.08	.60**	-		
Korrektur-Leistung (KorrL)	.20	.08	.19	$.32^+$	-	
Posttest-Leistung (PostL)	.39*	.16	.08	.22	.95**	-
Kompetenzerleben (PostKE)	$.35^+$	.39*	-.01	.39*	.28	$.33^+$

+ $p<.10$ * $p<.05$. ** $p<.01$

Das aufgabenspezifische Selbstkonzept (ASK) korrelierte signifikant mit der Prätest-Leistung und dem post-aktionalen Kompetenz-Erleben. Eine hohe Prätest-Leistung ging außerdem einher mit einer hohen Posttest-Leistung und eine hohe Lernprogramm-Erfahrung war mit einer hohen Treatment-Leistung verknüpft. Darüber hinaus gab es signifikante Korrelationen zwischen der Korrektur-Leistung und der Posttest-Leistung sowie zwischen der Treatment-Leistung und dem post-aktionalen Kompetenz-Erleben.

6.3.2.2 Vergleich von ITF$_{MTF3}$- und KR-KCR$_{MTF2}$-Algorithmus

Eine multivariate Kovarianz-Analyse mit dem Faktor Feedback (ITF$_{MTF3}$ vs. KR-KCR$_{MTF2}$), den Kovariablen Prätest-Leistung, Lernprogramm-Erfahrung und aufgabenspezifisches Selbstkonzept sowie den abhängigen Variablen Treatment-Leistung, Korrektur-Leistung, Posttest-Leistung und Kompetenz-Erleben zeigte einen signifikanten Haupteffekt für den Faktor Feedback. Diese Analyse ergab auch signifikante Effekte der Kovariablen Prätest-Leistung und Lernprogramm-Erfahrung, Für die Kovariable aufgabenspezifisches Selbstkonzept gab es keinen signifikanten multivariaten Effekt (s. Tab. 31).

Tabelle 31: Zusammenfassung der multivariaten und *univariaten* Ergebnisse von Subtraktions-Studie 1

Varianz-Quelle • *Abhängige Variablen*	λ	$df_{Hyp.}$	$Df_{Error.}$	F	p	η^2
Kovariablen						
Aufgabenspez. Selbstkonzept	.75	4	19	1.63	.21	.26
PC-Erfahrung	.61	4	19	3.06	.04	.39
• *Treatment-Leistung*		1	22	*13.82*	*.001*	*.36*
• *Korrektur-Leistung*		1	22	*0.49*	*.49*	*.02*
• *Posttest-Leistung*		1	22	*0.34*	*.56*	*.02*
• *Kompetenz-Erleben*		1	22	*0.11*	*.74*	*.01*
Vorwissen	.50	4	19	4.74	<.01	.49
• *Treatment-Leistung*		1	22	*7.57*	*.01*	*.09*
• *Korrektur-Leistung*		1	22	*10.19*	*<.01*	*.12*
• *Posttest-Leistung*		1	22	*27.72*	*<.001*	*.27*
• *Kompetenz-Erleben*		1	22	*3.44*	*.07*	*.04*
Faktor Feedback (FB)	.53	4	19	4.24	.01	.47
• *Treatment-Leistung*		1	22	*13.12*	*<.01*	*.37*
• *Korrektur-Leistung*		1	22	*2.14*	*.16*	*.09*
• *Posttest-Leistung*		1	22	*0.99*	*.33*	*.04*
• *Kompetenz-Erleben*		1	22	*6.23*	*.02*	*.22*

Die linke Grafik in Abbildung 28 illustriert mit Hilfe von z-Werten der abhängigen Variablen die Unterschiede zwischen der ITF$_{MTF3}$- und der KR-KCR$_{MTF2}$-Gruppe für die verschiedenen Variablen. Sie zeigt, dass die Schüler mit dem ITF$_{MTF3}$-Algorithmus in allen abhängigen Variablen überdurchschnittliche Werte erreichten, während die Schüler mit dem KR-KCR$_{MTF2}$-Algorithmus in allen Variablen unterdurchschnittliche Werte erzielten. Sie weist außerdem darauf hin, dass die Schüler der ITF$_{MTF3}$-Gruppe sich vor allem in den Treatment-Leistungen und im post-aktionalen Kompetenz-Erleben von den Schülern der KR-KCR$_{MTF2}$-Gruppe unterscheiden.

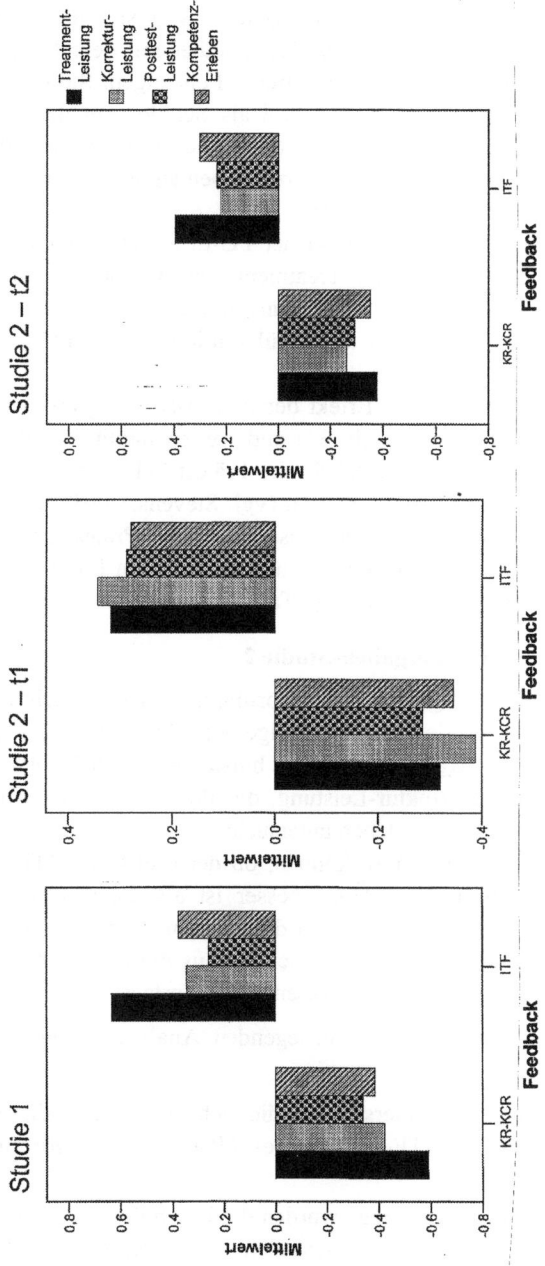

Abbildung 28: Illustration des multivariaten Effektes der Feedback-Bedingungen

KR-KCR = zweistufiger Feedback-Algorithmus,
            präsentiert zuerst knowledge of result (KR), dann knowledge of the correct response (KCR)

ITF   = dreistufiger Feedback-Algorithmus,
            präsentiert zuerst KR, dann knowledge about mistakes, dann knowledge on how to proceed +KCR

Univariate Analysen des Feedback-Effekts belegen, dass es sich hierbei um signifikante Unterschiede handelt (vgl. Tab. 31). Schüler mit dem ITF_{MTF3}-Algorithmus erzielten signifikant bessere Treatment-Leistungen. Sie erreichten also signifikant häufiger das Mastery Level als Schüler mit dem KR-KCR_{MTF2}-Algorithmus. Darüber hinaus schätzten die Schüler mit dem ITF_{MTF3}-Algorithmus die Items zum Kompetenz-Erleben signifikant positiver ein als die Schüler mit KR-KCR_{MTF2}-Algorithmus.

Die univariaten Analysen für den Effekt der PC-Erfahrung zeigen, dass die PC-Erfahrung insbesondere für die Treatment-Leistung bedeutsam ist. Schüler mit einer höheren Erfahrung im Umgang mit Lernprogrammen erreichten bessere Treatment-Leistungen als Schüler mit geringen PC-Erfahrungen (vgl. Tab. 31).

Die univariaten Analysen für den Effekt der Prätest-Leistung erbrachten keine signifikanten Ergebnisse (vgl. Tab. 31) und weisen damit darauf hin, dass der hoch signifikante multivariate Effekt der Prätest-Leistung durch das Zusammenspiel der Variablen zustande kommt (vgl. Stevens, 2001). Die Ergebnisse der Korrelations-Analyse zeigen, dass eine hohe Prätest-Leistung einher ging mit einer hohen Posttest-Leistung und einer hohen Einschätzung des post-aktionalen Kompetenz-Erlebens (vgl. Tab. 30, S. 207).

6.3.3 Ergebnisse Subtraktionsaufgaben-Studie 2

In Studie 2 wurden der dreistufige ITF_{MTF3}-Algorithmus, der weit verbreitete KR-KCR_{MTF2}-Algorithmus sowie der zweistufige KR-ITF_2+KCR_{MTF2}- und der zweistufige KR-ITF_3+KCR_{MTF2}-Algorithmus hinsichtlich ihrer Effekte auf die Trainings-Leistung, die Korrektur-Leistung, die Posttest-Leistung sowie auf das post-aktionale Kompetenz-Erleben untersucht.

Um darüber hinaus untersuchen zu können, ob der dreistufige ITF_{MTF3}-Algorithmus auch bei mehrmaligem Üben besser ist als die zweistufigen Feedback-Algorithmen, sollten die Schüler in der zweiten Studie zweimal je 30 Minuten mit dem Trainings-Programm arbeiten. Aus diesem Grund wurden die abhängigen Variablen zu zwei Mess-Zeitpunkten erfasst.

Im Mittelpunkt des Interesses der vorliegenden Analysen standen die folgenden Fragestellungen:

1. Inwiefern lassen sich die Unterschiede, die sich in der 1. Studie zwischen den Wirkungen des ITF_{MTF3}- und des KR-KCR_{MTF2}-Algorithmus zeigten, replizieren?

   Für die Beantwortung dieser Frage wurden die Daten der ITF $_{MTF3}$- und KR-KCR $_{MTF2}$-Gruppen des ersten Mess-Zeitpunktes der zweiten Studie analog zur ersten Studie mit Hilfe einer multivariaten Kovarianz-Analyse ausgewertet. Dabei wurden individuelle Voraussetzungen wie Vorwissen, PC-Erfahrung sowie das aufgabenspezifische Selbstkonzept als Kontroll-Variablen berücksichtigt.

2. Inwiefern unterscheiden sich die Wirkungen des ITF_{MTF3}- und des KR-KCR_{MTF2}-Algorithmus, wenn es nicht nur eine, sondern zwei Übungsphasen gibt?

   Für die Untersuchung dieser Fragestellung wurden die Daten der ITF_{MTF3}- und KR-KCR_{MTF2}-Gruppen des ersten und des zweiten Mess-Zeitpunktes mit Hilfe einer multivariaten Kovarianz-Analyse mit Mess-Wiederholung ausgewertet. Dabei wurden wie in der vorangegangenen Analyse individuelle Voraussetzungen wie Vorwissen, PC-Erfahrung sowie das aufgabenspezifische Selbstkonzept als Kontroll-Variablen berücksichtigt.

3. Welche Unterschiede gibt es zwischen den Bedingungen und Wirkungen des ITF_{MTF3}-Algorithmus, des KR-KCR_{MTF2}-Algorithmus und des KR-ITF_2+KCR_{MTF2}- sowie des KR-$ITF_3 + KCR_{MTF2}$-Algorithmus?

   Zur Untersuchung dieser Fragen wurden die Daten aller Feedback-Gruppen mit Hilfe einer multivariaten Kovarianz-Analyse mit Mess-Wiederholung ausgewertet. Wie in der vorangegangenen Analyse wurden hierbei die Leistungs-Variablen zusammengefasst und individuelle Voraussetzungen wie Vorwissen, das aufgabenspezifische Selbstkonzept sowie das Interesse als Kontroll-Variablen berücksichtigt.

4. Vor dem Hintergrund der in Kapitel 3 dargestellten theoretischen Überlegungen und der Ergebnisse der Konzeptlern-Studien stellte sich außerdem die Frage nach differentiellen Wirkungen der verschiedenen Feedback-Bedingungen.

In Tabelle 32 sind die Mittelwerte und Standardabweichungen für die verschiedenen Leistungsvariablen und das post-aktionale Kompetenz-Erleben für die beiden Mess-Zeitpunkte zusammengefasst. Um den Vergleich zwischen den Studien zu erleichtern, werden die deskriptiven Daten der ersten Studie wiederholt und direkt oberhalb der entsprechenden Daten aus der zweiten Studie präsentiert.

Tabelle 32: Mittelwerte und Standardabweichungen der abhängigen Variablen für die Feedback-Bedingungen und Mess-Zeitpunkte – Subtraktions-Studien

Feedback	n^a	Treatment-Leistung		Korrektur-Leistung		Posttest-Leistung		Kompetenz-Erleben post	
		Mean	SD	Mean	SD	Mean	SD	Mean	SD
Studie 1									
ITF_{MTF3}	13	4,08	2,25	49,4%	.29	17,54	8,56	14,0	3,2
$KR\text{-}KCR_{MTF2}$	14	1,14	1,46	28,7%	.29	13,21	8,51	9,7	5,4
Studie 2 – t1^a									
ITF_{MTF3}	24	3,04	2,63	58,2%	.28	15,96	6,86	35,9	4,7
$KR\text{-}KCR_{MTF2}$	23	1,35	1,95	33,7%	.23	11,87	5,07	31,6	7,4
Studie 2 – t1^a									
ITF_{MTF3}	21	2,81	2,42	57,5%	.27	15,95	6,73	35,5	4,6
$KR\text{-}KCR_{MTF2}$	20	1,30	2,03	33,8%	.23	12,25	4,97	31,6	7,4
$KR\text{-}ITF_2\text{+}KCR_{MTF2}$	20	1,50	1,85	28,9%	.27	11,50	5,41	28,9	8,8
$KR\text{-}ITF_3\text{+}KCR_{MTF2}$	20	2,20	2,19	43,2%	.37	13,75	6,74	33,3	8,4
Studie 2 – t2^a									
ITF_{MTF3}	21	6,71	4,13	53,5%	.38	17,29	6,59	36,7	6,3
$KR\text{-}KCR_{MTF2}$	20	3,20	3,83	35,9%	.26	13,25	5,65	31,3	9,8
$KR\text{-}ITF_2\text{+}KCR_{MTF2}$	20	4,15	3,95	47,8%	.29	16,05	4,82	36,4	5,2
$KR\text{-}ITF_3\text{+}KCR_{MTF2}$	20	4,30	3,13	56,0%	.37	15,15	6,52	38,5	5,3

^{a} zum zweiten Zeitpunkt von Studie 2 erschienen nicht mehr alle Versuchspersonen. Es werden daher sowohl die deskriptiven Daten für die Stichproben von t1, als auch die Daten für die reduzierten Stichproben berichtet.

6.3.3.1 Korrelationen

Tabelle 33 liefert eine Übersicht über die Ergebnisse der Korrelations-Analyse. Die prä-aktionalen motivationalen Variablen aufgabenspezifische Fähigkeitskonzept, Interessantheit der Aufgabe sowie Tätigkeits-Anreizes (Spaß, Freude) korrelierten signifikant miteinander. Eine hohe Prätest-Leistung ging einher mit einer geringen Einschätzung der Interessantheit der Aufgabe. Darüber hinaus korrelierte die Prätest-Leistung mit der Treatment-Leistung zu Zeitpunkt 1, mit den Posttest-Leistungen zu beiden Mess-Zeitpunkten sowie mit der Korrektur-Leistung und dem Kompetenz-Erleben zu Zeitpunkt 2. Das Fähigkeitskonzept korrelierte signifikant mit der Posttest-Leistung zu Zeitpunkt 2. Die Einschätzung der Interessantheit der Aufgabe korrelierte signifikant negativ mit allen Leistungsvariablen zu Zeitpunkt 1 und der Treatment-Leistung zu Zeitpunkt 2. und eine hohe Lernprogramm-Erfahrung ging mit einer hohen Treatment-Leistung zum Zeitpunkt 1 einher. Darüber hinaus gab es hohe signifikante Korrelationen zwischen den Leistungs-Variablen und der post-aktionalen Kompetenz-Erleben zu beiden Mess-Zeitpunkten. Auch die

Korrelationen zwischen den Leistungs-Variablen von Zeitpunkt 1 und 2 waren statistisch signifikant. Hohe Leistungen zu Zeitpunkt 1 gingen mit hohen Leistungen zu Zeitpunkt 2 einher. Schließlich korrelierte das post-aktionale Kompetenz-Erleben zu Zeitpunkt 1 mit dem Kompetenz-Erleben zu Zeitpunkt 2.

Tabelle 33: Korrelationen zwischen den Variablen der Subtraktions-Studie 2 (85<N<105)

	PräL	ASK	PC	TL1	KL1	NL1	KE1	TL2	KL2	NL2
Vorwissen (PräL)	-									
Fähigkeitskonzept (ASK)	.05	-								
PC-Erfahrung (PC)	-.04	.12	-							
Treatmentleistung1 (TL1)	.24*	-.07	.23*	-						
Korrektur-Leistung1 (KL1)	.19	.02	.21*	.68**	-					
Nachtest-Leistung1 (NL1)	.41**	.01	.15	.68**	.89**	-				
Kompetenzerleben1 (KE1)	.07	-.02	.32**	.51**	.48**	.45**	-			
Treatmentleistung2 (TL2)	.20	-.04	.13	.63**	.63**	.62**	.27*	-		
Korrektur-Leistungt2 (KL2)	.38**	.05	.14	.44**	.47**	.46**	.12	.62**	-	
Nachtest-Leistung2 (NL2)	.46**	.16	.13	.58**	.64**	.71**	.23*	.73**	.80**	-
Kompetenzerleben2 (KE2)	.26*	.17	-.07	.18	.20	.19	.22*	.40**	.37**	.43**

* p< .05. ** p< .01

6.3.3.2 Vergleich ITF_{MTF3} und KR-KCR_{MTF2}-Algorithmus – t1

Die multivariate Kovarianz-Analyse für die beiden Feedback-Bedingungen ITF_{MTF3} vs. KR-KCR_{MTF2} mit den Kovariablen Prätest-Leistung, PC-Erfahrung, aufgabenspezifisches Fähigkeitskonzept, intrinsische Anreize sowie den abhängigen Variablen Treatment-Leistung, Korrektur-Leistung, Posttest-Leistung und Kompetenz-Erleben zeigt, dass es einen signifikanten Haupteffekt für den Faktor Feedback gibt, Wilks lambda = .78, $F(4, 38) = 2.72$, p = .04, $eta^2 = .22$. Des Weiteren zeigt diese Analyse signifikante Effekte der Kovariablen Prätest-Leistung, Wilks lambda = .53, $F(4, 38) = 8.43$, p = .01, $eta^2 = .47$. Für die Kovariablen aufgabenspezifisches Fähigkeitskonzept, intrinsischer Anreiz und PC-Erfahrung ergaben sich keine signifikanten multivariaten Effekte (vgl. Tab. 34).

Die mittlere Grafik in Abbildung 28 illustriert mit Hilfe von z-Werten der abhängigen Variablen die Unterschiede zwischen der ITF_{MTF3}- und der KR-KCR_{MTF2}-Gruppe zu Messzeitpunkt 1. Sie zeigt, dass zu Messzeitpunkt 1 die Schüler mit dem ITF_{MTF3}-Algorithmus in allen abhängigen Variablen überdurchschnittliche Werte erreichten, während die Schüler mit dem KR-

KCR$_{MTF2}$-Algorithmus in allen Variablen unterdurchschnittliche Werte erzielten. Dieses Ergebnis stellt eine Replikation der Befunde von Studie 1 dar.

Univariate Analysen des Feedback-Effekts belegen, dass der Faktor Feedback zum Zeitpunkt 1 einen signifikanten Einfluss auf die Treatment-Leistung, $F(1, 41) = 6.08$, p = .02, eta^2 = .13, die Korrektur-Leistung $F(1, 41)$ = 10.99, p < .01, eta^2 = .21, sowie die Posttest-Leistung, $F(1, 41) = 7.59$, p = .01, eta^2 = .16, hatte. Schüler mit dem ITF-Algorithmus erzielten demnach signifikant bessere Leistungen in der ersten Treatment-Phase und im ersten Posttest. Darüber hinaus schätzten die Schüler mit dem ITF-Algorithmus die Items zum Kompetenz-Erleben positiver ein als die Schüler mit KR-KCR-Algorithmus. Dieser Unterschied im Kompetenz-Erleben ließ sich mit einer univariaten Varianzanalyse jedoch nicht auf dem 5%-Niveau statistisch absichern, $F(1, 41) = 3.29$, p = .08, eta^2 = .07.

6.3.3.3 Vergleich ITF-Algorithmus und KR-KCR-Algorithmus – t1-t2

Die rechte Grafik in Abbildung 28 zeigt, dass auch zum Zeitpunkt 2 die Lernenden mit dem ITF$_{MTF3}$-Algorithmus im Gegensatz zu den Lernenden mit dem KR-KCR$_{MTF2}$-Algorithmus überdurchschnittliche Werte in allen abhängigen Variablen erzielten. Diese Unterschiede zwischen den Feedback-Gruppen zu beiden Mess-Zeitpunkten ließen sich bei einer multivariaten Kovarianz-Analyse mit Mess-Wiederholung, den abhängigen Variablen Treatment-Leistung, Korrektur-Leistung, Posttest-Leistung und Kompetenz-Erleben sowie den Kovariablen Vorwissen, aufgabenspezifisches Selbstkonzept, jedoch nicht auf dem 5%-Niveau statistisch absichern, Wilks Lambda = .79, $F(4,33)$ = 2.17, p = .09, eta^2 = .21.

Univariate Analysen des Feedback-Effekts belegen, dass es für die Treatment-Leistung, $F(1, 36) = 8.12$ p = .01, eta^2 = .18, die Korrektur-Leistung, $F(1, 36) = 7.07$ p = .01, eta^2 = .16, und die Posttest-Leistung, $F(1, 36) = 6.87$ p = .01, eta^2 = .16 signifikante Unterschiede zwischen den Feedback-Gruppen gab. Der Unterschied für das post-aktionale Kompetenz-Erleben verfehlte das Signifikanz-Niveau von α=.05 knapp, $F(1, 36) = 3.80$, p = .06, eta^2 = .10. Die Schüler, die mit dem ITF$_{MTF3}$-Algorithmus übten, erzielten demnach nicht nur bessere Leistungen, sondern schätzten ihre Kompetenz auch positiver ein als Schüler, die mit dem KR-KCR$_{MTF2}$-Algorithmus arbeiteten.

Für die Kovariable Vorwissen zeigte sich, wie bei der Analyse der Daten des Zeitpunkts 1, ein signifikanter Effekt, Wilks Lambda = .45, $F(4,33)$ = 9.98, p < .001, eta^2 = .55. Univariate Analysen dieses Vorwissens-Effektes zeigen, dass das Vorwissen einen signifikanten Einfluss auf die Treatment-Leistung, $F(1, 36) = 6.94$, p = .01, eta^2 = .16, auf die Korrektur-Leistung, $F(1,$

36) = 9.80 p <.01, eta^2 = .21 sowie die Posttest-Leistung, $F(1, 36) = 31.84$ p <
.001, eta^2 = .47, hat. Für das Kompetenz-Erleben erwies sich der Vorwissens-
Effekt jedoch nicht als signifikant, $F(1, 36) = 1.77$ p = .19, eta^2 = .05. Tabelle
32 ist zu entnehmen, dass ein höheres Vorwissen vor allem mit besseren Korrektur-Leistungen und besseren Posttest-Leistungen zu beiden Mess-Zeitpunkten einherging.

6.3.3.4 Effekte der 4 Feedback-Bedingungen – t1-t2

Zur Untersuchung der Unterschiede in den Lern- bzw. Leistungs- und Motivationseffekten des ITF$_{MTF3}$-, des KR-KCR$_{MTF2}$-, des KR-ITF$_2$+KCR$_{MTF2}$- sowie
des KR-ITF$_3$+KCR$_{MTF2}$-Algorithmus wurden die Daten aller Feedback-Gruppen mit Hilfe einer multivariaten Kovarianz-Analyse (MANCOVA) mit
Mess-Wiederholung ausgewertet.

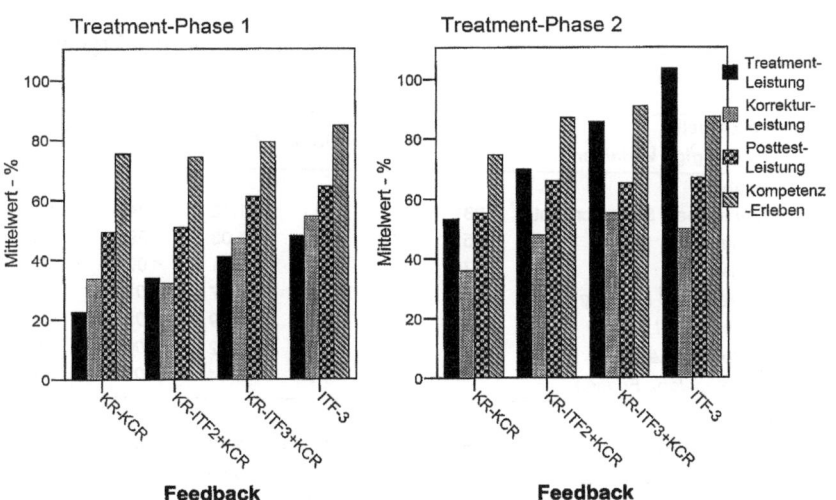

Abbildung 29: Illustration des multivariaten Effektes des Feedback-Faktors

KR-KCR	=	zweistufiger Feedback-Algorithmus, präsentiert zuerst knowledge of result (KR), dann knowledge of the correct response (KCR),
KR-ITF$_2$+KCR	=	zweistufiger Feedback-Algorithmus, präsentiert KR, dann knowledge about mistakes (KM) unmittelbar mit KCR,
KR-ITF$_3$+KCR	=	zweistufiger Feedback-Algorithmus, präsentiert KR, dann knowledge on how to proceed (KH) unmittelbar mit KCR,
ITF-3	=	dreistufiger Feedback-Alforithmus, präsentiert zuerst KR, dann KM, dann KH+KCR

Wie in den vorgegangenen Analysen wurden hierbei die individuellen Voraussetzungen Vorwissen, PC-Erfahrung und aufgabenspezifisches Selbstkonzept als Kovariablen berücksichtigt.

Diese MANCOVA mit Mess-Wiederholung zeigt, dass es einen signifikanten Effekt des Faktors Feedback gibt. Darüber hinaus erwies sich bei dieser MANCOVA die Interaktion zwischen dem Mess-Zeitpunkt-Faktor und dem Faktor Feedback als statistisch signifikant. Abbildung 29 illustriert mit Hilfe der in Prozent-Werte transformierten Leistungs- und Motivationsvariablen, wie diese multivariaten Effekte zustande kommen. Sie zeigt, dass sich zu beiden Mess-Zeitpunkten die Schüler aller Feedback-Bedingungen insbesondere in den Treatment-Leistungen und im Kompetenz-Erleben unterschieden. Univariate Analysen des Feedback-Effekts belegen, dass diese Unterschiede statistisch signifikant sind.

Tabelle 34: Zusammenfassung der multivariaten und *univariaten* Ergebnisse von Subtraktions-Studie 2

Varianz-Quelle • *Abhängige Variablen*	λ	$df_{Hyp.}$	$Df_{Error.}$	F	p	η^2
Kovariablen						
Aufgabenspez. Selbstkonzept	.93	4	71	1.42	.24	.07
PC-Erfahrung	.95	4	71	1.03	.39	.06
Vorwissen	.67	5	71	8.81	<.001	.33
• *Treatment-Leistung*		1	74	7.57	.01	.09
• *Korrektur-Leistung*		1	74	10.19	<.01	.12
• *Posttest-Leistung*		1	74	27.72	<.001	.27
• *Kompetenz-Erleben*		1	74	3.44	.07	.04
Faktoren						
Feedback (FB)	.75	12	188.14	1.82	.05	.09
• *Treatment-Leistung*		3	74	3.54	.02	.13
• *Korrektur-Leistung*		3	74	2.39	.08	.09
• *Posttest-Leistung*		3	74	2.12	.11	.08
• *Kompetenz-Erleben*		3	74	2.87	.04	.10
Mess-Wiederholung	.96	4	71	0.81	.52	.04
Interaktionen						
Feedback X Mess-Wdh.	.73	12	188.14	2.02	.02	.10
• *Treatment-Leistung*		3	74	2.14	.10	.08
• *Korrektur-Leistung*		3	74	2.11	.11	.08
• *Posttest-Leistung*		3	74	2.02	.12	.08
• *Kompetenz-Erleben*		3	74	2.13	.10	.08

Die Unterschiede in den Korrektur-Leistungen sowie in den Posttest-Leistungen waren dagegen auf dem 5%-Niveau nicht statistisch signifikant (s. Tab. 34). Die Schüler mit der ITF_{MTF3}-Bedingung erreichten die höchsten Leistungswerte in beiden Treatment-Phasen. Ihre Korrektur- und Posttest-Leistungen nach der zweiten Treatment-Phase unterschieden sich jedoch nicht wesentlich von den Korrektur- und Posttest-Leistungen der $KR-ITF_2+$ KCR_{MTF2}-Gruppe sowie der $KR-ITF_3+KCR_{MTF2}$-Gruppe.

Des Weiteren schätzten die Schüler der ITF_{MTF3}-Gruppe ihr Kompetenz-Erleben zwar zu Zeitpunkt 1 am höchsten ein, zu Zeitpunkt 2 lagen ihre Einschätzungen jedoch im Schnitt unter denen der $KR-ITF_3+KCR_{MTF2}$-Gruppe und unterschieden sich nicht wesentlich von denen der $KR-ITF_2+KCR_{MTF2}$-Gruppe. Dies könnte unter anderem daran liegen, dass sie in der ersten Treatment-Phase sehr gute Lernfortschritte gemacht hatten (im Schnitt korrigierten sie 57,5% der Fehler), so dass in der zweiten Treatment-Phase nicht mehr so viele Fehler korrigiert werden konnten und damit auch das Kompetenz-Erleben nicht so hoch eingeschätzt wurde. Die Schüler der $KR-ITF_3+KCR_{MTF2}$-Gruppe und der $KR-ITF_2+KCR_{MTF2}$-Gruppe hatten dagegen in der ersten Treatment-Phase weniger Fehler korrigiert und konnte sich in der zweiten Treatment-Phase noch in den Korrektur-Leistungen verbessern.

Tabelle 35: Zusammenfassung der Kontrast-Ergebnisse von Subtraktions-Studie 2

Feedback-Bedingungen • Abhängige Variablen	Mittlere Differenz	Standard- fehler	p	95%-Konfidenzintervall Untergrenze	 Obergrenze
ITF_{MTF3} vs. $KR-KCR_{MTF2}$					
• Treatment-Leistung	-2.58	.82	<.01	-4.22	-.93
• Korrektur-Leistung	-0.19	.08	.02	-.36	-.03
• Posttest-Leistung	-3.48	1.54	.03	-6.56	-.41
• Kompetenz-Erleben	-4.16	1.79	.02	-7.74	-.58
ITF_{MTF3} vs. $KR-ITF_2+KCR_{MTF2}$					
• Treatment-Leistung	-1.79	.81	.03	-3.42	-.16
• Korrektur-Leistung	-0.16	.08	.04	-.32	-.00
• Posttest-Leistung	-2.99	1.53	.06	-6.05	.07
• Kompetenz-Erleben	-3.31	1.78	.07	-6.87	.24
ITF_{MTF3} vs. $KR-ITF_3+KCR_{MTF2}$					
• Treatment-Leistung	-1.82	.82	.03	-3.45	-.18
• Korrektur-Leistung	-0.08	.08	.36	-.24	.08
• Posttest-Leistung	-2.86	1.54	.07	-5.92	.21
• Kompetenz-Erleben	-0.22	1.79	.90	-3.76	3.34

Post-hoc-Berechnungen von einfachen Kontrasten zwischen der ITF_{MTF3}-Gruppe und den anderen Feedback-Gruppen machen deutlich, dass es signifikante Unterschiede für alle Variablen zwischen der ITF_{MTF3}- und der KR-KCR_{MTF2}-Gruppe gab. Darüber hinaus zeigen sie, dass sich die ITF_{MTF3}- und die KR-ITF_2+KCR_{MTF2}-Gruppe signifikant in der Treatment- und Korrektur-Leistung unterscheiden, die Unterschiede in der Posttest-Leistung und im Kompetenz-Erleben dagegen das Signifikanz-Niveau von 5% verfehlen. Schließlich belegen sie, dass es nur für die Treatment-Leistung signifikante Unterschiede zwischen der ITF_{MTF3}- und der KR-ITF_3+KCR_{MTF2}-Bedingung gab (s. Tab. 35).

Bei den Kovariablen zeigte sich nur für das Vorwissen ein signifikanter Effekt. Die Effekte der Kovariablen aufgabenspezifisches Selbstkonzept und der PC-Erfahrung waren statistisch nicht signifikant. Univariate Analysen des Vorwissens-Effekts zeigen, dass das Vorwissen die Treatment-Leistung, die Korrektur-Leistung und auch die Posttest-Leistung signifikant beeinflusste. Der Einfluss des Vorwissens auf das post-aktionale Kompetenz-Erleben er-wies sich dagegen auf dem 5%-Niveau nicht signifikant (vgl. Tab. 34).

6.4   Zusammenfassende Diskussion und Schlussfolgerungen

Das Ziel des vorliegenden Kapitels war es, zu zeigen, inwiefern die in Kapitel 3 abgeleiteten Gestaltungs- und Untersuchungsprinzipien für die Entwicklung und Evaluation von informativem tutoriellem Feedback (ITF) für schulische Lernaufgaben geeignet sind. Für die Bearbeitung dieser Zielsetzung wurde das schriftliche Subtrahieren als Aufgaben-Bereich ausgewählt. Wie in Kapitel 3.2 vorgeschlagen, erfolgte die Auswahl von ITF-Komponenten mit Hilfe kogni-tiver Aufgaben- und Fehler-Analysen. Hierbei wurden unter Berücksichtigung der Erkenntnisse über Subtraktions-Fehler und deren Zustandekommen schriftliche Subtraktionsaufgaben hinsichtlich ihrer Anforderungen analysiert, um elementare Anforderungen und die entsprechenden Elementar-Kompeten-zen definieren zu können. Auf der Basis dieser Aufgaben-Analysen wurden dann Testaufgaben für empirische Fehleranalysen entwickelt. Die mit diesen Testaufgaben erfassten Daten wurden dazu genutzt, um systematische Fehler und Fehlstrategien zu identifizieren. Für diese systematischen Fehler und Fehlstrategien wurden dann fehlerspezifische ITF-Komponenten ausgewählt. Diese ITF-Komponenten wurden dann mit Hilfe der in Abschnitt 3.2.3 darge-stellten Prinzipien zur Präsentation von ITF-Komponenten in einen dreistufi-gen ITF-Algorithmus implementiert, der zuerst nur angibt, ob die Lösung kor-rekt oder falsch ist, in der zweiten Stufe dann Angaben zum Fehlerort, zur Fehlerart sowie zur Korrektur des Fehlers liefert und in der dritten Stufe Schritt für Schritt erklärt, wie man die gegebene Aufgabe löst.

Zur Untersuchung der Lern- und Motivationseffekte dieses dreistufigen ITF-Algorithmus (ITF_{MTF3}) wurden 2 Studien durchgeführt, bei denen das Vorwissen, situationsspezifische Vorerfahrungen und motivationale Voraussetzungen der Lernenden kontrolliert wurden (vgl. Kap. 3.3, S. 90ff.). In Studie 1 wurden die Effekte des ITF_{MTF3}-Algorithmus verglichen mit den Effekten eines zweistufigen $KR-KCR_{MTF2}$-Algorithmus. In Studie 2 wurden die Effekte des ITF_{MTF3}-Algorithmus nicht nur im Vergleich zum $KR-KCR_{MTF2}$-Algorithmus, sondern auch im Vergleich zum zweistufigen $KR-ITF_2+KCR_{MTF2}$-Algorithmus und zum zweistufigen $KR-ITF_3+ KCR_{MTF2}$-Algorithmus untersucht. Die beiden letztgenannten Algorithmen zeichnen sich dadurch aus, dass sie in der zweiten Stufe sowohl KCR als auch strategische Informationen zur Fehlerkorrektur anbieten.

In beiden Studien erwies sich der ITF_{MTF3}-Algorithmus bereits bei einer 30-minütigen Übungsphase als lern- und motivationsförderlicher als der in zahlreichen Lernprogrammen implementierte $KR-KCR_{MTF2}$-Algorithmus. Schüler mit dem ITF_{MTF3}-Algorithmus erreichten in beiden Studien häufiger das Mastery-Level, konnten mehr Aufgaben korrigieren, erzielten bessere Posttest-Leistungen und schätzten ihr Kompetenz-Erleben positiver ein als Schüler mit dem $KR-KCR_{MTF2}$-Algorithmus.

Auch im Vergleich zu den beiden komplexeren zweistufigen Feedback-Algorithmen war der ITF_{MTF3}-Algorithmus vor allem in der ersten Übungsphase effektiver. In der ersten Übungsphase unterschieden sich die Leistungen und das Kompetenz-Erleben der Schüler mit dem ITF_{MTF3}-Algorithmus insbesondere von denen der Schüler mit dem $KR-ITF_2+KCR_{MTF2}$-Algorithmus. In der zweiten Übungsphase, d.h. beim zweiten Mess-Zeitpunkt, waren diese Unterschiede jedoch geringer. Eine Erklärung hierfür bietet die Analyse der Lernfortschritte in beiden Übungsphasen. Schüler mit der ITF-Bedingung konnten bereits in der ersten Übungsphase einen Großteil ihrer Fehler korrigieren, erreichten häufiger das Mastery Level und schätzten ihr Kompetenz-Erleben entsprechend positiv ein. In der zweiten Übungsphase gab es für diese Schüler daher nicht mehr so viele Fehler zu korrigieren, so dass sie nicht mehr denselben Lernfortschritt erleben konnten wie in der ersten Übungsphase. Schüler mit den zweistufigen Feedback-Algorithmen hatten dagegen in der ersten Übungsphase weniger Fehler korrigiert, weniger häufig das Mastery Level erreicht, schlechtere Posttest-Leistungen und entsprechend ungünstigere Einschätzungen ihres Kompetenz-Erlebens. In der zweiten Übungsphase gelang es ihnen jedoch erheblich mehr Fehler zu korrigieren und häufiger das Mastery-Level zu erreichen als in der ersten Übungsphase. Die Einschätzung

ihres Kompetenz-Erlebens fiel entsprechend positiver aus als bei Schülern mit
dem ITF-Algorithmus.

Dieses Ergebnis weist einerseits auf den engen Zusammenhang zwischen
Erleben eines Lernfortschritts und der Einschätzung des Kompetenz-Erlebens
hin. Andererseits macht es deutlich, dass konkrete strategische Informationen
im Sinne des „knowledge-on-how-to-proceed" schneller und leichter
umgesetzt werden können als strategische Informationen, die sich zwar auf
den Fehler beziehen, aber vom Lernenden noch in Lösungsschritte
transformiert werden müssen. Ist jedoch ein gewisses Lernniveau erreicht,
scheinen auch diese Informationen erfolgreich genutzt zu werden.

Insgesamt belegen beide Studien, dass der ITF_{MTF3}-Algorithmus sowohl
lern- als auch motivationsförderlicher ist als der $KR-KCR_{MTF2}$-Algorithmus
und zumindest auch in der ersten Übungsphase dem $KR-ITF_2+KCR_{MTF2}$-Al-
gorithmus überlegen ist. Sowohl die Lerneffekte, als auch die Motivationseffekte sind entsprechend der Konventionen als groß einzustufen. Die vorliegenden Lerneffekte liegen damit in oder sogar über der Größenordnung der
Befunde der wenigen experimentellen Studien, die mehrstufige fehlerspezifische ITF-Algorithmen im Vergleich zu einem KR-KCR-Algorithmus untersuchen (vgl. Albacete & VanLehn, 2000; Heffernan, 2001; Nagata, 1993; Nagata & Swisher, 1995). Die Motivationseffekte bestätigen die Ergebnisse der
zweiten Konzeptlern-Studie (vgl. Kap. 5.4; S. 162ff.) und zeigen damit erneut,
dass nicht nur motivierende Feedback-Arten (z.B. Re-Attributions-Feedback;
vgl. Dresel, 2000; Relich, Debus & Walker, 1986; Schunk, 1983; Schunk &
Rice, 1991; Schunk & Rice, 1993; Schunk & Swartz, 1993; Ziegler &
Schober, 1996; Vorwerg, 1977), sondern auch tutorielle Informationen, wenn
sie entsprechend gestaltet und angeboten werden, motivationsfördernd wirken
können.

Für künftige Forschung und Praxis lassen sich aus den vorliegenden
Ergebnissen die folgenden Schlussfolgerungen ableiten:

1. Für Aufgabenbereiche wie das schriftliche Subtrahieren sind die in Ka-
    pitel 3 vorgeschlagenen Prinzipien für die Gestaltung von informativem
    tutoriellem Feedback sehr gut geeignet. Der Aufgabenbereich des
    schriftlichen Subtrahierens ließ sich mit Hilfe kognitiver Anforderungs-
    Analysen sehr gut strukturieren. Darüber hinaus belegen die empiri-
    schen Fehler-Analysen, dass sich Fehler in diesem Aufgabenbereich gut
    identifizieren und erklären lassen. Das hierbei verwendete Vorgehen
    lässt sich sicherlich auch gut auf andere Wissensbereiche übertragen,
    die wie das schriftliche Subtrahieren gut definiert und daher klar struk-

turierbar sind und eine eindeutige Fehlerdiagnose ermöglichen (vgl. hierzu auch die Arbeiten von Nagata, 1993, Nagata & Swisher, 1995). Für weniger gut definierte, sehr komplexe Wissensbereiche, bei denen eine eindeutige Fehlerdiagnose kaum möglich ist, stellt sich jedoch die Frage, wie man die in Kapitel 3 vorgeschlagenen Gestaltungsprinzipien umsetzen kann.

2. Für die vorliegenden Studien wurden selektive Stichproben verwendet. Um sicher zu stellen, dass die Schüler auch Gelegenheiten bekommen die Aufgaben mit unterschiedlichem Feedback zu bearbeiten, wurden nur Schüler mit einer hohen Fehlerrate für die Untersuchung ausgewählt. Diese Strategie hat sich bereits in den Studien von Salas und Dickinson (1990), von Collins et al. (1990), und von Winne et al. (1993) bewährt. Die Ergebnisse der vorliegenden Studien zeigen, dass wenn die Schüler nicht mehr so viele Fehler machen (s. Treatment-Phase 2), die Unterschiede zwischen den Feedback-Bedingungen kleiner werden. Dieses Ergebnis weist darauf hin, dass es bei der Beurteilung der Effektivität von Feedback-Bedingungen besonders wichtig ist, zu untersuchen, wie oft die Lernenden die Gelegenheit hatten, überhaupt Fehler zu korrigieren (vgl. Kulhavy et al., 1985; Phye & Bender, 1989)

3. In den vorliegenden Studien wurden programm-kontrollierte, also restriktive Feedback-Algorithmen untersucht. Der ITF-Algorithmus passt sich zwar durch die schrittweise Vorgabe der ITF-Komponenten an das Lernniveau der Schüler an, die Lernenden können sich jedoch nicht aussuchen, ob sie die Informationen aufrufen oder nicht. Dieses restriktive Vorgehen wurde unter anderem vor dem Hintergrund der Ergebnisse der Konzeptlern-Studien (s. Kap. 5) sowie vor dem Hintergrund von Ergebnissen aus Untersuchungen zur Programm-Kontrolle vs. Lerner-Kontrolle ausgewählt, die zeigen, dass Lernende mit Lerner-Kontrolle weniger Zeit mit den Lernaufgaben verbringen und die Lernsituation verlassen, bevor sie das Mastery Level erreicht haben (Johansen & Tennyson, 1983; Leutner & Schumacher, 1990; Tennyson, Tennyson & Rothen, 1980; s. auch Aleven, Stahl, Schworm, Fischer & Wallace, 2003; Steinberg, 1977, 1989). Für die Gestaltung von E-learning-Komponenten für die Erwachsenen-Bildung ist es jedoch auch wichtig, Erkenntnisse über lerner-kontrollierte ITF-Algorithmen zu gewinnen.

7 Lern- und Motivationseffekte von informativem tutoriellem Feedback bei Studieraufgaben

Die Ergebnisse der Studien zum fehlerspezifischen informativen tutoriellen Feedback beim schriftlichen Subtrahieren zeigen, dass sich die in Kapitel 3 und 4 entwickelten theoretischen und methodischen Überlegungen sehr gut für einen realitätsnahen schulischen Aufgabenbereich bewähren. Der ausgewählte Aufgabenbereich, das schriftliche Subtrahieren, gehört jedoch einerseits zu den gut strukturierbaren und gut definierten Aufgabenbereichen. Andererseits lagen zu diesem Aufgabenbereich bereits kognitive Anforderungs- und Fehleranalysen vor. Die Frage, inwiefern sich die Gestaltungs- und Evaluationsprinzipien auch für weniger gut definierte, sehr komplexe Wissensbereiche, wie sie in der universitären Lehre üblich sind, eignen, ist also noch offen. Ziel der folgenden Studien ist es daher, die theoretischen und methodischen Überlegungen zur Entwicklung und Evaluation von ITF auch in einen universitären Wissens- bzw. Aufgabenbereich zu untersuchen.

Universitäre Wissensbereiche sind in der Regel nicht nur sehr komplex, sondern auch nicht abgeschlossen, da ständig neue Erkenntnisse gewonnen werden. Dennoch gibt es auch für universitäre Wissensbereiche Teilgebiete, die zum klassischen Lehrkanon gehören, da ihre Erkenntnisse vielfach und sehr gut empirisch belegt sind. Der lerntheoretische Wissensbereich „Operantes Konditionieren" stellt in der Psychologie ein solches klassisches Lehrgebiet dar. Dieser Wissensbereich wird nicht nur in der Grundausbildung von Studierenden des Diplom-Studienganges Psychologie, sondern auch von Studierenden aller Lehramtsstudiengänge gelehrt, da er die Basis für zahlreiche verhaltensorientierte Therapieformen und für das erfolgreiche Management von Verhalten in Unterricht und Erziehung ist. Darüber hinaus werden mit Hilfe dieses Wissensbereichs die Studierenden in grundlegende Methoden des experimentalpsychologischen Arbeitens eingeführt. Aufgrund dieser Überlegungen wurde der Wissensbereich „Operantes Konditionieren" ausgewählt, um die folgenden Fragestellungen zu untersuchen:

1. Inwiefern ist es möglich, auf der Grundlage kognitiver Anforderungs- und Fehler-Analysen auch für sehr komplexe Wissensbereiche informative tutorielle Feedback-Komponenten auszuwählen?

2. Wie werden diese ITF-Komponenten genutzt, wenn man sie nicht restriktiv, sondern lernerkontrolliert anbietet?

3. Welche Lern- und Motivationseffekte lassen sich für diese ITF-Komponenten nachweisen, wenn sie genutzt werden?

Die Bearbeitung dieser Fragestellungen erfolgte in Zusammenarbeit mit Grit Reimann, die im Rahmen ihrer Doktorarbeit interaktive Studieraufgaben zum Themengebiet „Operantes Konditionieren" entwickelt und untersucht.

7.1 Gestaltung von ITF für Studieraufgaben zum Operanten Konditionieren

Entsprechend der in Kapitel 3 vorgeschlagenen Gestaltungsprinzipien wurden zur Entwicklung der ITF-Komponenten für Studieraufgaben zum Wissensbereich „Operantes Konditionieren" zunächst die Lernziele definiert und konkrete Lernergebnisse spezifiziert. Anschließend wurde der Wissensbereich „Operantes Konditionieren" hinsichtlich inhaltlicher und prozeduraler kognitiver Anforderungen analysiert. Auf der Basis dieser Anforderungsanalyse wurden elementare Wissenseinheiten definiert und der gesamte Wissensbereich strukturiert. Das Ergebnis dieser Wissensstruktur-Analyse diente einerseits zur Erstellung der Lehrtexte und -materialen, andererseits zur Konstruktion unterschiedlich komplexer Studieraufgaben. Diese Studieraufgaben wurden dann in einer ersten Studie empirisch überprüft. Mit Hilfe der Ergebnisse dieser empirischen Aufgabenanalyse wurden die Inhalte der ITF-Komponenten ausgewählt und Entscheidungen bzgl. der Form der Feedbackpräsentation gefällt. Im Folgenden werden die wesentlichen Aspekte dieses ITF-Gestaltungsprozesses dargestellt.

7.1.1 Kognitive Anforderungs-Analyse und Aufgabenkonstruktion

Ziel einer Lehrveranstaltung zum Wissensbereich „Operanten Konditionieren" ist es, die grundlegenden Fachtermini, Prinzipien, wissenschaftlichen Untersuchungsmethoden und Erkenntnisse zu diesem Wissensbereichs zu vermitteln. Die Studierenden sollen dabei die Fachtermini, Prinzipien und Methoden nicht nur behalten, sondern so verstehen, dass sie sie auf konkrete Fallbeispiele anwenden bzw. transferieren können. Sie sollten also in der Lage sein, Behaltens- und Transferaufgaben zu diesem Wissensbereich zu lösen.

Zur Konstruktion einer Menge unterschiedlich komplexer Behaltens- und Transferaufgaben diente ein Ansatz zur Analyse und Beschreibung von Lern- und Studieraufgaben (Narciss, Proske & Körndle, 2004; Narciss & Proske, 2001). Dieser Ansatz integriert einerseits Erkenntnisse aus Arbeiten zu kognitiven Anforderungs- bzw. Wissensstruktur-Analysen (z.B. Albert & Lukas, 1999; Jonassen, Tessmer & Hannum, 1999), andererseits Erkenntnisse aus bewährten Aufgabenkonstruktions-Ansätzen (z.B. Klauer, 1987; Schott, Neeb & Wieberg, 1981; Seel, 1981).

Narciss et al. (2004) gehen davon aus, dass Lern- und Studieraufgaben multidimensional sind. Sie postulieren, dass zur Beschreibung komplexer computerunterstützter Aufgaben mindestens die folgenden Aufgabendimensionen beachtet werden sollten:

(a) Die Inhalte, die Gegenstand der Aufgabe sind,

(b) die kognitiven Operationen, die mit diesen Inhalten verknüpft sind,

(c) die Form, in der diese Inhalte und Operationen präsentiert werden,

(d) die Interaktivität, die für die Bearbeitung der Aufgaben angeboten wird.

Für einen Wissensbereich wie das „Operante Konditionieren" wurden in Anlehnung an Narciss et al. (2004) die folgenden inhaltlichen Wissenselemente unterschieden:

- *Fakten, Ereignisse, allgemein verständliche Begriffe* – hierzu gehören gut belegte Tatsachen, die man mehr oder weniger auswendig lernen kann (z.B. Namen bekannter Psychologen, Entstehungsjahr einer Theorie, Ablauf eines klassischen Experimentes), aber auch einfache Fachbegriffe, die man aus der Alltagssprache erschließen kann (z.B. Verhaltenskonsequenzen, Reiz, Reaktion),

- *Elementare Fachtermini und Prinzipien* – hierzu gehören themenspezifische Fachbegriffe, die durch wenige Merkmale und Relationen klar definiert sind (z.B. operantes Verhalten, Law of effect, Verstärkung, Bestrafung, Löschung, Kontingenz, Kontiguität),

- *Oberbegriffe, übergeordnete experimentalpsychologische Fachbegriffe* – hierzu gehören die spezifischen Bezeichnungen, die man in Lernexperimenten zum Operanten Konditionieren verwendet (z.B. Lerngeschwindigkeit, Löschungswiderstand, Verhaltensrate, Verstärkungsabstand, Verstärkungspläne, Verstärkungsqualität und -quantität),

- *Differenzierende Fachbegriffe* – hierzu gehören Begriffe, die dazu dienen, differentielle Effekte beim „Operanten Konditionieren" zu erläutern (z.B. Kontrasteffekt, Diskriminativer Hinweisreiz).

Die oben aufgelisteten inhaltlichen Wissenselemente sind auf vielfältige Weise vernetzt, d.h. es bestehen unterschiedliche semantische Relationen zwischen diesen Elementen. Für den psychologischen Wissensbereich „Operantes Konditionieren" sind z.B. Relationen wie *ist Oberbegriff von, ist Wirkung von, ist Bedingung von, ist definitorisches Merkmal von, ist Experimentalbeispiel von, ist Alltagsbeispiel von,* von Interesse. Möchte man den Schwierigkeitsgrad von Lernaufgaben systematisch variieren, muss man darüber hinaus Vorstellungen entwickeln, wie die Komponenten eines Wissensbereichs aufeinander aufbauen. Neben den bereits erwähnten semantischen Relationen sollte also auch die Relation *ist Vorwissen von* angegeben werden (eine Formalisierung dieser Relation findet sich im wissenspsychologischen Ansatz der „knowledge structures" s. Doignon & Falmagne, 1999; Albert & Lukas, 1999). Die Reihenfolge der oben aufgelisteten inhaltlichen Wissenselemente repräsentiert die für den Wissensbereich des „Operanten Konditionierens" abgeleiteten Annahmen bzgl. der Vorwissensrelation. Diese Annahmen basieren auf Inhalts-Analysen verschiedener Lehrbücher der Allgemeinen und Pädagogischen Psychologie (z.b. Gage & Berliner, 1996; Spada, 1998; Zimbardo, 1999). Sie dienten als Grundlage für die Auswahl und Strukturierung der Inhalte des Lehrtextes zum Operanten Konditionieren (s. Tab. 36).

Tabelle 36: Struktur und Inhalt des Lehrtextes „Operantes Konditionieren"

Hauptkapitel	Unterkapitel – zentrale Konzepte
Vertreter	• Edward Lee Thorndike • Burrhus Frederic Skinner
Experimental-Paradigma	• Skinner Box • Phasen beim operanten Konditionieren
Prinzipien des operanten Konditionierens	• Verstärkung • Bestrafung • Löschung
Bedingungen für das operante Konditionieren	• Kontingenz • Kontiguität
Abhängige Variablen beim operanten Konditionieren	• Lerngeschwindigkeit • Löschungswiderstand • Verhaltensrate
Unabhängige Variablen beim operanten Konditionieren	• Abstand zwischen Verhalten und Verstärkung • Verstärkungspläne • Quantität/Qualität der Verhaltenskonsequenzen
Differenzierung des Experimental-Paradigmas	• Kontrasteffekte („Crespi effect") • Diskriminative Hinweisreize, Saisonarbeiter-Effekt • Gegenkonditionierung

Auf der Basis der in der Wissensstruktur-Analyse identifizierten Beziehungen zwischen den inhaltlichen Wissenselementen wurden die für diese Elemente relevanten Definitionen und Beschreibungen zunächst in Form eines basalen Lehrtextes aufgeschrieben. Anschließend wurde dieser basale Lehrtext mit Hilfe von Beispielen, graphischen Veranschaulichungen und Erläuterungen der Verbindungen zu anderen Wissensbausteinen elaboriert. Darüber hinaus wurden didaktische Mittel wie Advanced organizer, Anwendungsbeispiele, Wiederholungen oder Erläuterungen eingesetzt, um die Verständlichkeit des Textes zu fördern. Auf diese Weise entstand ein Lehrtext mit insgesamt 3.171 Wörtern, vier Abbildungen, vier Grafiken sowie zwei Tabellen.

Zur Konstruktion von Aufgaben zu diesem Lehrtext wurden in einem nächsten Schritt die für die oben definierten Lernziele relevanten kognitiven Operationen spezifiziert. Um einer Vermischung von inhaltlichen Anforderungen und kognitiven Operatoren vorzubeugen, erfolgte diese Spezifikation zunächst ohne direkten Bezug zu den inhaltlichen Wissenselementen. Eine unabhängige Spezifikation von inhaltlichen und kognitiven Aufgabenanforderungen hat den Vorteil, dass sowohl bei der Konstruktion von Aufgaben, als auch bei der Analyse von Aufgabenanforderungen alle möglichen Kombinationen dieser inhaltlichen und kognitiven Anforderungen berücksichtigt werden können. Für den Wissensbereich „Operantes Konditionieren" wurden daher die folgenden kognitiven Operationen unterschieden (vgl. Narciss et al., 2004):

- Erinnern
  - o *Recognition* – Wissenabruf mit Hinweisreiz (Wiedererkennen),
  - o *Recall* – Abruf von Wissen ohne Hinweisreiz (Reproduzieren).
- Transformieren
  - o *Abbilden* – Darstellen von Inhalten in bildhafter Form,
  - o *Paraphrasieren* – Wiedergeben von Inhalten mit anderen (eigenen) Worten,
  - o *Konkretisieren* – Finden von Beispielen für Prinzipien,
  - o *Abstrahieren* – Beispiele in Prinzipien übertragen.
- Klassifizieren
  - o *Diskriminieren* – Finden von Unterschieden,
  - o *Generalisieren* – Finden von Gemeinsamkeiten,
  - o *Kreuzklassifizieren* – Finden von Gemeinsamkeiten und Unterschieden.
- Argumentieren – Schlussfolgern
  - o *Extrapolieren* – Vorhersagen treffen, Hypothesen erstellen,
  - o *Interpolieren* – Rückschlüsse auf einzelne Komponenten oder Faktoren ziehen, die einen Sachverhalt bestimmen,
  - o *Interpretieren* – Deuten und Bewerten von Ergebnissen und Aussagen.

Tabelle 37: Lehrziel-Matrix für den Wissensbereich „Operantes Konditionieren"

Inhaltliche Wissenskomponenten	Erinnern		Transformieren			Klassifizieren				Argumentieren		
	recognition	recall	abbilden	paraphrasieren	konkretisieren	abstrahieren	diskriminieren	generalisieren	kreuzklassifizieren	extrapolieren	interpolieren	interpretieren
Fakten / Vertreter												
- Edward Lee Thorndike												
- Burrhus F. Skinner												
Experimental-Paradigma												
- Skinner-Box												
- Phasen Lernexperiment												
Prinzipien												
- Verstärkung												
- Bestrafung												
- Löschung												
Bedingungen												
- Kontingenz												
- Kontiguität												
Abhängige Variablen												
- Lerngeschwindigkeit												
- Löschungswiderstand												
- Verhaltensrate												
Unabhängige Variablen												
- Zeitabstand												
- Verstärkungspläne												
- Verstärk.- Qualität/Quantität												
Differenzierungen												
- Kontrasteffekte												
- Gegenkonditionierung												
- Diskriminativer Hinweisreiz												

Kognitive Operationen

In Anlehnung an Bloom (1973) wurden diese kognitiven Operationen nach ihrer Komplexität geordnet. Erinnern wird demnach als einfachere Anforderung eingeschätzt als z.b. Argumentieren oder Schlussfolgern. Darüber hinaus kann man davon ausgehen, dass Aufgaben, die komplexere kognitive Operationen erfordern, meist auch die Bewältigung der einfacheren Anforderungen einschließen. Um z.B. Prinzipien diskriminieren zu können, muss man sich erinnern können, was diese Prinzipien bedeuten.

Auf der Grundlage der identifizierten inhaltlichen Wissenselemente und Relationen sowie mit Hilfe der abgeleiteten kognitiven Operationen wurde eine Lehrziel-Matrix erstellt (siehe Tab. 37). Diese Lehrziel-Matrix fasst die wesentlichen inhaltlichen Wissenselemente sowie die im Hinblick auf die spezifizierten Lehrziele ausgewählten kognitiven Operationen zusammen und regt damit die Konstruktion unterschiedlich komplexer Studieraufgaben zum Wissensbereich „Operantes Konditionieren" an. Ausgehend von dieser Lehrziel-Matrix wurden die Prinzipien der kontentvaliden Test- und Aufgabenkonstruktion angewandt, um Transformationsregeln für die Konstruktion von Aufgaben festzulegen (Klauer, 1987). Mit Hilfe dieser Transformationsregeln wurden 144 Studieraufgaben zum Wissensbereich „Operantes Konditionieren" konstruiert (Proske, 2000; Reimann & Proske, 2000).

7.1.2 Empirische Aufgabenanalyse und -auswahl

Um untersuchen zu können, wie die konstruierten Aufgaben bearbeitet werden und bei welchen Aufgaben besonders häufig Fehler auftreten, wurde eine empirische Aufgabenanalyse durchgeführt. Für diese empirische Aufgabenanalyse wurden aus dem Gesamtpool der 144 Studieraufgaben 32 Aufgaben ausgewählt. Für die Auswahl dieser Aufgaben wurden mit Hilfe eines Quotenverfahrens und der Lehrziel-Matrix die folgenden Samplingvorschriften abgeleitet:

- Es sollten je 12 Erinnerungs- und je 12 Transformationsaufgaben ausgewählt werden. Diese Aufgaben sollten sich auf die zentralen Fachbegriffe, Prinzipien und Ursache-Wirkungszusammenhänge des Wissensbereichs „Operantes Konditionieren" beziehen
- Es sollten je 4 Aufgaben ausgewählt werden, die komplexe kognitive Operationen, d.h. Klassifizieren und Argumentieren, erfordern. Diese Aufgaben sollten sich insbesondere auf die Ursache-Wirkungszusammenhänge zwischen den unabhängigen und abhängigen Variablen bei Experimenten zum Operanten Konditionieren sowie auf die experimentellen Differenzierungen beziehen.

Für die nach diesen Vorschriften ausgewählten Aufgaben wurde dann geprüft, ob ihre Lösung von der Beantwortung einer anderen ausgewählten Aufgabe abhängt. War dies der Fall, wurde eine andere Aufgabe, die sich auf die entsprechenden inhaltlichen Wissenselemente bezog und dieselben kognitiven Operationen verlangt, ausgewählt.

Die ausgewählten 32 Aufgaben wurden von 131 Lehramtsstudierenden der Technischen Universität Dresden (2.–4. Semester; 19-27-jährig; 36 männlich, 95 weiblich) bearbeitet. Diese Studierenden bearbeiteten die Aufgaben zweimal im Abstand von 14 Tagen. Das erste Mal fand hierbei unmittelbar nach dem Studium des Lehrtextes statt, für den die Studierenden ca. 35 Minuten Zeit hatten. Das zweite Mal wurden die Aufgaben im Sinne eines verspäteten Posttests ohne vorheriges Text-Studium bearbeitet. Beim ersten Mal beantwortete die Hälfte der Studierenden die Aufgaben im Kurz-Antwort-Format, während die andere Hälfte die Aufgaben im Multiple-Choice-Format bearbeiteten. Im Posttest wurden je 16 Aufgaben im Kurz-Antwort- bzw. Multiple-Choice-Format bearbeitet. Die Reihenfolge der Aufgaben wurde dabei mit Hilfe zweier unterschiedlicher Test-Versionen variiert. Für die folgenden Aufgaben- und Fehler-Analysen wurden nur die Daten der Versuchspersonen verwendet, die die Aufgaben beim ersten Mess-Zeitpunkt im Kurz-Antwort-Format bearbeitet hatten (n=65). Auf diese Weise sollten Fehlerquellen, die bei den Multiple-Choice-Aufgaben aufgrund der Distraktoren vorhanden sein können, ausgeschlossen werden.

Tabelle 38 fasst die Ergebnisse der Analyse der Lösungswahrscheinlichkeiten für die 32 Kurz-Antwort-Aufgaben zusammen. Sie zeigt, dass die Annahme, dass die Komplexität und damit die Schwierigkeit der Aufgaben von links oben nach rechts unten zunehmen, dann einer empirischen Überprüfung standhält, wenn man auch die kognitive Operation „herleiten" berücksichtigt. Die Operation „Herleiten" kann dann zur Lösung von Aufgaben verwendet werden, wenn die Aufgabenstellung die wesentlichen Aspekte der Lösung bereits angibt und daher nur ein Element ergänzt werden muss. Aufgabe 109 heißt z.B. „Was gibt die Verhaltensrate an? Die Verhaltensrate gibt an, wie (*häufig*) ein bestimmtes Verhalten in einer bestimmten Zeit gezeigt wird." Wenn es sich bei diesem zu ergänzenden Element um einzelne Attribute von Begriffen, einfache oder sogar allgemeinverständliche Begriffe, oder auch einfache allgemeinverständliche Ursache-Wirkungs-Zusammenhänge handelt, können die Aufgaben quasi mit „dem gesunden Menschenverstand" gelöst werden. Dies gilt insbesondere wenn die Aufgabenstellung mit Hilfe eines konkreten Beispiels formuliert wurde.

Tabelle 38: Lösungswahrscheinlichkeiten der 32 Kurz-Antwort-Aufgaben

Inhaltliche Wissenskomponenten	Kognitive Operationen				
	Herleiten	Erinnern	Transformieren	Klassifizieren	Schlussfolgern
Definitorische Merkmale - Verhaltensrate	95%				
Fakten/Vertreter - Thorndike + law-of-effect		58%			
Experimental-Paradigma - Phasen Lernexperiment	78%	80%			
Prinzipien - Verhaltenskonsequenzen - - positive, negativ –	65%		62%	23%	

- Verstärkung
    - positiv
    - negativ
	62%	46%			

- Bestrafung
    - Typ I
    - Typ II
	60%			28%	

- Löschung		48%			34%
Bedingungen - Kontingenz	68% 63%				
- Kontiguität		49%	48%		
Abhängige Variablen	65%				
- Lerngeschwindigkeit - Löschungswiderstand	69%			34%	31%
- Verhaltensrate		49%	45%		
Unabhängige Variablen - Zeitabstand					26%

- Verstärkungspläne
   - kontinuierl./intermittierend
   - fixiert/variabel
   - Intervall/Quoten
	78%				09%

- Verstärker-Qualität/Quantität	49%	29%			
Differenzierungen - Kontrasteffekte					02%
- Diskriminativer Hinweisreiz		14%	29%		06%
- Saisonarbeitereffekt					

Lösungswahrscheinlichkeit:
hellgrau = 100–76; mittelgrau = 75–51; dunkelgrau = 50–26; schwarz = 25–0.
N = 65

Die kognitive Operation „Schlussfolgern – Argumentieren", wird dagegen bei
Aufgaben verwendet, die beim Interpolieren, Extrapolieren oder Interpretieren
das Ergänzen mehrerer wesentlicher Aspekte verlangen. Ein Beispiel hierfür
ist Aufgabe 319: „Viele Menschen ruinieren sich immer wieder bei so genannten Glücksspielen (z.B. Geldspielautomaten). Dies ist durch den
zugrunde liegenden Verstärkungsplan zu erklären. Um welchen Verstärkungsplan handelt es sich? Antwort: Es handelt sich um einen (*variablen
Quotenplan*)."

Die Analyse der Fehler machte deutlich, dass vor allem bei folgenden
Aufgaben-Anforderungen Fehler auftraten:

- Prinzipien des „Operanten Konditionierens diskriminieren": Negative
  Verstärkung, Bestrafung, Löschung.

- In einem experimentalpsychologischem Beispiel abhängige oder unabhängige Variablen, also Fachbegriffe der experimentellen Lernpsychologie, erinnern oder auch klassifizieren.

- Begriffe des Differenzierungs-Kapitels erinnern oder klassifizieren:
  z.B. diskriminativer Hinweisreiz, Kontrasteffekte.

Tabelle 39: Gegenüberstellung Aufgabenstellung abstrakt vs. konkret

Aufgabe ohne konkretes Beispiel	Aufgabe mit konkretem Beispiel
225 – 29% Lösungswahrscheinlichkeit	606 – 49% Lösungswahrscheinlichkeit
Aufgaben- bzw. Fragestellung:	**Aufgaben- bzw. Fragestellung:**
Die Quantität der Verhaltenskonsequenz hat Einfluss auf die Güte der Operanten Konditionierung. Wie ist dieser Zusammenhang zu charakterisieren?	In einem Experiment erhebt der Versuchsleiter die Verhaltensraten zweier Ratten. Sie werden unter zwei Bedingungen darauf konditioniert, nicht den roten Knopf zu drücken. Die Ratte Alfons wird mit einem Elektroschock von 1 Sekunde Dauer bestraft, wenn sie den roten Hebel drückt, während die Ratte Ottokar dafür mit einem Elektroschock von 1/10 Sekunde Dauer bestraft wird. Wird eine Ratte schneller lernen, den roten Hebel nicht zu drücken?
Antwortfeld:	**Antwortfeld:**
Je höher die Quantität der unangenehmen bzw. angenehmen Verhaltenskonsequenz, desto höher der/die (_____)	Wenn ja, welche? _____

Bei der Fehleranalyse fiel auch auf, dass Aufgaben, in denen konkrete Beispiele in der Aufgabenstellung angeboten wurden, in der Regel besser gelöst
wurden als Aufgaben, bei denen der zu bearbeitende Sachverhalt eher abstrakt
präsentiert wurde. In Tabelle 39 werden zur Verdeutlichung dieses Ergebnis-

ses Aufgaben 225 und 606 gegenübergestellt. In beiden Aufgaben geht es um den experimentellen Ursache-Wirkungs-Zusammenhang zwischen der Quantität der Verhaltenskonsequenz und der Lerngeschwindigkeit. Die abstrakt formulierte Aufgabe 225 hat eine Lösungswahrscheinlichkeit von 29%, während die konkret formulierte Aufgabe 606 eine Lösungswahrscheinlichkeit von 49% hat.

7.1.3   Selektion von Funktion und Inhalt der ITF-Komponenten

Die kognitive Anforderungs-Analyse des Wissensbereichs „Operantes Konditionieren" und die empirische Analyse der unterschiedlich komplexen Studieraufgaben zeigen, dass das Lösen von Studieraufgaben zum Wissensbereich „Operantes Konditionieren" einerseits inhaltliches Wissen zu den grundlegenden Fachtermini, Prinzipien, experimentellen Erkenntnissen über Ursache-Wirkungs-Zusammenhänge und über Differentielle Effekte, andererseits prozedurales Wissen zur Bewältigung der kognitiven Operationen verlangt.

Die ITF-Komponenten für die Studieraufgaben zum Wissensbereich „Operantes Konditionieren" sollten daher die folgenden Funktionen erfüllen:

1. Die ITF-Komponenten sollten die Lernenden darüber informieren, ob die Lösung korrekt oder inkorrekt ist, also knowledge of result liefern.

2. Die ITF-Komponenten sollten im Falle von wiederholten Fehlern zentrale inhaltliche Aspekte verdeutlichen.

3. Die ITF-Komponenten sollten im Falle von wiederholten Fehlern auch die Anwendung prozeduralen Wissens unterstützen.

4. Die ITF-Komponenten sollten im Falle von korrekten Antworten und korrigierten Fehlern die korrekte Lösung bestätigen und zur Festigung der korrekten Wissenskomponenten beitragen, also bestätigendes knowledge of the correct response anbieten.

Bei der empirischen Aufgabenanalyse wurde einerseits deutlich, dass Fehler insbesondere bei Aufgaben auftreten, die das Klassifizieren und Schlussfolgern von lernpsychologischen und experimentellen Fachbegriffen und Prinzipien verlangen. Andererseits zeigte sich, dass Aufgaben, die die Anwendung dieser Begriffe auf ein konkretes Beispiel erforderten, besser gelöst wurden, als Aufgaben, bei denen die Begriffe eher in abstrakter Form abgefragt wurden (vgl. Tab. 39).

Dieses Ergebnis deutet darauf hin, dass konkrete Beispiele, die die wesentlichen Attribute eines Begriffes, Prinzips oder auch Ursache-Wirkungs-Zusammenhangs illustrieren, als ITF-Komponenten die Lernenden darin unterstützen könnten, im Falle von wiederholten Fehlern, eine Aufgabe doch noch korrekt zu lösen. Gestützt werden diese Überlegungen auch durch theoretische Überlegungen und empirische Erkenntnisse zum *attribute isolation feedback* (hebt die zentralen Attribute eines Begriffs hervor) bei Konzepterwerbs-Aufgaben (z.B. Merrill, 1987; Merrill & Tennyson, 1977), zum Fallbasierten Lernen sowie zum Lernen aus Analogien (z.B. Edelson, 1996; Kolodner, 1993; Moreno & DiVesta, 1994; Riesbeck & Schank, 1989; Schank 1982; Weber, 1994) und aus ausgearbeiteten Lösungsbeispielen (z.B. Renkl & Atkinson, 2002; Stark, 1999; Thußbas & Chourdakis, 2002).

Im Hinblick auf die oben aufgelisteten Funktionen wurden daher neben einer einfachen ergebnisorientierten Feedback-Komponente, die über die Richtigkeit der Lösung informierte (*KR-Komponente*) die folgenden *ITF-Komponenten* entwickelt (s. Abb. 30):

ITF-Beispiel: Ein konkretes Beispiel zu dem in der Aufgabe angesprochenen Begriff, Prinzip, Ursache-Wirkungs-Zusammenhang etc. wurde so ausgearbeitet, dass es im Sinne eines *attribute isolation feedback* die zentralen Attribute oder auch Relationen eines Begriffs oder mehrerer verknüpfter Begriffe verdeutlicht. Da bei Aufgaben mit einer Lösungswahrscheinlichkeit über 70% ein solches Beispiel in den meisten Fällen nahezu eine 1:1-Wiederholung der Aufgabe bedeutet hätte, wurde dieses *ITF-Beispiel* nur für Aufgaben ausgearbeitet, die eine Lösungswahrscheinlichkeit unter 70% hatten.

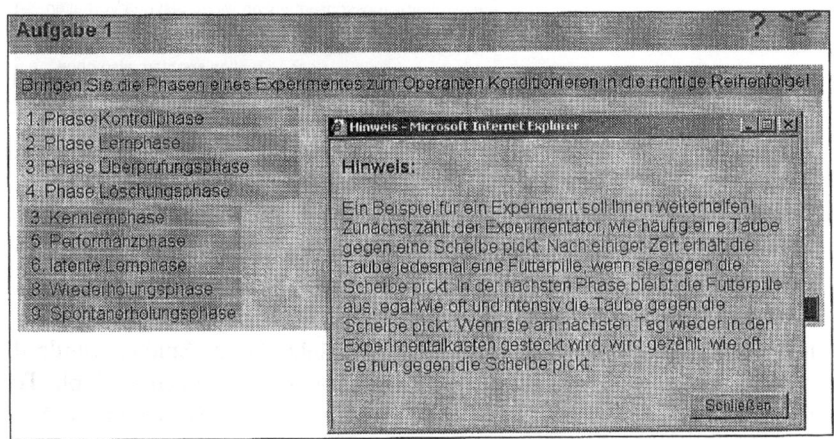

Abbildung 30: Screenshot einer falsch bearbeiteten drag-and-drop-Zuordnungs-Aufgabe mit *ITF-Beispiel*

KCR-Komponente: Nach einem zweiten falschen Lösungsversuch, aber auch zur Festigung korrekter Antworten wurde das korrekte Ergebnis wiederholt, also knowledge-of-the-correct-response (KCR) angeboten. Um bei Multiple-Choice- und einfacheren Zuordnungsaufgaben dem Risiko vorzubeugen, dass die Studierenden die Position der korrekten Antwort behalten, nicht aber den Inhalt, besteht dieses KCR nicht einfach aus der Abbildung der korrekt ausgefüllten Antwortfelder, sondern aus einer ausformulierten Textlösung (vgl. Abb. 31). Diese Form des KCR hat darüber hinaus den Vorteil, dass die falsche Lösung sichtbar bleibt und die Lernenden daher insbesondere bei komplexeren Aufgaben sehen können, welche Teilaufgaben sie richtig und welche sie falsch bearbeitet haben.

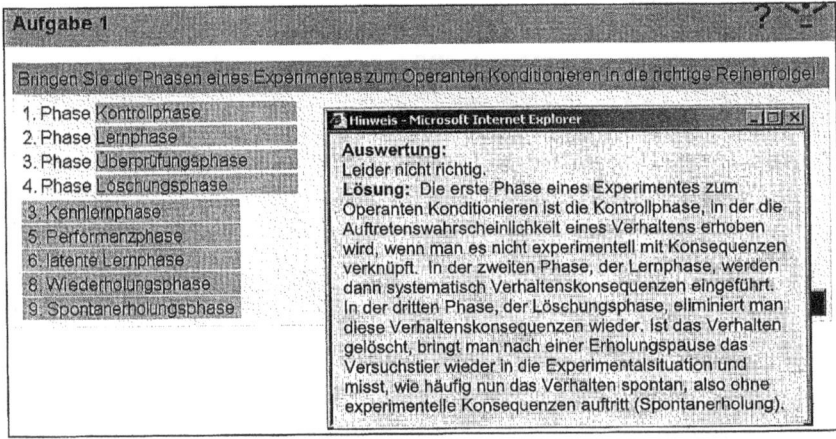

Abbildung 31:   Screenshot einer drag-and-drop-Zuordnungs-Aufgabe mit KR- und KCR-Komponente nach einem zweiten falschen Lösungsversuch

7.1.4   Selektion von Form und Modus der Feedback-Präsentation

Im Gegensatz zu den Konzepterwerbs- und Subtraktions-Studien wurde die ITF-Komponente für die folgenden Studien optional in einen Multiple-Try-Feedback-Algorithmus implementiert. Dieser Multiple-Try-Feedback-Algorithmus präsentiert nach dem ersten Lösungsversuch KR-Feedback (richtig, leider nicht richtig) zusammen mit einem Hinweis auf die ITF-Komponente mit dem Beispiel. Dieses Beispiel kann man aufrufen und für eine erneute Beantwortung der Aufgabe nutzen. Man kann aber auch die Aufgabe nochmals bearbeiten ohne das Beispiel aufgerufen zu haben. Nach dem zweiten Lösungsversuch gab es unabhängig davon, ob die Aufgabe falsch oder korrekt gelöst wurde, KCR-Feedback (vgl. Abb. 31). Dieses KCR-Feedback hat für korrekte Antworten eine bestätigende und für falsche Aufgaben eine korrigierende Funktion.

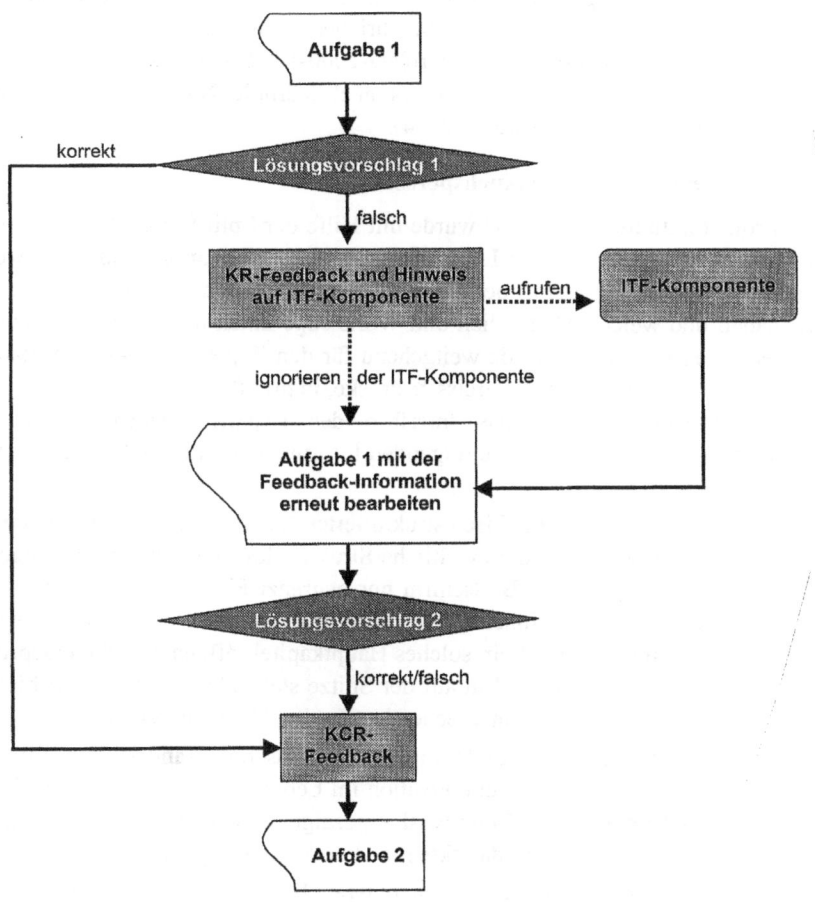

Abbildung 32:   Schematische Darstellung eines Multiple-Try Feedback-Algorithmus mit on-demand ITF-Komponente

7.2   Experimental-Software

Zur Durchführung der Evaluations-Studien wurden der Lehrtext, die Lehrmaterialien und -medien, die Lernaufgaben mit ITF-Algorithmus oder KR-KCR-
Feedback-Algorithmus, sowie sämtliche Tests und Fragebögen in ein computergestütztes Lernprogramm implementiert. Dieses Lernprogramm wurde mit
den Werkzeugen des Projektes Studierplatz 2000 erstellt (Narciss & Körndle,
1998, 1999). Im Folgenden werden die für das Verständnis der Studien relevanten Aspekte dieses Programms beschrieben. Eine ausführliche Beschreibung und Dokumentation der Studierplatz-2000-Werkzeuge findet man unter
http://studierplatz2000.tu-dresden.de (s. auch Körndle, Narciss & Proske, in
press; Proske, Körndle & Narciss, 2004).

7.2.1 Interface für die Versuchsperson

Im Projekt „Studierplatz 2000" wurde mit Hilfe der Split-Screen Technik ein
Interface entwickelt, das den Lernenden jederzeit Informationen anbietet, wo
sie sich gerade im Lehrstoff befinden, welche Materialien sie bereits bearbeitet haben und welche Materialien und Werkzeuge ihnen noch zur Verfügung
stehen. Dieses Interface wurde weitgehend für den Experimental-Studierplatz
übernommen (vgl. Körndle, Narciss & Proske, in press).

Im Einzelnen liefert das Interface des Experimental-Studierplatzes
„Operantes Konditionieren" die folgenden Informationen für die Studierenden
(siehe Abb. 33):

1. Mit Hilfe eines hierarchisch strukturierten Inhaltsverzeichnisses werden
   Informationen über die inhaltliche Struktur des Lehrmaterials bereitge-
   stellt. Da auf einem Bildschirm nur begrenzt Platz zur Verfügung ist,
   werden in diesem Inhaltsverzeichnis zunächst die Hauptkapitel angezeigt. Klickt man auf ein solches Hauptkapitel, öffnen sich die entsprechenden Unterkapitel. Ein auf der Spitze stehendes Dreieck zeigt hierbei an, ob es zu dem entsprechenden Kapitel Unterkapitel gibt.

2. In der Running-Title-Zeile am oberen Bildschirmrand werden Informationen über die aktuelle Position im Lehrmaterial angeboten. Rechts
   in der Running-Title-Zeile wird angezeigt, welches Hauptkapitel bearbeitet wird, links wird das aktuelle Unterkapitel angezeigt.

3. In der dunkelblauen Zeile am unteren Bildschirmrand werden Lern-
   werkzeuge zur Bearbeitung der Lernmaterialien angeboten. Mit Hilfe
   des Markier-Werkzeuges können die Studierenden wie mit einem
   Leuchtmarker selbst ausgewählte Textstellen markieren. Mit Hilfe der

Notiz-Funktion können sie zu selbst gewählten Begriffen Notizen anlegen.

4. Um das monitoring der Lernaktivitäten zu erleichtern, wird im Inhaltsverzeichnis durch Farbwechsel protokolliert, welche Kapitel bereits bearbeitet wurden. Dunkelblaue Dreiecke zeigen hierbei an, dass das Kapitel momentan nicht zur Verfügung steht (z.B. Vortest). Türkisfarbene Dreiecke zeigen an, dass das Kapitel zwar schon aufgerufen wurde, aber jederzeit wieder aufgerufen werden kann (z.B. Instruktionen). Hellblaue Dreiecke zeigen an, welche Kapitel aktuell bearbeitet werden können.

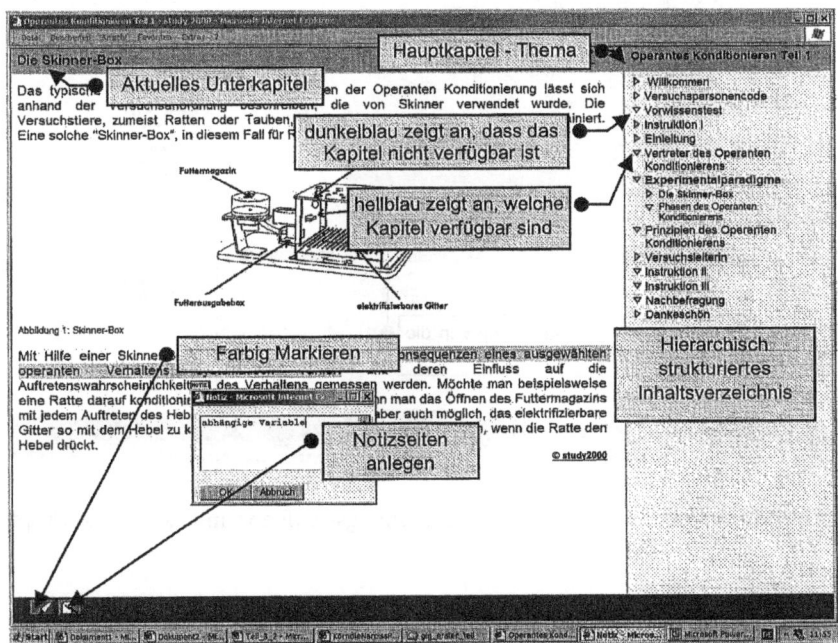

Abbildung 33: Interface des Experimental-Studierplatz „Operantes Konditionieren"

Für die Aufgabenbearbeitung liefert dieses Interface je nach Art der Aufgabe aufgabenspezifische Antwortfelder. Bei Multiple-Choice-Aufgaben sind dies z.B. Radio-Buttons, bei Lückentext-Aufgaben Text-Eingabefelder. Bei Zuordnungsaufgaben werden die Zellen von Tabellen, in die per „drag-and-drop" die ausgewählten Antworten hineingezogen werden können, zur Verfügung gestellt (vgl. Abb. 34). Solange die Studierenden nicht auf den Knopf „Eingabe bestätigen" geklickt haben, können sie ihre Antworten jederzeit korrigieren. Sobald jedoch der Knopf „Eingabe bestätigen" angeklickt wurde, wird die Aufgabenlösung ausgewertet und es wird entsprechend dem in Abschnitt 7.1.4 dargestellten Algorithmus Feedback präsentiert. Wird das KCR-Fenster geschlossen, öffnet sich automatisch die nächste Aufgabe. Nach der letzten Aufgabe eines Aufgabenblocks erscheint der Fragebogen zur Nachbefragung.

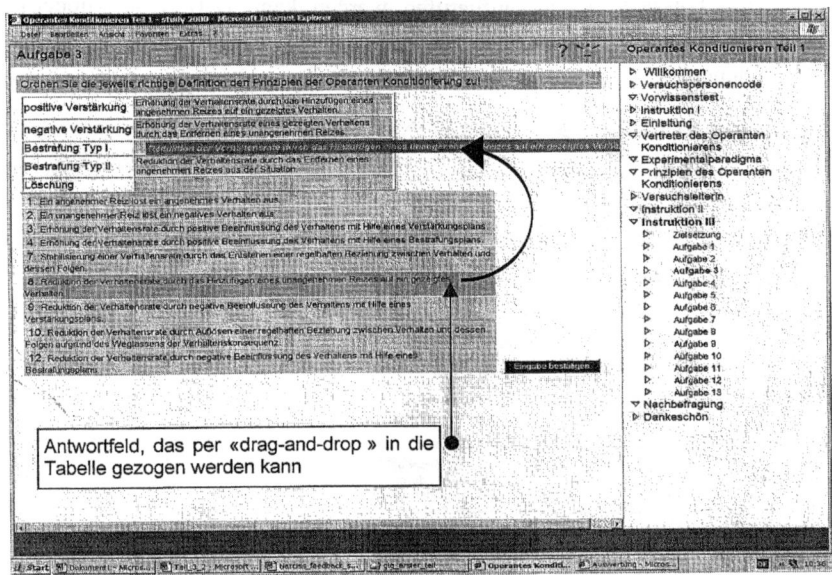

Abbildung 34: Screenshot einer Zuordnungs-Aufgabe mit „drag-and-drop" Feldern

7.2.2 Datenprotokollierung und -auswertung

In den Experimental-Studierplatz wurden mit Hilfe des Aufgaben-Werkzeugs „EF-Editor" sämtliche Messinstrumente integriert. Alle relevanten Daten konnten daher direkt online über ein log-file protokolliert werden. Für jeden Programm-Nutzer wurde mit Hilfe eines vierstelligen Codes ein Logfile angelegt. In diesem Logfile wurden alle Fragebogen-Daten sowie für jede Aufgabe die ersten und falls notwendig zweiten Antworten mit der Auswertung gespeichert. Außerdem wurde jeder Aufruf der ausgearbeiteten ITF-Beispiele protokolliert.

7.3 Experimentelle Evaluation des ITF-Algorithmus

Zur Evaluation des entwickelten ITF-Algorithmus wurden zwei experimentelle Studien mit Studierenden durchgeführt. Diese Studien sollten einen Beitrag zur Klärung der folgenden Fragen liefern:

1. Wie häufig werden ITF-Komponenten genutzt, wenn man sie nicht restriktiv, sondern lernerkontrolliert anbietet?

2. Von welchen Faktoren hängt es ab, ob die ITF-Komponenten genutzt werden?

3. Welche Lern- und Motivationseffekte hat der ITF-KCR-Algorithmus, der als ITF-Komponente ein Beispiel anbietet, im Vergleich zu einem KR-KCR-Feedback-Algorithmus?

Im Folgenden werden zunächst die für das Verständnis der Ergebnisse dieser Studien notwendigen methodischen Aspekte für beide Studien zusammengefasst berichtet. Anschließend werden analog zur Ergebnis-Darstellung der bisherigen Studien die Ergebnisse der beiden Studien dargestellt.

7.3.1 Methodische Aspekte

Die Evaluations-Studien zu den Wirkungen der entwickelten ITF-Komponenten wurden mit Hilfe des in Kapitel 7.2.1 dargestellten Experimental-Studierplatzes zum „Operanten Konditionieren" durchgeführt. Auch für diese Studien erfolgte die Planung und Durchführung auf der Grundlage des in Kapitel 3 dargestellten heuristischen Modells zur Analyse und Untersuchung von Feedback-Effekten.

7.3.1.1 Versuchspersonen

An der ersten Studie nahmen 118 Lehramtstudierende, die sich im zweiten Semester befanden, teil. Sie wurden im Rahmen der Vorlesung „Einführung in die Psychologie des Lehrens und Lernens" für die Teilnahme an der Untersuchung geworben und konnten durch die Teilnahme am Experiment Punkte für die Abschlussklausur der Vorlesung sammeln. Insgesamt konnten von 103 Studierenden (70 Frauen, 33 Männern) vollständige Datensätze erhoben werden. Das Alter der Versuchspersonen lag zwischen 19 und 36 Jahren (Median = 20,00).

Für die zweite Studie wurden 63 von insgesamt 83 Datensätzen multivariat ausgewertet. Diese Datensätze wurden bei Psychologiestudierenden erfasst, die sich zum Zeitpunkt der Untersuchung im 1. Semester befanden. Im Schnitt waren diese Studierenden 21 Jahre alt (Minimum 17, Maximum 30

Jahre). Die Stichprobe bestand aus 55 Frauen und 8 Männern. Der Studierplatz zum Wissensbereich „Operanten Konditionieren" ergänzte die allge-
meinpsychologische Vorlesung „Lernen und Gedächtnis".

7.3.1.2 Versuchsdesign

Wie in den bisherigen Studien wurde entsprechend der in Kapitel 3 abgeleiteten Evaluationsprinzipien ein multivariates Versuchsdesign umgesetzt. Hierbei wurden die Wirkungen des zweistufigen ITF-KCR-Algorithmus im Vergleich zu einem zweistufigen KR-KCR-Algorithmus untersucht. Dieser zweistufige KR-KCR-Algorithmus bot den Studierenden nicht die Möglichkeit, im
Falle von Fehlern ein Beispiel aufzurufen. Wie beim ITF-KCR-Algorithmus
erhielten die Studierenden nach dem ersten Lösungsversuch KR und im Falle
von Fehlern die Aufforderung, die Aufgabe nochmals zu bearbeiten. Nach
einem zweiten Lösungsversuch wurde die korrekte Lösung, also KCR präsentiert und danach eine neue Aufgabe aufgerufen. Die Studierenden wurden anhand ihrer Leistungen im Prätest, also anhand ihres Vorwissens parallelisiert
diesen Feedback-Bedingungen zugeordnet.

Tabelle 40: Übersicht über Versuchsbedingungen und Variablen der Evaluationsstudien – Studieraufgaben mit ITF

Feedback	n	Prä-aktionale, individuelle Kontroll-Variablen	abhängige Variablen kognitiv	motivational
Studie 1		• Vorwissen	• Korrektur-Leistung	• post-aktionales
ITF-KCR	[59]46[a]	• Leistungs-Anreize	• Posttest-Leistung	Kompetenz-
KR-KCR	44	• Fähigkeitsniveau nach Lernphase		Erleben[c]
Studie 2		• Vorwissen	• Korrektur-Leistung[b]	• post-aktionales
ITF-KCR	32[a]	• Prä-aktionale Kompe-	• Posttest-Leistung	Kompetenz-
KR- KCR	31	tenz-Einschätzung		Erleben[c]
		• Leistungs-Anreize		
		• Intrinsische Anreize		
		• Fähigkeitsniveau nach Lernphase		

Anmerkungen:
[a] Ausgewertet wurden nur die Datensätze von Versuchspersonen, die die ITF-Komponente
mindestens an einem Treatment-Zeitpunkt immer genutzt hatten.
[b] In Studie 2 gab es zwei 60-minütige Treatmentphasen im Abstand von einer Woche. Die Korrektur-Leistung wurde demzufolge zweimal erhoben. 12% der Versuchspersonen fehlten zum
2. Zeitpunkt.
[c] Das Komptenz-Erleben wurde zu allen Mess-Zeitpunkten erfasst, d.h. in Studie 1 zweimal und
in Studie 2 dreimal.

Als individuelle Variablen im Sinne prä-aktionaler Kontroll-Variablen wurden
das bereichsspezifische Vorwissen, die Einschätzung der Leistungs-Anreize

sowie der intrinsischen Anreize und das nach der Lernphase erreichte Fähigkeitsniveau erfasst. Da die ITF-Komponente nicht restriktiv implementiert war, sondern es den Studierenden frei stand, sie zu nutzen oder nicht, wurde darüber hinaus die Häufigkeit der Nutzung der ITF-Komponente kontrolliert. Als abhängige Variablen wurden sowohl die Korrektur-Leistungen während des Treatments, als auch die Leistungen in einem 7 bzw. 14 Tage später durchgeführten Posttest erfasst. Außerdem wurde vor dem Hintergrund der Multi-Funktionalität von Feedback auch das post-aktionale Kompetenz-Erleben untersucht. Tabelle 40 liefert eine Übersicht über die Variablen des geplanten Versuchs-Designs.

7.3.1.3 Versuchsablauf

Beide Studien wurden im Multimedia-Lehr-Lernlabor der Professur für die Psychologie des Lehrens und Lernens der Technischen Universität Dresden durchgeführt. Wie in Abschnitt 7.2.1 beschrieben, wurde der Ablauf des Experimentes mit Hilfe der im Projekt Studierplatz 2000 entwickelten Werkzeuge als Experimental-Studierplatz programmiert.

Für die erste Studie wurde eine Experimental-Sitzung geplant und durchgeführt (siehe Tab. 36, S. 225). In dieser Sitzung bearbeiteten die Studierenden zu Beginn den Vorwissenstest. Danach bekamen sie die Instruktion, die Texte und Materialien des Experimental-Studierplatzes zum „Operanten Konditionieren" so zu bearbeiten, dass sie anschließend sowohl Fakten- als auch Anwendungsaufgaben lösen konnten. Wie in Kapitel 7.2.1 beschrieben, konnten die Studierenden bei der Bearbeitung der Lehrtexte Notizen und Markierungen direkt am Bildschirm vornehmen. Die Bearbeitung der Texte war nicht restriktiv vorgegeben. Die Studierenden konnten in den zur Verfügung stehenden Texten vor und zurück springen oder auch etwas überspringen. Sie konnten so viel Zeit für die Bearbeitung der Lehrtexte und -materialien verwenden, wie sie für nötig hielten. Wenn die Studierenden der Meinung waren, ausreichend gelernt zu haben, um Lernaufgaben lösen zu können, mussten sie sich bei der Versuchsleiterin melden. Diese schaltete dann den ersten Aufgabenblock mit insgesamt 12 Aufgaben frei und blockierte den Zugriff zum ersten Teil der Lehrtexte und -materialien. Während der Aufgabenbearbeitung konnten die Studierenden also nicht mehr auf den Lehrtext zugreifen. Die Aufgaben mussten in der vorgegebenen Reihenfolge beantwortet werden.

Da längeres Arbeiten am Bildschirm sehr ermüdend ist, sollten alle Studierenden nach dem Bearbeiten der ersten zwölf Lernaufgaben eine Pause von mindestens zehn Minuten einlegen. In dieser Pause erhielten sie Kaffee

oder Tee und Kekse. Nach der Pause bearbeiteten die Probanden den zweiten
Teil des Lehrtextes. Auch in diesem Teil war es den Studierenden freigestellt,
wie lange sie arbeiteten. Sie konnten außerdem in den zur Verfügung stehenden Texten vor und zurück springen oder auch etwas überspringen. Wie beim
ersten Teil schaltete Versuchsleiterin auf Wunsch den Aufgabenblock frei (10
Aufgaben) und blockierte den Zugriff zu den Lehrtexten und -materialien.
Auch der zweite Aufgabenblock musste in der vorgegebenen Reihenfolge bearbeitet werden. Nach der letzten Lernaufgabe wurden die Probanden aufgefordert, die 19 Items der Nachbefragung zu beantworten. Diese Items beinhalteten Fragen zum Arbeitsverhalten, zur subjektiv erlebten Aufgabenschwierigkeit, zum Spaß am Lernen mit dem Programm und anderes.

In der ersten Studie fand 14 Tage nach dieser Experimental-Sitzung der
Posttest und die Erhebung der Leistungsmotivations-Daten statt. Im Posttest
bearbeiteten die Versuchspersonen nochmals in derselben Reihenfolge alle 22
Aufgaben, die sie auch in der Treatment-Phase bearbeitet hatten. Da in Studie
1 die Experimentalsitzung mit Prätest, zwei Studier-Phasen und zwei Aufga-
benbearbeitungs-Phasen insgesamt sehr lang und anstrengend für die Probanden war, wurden in der zweiten Studie die Studier- und Aufgabenbearbei-
tungs-Phasen auf zwei Sitzungen verteilt. Der Posttest, in dem die Studierenden die 26 Aufgaben der Treatmentphasen nochmals in einer anderen Reihenfolge bearbeiteten, fand in dieser Studie eine Woche nach der zweiten Treatment-Phase statt (vgl. Tab. 41). In beiden Posttests konnte jede Aufgabe nur
einmal beantwortet werden und es gab keine Rückmeldungen über die Richtigkeit der Antwort. Im Anschluss an den Posttest schätzten die Studierenden
die Zufriedenheit mit ihrer Leistung ein.

Tabelle 41: Gegenüberstellung der Versuchsabläufe von Studie 1 und 2

Studie 1	Studie 2
Prätest 8 Items	Prätest 8 Items
Teil 1 Lehrtext und -materialien	Teil 1 Lehrtext und -materialien
12 Lernaufgaben	13 Lernaufgaben
Pause 10 Minuten	Pause 1 Woche
Teil 2 Lehrtext und -materialien	Teil 2 Lehrtext und -materialien
10 Lernaufgaben	13 Lernaufgaben
Pause 14 Tage	Pause 7 Tage
Posttest 22 Aufgaben[a]	Posttest 26 Aufgaben[b]

Anmerkungen:
[a] Aufgaben wurden in derselben Reihenfolge bearbeitet wie in der Treatmentphase
[b] Aufgaben wurden in einer anderen Reihenfolge bearbeitet wie in den Treatment-Phasen

7.3.1.4 Versuchsmaterial – Lern- und Testaufgaben

Die Lernaufgaben für die beiden Studien wurden auf der Basis der Ergebnisse der empirischen Aufgabenanalyse ausgewählt (vgl. Abschnitt 7.1.2). Für die erste Studie wurden die 22 Aufgaben ausgewählt, die bei der Studie zur Aufgabenanalyse sowohl in der Interventionsphase als auch im Posttest eine Lösungswahrscheinlichkeit unter 70% hatten. Dies bedeutet, dass Aufgaben, die sich in der Studie zur empirischen Aufgabenanalyse als sehr einfach erwiesen, nicht zu den Untersuchungsaufgaben der ersten Studie zählten. Von den 22 ausgewählten Aufgaben verlangten 5 das Herleiten, 6 das Erinnern, 3 das Transformieren, 3 das Klassifizieren und 5 das Schlussfolgern. Die Hälfte der Aufgaben wurde im gebundenen Antwort-Format, die andere im offenen Kurz-Antwort-Format präsentiert.

Da es ein Ziel der zweiten Studie war, differentielle Effekte der ITF-Komponente in Abhängigkeit von der Aufgabenschwierigkeit zu untersuchen, wurden die Auswahl der Untersuchungsaufgaben auf der Grundlage der Ergebnisse der ersten Studie nochmals überarbeitet. 4 Aufgaben, die in der ersten Studie beim ersten Beantworten eine Lösungswahrscheinlichkeit über 70% hatten wurden eliminiert. 2 Aufgaben wurden gestrichen, da sie bedingt durch die Hinzunahme neuer, komplexerer Aufgaben, mehr oder weniger in einer anderen Aufgabe bereits enthalten waren. 2 weitere Aufgaben wurden durch komplexere Versionen ersetzt. Auf der Grundlage der Studie zur empirischen Aufgabenanalyse wurden dann 10 weitere Aufgaben ausgewählt, die das Klassifizieren oder Schlussfolgern mit den gelernten Begriffen, Prinzipien etc. erforderten. Insgesamt wurden in der zweiten Studie demzufolge 26 Aufgaben bearbeitet (4 Herleiten, 4 Erinnern, 4 Transformieren, 6 Klassifizieren, 8 Schlussfolgern). Alle 26 Aufgaben wurden im gebundenen Antwort-Format präsentiert.

7.3.1.5 Datenerhebung

In beiden Studien wurden dieselben abhängigen Variablen erfasst. Aufgrund der Erfahrungen der ersten Studie sowie aufgrund der Erfahrungen mit den Konzeptlern-Studien wurden für die zweite Studie die Messverfahren für die Kovariablen zum Teil ergänzt oder verändert. Im Folgenden werden daher falls notwendig sowohl die Messinstrumente von Studie 1, als auch die von Studie 2 dargestellt.

Vorwissen: Zur Kontrolle des Vorwissens wurde in beiden Studien ein Prätest mit 8 Aufgaben verwendet. Die Aufgaben dieses Prätests bezogen sich auf allgemeinverständliche Begriffe (z.B. Verhaltenskonsequenz, Verhaltensrate), auf definitorische Merkmale oder die Gesamt-Definition elementarer

Fachtermini und Prinzipien (z.B. Kontiguität, negative Verstärkung, Bestrafung Typ I und II) sowie auf übergeordnete Begriffe der experimentellen Lernpsychologie (z.B. Wirkungen kontinuierlicher Verstärkung auf Lerngeschwindigkeit und Löschungswiderstand). 3 dieser Prätest-Aufgaben wurden im Lückentext-Format angeboten, 5 im Multiple-Choice-Format (vgl. Anhang). Die Lösungswahrscheinlichkeiten für diese Aufgaben lag zwischen 0 und 51% in der ersten Studie und zwischen 0 und 39% in der zweiten Studie. Die Leistung in diesem Prätest wurde über die Anzahl der korrekt bearbeiteten Aufgaben operationalisiert.

Leistungsanreiz-Einschätzung (L_{Anreiz}): Die Erfassung des L-Anreizes erfolgte wie in den bisherigen Studien mit Hilfe von vier Items aus der Skala Leistungsstreben des LMT-L (vgl. Abschnitt 4.3.1; Tab. 10, S. 127). Diese Items bezogen sich auf das Anspruchsniveau in Lehr-Lernsituationen. Die Studierenden beantworteten diese Items in den vorliegenden Studien auf einer 5-stufigen Likertskala. In beiden Studien war die interne Konsistenz für diese Items zufrieden stellend (Cronbach's Alpha > .70).

Prä-aktionale Kompetenz-Einschätzung (KE_{prä}). Die prä-aktionale Kompetenz-Einschätzung wurde nur bei der zweiten Studie erfasst. In Anlehnung an die in den Konzeptlern-Studien verwendeten $KE_{prä}$-Items wurden hierzu die folgenden Items formuliert:

- Das Lernen mit Texten liegt mir sehr/überhaupt nicht.
- Das Bearbeiten von Lernaufgaben zu Lehrtexten fällt mir in der Regel sehr leicht/sehr schwer.
- Beim Lernen mit Texten komme ich gut voran/überhaupt nicht gut voran.
- Lernaufgaben zu Lehrtexten löse ich in der Regel sehr gut/überhaupt nicht gut.

Die Studierenden beantworteten diese Items nach dem Prätest auf einer bipolaren, sechsstufigen Likertskala. In der vorliegenden Studie war die interne Konsistenz dieser vier Items gut (Cronbach's Alpha = .81). Für die statistischen Analysen wurde daher der Summenscore der vier Items als $KE_{prä}$ -Index verwendet.

Intrinsische Anreiz-Einschätzung (I_{Anreiz}). Die Einschätzung des intrinsischen Anreizwertes wurde nur in der zweiten Studie erfasst. Hierzu wurden die folgenden Items formuliert (vgl. Rheinberg, Vollmeyer & Burns, 2001):

- Ich mag solche Lernexperimente am Computer.
- Ich mag es, zu Texten Lernaufgaben zu lösen.
- Nach dem Lesen der Instruktion erscheint mir die Aufgabe sehr interessant.
- Bei solchen Aufgaben brauche ich keine Belohnung, sie machen mir auch so viel Spaß.

Die Studierenden beantworteten diese Items nach dem Prätest auf einer siebenstufigen Likertskala. In der vorliegenden Studie war die interne Konsistenz dieser vier Items gut (Cronbach's Alpha = .86). Für die statistischen Analysen wurde der Summenscore der vier Items als I_{Anreiz}-Index verwendet.

ITF-Nutzung: In den Log-files wurde registriert, wie häufig die Studierenden die ITF-Komponente aufgerufen hatten, wenn sie eine Aufgabe beim ersten Lösungsversuch falsch gelöst hatten. Aus diesen Log-file-Daten wurde ein ITF-Nutzungs-Index berechnet. Hierfür wurde die Anzahl der Aufrufe der ITF-Komponenten durch die Anzahl aller beim ersten Lösungsversuch falsch gelösten Aufgaben dividiert.

Studier-Leistung: Nach dem Studium der Lehrmaterialien sollten die Studierenden die Aufgaben bearbeiten. Unabhängig von der Feedback-Bedingung hatten sie hierbei immer einen ersten, nicht unterstützten Lösungsversuch. Die Rate der beim ersten Lösungsversuch korrekt gelösten Aufgaben wurde daher als Maß für das beim Textstudium erreichte Leistungsniveau aufgefasst.

Korrektur-Leistung: Zur Erfassung der korrigierenden Wirkung der unterschiedlichen Feedback-Bedingungen wurde auf der Grundlage der Leistungen beim ersten und zweiten Lösungsversuch der von Phye (1979) vorgeschlagene Korrektur-Wahrscheinlichkeits-Index berechnet. Zur Berechnung dieses Indexes wird die Anzahl der vom ersten zum zweiten Lösungsversuch korrigierten Aufgaben durch die Anzahl aller beim ersten Lösungsversuch falsch gelösten Aufgaben dividiert.

Treatment-Leistung: Die Anzahl aller (im ersten oder zweiten) Lösungsversuch korrekt gelösten Aufgaben diente zur Messung der Treatment-Leistung.

Posttest-Leistung: Der Posttest bestand in beiden Studien aus den Aufgaben, die bereits unmittelbar nach der Lernphase mit Feedback bearbeitet wurden. Diese Aufgaben wurden in derselben Reihenfolge angeboten wie nach der Lernphase. Die Leistung im Posttest wurde über die Anzahl der korrekt bearbeiteten Aufgaben operationalisiert.

Kompetenz-Erleben: In beiden Studien wurde direkt nach der bzw. den Treatment-Phasen und nach dem Posttest das Kompetenz-Erleben erfasst. Dies geschah wie in den Konzeptlern-Studien, indem die Studierenden nach der Bearbeitung der Aufgaben die Zufriedenheit mit ihrer Leistung auf einer sechsstufigen Ratingskala einschätzten.

7.3.2 Ergebnisse Studieraufgaben-Studie 1

Ziel der ersten Studie war es einerseits, zu untersuchen, wie die Studierenden lernerkontrollierte ITF-Komponenten nutzen. Andererseits sollten der zwei-stufige ITF-KCR-Algorithmus und der KR-KCR-Feedback-Algorithmus hin-sichtlich der Effekte auf die Korrektur-Leistung und das Kompetenz-Erleben während des Treatments sowie auf die Posttest-Leistung und das post-aktio-nale Kompetenz-Erleben verglichen werden.

In einem ersten Schritt wurde daher geprüft, wie häufig die ITF-Kom-ponente genutzt wurde. Anschließend wurden analog zu den bisherigen Stu-dien die Daten mit Hilfe multivariater Kovarianz-Analysen ausgewertet. Da beide Feedback-Algorithmen in der zweiten Stufe KCR anbieten und zu je-dem Mess-Zeitpunkt das Kompetenz-Erleben erfasst wurde, wurde hierzu ein multivariates Mess-Wiederholungs-Design mit den Faktoren Feedback (2) und Mess-Zeitpunkt (2) und den Kovariablen Leistungs-Anreiz und Studier-Leistung verwendet. Die im Prätest erhobene Vorwissens-Leistung wurde nicht in diesen Kovarianz-Analysen berücksichtigt, da die Studierenden an-hand dieser Leistung parallelisiert den Feedback-Bedingungen zugeordnet wurden.

Um untersuchen zu können, welche Faktoren, Kovariablen und abhän-gigen Variablen zu statistisch signifikanten multivariaten Effekten beitragen, wurden im Falle von Feedback- oder Messwiederholungs-Effekten weiterfüh-rende univariate Analysen durchgeführt. Außerdem wurden im Falle von Interaktionseffekten zwischen den Faktoren Feedback und Mess-Zeitpunkt zunächst getrennte multivariate Kovarianz-Analysen für die Treatment- und die Posttest-Phase berechnet. Bei der Kovarianz-Analyse für die Treatment-Phase wurde als Kovariable die Studier-Leistung, also das nach der Lernphase erreichte Fähigkeitsniveau berücksichtigt. Bei der Kovarianz-Analyse für die Posttest-Phase diente das in der Treatment-Phase erreichte Fähigkeitsniveau als Kovariable.

7.3.2.1 Nutzung der ITF-Komponenten

Die Analyse der Nutzungsrate der ITF-Komponente im Falle eines Fehlers zeigt, dass von den 59 Studierenden 46 die ITF-Komponenten immer aufgeru-fen haben, wenn sie einen Fehler gemacht hatten. Eine Person hat die ITF-Komponente bei gut der Hälfte ihrer Fehler (53,3%) genutzt. Alle weiteren Personen, die die ITF-Komponente nicht immer aufgerufen haben, griffen in wenigsten zwei Drittel der Fehler-Fälle darauf zurück (Tab. 42). Da die ITF-Komponente meistens genutzt wurde, wurde nicht weiter analysiert, welche Faktoren Einfluss auf die ITF-Nutzung hatten.

Tabelle 42: ITF-Nutzungsrate im Falle von Fehlern – Studie 1 (N=59)

	ITF-Nutzungsrate in %					
	50–60	61–70	71–80	81–90	91–99	100
Häufigkeit	1	3	2	4	3	46

7.3.2.2 Deskriptive Daten und Korrelationen

Für die weiteren statistischen Analysen wurden nur die Datensätze verwendet, die eine ITF-Nutzung von 100% hatten. In Tabelle 43 sind die Mittelwerte und Standard-Abweichungen der Leistungs-Variablen und der Variablen des Kompetenz-Erlebens jedoch sowohl für die gesamte ITF-KCR-Stichprobe (N=59) als auch für die reduzierte ITF-KCR-Stichprobe (N=46) sowie für die KR-KCR-Stichprobe (N=44) zusammengefasst.

Tabelle 43: Mittelwerte und Standardabweichungen der Leistungs-Variablen und des Kompetenz-Erlebens – ITF-KCR- vs. KR-KCR-Algorithmus

Variable	ITF- KCR-Algorithmus n=46 [59][a]		KR- KCR-Algorithmus n=44	
	Mean	SD	Mean	SD
Prätest-Leistung	27.45 [27.12]	18.75 [17.85]	27.27	21.10
Studier-Leistung	56.23 [53.69]	14.32 [15.04]	53.09	16.28
Korrektur-Leistung	42.39 [39.18]	22.47 [21.71]	27.57	16.04
Treatment-Leistung	72.92 [70.03]	13.62 [14.57]	65.49	16.32
Posttest-Leistung	55.83 [53.16]	17.91 [17.59]	54.34	16.02
Kompetenz-Erleben Treatment	3.15 [3.03]	0.92 [0.95]	2.91	0.91
Kompetenz-Erleben Posttest	2.91 [2.81]	0.94 [0.95]	2.68	0.86

Anmerkungen:
[a] Werte in eckigen Klammern sind für die Daten der gesamten ITF-KCR-Stichprobe mit 59 Fällen, Werte ohne Klammern für die Daten der reduzierten ITF-KCR-Stichprobe.

Um zu prüfen, inwiefern die Kovariablen mit den abhängigen Variablen und die abhängigen Variablen untereinander korrelierten, wurde eine Korrelations-Analyse für alle Variablen durchgeführt. Tabelle 44 liefert eine Übersicht über die Ergebnisse dieser Korrelations-Analyse.

Tabelle 44: Korrelationen zwischen den Variablen der Studieraufgaben-
Studie 1 (N=90)

	LAnr	PräL	StudL	TreatL	KorrL	PostL	KE-T
Leistungs-Anreiz (LAnr)	-						
Prätest-Leistung (PräL)	.13	-					
Studier-Leistung (StudL)	.22*	.34**	-				
Treatment-Leistung (TreatL)	.14	.37**	.85**	-			
Korrektur-Leistung (KorrL)	.01	.24*	.30**	.69**	-		
Posttest-Leistung (PostL)	.21*	.36**	.76**	.72**	.40**	-	
Kompetenz-Erleben Treatment (KE-T)	-.06	.11	.52**	.56**	.32**	.44**	-
Kompetenz-Erleben Posttest (KE-P)	-.27*	.03	.18	.17	.08	.19	.49**

* p< .05. ** p< .01

Die Kovariable Leistungs-Anreiz korrelierte statistisch signifikant mit der
Studier-Leistung, der Posttest-Leistung und dem Kompetenz-Erleben nach
dem Posttest. Eine hohe Einschätzung des Leistungs-Anreizes ging einher mit
einer hohen Studier- und Posttest-Leistung, aber mit einem geringen Kompetenz-Erleben nach dem Posttest. Die Leistungs-Kovariablen korrelierten alle
statistisch signifikant untereinander und mit dem Kompetenz-Erleben nach der
Treatment-Phase. Darüber hinaus gab es eine signifikante Korrelation zwischen dem Kompetenz-Erleben nach der Treatment-Phase und dem Kompetenz-Erleben nach Posttest-Leistung.

7.3.2.3 Vergleich ITF-KCR-Algorithmus und KR-KCR-Algorithmus

Die Ergebnisse einer multivariaten Kovarianz-Analyse mit Messwiederholungs-Faktor (2) und dem Faktor Feedback (ITF-KCR vs. KR-KCR), den Kovariablen Leistungs-Anreiz und Studier-Leistung sowie den abhängigen Va-
riablen Leistung (t1 = Korrektur-Leistung, t2 = Posttest-Leistung) und Kompetenz-Erleben (t1, t2) zeigen, dass der Haupteffekt für den Faktor Feedback
zwar das Signifikanzniveau von 5% verfehlt, es jedoch sowohl einen statistisch signifikanten Haupteffekt des Messwiederholungs-Faktors, als auch eine
statistisch signifikante Interaktion zwischen dem Feedback- und dem Messwiederholungs-Faktor gibt. Des Weiteren zeigt diese Analyse sowohl signifikante Effekte der Kovariablen Leistungs-Anreiz als auch der Kovariablen
Studier-Leistung (vgl. Tab. 45).

Abbildung 35 illustriert mit Hilfe von z-Werten der abhängigen Variablen wie der multivariate Interaktionseffekt zwischen dem Messwiederholungs- und dem Feedback-Faktor zustande kommt. Studierende mit dem ITF-KCR-Algorithmus erzielten in der Treatment-Phase in der Korrektur-Leistung und im Kompetenz-Erleben überdurchschnittliche Werte, während Studierende mit dem KR-KCR-Algorithmus unterdurchschnittliche Werte bei diesen Variablen erreichten. In der Posttest-Phase gab es nur noch geringe Unterschiede in der Leistung und im Kompetenz-Erleben (vgl. Tab. 43, S. 247).

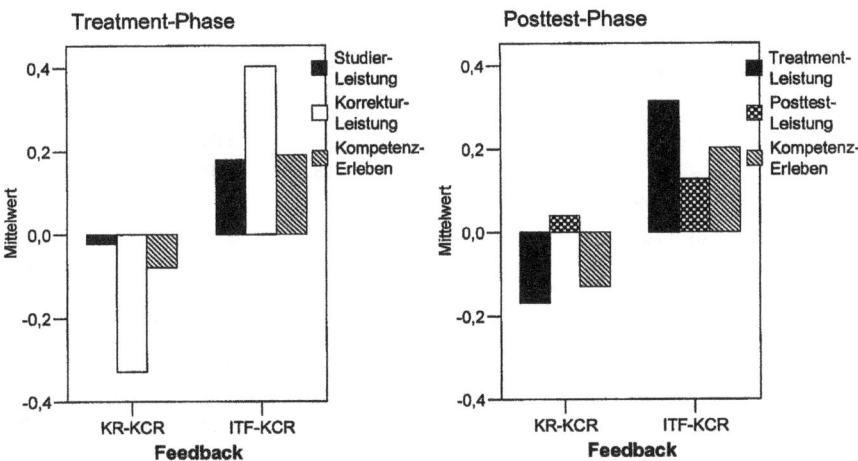

Abbildung 35:   Illustration der signifikanten multivariaten Interaktion von Feedback-Bedingung und Test-Phase (N=90)

Eine weiterführende multivariate Kovarianz-Analyse mit dem Faktor Feedback und den Kovariablen Studier-Leistung und Leistungs-Anreiz für die Daten der Treatment-Phase zeigte, dass der Feedback-Effekt in der Treatment-Phase statistisch signifikant ist (s. Tab. 45).

Des Weiteren zeigte diese Analyse, dass es einen statistisch signifikannten Effekt der Kovariable Studier-Leistung, aber keinen signifikanten Effekt der Kovariable Leistungs-Anreiz gibt. Univariate Analysen des Feedback-Effekts belegen, dass der Unterschied in der Korrektur-Leistung statistisch bedeutsam ist, während der Unterschied im Kompetenz-Erleben der Treatment-Phase nicht statistisch signifikant ist.

Tabelle 45: Zusammenfassung der multivariaten und *univariaten* Ergebnisse
(MANCOVA mit Mess-Wiederholung) von Studieraufgaben-
Studie 1

Varianz-Quelle • *Abhängige Variablen*	λ	$df_{Hyp.}$	$Df_{Error.}$	F	p	η^2
Kovariablen						
Leistungs-Anreiz	.91	2	85	4.32	.02	.09
• *Leistung*		1	86	.02	.90	<.01
• *Kompetenz-Erleben*		1	86	8.51	<.01	.09
Studier-Leistung	.58	2	85	30.56	<.001	.42
• *Leistung*		1	86	45.74	<.001	.35
• *Kompetenz-Erleben*		1	86	23.03	<.001	.21
Faktoren						
Feedback (FB)	.94	2	85	2.01	.06	.06
• *Leistung*		1	86	5.61	.02	.06
• *Kompetenz-Erleben*		1	86	0.64	.43	.01
Mess-Wiederholung	.91	2	85	3.98	.02	.09
• *Leistung*		1	86	0.72	.40	.01
• *Kompetenz-Erleben*		1	86	6.15	.02	.07
Interaktionen						
Feedback x Mess-Wdh.	.86	2	85	6.99	<.01	.14
• *Leistung*		1	86	13.36	<.001	.13
• *Kompetenz-Erleben*		1	86	0.02	.90	<.01
Mess-Wdh. x Studier-Leistung	.76	2	85	13.54	<.001	.24
• *Leistung*		1	86	12.22	.001	.13
• *Kompetenz-Erleben*		1	86	9.56	<.01	.10

Bei einer weiteren multivariaten Kovarianz-Analyse mit dem Faktor Feedback
und den Kovariablen Treatment-Leistung und Leistungs-Anreiz für die Daten
der Posttest-Phase zeigte sich kein signifikanter multivariater Feedback-Effekt
(s. Tab. 46). Es zeigten sich jedoch signifikante Effekte für die Kovariable
Leistungs-Anreiz und Treatment-Leistung. Univariate Analysen für den Effekt
der Kovariable Leistungs-Anreiz machten deutlich, dass sich diese Variable
insbesondere auf das Kompetenz-Erleben in der Posttest-Phase auswirkte,
während der Einfluss auf die Leistung eher gering war. Die Kovariable Treatment-Leistung hatte einen äußerst großen Einfluss auf die Posttest-Leistung
sowie einen mäßigen Einfluss auf das Kompetenz-Erleben (vgl. Tab. 46).

Tabelle 46: Zusammenfassung der multivariaten und *univariaten* Ergebnisse (MANCOVAs für t1 und t2) von Studieraufgaben-Studie 1

Varianz-Quelle • *Abhängige Variablen*	λ	$df_{Hyp.}$	$Df_{Error.}$	F	p	η^2
Kovariablen t1 – Treatment-Phase						
Leistungs-Anreiz	.96	2	85	1,78	.18	.04
• *Leistung*		*1*	*86*	*.02*	*.88*	*<.01*
• *Kompetenz-Erleben*		*1*	*86*	*3.56*	*.06*	*.04*
Studier-Leistung	.69	2	85	19.20	<.001	.31
• *Leistung*		*1*	*86*	*7.37*	*<.01*	*.08*
• *Kompetenz-Erleben*		*1*	*86*	*36.00*	*<.001*	*.30*
Faktoren t1 – Treatment-Phase						
Feedback (FB)	.89	2	85	5.55	<.01	.12
• *Leistung*		*1*	*86*	*11.23*	*.001*	*.12*
• *Kompetenz-Erleben*		*1*	*86*	*0.41*	*.52*	*.01*
Kovariablen t2 – Posttest-Phase						
Leistungs-Anreiz	.89	2	85	5.43	.01	.11
• *Leistung*		*1*	*86*	*1.59*	*.21*	*.02*
• *Kompetenz-Erleben*		*1*	*86*	*7.84*	*<.01*	*.08*
Treatment-Leistung	.47	2	85	47.63	<.001	.53
• *Leistung*		*1*	*86*	*96.35*	*<.001*	*.53*
• *Kompetenz-Erleben*		*1*	*86*	*3.51*	*.06*	*.04*
Faktoren t2 – Posttest-Phase						
Feedback	.96	2	85	1.70	.19	.04
• *Leistung*		*1*	*86*	*2.82*	*.09*	*.03*
• *Kompetenz-Erleben*		*1*	*86*	*0.24*	*.63*	*<.01*

7.3.3 Ergebnisse Studieraufgaben-Studie 2

In der ersten Studie gab es aufgrund der langen Experimental-Sitzung Ermüdungs- und Motivationsprobleme. Es könnte daher sein, dass sowohl die Bearbeitung des zweiten Teils der Lernaufgaben als auch das Kompetenz-Erleben erheblich durch diese Probleme beeinflusst wurden. Aus diesem Grund wurde eine zweite Studie durchgeführt, in der die Treatment-Phase in zwei Sitzungen aufgeteilt wurde. Für diese Studie wurden, auf der Basis empirischer Aufgaben-Analysen der ersten Studie, Aufgaben, die sehr einfach waren weggelassen und dafür komplexere und schwierigere Aufgaben ergänzt (vgl. Abschnitt 7.3.1.4, S. 243). Auch in dieser Studie sollte einerseits untersucht werden, wie häufig die Studierenden die lernerkontrollierten ITF-Komponenten nutzen. Andererseits sollten der ITF-KCR-Algorithmus und der KR-KCR-

Feedback-Algorithmus hinsichtlich der Effekte auf die Korrektur-Leistung und das Kompetenz-Erleben während der beiden Treatment-Phasen sowie auf die Posttest-Leistung und das Kompetenz-Erleben nach dem Posttest verglichen werden.

Wie in der ersten Studie wurde daher in einem ersten Schritt geprüft, wie häufig die ITF-Komponente genutzt wurde. Anschließend wurden die Daten weitgehend analog zur ersten Studie ausgewertet. Das hierzu verwendete multivariate Design mit Mess-Wiederholung bestand aus den Faktoren Feedback (2) und Mess-Zeitpunkt (3), den Kovariablen Leistungs-Anreiz, intrinsischer Anreiz, prä-aktionale prä-aktionale Kompetenz-Einschätzung ($KE_{prä}$) und Studier-Leistung sowie den abhängigen Variablen Korrekturbzw. Posttest-Leistung und Kompetenz-Erleben. Die im Prätest erhobene Vorwissens-Leistung wurde wie in der ersten Studie nicht in diesen Kovarianz-Analysen berücksichtigt, da die Studierenden anhand dieser Leistung parallelisiert den Feedback-Bedingungen zugeordnet wurden.

Um überprüfen zu können, inwiefern es Feedback-Effekte zu den einzelnen Mess-Zeitpunkten gibt, wurden außerdem getrennte multivariate Kovarianz-Analysen für die Treatment-Phasen und die Posttest-Phase berechnet. Bei den Kovarianz-Analysen für die Treatment-Phasen wurden als Kovariablen Leistungs-Anreiz, intrinsischer Anreiz, prä-aktionale Kompeten-Einschätzung sowie die Studier-Leistung im entsprechenden Teil des Lernmaterials berücksichtigt. Bei der Kovarianz-Analyse für die Posttest-Phase diente das über beide Treatment-Phasen gemittelte Fähigkeitsniveau als Kovariable. Darüber hinaus wurden ebenfalls die motivationalen Kovariablen Leistungs-Anreiz, intrinischer Anreiz und prä-aktionale Kompetenz-Einschätzung in diesen Analysen berücksichtigt.

7.3.3.1 Nutzung der ITF-Komponenten

Die Häufigkeitsanalyse zur Nutzung der ITF-Komponente im Falle eines Fehlers zeigt, dass die ITF-Komponente in der ersten Treatment-Phase von 28 Studierenden und in der zweiten Treatment-Phase von 32 Studierenden immer aufgerufen wurde (M_{t1}= 67.4%, SD= 43,17; M_{t2}= 70.9%, SD= 41,23). 22 Studierende haben die ITF-Komponenten in beiden Treatment-Phasen immer aufgerufen, wenn sie einen Fehler gemacht hatten. Im Gegensatz zur ersten Studie gab es in der zweiten Studie sowohl einige Studierende, die die ITF-Komponente nie als auch Studierende, die sie in weniger als der Hälfte ihrer Fehler genutzt haben (s. Tab. 47).

Tabelle 47: ITF-Nutzungsrate im Falle von Fehlern – Studie 2 (N=52)

| | ITF-Nutzungsrate in % | | | | | | | | | |
	0	1–20	21–30	31–40	41–50	51–60	61–70	71–80	81–90	91–99	100
Phase 1	14	0	0	0	2	1	1	5	1	0	28
Phase 2	10	2	1	1	2	1	1	0	2	0	32
Gesamt	6	2	1	3	7	1	2	1	4	3	22

Um zu untersuchen, inwiefern die Aufgabenschwierigkeit mit der ITF-Nutzung und der ITF-Effektivität zusammen hängt, wurde eine Korrelationsanalyse für die Variablen Aufgabenschwierigkeit, ITF-Nutzung und ITF-Effektivität (=Korrektur-Wahrscheinlichkeits-Index) durchgeführt. Die Ergebnisse dieser Analyse zeigen, dass es eine signifikante positive Korrelation zwischen der Aufgabenschwierigkeit und der Rate der ITF-Nutzung (r = .41) und eine signifikante negative Korrelation zwischen der Aufgabenschwierigkeit und der ITF-Effektivität (r = -.46) gab. Eine höhere Aufgabenschwierigkeit ging also einher mit einer höheren Wahrscheinlichkeit der ITF-Nutzung, aber mit einer geringeren Wahrscheinlichkeit der Fehler-Korrektur.

Tabelle 48: Korrelationen zwischen ITF-Nutzung, ITF-Effektivität und individuellen Faktoren – Studieraufgaben-Studie 2 (N=52)

	$Nutz_{t1}$	$Nutz_{t2}$	$KorrL_{t2}$	$KorrL_{t2}$	$Korr_G$
ITF-Nutzung t1	-				
ITF-Nutzung t2	.42**	-			
ITF-Effektivität t1[a] ($KorrL_{t1}$)	.17	-.14	-		
ITF-Effektivität t2 ($KorrL_{t2}$)	.11	.03	.19	-	
ITF-Effektivität gesamt ($Korr_G$)	.19	-.08	.77**	.72**	-
Leistungs-Anreiz (LAnr)	-.08	.06	.25+	.19	.29*
Intrinsischer Anreiz (IAnr)	.03	.04	.07	.01	.13
Kompetenz-Einschätzung ($KE_{prä}$)	-.01	-.26+	.19	.05	.22
Prätest-Leistung ($L_{Prä}$)	.04	-.03	-.11	-.11	.-13
Studier-Leistung (L_{Stu-t1})	.17	.17	.15	.21	.27+
Studier-Leistung (L_{Stu-t2})	.10	.35**	-.07	.21	.02
Treatment-Leistung t1 ($L_{Treat-t1}$)	.24+	.09	.56**	.24+	.56**
Treatment-Leistung t2 ($L_{Treat-t2}$)	.16	.18	.15	.82**	.61**

Anmerkungen:
+ $p<.10$ * $p<.05$ ** $p<.01$
[a] als Maß für die ITF-Effektivität diente die Korrektur-Leistung

Zur Untersuchung der Zusammenhänge zwischen der ITF-Nutzung, der ITF-Effektivität und individuellen Faktoren wurden für beide Treatment-Phasen Korrelationen zwischen diesen Variablen und den individuellen Kontrollvariablen (prä-aktionales Kompetenz-Erleben, Leistungs-Anreiz, Intrinsischer Anreiz, Prätest-Leistung, Studier-Leistung und Treatment-Leistung) berechnet (vgl. Tab. 48). Die Ergebnisse dieser Korrelations-Analyse zeigen, dass in der zweiten Treatment-Phase die ITF-Nutzung mit der Studier-Leistung und der Kompetenz-Einschätzung zusammen hingen. Eine hohe Studier-Leistung sowie eine negative Kompetenz-Einschätzung gingen einher mit einer hohen ITF-Nutzung in der zweiten Treatment-Phase. Für die erste Treatment-Phase gab es keine statistisch bedeutsamen Korrelationen zwischen der ITF-Nutzung und individuellen Variablen. Des Weiteren gab es keine statistisch bedeutsamen Korrelationen zwischen der ITF-Nutzung und der ITF-Effektivität. Die Gesamt-ITF-Effektivität korrelierte allerdings signifikant positiv mit der motivationalen Variable Leistungs-Anreiz.

7.3.3.2 Deskriptive Daten und Korrelationen

Tabelle 49: Mittelwerte und Standardabweichungen der Leistungs-Variablen und des Kompetenz-Erlebens – ITF-KCR- vs. KR-KCR-Algorithmus

Variable	ITF- KCR-Algorithmus n=32 [52][a]				KR- KCR-Algorithmus n=30[b]	
	Mean		SD		Mean	SD
Prätest-Leistung	12.11	[11.29]	17.24	[17.71]	15.83	18.55
Studier-Leistung t1	61.54	[58.43]	16.58	[17.78]	60.00	17.77
Studier-Leistung t2	57.45	[54.88]	14.61	[13.88]	58.97	20.53
Korrektur-Leistung t1	30.69	[31.45]	27.19	[24.27]	20.93	20.68
Korrektur-Leistung t2	49.79	[49.99]	25.23	[23.37]	50.05	24.65
Treatment-Leistung t1	73.32	[70.86]	14.88	[17.26]	67.69	17.66
Treatment-Leistung t2	77.64	[76.78]	12.26	[12.51]	76.92	16.78
Treatment-Leistung gesamt	75.48	[73.82]	10.87	[11.87]	72.31	15.76
Posttest-Leistung	66.35	[61.39]	14.42	[15.74]	63.59	18.29
Kompetenz-Erleben t1	4.75	[4.12]	1.24	[1.63]	3.77	1.38
Kompetenz-Erleben t2	4.38	[3.71]	1.43	[1.71]	4.10	1.37
Kompetenz-Erleben Posttest	3.91	[3.67]	1.20	[1.38]	3.83	1.23

Anmerkungen:
[a] Werte in eckigen Klammern sind für die gesamte ITF-KCR-Stichprobe mit 52 Fällen, Werte ohne Klammern für die reduzierte ITF-KCR-Stichprobe.
[b] Bei einer Person gab es fehlende Werte bei den Kovariablen.

Da sich der Datensatz der ITF-KCR-Bedingung um mehr als die Hälfte reduziert hätte, wenn man nur die Datensätze ausgewählt hätte, bei denen zu beiden Mess-Zeitpunkten eine ITF-Nutzung von 100% zu verzeichnen war, wurden für die folgenden Auswertungen 32 Datensätze ausgewählt, die die folgenden Kriterien erfüllten: Wenigstens bei einem Zeitpunkt sollte die Person die ITF-Komponenten im Falle von Fehlern immer genutzt haben. Insgesamt sollte die ITF-Komponente mindestens in 2/3 der Fehler-Fälle aufgerufen worden sein. Tabelle 49 fasst die Mittelwerte und Standard-Abweichungen der Leistungs-Variablen und der Variablen des Kompetenz-Erlebens sowohl für die gesamte ITF-KCR-Stichprobe als auch für die reduzierte ITF-KCR-Stichprobe zusammen.

Tabelle 50: Korrelationen zwischen den Variablen der Studieraufgaben-Studie 2 (N=62)

	L_{Anreiz}	I_{Anreiz}	$KE_{prä}$	$L_{prä}$	L_{stud1}	L_{stud2}	L_{treat}	$Korr_1$	$Korr_2$	L_{post}	KE_{t1}	KE_{t2}
Leistungsanreiz L_{Anreiz}	-											
Intrins. Anreiz I_{Anreiz}	.40**	-										
Kompetenz-Erleben prä $KE_{prä}$	-.20	-.15	-									
Prätest-Leistung $L_{prä}$	-.08	.02	.12	-								
Studier-Leistung t1 L_{stud1}	.21	.30*	.35**	.16	-							
Studier-Leistung t2 L_{stud2}	.01	.25*	.15	.11	.47**	-						
Treatment-Leistung L_{treat}	.28*	.32*	.32*	.17	.79**	.77**	-					
Korrektur-Leistung t1 $Korr_1$	.35**	.04	.13	.05	.09	.15	.42**	-				
Korrektur-Leistung t2 $Korr_2$	.20	.06	.11	.11	.30*	.41**	.59**	.12	-			
Posttest-Leistung L_{post}	.18	.26*	.24	.08	.53**	.69**	.77**	.11	.60**	-		
Kompetenz-Erleben t1 KE_{t1}	.37**	.16	.23	.16	.49**	.20	.52**	.38**	.15	.29*	-	
Kompetenz-Erleben t2 KE_{t2}	.21	.25*	.11	.13	.31*	.52**	.48**	.08	.37**	.42**	.27*	-
Kompetenz-Erleben t3 KE_{t3}	.06	.06	.09	-.14	.13	.24	.25*	.09	.19	.36**	.42*	.25*

* p< .05 ** p< .01

Tabelle 50 liefert eine Übersicht über die Ergebnisse einer Korrelations-Analyse. Die Kovariable Leistungs-Anreiz korrelierte statistisch signifikant mit der Kovariable intrinsischer Anreiz sowie der Treatment-Leistung, der Korrektur-Leistung sowie dem Kompetenz-Erleben in der ersten Treatment-Phase. Eine hohe Einschätzung des Leistungs-Anreizes ging einher mit einer hohen Einschätzung des intrinsischen Anreizes, mit einer hohen Treatment-Leistung sowie mit einer hohen Korrektur-Leistung und einem hohen Kompetenz-Erleben in der ersten Treatment-Phase. Die Kovariable Intrinsischer Anreiz korrelierte statistisch signifikant mit den Studier-Leistungen in beiden Treatment-Phasen, der Treatment-Leistung und dem Kompetenz-Erleben nach der zweiten Treatment-Phase. Eine hohe Einschätzung des Intrinsischen Anreizes ging einher mit hohen Studier- und Treatment-Leistungen sowie mit einem hohen Kompetenz-Erleben nach der zweiten Treatment-Phase. Die Kovariable prä-aktionale Kompetenz-Einschätzung korrelierte signifikant mit der Studier-Leistung in der ersten Treatment-Phase und mit der Treatment-Leistung. Eine hohe prä-aktionale Kompetenz-Einschätzung war mit einer hohen Studier-Leistung in der ersten Treatment-Phase und mit einer hohen Treatment-Leistung verknüpft. Wie in der ersten Studie gab es signifikante positive Korrelationen zwischen den Leistungs-Kovariablen und den entsprechenden Variablen des Kompetenz-Erlebens. Des Weiteren korrelierte die Korrektur-Leistung in der zweiten Treatment-Phase signifikant mit der Posttest-Leistung: Eine hohe Korrektur-Leistung in der zweiten Phase ging einher mit einer hohen Posttest-Leistung. Darüber hinaus waren signifikante positive Korrelationen zwischen dem Kompetenz-Erleben nach der ersten Treatment-Phase und dem Kompetenz-Erleben nach der zweiten Treatment-Phase sowie nach dem Posttest zu verzeichnen.

7.3.3.3 Vergleich ITF-KCR-Algorithmus und KR-KCR-Algorithmus

Zur globalen Prüfung der Unterschiede zwischen den Feedback-Gruppen und Mess-Zeitpunkten wurde eine multivariate Kovarianz-Analyse mit Messwiederholungs-Faktor (3) und dem Faktor Feedback (ITF-KCR vs. KR-KCR), den Kovariablen Leistungs-Anreiz, Intrinsischer Anreiz, prä-aktionaler Kompetenz-Einschätzung ($KE_{prä}$) und Studier-Leistung sowie den abhängigen Variablen Leistung (t1 = Korrektur-Leistung 1. Treatment-Phase, t2 = Korrektur-Leistung 2. Treatment-Phase, t3= Posttest-Leistung) und Kompetenz-Erleben (t1, t2, t3) durchgeführt. Diese Kovarianz-Analyse erbrachte weder für den Mess-Wiederholungs-Faktor noch für den Faktor Feedback einen signifikanten Effekt. Es gab auch keine signifikante Interaktion zwischen dem Feedback- und dem Messwiederholungs-Faktor (vgl. Tab. 51).

Tabelle 51: Zusammenfassung der multivariaten und *univariaten* Ergebnisse (MANCOVA mit Mess-Wiederholung) von Studie 2

Varianz-Quelle • *Abhängige Variablen*	λ	$df_{Hyp.}$	$Df_{Error.}$	F	p	η^2
Kovariablen						
Kompetenz-Einschätzung prä	1.00	2	55	0.00	.99	<.01
Intrinsischer Anreiz	97	2	55	0.99	.38	.04
Leistungs-Anreiz	.85	2	55	4.95	.01	.15
• *Leistung*		*1*	*56*	*8.60*	*<.01*	*.13*
• *Kompetenz-Erleben*		*1*	*56*	*2.95*	*.09*	*.05*
Studier-Leistung	.62	2	55	17.09	<.001	.38
• *Leistung*		*1*	*56*	*24.10*	*<.001*	*.30*
• *Kompetenz-Erleben*		*1*	*56*	*16.76*	*<.001*	*.23*
Faktoren						
Feedback (FB)	.94	2	55	1.61	.21	.06
• *Leistung*		*1*	*56*	*0.36*	*.55*	*<.01*
• *Kompetenz-Erleben*		*1*	*56*	*3.19*	*.08*	*.05*
Mess-Wiederholung	.92	4	53	1.09	.37	.08
• *Leistung*		*2*	*56*	*0.53*	*.59*	*.01*
• *Kompetenz-Erleben*		*2*	*56*	*1.49*	*.23*	*.03*
Interaktionen						
Feedback x Mess-Wdh.	.89	4	53	1.54	.20	.10
• *Leistung*		*1*	*56*	*0.88*	*.42*	*.02*
• *Kompetenz-Erleben*		*1*	*56*	*2.14*	*.12*	*.04*
Mess-Wdh. x Studier-Leistung	.85	4	53	2.39	.06	.15
• *Leistung*		*2*	*56*	*3.17*	*.05*	*.05*
• *Kompetenz-Erleben*		*2*	*56*	*1.64*	*.19*	*.03*

Da die deskriptiven Daten darauf hinweisen, dass sich die Feedback-Gruppen zum ersten Mess-Zeitpunkt deutlicher unterscheiden, als zu den beiden anderen Mess-Zeitpunkten (vgl. Abb. 36), wurden getrennte multivariate Kovarianz-Analysen (MANCOVAs) für die erste und zweite Treatment-Phase sowie für die Posttest-Phase berechnet (vgl. Tab. 52).

Bei den Kovarianz-Analysen für die Treatment-Phasen wurden als Kovariablen Leistungs-Anreiz, intrinsischer Anreiz, prä-aktionales Kompetenz-Erleben sowie die Studier-Leistung im entsprechenden Teil des Lernmaterials berücksichtigt. Bei der Kovarianz-Analyse für die Posttest-Phase diente neben den motivationalen Kovariablen das über beide Treatment-Phasen gemittelte Fähigkeitsniveau als Kovariable.

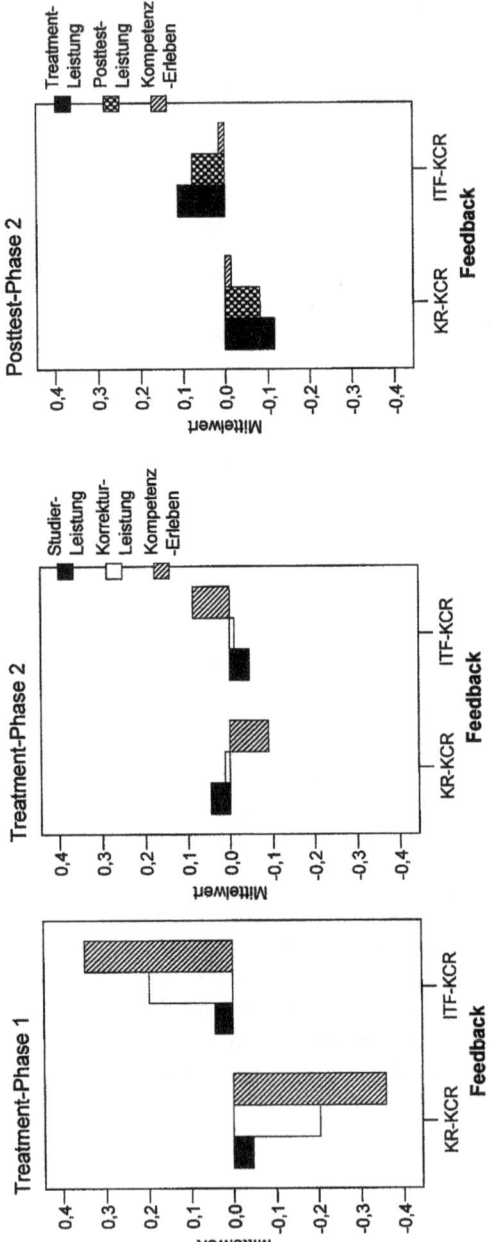

Abbildung 36: Illustration der Unterschiede zwischen den Feedback-Bedingungen in beiden Treatment-Phasen und in der Posttest-Phase (N=62)

Tabelle 52: Multivariate und *univariate* Ergebnisse (MANCOVAs für t1, t2 und t3) von Studieraufgaben-Studie 2

Varianz-Quelle • *Abhängige Variablen*	λ	$df_{Hyp.}$	$Df_{Error.}$	F	p	η^2
Kovariablen t1 – Treatment-Phase 1						
Kompetenz-Erleben$_{prä-aaktional}$	.99	2	55	0.09	.91	<.01
Intrinsischer Anreiz	.99	2	55	0.25	.78	.01
Leistungs-Anreiz	.87	2	55	4.24	.02	.13
• *Leistung*		*1*	*56*	*6.58*	*.01*	*.10*
• *Kompetenz-Erleben*		*1*	*56*	*4.35*	*.04*	*.07*
Studier-Leistung 1	.79	2	55	7.37	<.001	.21
• *Leistung*		*1*	*56*	*0.03*	*.87*	*<.01*
• *Kompetenz-Erleben*		*1*	*56*	*14.15*	*<.001*	*.20*
Faktor t1 – Treatment-Phase 1						
Feedback	.87	2	55	3.87	.03	.12
• *Leistung*		*1*	*56*	*1.13*	*.29*	*.02*
• *Kompetenz-Erleben*		*1*	*56*	*7.78*	*<.01*	*.12*
Kovariablen t2 – Treatment-Phase 2						
Kompetenz-Erleben$_{prä}$	.99	2	55	0.31	.97	<.01
Intrinsischer Anreiz	.96	2	55	1.12	.36	.04
Leistungs-Anreiz	.92	2	55	2.51	.09	.08
• *Leistung*		*1*	*56*	*4.08*	*.05*	*.07*
• *Kompetenz-Erleben*		*1*	*56*	*1.83*	*.18*	*.03*
Studier-Leistung 2	.67	2	55	13.56	<.001	.33
• *Leistung*		*1*	*56*	*13.34*	*.001*	*.19*
• *Kompetenz-Erleben*		*1*	*56*	*18.98*	*<.001*	*.25*
Faktor t2 – Treatment-Phase 2						
Feedback	.98	2	55	0.58	.56	.02
Kovariablen t3 – Posttest-Phase						
Kompetenz-Erleben$_{prä}$	1.00	2	55	0.01	.99	<.01
Intrinsischer Anreiz	.99	2	55	0.08	.92	<.01
Leistungs-Anreiz	.99	2	55	0.09	.91	<.01
Treatment-Leistung	.47	2	55	31.53	<.001	.53
• *Leistung*		*1*	*56*	*64.19*	*<.001*	*.53*
• *Kompetenz-Erleben*		*1*	*56*	*3.08*	*.08*	*.05*
Faktor t3 – Posttest-Phase						
Feedback	1.00	2	55	0.01	.99	<.01

Die MANCOVA für die erste Phase zeigte einen multivariaten Feedback-effekt. Darüber hinaus erwiesen sich die Kovariablen Leistungs-Anreiz und Studier-Leistung als statistisch bedeutsam. Univariate Analysen des Feed-back-Effekts belegen, dass es signifikante Unterschiede im Kompetenz-Erleben gab, aber keine signifikanten Unterschiede in der Korrektur-Leistung.

Studierende mit der ITF-KCR-Bedingung korrigierten in der ersten Phase ihre
Fehler häufiger und schätzen ihr Kompetenz-Erleben positiver ein als die Studierenden mit der KR-KCR-Bedingung (s. Abb. 36). In der zweiten Phase und
im Posttest waren diese Unterschiede jedoch nicht mehr so stark. Die
MANCOVAS für diese Phasen erbrachten daher keinen signifikanten Feedback-Effekt (vgl. Tab. 52).

7.4 Zusammenfassende Diskussion und Schlussfolgerungen

Im vorliegenden Kapitel sollte untersucht werden, inwiefern die in Kapitel 3
abgeleiteten ITF-Gestaltungs- und Untersuchungsprinzipien dazu geeignet
sind, informative tutorielle Feedback-Komponenten für universitäre Lernaufgaben zu entwickeln und zu evaluieren. Als Aufgaben-Bereich wurde der zum
klassischen Lehrkanon der Psychologie gehörende Wissensbereich „Operantes
Konditionieren" ausgewählt. Zur systematischen Konstruktion von Aufgaben
und zur Auswahl von ITF-Komponenten für diese Aufgaben wurden, wie in
Kapitel 3 vorgeschlagen, kognitive Aufgaben- und Fehler-Analysen durchgeführt. Da es aufgrund der Komplexität des Wissensbereichs „Operantes
Konditionieren" nicht möglich war, fehlerspezifische strategische Informationen als ITF-Komponenten zu entwickeln, wurde für jede Aufgabe ein fallbasiertes Beispiel entwickelt, das im Sinne des von Merrill (1987) vorgeschlagenen „attribute-isolation feedback" die zentralen Aspekte der in der Aufgaben relevanten Konzepte oder Prinzipien illustrierte. Diese ITF-Komponenten
wurden dann in einen zweistufigen ITF-KCR-Algorithmus implementiert, der
beim ersten Lösungsversuch angibt, ob die Lösung korrekt oder falsch ist
(KR) sowie auf die ITF-Komponente verweist und beim zweiten Lösungsversuch die korrekte Lösung erläutert (KCR). Im Gegensatz zu den bisherigen
Studien war in diesem ITF-KCR-Algorithmus die ITF-Komponente nicht restriktiv, sondern optional implementiert. Den Studierenden war es also frei
gestellt, ob sie die ITF-Komponente nutzten oder nicht.

Zur Untersuchung der Lern- und Motivationseffekte des zweistufigen
ITF-KCR-Algorithmus wurden 2 Studien durchgeführt, bei denen neben den
individuellen kognitiven und motivationalen Voraussetzungen der Studierenden auch kontrolliert wurde, ob die Studierenden der ITF-KCR-Bedingung,
die ITF-Komponenten auch genutzt haben. In der ersten Studie wurden das
gesamte Lehrmaterial und alle Lernaufgaben in einer Experimental-Sitzung
bearbeitet. Da sich diese Experimental-Sitzung als sehr anstrengend und ermüdend erwies, fand in der zweiten Studie die Bearbeitung der Lehrmateria-
len und Lernaufgaben in zwei Sitzungen statt. Darüber hinaus wurden in der
zweiten Studie sehr einfach Lernaufgaben gegen komplexere und schwieri-

gere Aufgaben ausgetauscht. Ziel beider Studien war es, zu untersuchen, wie die optional angebotenen ITF-Komponente genutzt werden, und welche Lern- und Motivationseffekte beispiel-basierte ITF-Komponenten haben, wenn sie genutzt werden.

In der ersten Studie wurden die ITF-Komponenten von den meisten Studierenden (78%) immer genutzt. Auch bei den Studierenden, die nicht immer die ITF-Komponente aufriefen, lag die Wahrscheinlichkeit der ITF-Nutzung noch über 50%. In der zweiten Studie wurden die ITF-Komponenten dagegen nur noch von 42% der Studierenden immer aufgerufen, wenn sie einen Fehler gemacht hatten. 11,5% der Studierenden hatten die ITF-Komponenten nie aufgerufen und 23% der Studierenden hatten sie in weniger als der Hälfte ihrer Fehler-Fälle genutzt. Interessanterweise nutzten Studierende, die relativ wenig Fehler beim ersten Lösungsversuch gemacht und damit eine gute Studier-Leistung hatten, die ITF-Komponenten eher wenn der erste Lösungsversuch falsch war, als Studierenden mit einer schlechten Studier-Leistung. Dieser Befund bestätigt die Ergebnisse von Studien zur Hilfe-Nutzung (vgl. Aleven, Stahl, Schworm, Fischer & Wallace, 2003) sowie zur Lerner-Kontrolle (Steinberg, 1977, 1989). Des Weiteren ist festzuhalten, dass die ITF-Komponente bei schwierigen Aufgaben eher genutzt wurde, aber weniger zur Korrektur von Fehlern beitrug, als bei einfachen Aufgaben.

In beiden Studien war der ITF-KCR-Algorithmus insbesondere für den ersten Teil der Lehrmaterialien bzw. Lernaufgaben günstiger als ein herkömmlicher KR-KCR-Algorithmus. Studierende mit dem ITF-KCR-Algorithmus korrigierten mehr Aufgaben vom ersten zum zweiten Lösungsversuch und waren zufriedener mit ihrer Leistung als Studierende mit dem KR-KCR-Algorithmus. Im zweiten Teil und im Posttest gab es dagegen kaum noch Unterschiede zwischen den beiden Feedback-Gruppen. Während die geringen Unterschiede in den Posttest-Leistungen mit der KCR-Komponente der beiden Feedback-Algorithmen erklärt werden können, kann über die Ursache der geringen Unterschiede im zweiten Treatment-Teil nur spekuliert werden. Da in beiden Studien die Studierenden im zweiten Teil unter beiden Feedback-Bedingungen ihre Fehler eher korrigierten als im ersten Teil (ca. 50% vs. ca. 30%), ist anzunehmen, dass das im ersten Treatment-Teil erreichte Fähigkeitsniveau dazu beiträgt, dass Aufgaben bereits dann korrigiert werden können, wenn eine einfache Falsch-Meldung und die Möglichkeit angeboten werden, die Aufgaben nochmals zu bearbeiten. Die signifikanten positiven Korrelationen zwischen den Studier-Leistungen und den Korrektur-Leistungen im zweiten Teil sprechen für diese Interpretation (vgl. Tab. 48, S. 253 und Tab. 50, S. 255).

Die Ergebnisse beider Studien weisen auch wieder auf den engen Zusammenhang zwischen dem Erleben eines Lernerfolgs bzw. Lernfortschritts und der Einschätzung des Kompetenz-Erlebens hin. Höhere Einschätzungen des Kompetenz-Erlebens waren sowohl mit höheren Studier- als auch mit höheren Korrektur- und Posttest-Leistungen verbunden (vgl. Tab. 44, S. 248; Tab. 50, S. 255). Der signifikante Unterschied im Kompetenz-Erleben im ersten Treatment-Teil der zweiten Studie weist des Weiteren erneut darauf hin, dass ITF-Komponenten nicht nur eine lern- sondern auch eine motivationsförderliche Wirkung haben können. Dass in der ersten Studie kein Unterschied im Kompetenz-Erleben nach der Treatment-Phase zu verzeichnen war, könnte unter anderem daran liegen, dass das Kompetenz-Erleben erst am Ende der gesamten Experimental-Sitzung, also nach der Bearbeitung des zweiten Treatment-Teils erfasst wurde. Im zweiten Treatment-Teil war auch der Unterschied in der Korrektur-Leistung geringer als im ersten Treatment-Teil.

Auch in diesen beiden Studien können die im ersten Treatment-Teil gefundenen ITF-Effekte entsprechend der Konventionen als groß eingestuft werden. Dies ist insofern bemerkenswert, da die ITF-Komponenten nicht wie in den Subtraktions-Studien fehlerspezifische Informationen beinhalteten, sondern ein Beispiel, das die zentralen Aspekte des gesuchten Konzeptes, Prinzips oder Ursache-Wirkungs-Zusammenhangs illustrierte. Die Studierenden mussten die in diesem Beispiel enthaltenen Informationen selbst auf die Aufgabe übertragen. Wie beim Lernen mit ausgearbeiteten Lösungsbeispielen ist es hierbei wichtig, dass sie die Ähnlichkeiten zwischen dem Beispiel und der Aufgabe nutzen, um ihre Fehler zu korrigieren (vgl. Renkl & Atkinson, 2002; Stark, 1999). Wie gut das gelingt, hängt, wie unter anderem die vorliegenden Daten zeigen, einerseits von den Fähigkeiten und der Motivation der Lernenden ab, anhand von Beispielen Lösungen zu generieren. Andererseits zeigen vorangegangene Studien, dass die Ähnlichkeit zwischen den Beispielen und den Aufgaben hierbei ein wesentlicher Faktor ist (vgl. z.B. Thussbas & Chourdakis, 2002).

Insgesamt lässt sich vor dem Hintergrund dieser Ergebnisse festhalten, dass die in der vorliegenden Arbeit vorgeschlagenen Prinzipien für die Gestaltung von informativen tutoriellen Feedback-Komponenten durchaus auch in komplexen, universitären Wissensbereichen erfolgreich angewandt werden können. Man kann für sehr komplexe Wissensbereiche zwar kaum fehlerspezifische ITF-Komponenten entwickeln, aber dennoch kognitive Aufgaben- und Fehler-Analysen dazu nutzen, um aufgabenspezifische Informationen zu identifizieren, die die Aufgabenbearbeitung im Falle von Fehlern unterstützen, ohne direkt die Lösung anzubieten.

Des Weiteren zeigen die vorliegenden Ergebnisse, dass es wichtig ist, bei der Untersuchung der Effekte unterschiedlicher Feedback-Arten sowohl Daten über den Lernerfolg als auch Daten über die individuellen kognitiven und motivationalen Voraussetzungen sowie den Motivationsprozess zu erfassen (vgl. Kap. 3.3, S. 90ff.). Wären in der zweiten Studie nur Lernerfolgs-Daten erhoben worden, hätte es keinen statistisch bedeutsamen Unterschied zwischen den beiden Feedback-Bedingungen in der ersten Treatment-Phase gegeben.

8 Zusammenfassung und Ausblick

Mit dem Begriff „informatives tutorielles Feedback" (ITF) wurden in der vorliegenden Arbeit elaborierte Feedback-Arten zusammengefasst, die strategische oder konzeptuelle Informationen zur Korrektur von Fehlern bzw. zur Überwindung von Aufgabenschwierigkeiten anbieten, aber dabei nicht unmittelbar die Lösung liefern. ITF ist vor allem im Hinblick auf die zunehmende Verbreitung computer-unterstützter Lehr-Lernangebote von Interesse, bei denen die Lernenden Wissen und Kenntnisse selbstständig erarbeiten sollen. Es gibt daher sowohl in der Feedback-Forschung, als auch in der Forschung zu Intelligenten Tutoriellen Systemen Studien, die die Effekte von komplexen elaborierten Feedback-Arten untersuchen. Die Ergebnisse dieser Studien sind jedoch häufig enttäuschend (z.B. Anderson, et al. 1995; Heffernan, 2001; Kulhavy et al., 1985) und sehr inkonsistent (vgl. hierzu Mory, 1996). Außerdem wird ITF bisher allenfalls in äußerst aufwendig gestalteten Intelligenten Tutoriellen Systemen angeboten. In der Regel bieten computerunterstützte Lehr-Lernangebote Informationen über die Richtigkeit der Lösung (KR) sowie unmittelbar oder nach einem nächsten Versuch die korrekte Lösung (KCR) an.

Die inkonsistente Befundlage der Forschung zu komplexen elaborierten Feedback-Arten lässt sich unter anderem dadurch begründen, dass die zentrale Frage wie man tutorielle Feedback-Informationen so auswählen und präsentieren kann, dass sie im Falle von Fehlern oder Schwierigkeiten zwar strategische Informationen zur Fehlerkorrektur, aber nicht unmittelbar die Lösung anbieten, bisher sowohl in der Feedback- als auch in der ITS-Forschung eher randständig oder intuitiv behandelt wurde. Darüber hinaus wird bei der Untersuchung der Effekte unterschiedlicher Feedback-Arten häufig nicht berücksichtigt, dass Feedback multidimensional und multifunktional ist und daher globale Leistungsmaße nicht ausreichen, um Feedback-Effekte aufzuzeigen.

Zentrale Anliegen der vorliegenden Arbeit waren daher,

- die psychologisch begründete Entwicklung von Strategien und Prinzipien für die Gestaltung von ITF,
- die theoretisch und methodisch begründete Weiterentwicklung von Strategien zur Untersuchung multipler Bedingungen und Wirkungen unterschiedlicher Feedback-Arten und
- die empirische Überprüfung der entwickelten Gestaltungs- und Evaluationsprinzipien in unterschiedlichen Aufgabenbereichen.

Im Folgenden werden zunächst die wesentlichen Ergebnisse der vorliegenden Arbeit zusammengefasst. Dann werden Implikationen für die künftige Feedback-Forschung sowie für die Gestaltung und Präsentation von informativen tutoriellen Feedback-Komponenten abgeleitet.

8.1   Zusammenfassung der Ergebnisse

Der Überblick über den empirischen und theoretischen Forschungsstand zu den Wirkungen unterschiedlicher informativer Feedback-Arten zeigte, dass es bisher nur wenige Untersuchungen gibt, in denen die Effekte von ITF-Algorithmen unter experimentell kontrollierten Bedingungen mit weit verbreiteten KR-KCR-Algorithmen verglichen werden. Die Erkenntnisse zu elaborierten Feedback-Arten, also Feedback-Arten, die nicht nur KR- oder KCR-Komponenten beinhalten, sind darüber hinaus so inkonsistent, dass daraus nur mit großem Aufwand konkrete Gestaltungs- und Evaluationsprinzipien abgeleitet werden können (vgl. Narciss & Huth, 2004). Aus diesem Grund wurden zunächst empirische und theoretische Erkenntnisse zu den Bedingungen und Wirkungen von informativem Feedback dargestellt. Ausgehend von diesem Erkenntnisstand wurde dann ein heuristisches Modell entwickelt, das Erkenntnisse aus Lehr-Lernmodellen, systemtheoretische Annahmen und wesentliche Erkenntnisse der bisherigen Feedbackforschung verbindet. Im Gegensatz zu den bereits vorliegenden Erklärungs-Ansätzen zur Inkonsistenz der Feedback-Forschung hebt dieses Modell nicht nur den zentralen Stellenwert individueller Faktoren bei der Feedback-Verarbeitung hervor, sondern lenkt die Aufmerksamkeit insbesondere auch auf die inhaltliche und formale Qualität der Feedback-Inhalte und Feedback-Präsentation. Aus diesem Modell wurden sowohl Prinzipien für die Gestaltung und Präsentation von ITF-Komponenten, als auch Prinzipien für die Evaluation von ITF abgeleitet. Diese Gestaltungs- und Evaluationsprinzipien wurden in einem experimentellen, einem schulischen und einem universitären Aufgabenbereichen empirisch überprüft. In den folgenden Abschnitten werden sowohl die Ergebnisse der empirischen Untersuchungen als auch die wesentlichen Erfahrungen zur Anwendung und Umsetzung der Gestaltungs- und Evaluationsprinzipien zusammengefasst.

8.1.1   Zur Effizienz der ITF-Komponenten bzw. -Algorithmen

In der vorliegenden Arbeit wurden mit Hilfe der entwickelten Gestaltungsprinzipien für drei verschiedene Aufgabenbereiche unterschiedliche ITF-Komponenten entwickelt und in 6 Studien hinsichtlich ihrer Wirkungen auf die Leistungen im Treatment- und Posttest sowie auf die Lernmotivation untersucht. Hierbei wurden entsprechend der aus dem heuristischen Modell abgeleiteten Evaluationsprinzipien sowohl kognitive als auch motivationale Voraussetzungen berücksichtigt. Die zentralen Ergebnisse dieser Studien lassen sich wie folgt zusammenfassen:

In der ersten Konzeptlern-Studie wurden die Effekte einer ITF-Bedingung, die neben Informationen über die Richtigkeit des vorgeschlagenen Konzeptes (KR) auch Informationen über Fehler (KM) sowie einen strategischen Hinweis zur Lösung von Konzeptlern-Aufgaben anbot (KH), verglichen mit einer puren KR-Bedingung und einer KR+KM-Bedingung. Um den Einfluss auf die motivationalen Variablen Engagement, Anstrengung und Persistenz untersuchen zu können, war es den Lernenden frei gestellt, wie lange und wie viele Konzeptlern-Aufgaben sie bearbeiteten. Unter dieser lerner-kontrollierten Bedingung hatte die ITF-Bedingung einen günstigen Einfluss auf das Engagement, die Leistung und das Kompetenz-Erleben von Personen mit einer hohen prä-aktionalen Kompetenz-Einschätzung. Für Personen mit einer mittleren oder niederen Kompetenz-Einschätzung war dieser positive Effekt nicht zu verzeichnen. Diese Personen verließen möglicherweise so früh die Konzeptlern-Situation, dass die Wirkung der ITF-Bedingung nicht eintreffen konnte, weil es zu wenige Gelegenheiten gab, die Informationen der ITF-Bedingung erfolgreich umzusetzen.

Die zweite Konzeptlern-Studie wurde daher im Rahmen zweiter Schulstunden mit Schülerinnen und Schülern eines technischen Berufsschulzentrums durchgeführt. Durch die Schulstunden war die Zeit vorgegeben, die mit der Konzeptlern-Aufgabe verbracht werden sollte. Unter dieser experimentell kontrollierten Zeit-Bedingung war die ITF-Bedingung erheblich günstiger als die KR-Bedingung. Schülerinnen und Schüler mit ITF bearbeiteten mehr Aufgaben in der vorgegebenen Zeit, verbrachten insgesamt mehr der vorgegebenen Zeit mit den Aufgaben, erzielten bessere Leistungen und schätzten ihr Kompetenz-Erleben günstiger ein als Schüler mit der KR-Bedingung.

Für den Aufgabenbereich „Schriftlichen Subtrahieren" wurde ein dreistufiger ITF-Algorithmus entwickelt, der in der ersten Stufe KR präsentierte, in der zweiten Stufe KM (Fehlerort markieren, Fehlerart erläutern) und einen generellen Hinweis zur Korrektur des Fehlers liefert (KH) sowie in der dritten Stufe den Lösungsweg der Aufgabe konkret erklärt. Dieser dreistufige ITF-Algorithmus wurde so in einen Multiple-Try-Feedback-Algorithmus implementiert, dass die Schüler unmittelbar nach der Korrektur einer Aufgabe eine neue Aufgabe mit denselben Anforderungen, aber mit anderen Zahlen bearbeiten konnten. In zwei Studien wurde dieser dreistufige ITF-Algorithmus verglichen mit einem zweistufigen KR-KCR-Multiple-Try-Algorithmus. Die Ergebnisse dieser Studien zeigen, dass der entwickelte dreistufige ITF-Algorithmus im Vergleich zu dem in zahlreichen Lernprogrammen verwendeten KR-KCR-Algorithmus bereits bei einer 30-minütigen Treatment-Phase zu besseren Lernergebnissen und zu günstigeren Einschätzungen des Kompetenz-Erlebens führt.

In der zweiten Studie zum schriftlichen Subtrahieren wurde der komplexe dreistufige ITF-Algorithmus auch mit zwei zweistufigen ITF-Algorithmen verglichen, einem KR-ITF2+KCR-Algorithmus, der KR, dann die zweite Stufe des komplexen ITF-Algorithmus zusammen mit KCR präsentierte und einem KR-ITF3+KCR-Algorithmus, der KR, dann die dritte Stufe des komplexen ITF-Algorithmus anbot. Beim Vergleich dieser zweistufigen ITF-Bedingungen mit dem dreistufigen ITF-Algorithmus wurde deutlich, dass es beim KR-ITF2+KCR-Algorithmus, der zwar typische Fehler erklärt und generelle strategische Informationen zur Korrektur der Fehler anbietet, länger dauert, bis die Schüler die Anforderungen der verschiedenen Aufgaben bewältigen können als bei den ITF-Algorithmen, die konkret den Lösungsweg erklären.

Für den Wissensbereich „Operantes Konditionieren" wurden Beispiele, die die zentralen Attribute von Fachbegriffen, Lernprinzipien hervorheben als ITF-Komponenten verwendet und in einen lerner-kontrollierten Multiple-Try-Feedback-Algorithmus implementiert. Dieser Multiple-Try-Feedback-Algorithmus präsentierte nach einem ersten falschen Lösungsversuch KR sowie einen Hinweis auf die beispielbasierte ITF-Komponente. Nach dem zweiten Lösungsversuch bot er die korrekte Antwort, also KCR an. Die Lernenden konnten also selbst entscheiden, ob sie im Falle eines Fehlers die ITF-Komponente aufriefen oder die Aufgaben ohne ITF nochmals bearbeiteten. Die Lern- und Motivationseffekte dieses lernerkontrollierten ITF-KCR-Algorithmus wurden in zwei Studien verglichen mit den Effekten eines KR-KCR-Algorithmus. Als erstes Ergebnis dieser Studien ist festzuhalten, dass in beiden Studien die ITF-Komponente sehr häufig aufgerufen wurde, wenn ein Fehler gemacht wurde.

In der ersten Studie war die ITF-KCR-Bedingung eine effizientere Unterstützung bei der Korrektur von falschen Antworten in der Treatment-Phase als die KR-KCR-Bedingung. Es gab jedoch keine signifikanten Unterschiede zwischen den Feedback-Bedingungen bzgl. des Kompetenz-Erlebens und der Posttest-Leistungen. In der zweiten Studie unterstützte der ITF-KCR-Algorithmus die Fehlerkorrektur bei der Bearbeitung des ersten Teils der Lehr-Lernmaterialien besser als der KR-KCR-Algorithmus. Bei der Bearbeitung des zweiten Teils der Lehr-Lernmaterialien sowie im Posttest gab es jedoch nur noch geringe Unterschiede zwischen den Feedback-Bedingungen.

Insgesamt waren demnach in allen Studien günstigere Effekte der ITF-Bedingungen im Vergleich zu den Feedback-Bedingungen, die keine strategischen Informationen anboten, zu verzeichnen. Diese günstigeren Effekte waren jedoch nicht generell, sondern nur unter bestimmten Bedingungen zu beobachten. Bei den Konzeptlern-Studien wurde beispielsweise deutlich, dass motivationale Voraussetzungen wie z.B. eine geringe situationsbezogene Kompetenz-Einschätzung dazu führen können, dass Lernende so früh aufgeben, dass sie keine Gelegenheit haben, von der ITF-Bedingung zu profitieren. Bei den Subtraktions- und Studieraufgaben-Studien mit zwei Treatment-Phasen waren die Unterschiede zwischen den ITF-Bedingungen und den KR-KCR-Bedingungen in der zweiten Phase geringer.

Des Weiteren ist festzuhalten, dass in allen Studien die individuellen kognitiven Voraussetzungen der Lernenden erheblich Einfluss sowohl auf Leistungs- als auch auf Motivationsvariablen hatten. Auch die motivationalen Voraussetzungen erwiesen sich in fast allen Studien als bedeutsame Faktoren für Motivation und Leistung. Bis auf die Konzeptlern-Studie 1 gab es jedoch keine statistisch bedeutsamen Interaktionen zwischen den Feedback-Bedingungen und den individuellen Voraussetzungen. Die in den vorliegenden Studien verwendeten ITF-Bedingungen hatten also für alle Lernenden günstige Wirkungen.

8.1.2   Zur Effizienz der Gestaltungs- und Präsentationsprinzipien

Möchte man ITF-Komponenten entwickeln, die die Korrektur von Fehlern oder das Überwinden von Schwierigkeiten so unterstützten, dass die Lernenden die Aufgabe bei weiteren Lösungsversuchen doch noch erfolgreich bewältigen können, muss man Informations-Komponenten identifizieren, die für die Fehler-Korrektur nützlich sind. In der bisherigen Feedback-Forschung erfolgte diese Identifikation eher intuitiv als instruktionspsychologisch begründet (vgl. Kulhavy et al., 1985). In der Forschung zu Intelligenten Tutoriellen Systemen werden Dialoge zwischen menschlichen Tutoren und Lernenden analysiert, um herauszufinden, welche Informationen von Tutoren wann und wie präsentiert werden (vgl. z.B. Corbett et al., 1999; Mackay, 1988; Merrill et al., 1992). Dieses Vorgehen ist sehr aufwendig und eher explorativ, da Tutoren Informationen häufig auch eher intuitiv als auf Expertise begründet anbieten.

Aus diesem Grund wurden in der vorliegenden Arbeit Verfahren der kognitiven Aufgaben- und Fehleranalyse als Basis für die Auswahl inhaltlicher ITF-Komponenten vorgeschlagen. Sie erlauben es die folgenden, für die Auswahl von ITF-Komponenten zentralen Fragen, zu klären:

- Bei welchen Aufgaben-Anforderungen häufen sich Fehler?
- Warum häufen sich bei diesen Aufgaben-Anforderungen die Fehler?
- Welche Informationen könnten die Bewältigung dieser Aufgaben-Anforderungen unterstützen?

In den vorliegenden Studien erwies sich dieses Vorgehen als sehr nützlich: Für die Konzeptlern-Aufgaben ließen sich ausgehend von vorliegenden Befunden zu typischen Fehlstrategien beim Bearbeiten von Konzeptlern-Aufgaben strategische Informationen zur Korrektur dieser Fehlstrategie auswählen.

Für die Subtraktionsaufgaben erfolgte ausgehend von empirischen Befunden zu Fehlern und Anforderungen beim schriftlichen Subtrahieren eine Re-Analyse der Aufgaben-Anforderungen. Mit Hilfe der Ergebnisse dieser Re-Analyse wurden elementare Aufgaben-Anforderungen identifiziert. Diese wurden zur Konstruktion von Test-Aufgaben für eine empirische Fehler-Analyse genutzt. Die Ergebnisse dieser Fehler-Analyse erlaubten es, 82% der Fehler mit spezifischen Fehlstrategien zu erklären, so dass für die Korrektur dieser Fehlstrategien spezifische Informationen ausgewählt werden konnten.

Für die Studieraufgaben zum Wissensbereich „Operantes Konditionieren" dienten kognitive Anforderungs- und Wissensstruktur-Analysen als Grundlage für die systematische Konstruktion von Behaltens- und Transferaufgaben sowie für die Auswahl von analogen Beispielen, die die wesentlichen Aspekte der in der entsprechenden Aufgabe geforderten Kenntnisse illustriert.

Geht man wie in der vorliegenden Arbeit davon aus, dass Feedback neben einer inhaltlichen Facette auch eine formale und eine funktionale Facette besitzt, muss man nicht nur die Inhalte sorgfältig auswählen, sondern ebenso sorgfältig Entscheidungen hinsichtlich der angestrebten Feedback-Funktionen sowie hinsichtlich der Form und des Modus der Feedback-Präsentation treffen. Um diese Entscheidung zu unterstützen wurden aus der bisherigen Forschung zu den Bedingungen und Wirkungen informativer Feedback-Arten sowie aus theoretischen und empirischen Erkenntnissen der Lehr-Lern-Forschung grundlegende Prinzipien für die Präsentation der ausgewählten ITF-Komponenten abgeleitet. Diese Prinzipien empfehlen,

- Feedback erst nach der Aufgabenbearbeitung bereit zu stellen,
- elaborierte Feedback-Komponenten nicht unmittelbar zusammen mit knowledge of the correct response (KCR) anzubieten,
- komplexe Feedback-Inhalte nicht auf einmal, sondern sukzessive zu präsentieren und zwar so, dass zunächst eher wenige generelle strategi-

sche Informationen angeboten werden, die dann mit jedem Schritt zunehmend konkretisiert werden,

- den Lernenden die Gelegenheit zu geben, die Feedback-Information für einen nächsten Lösungsversuch zu nutzen,
- das mit Hilfe des Feedback erworbene Wissen mindestens bei einer weiteren Aufgabe derselben Art anwenden zu lassen.

Wie wichtig einerseits die Auswahl der ITF-Inhalte und andererseits die Implementation dieser Präsentations-Prinzipien sind, zeigen die Ergebnisse der zweiten Subtraktions-Studie: Im dreistufigen ITF-Algorithmus wurden alle, in den zweistufigen ITF-Algorithmen nur ein Teil der Präsentations-Prinzipien umgesetzt. Im zweistufigen KR- ITF2+KCR-Algorithmus wurde zwar Ort und Ursache des Fehlers erklärt und ein Korrektur-Hinweis gegeben, es wurde jedoch nicht, wie im dreistufigen ITF-Algorithmus und im KR-ITF$_3$+KCR-Algorithmus, konkrete Informationen zum Lösungsweg angeboten. Schüler, die die konkreten ITF-Informationen erhielten, konnten ihre Fehler bereits in der ersten 30minütigen Übungsphase korrigieren und die Lösungsstrategien schneller auf weitere Aufgaben anwenden, als Schüler, die mit dem KR-ITF$_2$+KCR-Algorithmus übten. Schüler mit dem dreistufigen ITF-Algorithmus waren hierbei noch erfolgreicher als Schüler mit dem KR-ITF$_3$+KCR-Algorithmus.

8.1.3 Zur Effizienz der Evaluationsprinzipien

Die Inkonsistenz der Befunde zu den Wirkungen komplexer elaborierter Feedback-Arten weist darauf hin, dass Feedback-Effekte durch ein komplexes Zusammenspiel individueller und situativer Faktoren zustande kommen. In zahlreichen Studien der Feedback-Forschung werden jedoch weder die individuellen Voraussetzungen der Lernenden kontrolliert, noch situative Bedingungen untersucht, die Einfluss auf die Feedback-Wirksamkeit haben könnten. Aus diesem Grund bestand ein Anliegen der vorliegenden Arbeit auch in der theoretisch begründeten Weiterentwicklung von Evaluationsstrategien.

Als Grundlage hierfür diente ein heuristisches Modell, das davon ausgeht, dass in Lehr-Lernsituationen mit extern angebotenem Feedback grundsätzlich sowohl die zentralen Faktoren der lernenden Person, als auch die des Lehrmediums berücksichtigt werden müssen, da sie als zwei interagierende Regelkreise aufgefasst werden können. Als Regelstrecke für diese Regelkreise werden die kognitiven, meta-kognitiven und motivationalen Anforderungen von Lernaufgaben aufgefasst.

Wie gut der interne, also der von der lernenden Person regulierte Regelkreis funktioniert, hängt davon ab,

- wie gut die betreffende Person die mit den Aufgaben verknüpften Anforderung bereits kennt (Subjektive Aufgaben-Repräsentation),
- wie gut sie die Qualität ihrer Aufgabenbearbeitung beurteilen kann (Mess-Fühler),
- wie gut sie in der Lage ist, bei einer Diskrepanz zwischen dem Ergebnis der Aufgabenbearbeitung und dem angestrebtem Ergebnis (Soll-Wert) Korrekturmaßnahmen abzuleiten,
- wie hoch sie motiviert ist, bei einer Diskrepanz zwischen Soll- und Ist-Wert diese Diskrepanz zu reduzieren.

Wie gut der externe, also der vom Lehrmedium regulierte Regelkreis funktioniert, hängt davon ab,

- wie gut die externe Repräsention der Aufgaben-Anforderungen ist,
- wie gut die Qualität der Aufgabenbearbeitung beurteilt werden kann (Mess-Fühler),
- wie gut die externe Regeleinrichtung in der Lage ist, bei einer Diskrepanz zwischen dem Ergebnis der Aufgabenbearbeitung und dem angestrebtem Ergebnis (Soll-Wert) Korrekturmaßnahmen abzuleiten und in konkrete tutorielle Komponenten zu transformieren, die dann als externes Feedback den Lernenden angeboten werden kann.

Wie gut bzw. wie effizient der interne und der externe Regelkreis zusammenwirken, hängt außerdem davon ab, wie groß die Diskrepanz zwischen interner und externer Aufgaben-Repräsentation ist.

Ausgehend von diesen Überlegungen wurden generelle Prinzipien für die Evaluation unterschiedlicher Feedback-Arten abgeleitet. Im Einzelnen schlagen diese Prinzipien vor, bei der Untersuchung von Feedback in Lehr-Lernsituationen zu berücksichtigen, dass

- Feedback multidimensional ist und daher die verschiedenen Dimensionen und Facetten der entwickelten Feedback-Arten sorgfältig beschrieben werden sollten,
- Feedback auf verschiedenen Wirkungsebenen effektiv sein kann und daher nicht nur kognitive, sondern möglichst auch motivationale sowie meta-kognitive Wirkungen untersucht werden sollten,
- Feedback zu unterschiedlichen Zeitpunkten Wirkungen entfalten kann und daher nicht nur Daten in einem Posttest, sondern auch Daten während des gesamten Lernprozesses erfasst werden sollten,

- Die Wirkungen von Feedback von unterschiedlichen individuellen und situativen Faktoren abhängen kann und daher diese Faktoren entsprechend kontrolliert werden sollten.

In den vorliegenden Studien wurden entsprechend dieser Prinzipien die entwickelten ITF-Algorithmen ausführlich beschrieben und hinsichtlich ihrer kognitiven und motivationalen Wirkungen untersucht. Bei der Untersuchung dieser Wirkungen wurden sowohl Daten während des Lernprozesses, als auch Posttest-Daten erhoben. Außerdem wurden die kognitiven und motivationalen Voraussetzungen der Lernenden als Kovariablen berücksichtigt, um untersuchen zu können, ob unterschiedliche individuelle Voraussetzungen zu unterschiedlichen Feedback-Effekten beitragen.

Die Ergebnisse dieser Studien zeigen, dass es sich lohnt, trotz der methodischen Schwierigkeiten, die ein multivariates Vorgehen mit sich bringt, multiple Bedingungen und Wirkungen bei der Untersuchung der Effekte unterschiedlicher Feedback-Arten zu berücksichtigen. In allen Studien gingen Leistungs-Effekte eng mit Motivations-Effekten einher und das Vorwissen bzw. das individuelle Fähigkeitsniveau hatte einen großen Einfluss auf die Leistung und die Motivation. Darüber hinaus belegen auch alle Studien einen bedeutsamen Zusammenhang zwischen individuellen motivationalen Voraussetzungen sowie Motivation und Leistung beim Bearbeiten der Aufgaben.

8.2   Perspektiven für künftige Forschung und Praxis

Ziel dieser Arbeit war es, einen Beitrag zur Entwicklung psychologisch begründeter Prinzipien für die Gestaltung, Präsentation und Evaluation von informativem tutoriellen Feedback zu leisten. Aus den vorliegenden Ergebnisse werden daher im Folgenden sowohl Implikationen für künftige Studien zu den Bedingungen und Wirkungen von informativem tutoriellem Feedback, als auch Implikationen für die theoretisch und empirisch begründete Gestaltung und Präsentation informativer tutorieller Feeback-Komponenten abgeleitet.

8.2.1   Implikationen für künftige Forschung

In der vorliegenden Arbeit wurden für einen experimentellen, einen mathematischen und einen psychologischen Aufgaben-Bereich unterschiedlich konkrete ITF-Komponenten entwickelt und untersucht. Damit liegen zwar für diese Aufgaben-Bereiche, ITF-Komponenten und -Algorithmen Ergebnisse zur Anwendung der Gestaltungs- und Evaluationsprinzipien vor, die Frage, inwiefern sich die gewonnen Erkenntnisse auf weitere Aufgaben-Bereiche übertragen lassen, muss jedoch in weiteren Studien geklärt werden. Des Weiteren ist die Frage offen, welche Wirkungen weitere tutoriellen Komponenten (z.B. Leitfragen, meta-kognitive Hinweise) haben, wenn man sie in ITF-Algorithmen implementiert.

Zur Präsentation der ITF-Komponenten wurden in den Studien zum Schriftlichen Subtrahieren und zum Wissensbereich „Operantes Konditionieren" Multiple-Try-Feedback-Algorithmen verwendet, die die ITF-Komponenten schrittweise präsentierten. In der ersten Stufe wurden hierbei zunächst nur Informationen zur Richtigkeit der Lösung angeboten, um den Lernenden die Gelegenheit zu geben, zunächst selbst den Fehler zu suchen und falls möglich ohne externe Hilfe zu korrigieren. Wenn die Lernenden allein mit dieser KR-Information nicht in der Lage waren ihre Fehler zu korrigieren, erhielten sie weitere strategische Information zu Bearbeitung der Aufgaben bzw. zur Fehlerkorrektur. Die entwickelten Feedback-Algorithmen waren hierbei zwei- oder dreistufig. Prinzipiell ist es denkbar, die Präsentation der Feedback-Inhalte auch differenzierter abzustufen. Man könnte z.B. nach der Präsentation der KR-Stufe zunächst nur den Fehlerort markieren, dann die Aufgabe erneut bearbeiten lassen und gegebenenfalls in weiteren Schritten zunehmend konkretere strategische Informationen zur korrekten Bearbeitung der Aufgabe anbieten. Eine solch differenzierte Abstufung von ITF-Komponenten wurde z.B. mit Hilfe des im Projekt „Studierplatz 2000" entwickelten Aufgaben-Editors (ef-Editor) in einer webbasierten Lehr-Lernumgebung zum Erwerb der Kenntnisse des Großen Latinums realisiert (s. Latein-Online; http://call.tu-dresden.de). Bisher liegen zu dieser differenziert abgestuften Präsentation von ITF-Komponenten jedoch nur Akzeptanz-Daten vor. Diese Akzeptanz-Daten zeigen, dass die Studierenden die abgestufte ITF-Präsentation sehr positiv einschätzen. Inwiefern eine differenzierter abgestufte Präsentation jedoch lern- und motivationsförderlicher ist als eine weniger differenzierte Abstufung, wurde bisher nicht untersucht.

Für die vorliegende Arbeit wurde ausgehend von Erkenntnissen der experimentellen Feedback-Forschung, der Forschung zu tutoriellen Strategien und Systemen, der Lehr-Lern-Psychologie sowie der Motivationspsychologie ein heuristisches Modell zur Analyse und Untersuchung von Feedback in Lehr-Lernsituationen formuliert (vgl. Kap. 3, S. 68ff.). Dieses Modell wurde dazu genutzt, grundlegende Prinzipien für die Gestaltung und Präsentation von ITF-Komponenten abzuleiten. Außerdem diente es dazu, die zentralen Bedingungen des externen Regelkreises für die Wirksamkeit von Feedback herauszuarbeiten und Evaluations-Prinzipien zu entwickeln. Auf die Ableitung spezifischer Hypothesen über das Funktionieren des internen Regelkreises und über das Zusammenwirken des externen und internen Regelkreises wurde jedoch bisher verzichtet. Für die theoretische und empirische Weiterentwicklung der Forschung zu den Bedingungen und Wirkungen von informativem tutoriellem Feedback öffnen sich hier interessante Forschungsfelder.

Aus den Erkenntnissen der Feedback-Forschung sowie motivationspsychologischen Überlegungen wurde die Annahme abgeleitet, dass Feedback sowohl kognitive und metakognitive als auch motivationale Wirkungen hat. In der vorliegenden Arbeit lag der Focus auf den kognitiven und motivationalen Wirkungen der entwickelten ITF-Algorithmen. Hinsichtlich der motivationalen Wirkungen wurde angenommen, dass ITF insbesondere Gelegenheiten für positives Kompetenz-Erleben bietet. Es wurde daher in allen Studien untersucht, welchen Einfluss Feedback auf das Kompetenz-Erleben in der Lehr-Lernsituation hat. Die Ergebnisse weisen darauf hin, dass die in der Motivationspsychologie postulierten Annahmen bzgl. sich selbst verstärkender Prozesse zwischen prä-aktionalem Kompetenz-Einschätzungen, Lernergebnissen und post-aktionalem Kompetenz-Erleben mehr Aufmerksamkeit verdienen. In künftigen Studien wäre es beispielsweise interessant, mit Hilfe von Prozess-Analysen die Wechselwirkungen zwischen individuellen Voraussetzungen sowie Lern- und Motivationseffekten zu untersuchen. Mit der Untersuchung dieser Wechselwirkungen sind jedoch auch einige methodische Fragen verknüpft. Hierzu gehören z.B. die Weiterentwicklung der Messverfahren zur Erfassung motivationaler Variablen sowie die Entwicklung statistischer Auswertungsmethoden, die es erlauben, eine möglicherweise motivational bedingte Drop-Out-Problematik zu berücksichtigen.

Da die getrennte Operationalisierung kognitiver und metakognitiver Wirkungen sehr schwierig ist, wurden in der vorliegenden Arbeit metakognitive Wirkungen nicht explizit untersucht. Für das gute Funktionieren der internen Regeleinrichtung, d.h. für die konstruktive Verarbeitung der extern angebotenen Feedback-Informationen sind metakognitive Prozesse und Strategien jedoch sicherlich bedeutsam (vgl. Butler & Winne, 1995; Kluger & DeNisi, 1996). Die Klärung der Frage, inwiefern informatives tutorielles Feedback metakognitive Prozesse beeinflusst und zur Optimierung metakognitiver Prozesse beiträgt, ist daher eine wichtige Aufgabe künftiger Forschung. Die Frage nach den metakognitiven Wirkungen lenkt die Aufmerksamkeit unter anderem auch auf die Frage, inwiefern informatives tutorielles Feedback nicht nur den Erwerb von Kenntnissen und Fertigkeiten, sondern auch den Wissens- und Fertigkeitstransfer unterstützt.

8.2.2 Implikationen für die Gestaltung von tutoriellem Feedback

Aus empirischen und theoretischen Erkenntnissen zu den Wirkungen von Feedback in Lehr-Lernsituationen wurde in der vorliegenden Arbeit abgeleitet, dass bei der Gestaltung und Präsentation von informativem tutoriellem Feedback mindestens drei Passungs-Probleme gelöst werden müssen:

- die Passung zwischen Lernaufgaben und Feedback-Inhalten,

- die Passung zwischen Fehlern und Feedback-Inhalten sowie

- die Passung zwischen Lern- oder Wissensniveau der Lernenden und Feedback-Inhalten.

Zur Lösung der ersten beiden Passungs-Probleme haben sich in den vorliegenden Studien kognitive Aufgaben- und Fehler-Analysen bewährt. Diese Kognitive Aufgaben- und Fehler-Analysen erscheinen zwar zunächst relativ aufwendig, ermöglichen es jedoch, systematisch und nicht intuitiv tutorielle Feedback-Informationen abzuleiten. Die Analyse von Dialogen zwischen Tutoren und Lernenden kann dieses Vorgehen eventuell noch ergänzen. Allerdings sollte bei solchen Dialog-Analysen gewährleistet sein, dass die Tutoren wirklich Experten sind und Lernende mit unterschiedlichen Fähigkeitsniveaus begleiten (vgl. z.B. VanLehn et al., 2003).

Zur Lösung des dritten Passungs-Problems wurden zwei unterschiedliche Strategien angewandt: In den Studien zum Wissensbereich „Schriftliches Subtrahieren" wurden die tutoriellen Informationen schrittweise präsentiert. In den Studien zum Wissensbereich „Operantes Konditionieren" wurden die ITF-Komponenten lernerkontrolliert implementiert, d.h. es wurde den Lernenden überlassen, ob sie die tutoriellen Informationen nutzen oder nicht. Beide Passungs-Strategien setzen einerseits voraus, dass eindeutig erkannt wird, ob eine Aufgabe falsch oder richtig bearbeitet wurde. Andererseits erfordern sie hinreichend Erkenntnisse darüber, welche Informationen im Falle von Fehlern als tutorielle Komponenten angeboten werden können. Eine aufwendige Entwicklung eines Lernermodells, wie dies in der Regel bei Intelligenten Tutoriellen Systemen geschieht, ist jedoch nicht notwendig. Darüber hinaus erfordern diese Strategien keine adaptive Auswahl der ITF-Komponenten in Abhängigkeit von individuellen Voraussetzungen der Lernenden, da immer nur so viel Information präsentiert wird, wie die Lernenden für die Korrektur der Fehler benötigen. Ein weiterer Vorteil der Strategien besteht darin, dass sie bei zunehmendem Lernfortschritt auch die sukzessive Reduktion der Unterstützung, also das Fading, mit sich bringen.

Vor dem Hintergrund der Ergebnisse der Studien zum Wissensbereich „Schriftliches Subtrahieren" kann die schrittweise Präsentation von komplexen tutoriellen Informationen ohne Einschränkung empfohlen werden. Eine lerner-kontrollierte Implementation von ITF-Komponenten ist, wie die Ergebnisse zur Nutzung der lerner-kontrollierten ITF-Komponenten zeigen, jedoch nur dann zu empfehlen, wenn leistungsschwache Lernende, falls sie die ITF-Komponenten im Falle von Fehlern nicht aufrufen, explizit zur Nutzung der ITF-Komponenten aufgefordert werden.

Für die Entwickler von computer-unterstützen Lehr-Lernumgebungen sollen die wesentlichen Aspekte, die neben den in Abschnitt 3.2.3 vorgeschlagenen Prinzipien bei der schrittweisen Präsentation von informativen tutoriellen Feedback-Komponenten berücksichtigt werden sollen, nochmals abschließend festgehalten werden:

1. Nach jedem Lösungsversuch sollten Informationen über die Richtigkeit der Lösung, also KR angeboten werden.

2. Nach einem korrekten Lösungsversuch empfiehlt es sich, die Korrektheit dieser Lösung zu bestätigen und evtl. sogar nochmals mit Hilfe einer KCR-Komponente zu wiederholen. Auf diese Weise können Lernende, die zwar richtig geantwortet haben, dabei aber eine geringe Antwortsicherheit hatten, ihr unsicheres Wissen festigen.

3. Nach dem ersten falschen Lösungsversuch sollte zunächst nur KR präsentiert und die Gelegenheit geboten werden, die Aufgabe nochmals zu bearbeiten. Dieses Vorgehen ist nicht nur wichtig für das Abfangen von Flüchtigkeits-Fehlern, sondern auch von grundlegender Bedeutung, wenn die Lernenden Strategien zur selbstständigen Fehlersuche und -korrektur entwickeln sollen.

4. Nach einem zweiten falschen Lösungsversuch sollten die Lernenden wenigstens darin unterstützt werden, den Fehler zu finden, indem z.B. der Ort des Fehlers angezeigt wird, also knowlege-about-location of mistakes angeboten wird.

5. Nach einem weiteren falschen Lösungsversuch sollte dann, falls dies möglich ist, die Art des Fehlers erläutert werden.

6. Gelingt die Fehlerkorrektur mit Hilfe dieser Information nicht, sollten in weiteren Schritten strategische Informationen zur Fehlerkorrektur angeboten werden. Mit jedem Schritt sollte man hierbei konkretere Informationen präsentieren.

7. Generell gilt, dass tutorielle Feedback-Komponenten nur dann unmittelbar zusammen mit KCR angeboten werden sollten, wenn die Lernenden bei einer weiteren Aufgabe mit denselben Anforderungen die Möglichkeit haben, die tutoriellen Informationen umzusetzen.

8.3 Fazit

Informatives tutorielles Feedback kann Lernende darin unterstützen, trotz Fehlern oder Schwierigkeiten Lernaufgaben erfolgreich zu bewältigen. Da es nicht, wie in den meisten Lernprogrammen üblich, unmittelbar die korrekte Lösung anbietet, ermöglicht es den Lernenden Erfolgserlebnisse, die sie sich selbst zuschreiben können. Vor dem Hintergrund dieser Überlegungen wird informatives tutorielles Feedback in der vorliegenden Arbeit nicht nur eine lern- sondern auch motivationsfördernde Wirkung zugeschrieben.

Die Ergebnisse der vorliegenden Studien weisen darauf hin, dass diese Annahme dann zutrifft, wenn die folgenden Bedingungen erfüllt sind:

1. die ITF-Komponenten werden sorgfältig auf der Basis kognitiver Aufgaben- und Fehler-Analysen ausgewählt,

2. der Modus und die Form der Präsentation der ITF-Komponenten werden auf die Lehr-Lernziele abgestimmt,

3. die Lernenden benötigen die ITF-Komponenten, haben also Schwierigkeiten, die Aufgaben ohne ITF erfolgreich zu bewältigen,

4. die Lernenden nutzen die ITF-Komponenten und verarbeiten sie aktiv und konstruktiv („mindful").

Sind diese Bedingungen erfüllt, eröffnet informatives tutorielles Feedback die Chance, aus Fehlern zu lernen und den konstruktiven Umgang mit Fehlern zu üben.

9 Verzeichnisse

9.1 Feedback-Komponenten

Abkürzung	Bezeichung	Beschreibung
ITF	informatives tutorielles Feedback	Feedback, das Informationen zur Bewältigung von Aufgaben anbietet, jedoch nicht unmittelbar die Lösung präsentiert.
KCR	Knowledge of the correct response	Feedback, das die korrekte Antwort präsentiert.
KH	Knowledge on how to proceed	Elaborierte Feedback-Komponente, die strategische Informationen zur Bewältigung von Aufgabenanforderungen beinhaltet.
KM	Knowledge about mistakes	Elaborierte Feedback-Komponente mit Informationen zu Ort oder/und Art der Fehler.
KP	Knowledge of performance	Feedback, das nach der Bearbeitung einer Aufgabenmenge Angaben über den erreichten Leistungsstand liefert (z.B. xy% korrekt)
KR	Knowledge of result	Feedback, das Angaben zur Richtigkeit der Antwort liefert (z.B. richtig, falsch)
KTC	knowledge on task constraints	Feedback, das Angaben zur Art der Aufgabe, oder Bearbeitungsregeln liefert.
KMC	knowledge on metacognition	Feedback, das Angaben zu metakognitiven Prozessen oder Strategien liefert.
EF	elaborated feedback	Feedback, das KR oder KCR zusammen mit zusätzlichen Informationen anbietet

9.2 Feedback-Algorithmen

Abkürzung	Bezeichung	Beschreibung
AUC	answer-until-correct	Feedback-Algorithmus, bei dem so oft Feedback präsentiert wird, bis die Lösung korrekte ist.
MTF_n	multiple-try-feedback	Feedback-Algorithmus, bei dem nach der Präsentation von Feedback-Komponenten, die Aufgabe erneut bearbeitet werden kann. Nach n Versuchen wird KCR präsentiert.
KR_{AUC}	answer-until-correct mit KR-Komponenten	AUC-Algorithmus, bei dem so oft KR-Feedback präsentiert wird, bis die Lösung korrekt ist.
$KR+KM_{AUC}$	answer-until-correct mit KR- und KM-Komponenten	AUC-Algorithmus, bei dem die Lernenden so oft KR- und KM-Feedback-Komponenten erhalten, bis sie die korrekte Lösung gefunden haben.
$KR+KM+KH_{AUC}$	answer-until-correct mit KR-, KM- und KH-Komponenten	AUC-Algorithmus, bei dem so oft KR-, KM- und KH-Feedback angeboten wird, bis Lösung korrekt ist.
$KR\text{-}KCR_{MTF2}$	Zweistufiger MTF-Algorithmus mit KR- und KCR-Komponente	MTF-Algorithmus, der nach einem ersten falschen Lösungsversuch KR und nach dem 2. falschen Lösungsversuch KCR präsentiert.
ITF_{MTF3}	Dreistufiger ITF-Algorithmus mit KR-, KM- und allgemeinen sowie konkreten KH-Komponenten	MTF-Algorithmus, der nach dem 1. falschen Versuch KR, nach dem 2. falschen Versuch KM und eine allgemeine KH-Komponente anbietet und nach dem 3. falschen Versuch den Lösungsweg zeigt.
$KR\text{-}ITF_2+KCR$	Zweistufiger MTF-Algorithmus mit KR-, KM- und einer hinweisenden KH-Komponente sowie KCR	MTF-Algorithmus, der nach dem 1. falschen Lösungsversuch KR anbietet und nach dem 2. falschen Versuch KM und eine allgemeine KH-Komponente sowie KCR präsentiert.
$KR\text{-}ITF_3+KCR$	Zweistufiger MTF-Algorithmus mit KR-, und einer instruierenden KH-Komponente sowie KCR	MTF-Algorithmus, der nach dem 1. falschen Lösungsversuch KR anbietet und nach dem 2. falschen Versuch den konkreten Lösungsweg demonstriert sowie KCR präsentiert.
$ITF\text{-}KCR_{MTF2}$	Zweistufiger MTF-Algorithmus mit on-demand ITF-Komponente und anschließender KCR-Komponente	MTF-Algorithmus, der nach dem 1. falschen Lösungsversuch KR anbietet und auf eine ITF-Komponente verweist. Nach dem 2. Versuch gibt es KCR.

9.3   Literatur

Adams, J. A. (1968). Response feedback and learning. *Psychological Bulletin, 70*, 486-504.

Adams, J. A. (1971). A closed-loop theory of motor learning. *Journal of Motor Behavior, 3*, 111-150.

Adelmann, L. (1981). The influence of formal, substantive and contextual task properties on the relative effectiveness of different forms of feedback in multiple-cue probability learning tasks. *Organizational Behavior & Human Decision Processes, 27*, 423-442.

Albacete, P. & VanLehn, K. (2000). Evaluating the effectiveness of a cognitive tutor for fundamental physics concepts [Electronic version]. *Proceedings of the Annual Meeting of the Cognitive Science Society, 22.* Mahwah, NJ: Lawrence Erlbaum Associates.

Albert, D. & Lukas, J. (1999). *Knowledge spaces: Theories, empirical research, and applications.* Mahwah, NJ: Lawrence Erlbaum Associates.

Aleven, V., Stahl, E., Schworm, S., Fischer, F. & Wallace, R. (2003). Help seeking and help design in interactive learning environments. *Review of Educational Psychology, 62*, 148-156.

Ames, C. (1992). Classrooms: Goals, structure, and student motivation. *Journal of Educational Psychology, 84*, 261-271.

Ammons, R. B. (1956). Effects of knowledge of performance: A survey and tentative theoretical formulation. *Journal of General Psychology, 54*, 279-299.

Anderson, J. R., Conrad, F. G. & Corbett, A. T. (1989). Skill acquisition and the LISP tutor. *Cognitive Science, 13*, 467-505.

Anderson, J. R., Corbett, A. T., Koedinger, K. R. & Pelletier, R. (1995). Cognitive tutors: Lessons learned. *Journal of the Learning Sciences, 4*, 167-207.

Anderson, R. C., Kulhavy, R. W. & Andre, T. (1971). Feedback procedures in programmed instruction. *Journal of Educational Psychology, 62*, 148-156.

Anderson, R. C., Kulhavy, R. W. & Andre, T. (1972). Conditions under which feedback facilitates learning from programmed lessons. *Journal of Educational Psychology, 63*, 186-88.

Andre, T. (1997). Selected microinstructional methods to facilitate knowledge construction: Implications for instructional design. In R. D. Tennyson & F. Schott (Eds.), *Instructional design: International perspectives, Vol.1: Theory, research, and models* (pp. 243-267). Mahwah, NJ: Lawrence Erlbaum Associates.

Andre, T. & Thieman, A. (1988). Level of adjunct question, type of feedback, and learning concepts by reading. *Contemporary Educational Psychology, 13*, 296-307.

Annett, J. (1969). *Feedback and human behavior.* Oxford, England: Penguin Books.

Arps, G. F. (1917). A preliminary report on „work with knowledge versus work without knowledge of results". *Psychological Review, 24*, 449-455.

Atkinson, J. W. & Raynor, J. O. (1974). *Motivation and achievement.* Washington, DC: Winston.

Azevedo, R. & Bernard, R. M. (1995). A meta-analysis of the effects of feedback in computer-based instruction. *Journal of Educational Computing Research, 13*, 111-127.

Balzer, W. K., Doherty, M. E. & O'Connor, R. (1989). Effects of cognitive feedback on performance. *Psychological Bulletin, 106*, 410-433.

Bandura, A. (1977). Self-efficacy: Toward a unifying theory of behavioral change. *Psychological Review, 84*, 191-215.

Bandura, A. (1986). Self efficacy. In A. Bandura (Ed.), *Social foundations of thought and action: A social cognitive theory* (pp. 390-453). Englewood Cliffs, NJ: Prentice-Hall.

Bandura, A. (1991). Social cognitive theory of self-regulation. *Organizational Behavior & Human Decision Processes, 50*, 248-287.

Bandura, A. (1993). Perceived self-efficacy in cognitive development and functioning. *Educational Psychologist, 28*, 117-148.

Bandura, A. (1997). *Self-efficacy: The exercise of control.* New York, NY: W. H. Freeman/Times Books/Henry Holt & Co.

Bangert-Drowns, R. L., Kulik, C. C., Kulik, J. A. & Morgan, M. T. (1991). The instructional effect of feedback in test-like events. *Review of Educational Research, 61*, 213-238.

Bardwell, R. (1981). Feedback: How does it function? *Journal of Experimental Education, 50*, 4-9.

Bilodeau, E. A. (1969). *Principles of skill acquisition.* New York: Academic Press.

Birenbaum, M. & Tatsuoka, K. (1987). Effects of „on-line" test feedback on the seriousness of subsequent errors. *Journal of Educational Measurement, 24*, 145-155.

Blöschl, L. (1970). *Belohnung und Bestrafung im Lernexperiment.* Weinheim: Beltz.

Bloom, B. (1973). *Taxonomie von Lernzielen im kognitiven Bereich.* Weinheim: Beltz.

Bloom, B. (1976). *Human characteristics and school learning.* New York, NY: McGraw-Hill.

Boekaerts, M. (1996). Self-regulated learning at the junction of cognition and motivation. *European Psychologist, 1*, 100-112.

Bolles, R. C. (1967). The syntax of the mind. *Psychological Reports, 21*, 493-499.

Bong, M. (1996). Problems in academic motivation research and advantages and disadvantages of their solutions. *Contemporary Educational Psychology, 21*, 149-165.

Bong, M. (2001). Between- and within-domain relations of academic motivation among middle and high school students: Self-efficacy, task value, and achievement goals. *Journal of Educational Psychology, 93*, 23-34.

Bong, M. & Skaalvik, E. M. (2003). Academic self-concept and self-efficacy: How different are they really? *Educational Psychology Review, 15*, 1-40.

Bortz, J. (1999). *Statistik für Sozialwissenschaftler.* Berlin: Springer.

Bourne, L. E. (1963). Factors affecting strategies used in problems of concept formation. *American Journal of Psychology, 76*, 229-238.

Bourne, L. E., Ekstrand B. R. & Montgomery, B. (1969). Concept learning as a function of the conceptual rule and the availability of positive and negative instances. *Journal of Experimental Psychology, 82,* 538-544.

Brackbill, Y. & Kappy, M. S. (1962). Delay of reinforcement and retention. *Journal of Comparative & Physiological Psychology, 55,* 14-18.

Brackbill, Y., Wagner, J. & Wilson, D. (1964). Feedback delay and the teaching machine. *Psychol. Schools, 1,* 148-156.

Brophy, J. (1999). Research on motivation in education. In T. C. Urdan (Ed.), *The role of context. Vol. 11, Advances in motivation and achievement* (pp. 1-44). New York, NY: JAI Press Inc.

Brown, F. J. (1932). Knowledge of results as an incentive in school room practice. *Journal of Educational Psychology, 23,* 532-552.

Brown, J. & Burton, R. R. (1978). Diagnostic models for procedural bugs in basic mathematical skills. *Cognitive Science, 2,* 155-192.

Brown, J. S. & VanLehn, K. (1980). Repair theory: A generative theory of bugs in procedural skills. *Cognitive Science, 4,* 379-426.

Bruner, J. S., Goodnow, J. J. & Austin, G. A. (1956). *A study of thinking.* Oxford, England: John Wiley and Sons.

Brunswik, E. (1956). *Perception and the representative design of psychological experiments.* Berkeley, CA: University of California Press.

Buchwald, A. M. (1969). Effects of right and wrong on subsequent behavior: A new interpretation. *Psychological Review, 76,* 132-143.

Butler, D. L. & Winne, P. H. (1995). Feedback and self-regulated learning: A theoretical synthesis. *Review of Educational Research, 65,* 245-281.

Butler, R. (1987). Task-involving and ego-involving properties of evaluation: Effects of different feedback conditions on motivational perceptions, interest, and performance. *Journal of Educational Psychology, 79,* 474-482.

Butterfield, B. & Mecalfe, J. (2001). Errors committed with high confidence are hypercorrected. *Journal of Experimental Psychology: Learning, Memory, & Cognition, 27,* 1491-1494.

Butterfield, E. C., Nelson, T. O. & Peck, V. (1988). Developmental aspects of the feeling of knowing. *Developmental Psychology, 24,* 654-663.

Cameron, H. K. (1966). The effectiveness of feedback in teaching principles of educational psychology. *Journal of Experimental Education, 34,* 53-56.

Carroll, J. B. (1963). A model of school learning. *Teachers College Record, 64,* 723-733.

Carver, C. S. & Scheier, M. F. (1990). Origins and functions of positive and negative affect: A control-process view. *Psychological Review, 97,* 19-35.

Castellan, N. J. & Swaine, M. (1977). Long-term feedback and differential feedback effects in nonmetric multiple-cue probability learning. *Behavioral Science, 22,* 116-128.

Chandler, P., & Sweller, J. (1991). Cognitive architecture ad instructional design. *Cognition and Instruction, 8,* 293-332.

Chandler, P., & Sweller, J. (1992). The split-attention effect as a factor in the design of instrucion. *British Journal of Educational Psychology, 62*, 233-246.

Chinn, C. A. & Brewer, W. F. (1993). The role of anomalous data in knowledge acquisition: A theoretical framework and implications for science instruction. *Review of Educational Research, 63*, 1-49.

Clark, R.C. & Mayer, R.E. (2003). *E-learning and the science of instruction*. San Francisco, CA: Peiffer.

Clariana, R. B. (1993). A review of multiple-try feedback in traditional and computer-based instruction. *Journal of Computer-Based Instruction, 20*, 67-74.

Clariana, R. B. (2001). *Feedback in computer-assisted learning*. University of Limerick Lecture Series, Verfügbar unter:
http://www.netg.com/research/whitepapers/clarianawp.asp.

Clariana, R. B. & Lee, D. (2001). The effects of recognition and recall study tasks with feedback in a computer-based vocabulary lesson. *Educational Technology Research & Development, 49*, 23-36.

Clariana, R. B., Ross, S. M. & Morrison, G. R. (1991). The effects of different feedback strategies using computer-administered multiple-choice questions as instruction. *Educational Technology Research & Development, 39*, 5-17.

Cohen, J. (1988). *Statistical power analysis for the behavioral sciences*. New York, NY: Academic Press.

Collins, M., Carnine, D. & Gersten, R. (1987). Elaborated corrective feedback and the acquisition of reasoning skills: A study of computer-assisted instruction. *Exceptional Children, 54*, 254-262.

Commander, N. E. & Stanwyck, D. J. (1997). Illusion of knowing in adult readers: Effects of reading skill and passage length. *Contemporary Educational Psychology, 22*, 39-52.

Corbett, A. T., Anderson, J. R., Graesser, A. C., Koedinger, K. & VanLehn, K. (1999). Third generation computer tutors: Learn from or ignore human tutors? In *Proceedings of the 1999 Conference of Computer-Human Interaction* (pp. 85-86). New York: ACM Press.

Covington, M. V. (1992). *Making the grade: A self-worth perspective on motivation and school reform*. New York, NY: Cambridge University Press.

Covington, M. V. (1998). *The will to learn: A guide for motivating young people*. New York, NY: Cambridge University Press.

Covington, M. V. & Dray, E. (2002). The developmental course of achievement motivation: A need-based approach. In A. Wigfield & J. S. Eccles (Eds.), *Development of achievement motivation* (pp. 33-56). San Diego, CA: Academic Press.

Csikszentmihalyi, M. (1992). *Flow – Das Geheimnis des Glücks*. Stuttgart: Klett.

Csikszentmihalyi, M. (2000). *Beyond boredom and anxiety*. San Francisco, CA: Jossey-Bass.

Cusella, L. P. (1987). Feedback, motivation and performance. In F. M. Jablin, L. L. Putnam, K. H. Robertsand & L. W. Pooter (Eds.), *Handbook of organizational communication: An interdisciplinary perspective* (pp. 624-678). Newsbury Park, CA: Sage Publications.

DeCharms, R. (1976). *Enhancing motivation: Change in the classroom.* Oxford, England: Irvington.

DeCharms, R. (1979). *Motivation in der Klasse.* München: Moderne Verlags-GmbH.

Deci, E. L. (1975). *Intrinsic motivation.* New York, NY: Plenum Press.

Deci, E. L., Koestner, R. & Ryan, R. M. (1999a). A meta-analytic review of experiments examining the effects of extrinsic rewards on intrinsic motivation. *Psychological Bulletin, 125,* 627-668.

Deci, E. L., Koestner, R. & Ryan, R. M. (1999b). The undermining effect is a reality after all. Extrinsic rewards, task interest, and self-determination: Reply to Eisenberger, Pierce, and Cameron (1999) and Lepper, Henderlong, and Gingras (1999). *Psychological Bulletin, 125,* 692-700.

Deci, E. L. & Ryan, R. M. (1980). Self-determination theory: When mind mediates behavior. *Journal of Mind & Behavior, 1,* 33-43.

Deci, E. L. & Ryan, R. M. (1985). The dynamics of self-determination in personality and development. In R. Schwarzer (Ed.), *Self-related cognitions in anxiety and motivation.* Hillsdale, NJ: Lawrence Erlbaum Associates.

Deci, E. L. & Ryan, R. M. (2002). *Handbook of self-determination research.* Rochester, NY: University of Rochester Press.

Dempsey, J. V., Driscoll, M. P. & Swindell, L. K. (1993). Text-based feedback. In J. V. Dempsey & G. C. Sales (Eds.), *Interactive instruction and feedback* (pp. 21-54). Englewood Cliffs, NJ: Educational Technology Publications.

Dempsey, J. V. & Wager, S. U. (1988). A taxonomy for the timing of feedback in computer-based instruction. *Educational Psychologist,* 20-25.

Doignon, J.-P. & Falmagne, J.-C. (1985). Spaces for the assessment of knowledge. *International Journal of Man-Machine Studies, 23,* 175-196.

Doignon, J.-P. & Falmagne, J.-C. (1999). *Knowledge spaces.* Berlin: Springer.

Doyle, W. (1983). Academic work. *Review of Educational Research, 53,* 159-199.

Dresel, M. (2000). Der Einfluss der motivationalen Orientierung auf den Erfolg eines Reattributionstrainings im Unterricht. *Zeitschrift für Entwicklungspsychologie und Pädagogische Psychologie, 32,* 192-206.

Dupeyrat, C. & Marine, C. (2001). Implicit theories of intelligence, achievement goals, and learning strategy use. *Psychologische Beiträge Special Issue: Implicit theories as antecedents of motivation and behavior, 43,* 34-52.

Dweck, C. S. (1986). Motivational processes affecting learning. *American Psychologist, 41,* 1040-1048.

Dweck, C. S. (1991). Self-theories and goals: Their role in motivation, personality and development. In R. A. Dienstbier (Ed.), *Nebraska Symposium on Motivation, 1990: Perspectives on motivation* (pp. 199-235). Lincoln, NE: University of Nebraska Press.

Dykeman, B. F. (1994). The effects of motivational orientation, self-efficacy, and feedback condition on test anxiety. *Journal of Instructional Psychology, 21,* 114-119.

Eccles, J. S. & Wigfield, A. (2002). Motivational beliefs, values, and goals. *Annual Review of Psychology, 53,* 109-132.

Edelson, D. C. (1996). Learning form cases and questions: The socratic case-based teaching architecture. *The Journal of the Learning Science, 5*, 357-410.

Elley, W. B. (1966). The role of errors in learning with feedback. *British Journal of Educational Psychology, 35-36*, 296-300.

Elliot, A. J. (1999). Approach and avoidance motivation and achievement goals. *Educational Psychologist, 34*, 169-189.

Elliot, A. J. & Harackiewicz, J. M. (1996). Approach and avoidance achievement goals and intrinsic motivation: A mediational analysis. *Journal of Personality and Social Psychology, 70*, 461-475.

Elliot, A. J. & Thrash, T. M. (2001). Achievement goals and the hierarchical model of achievement motivation. *Educational Psychology Review, 13*, 139-156.

Elwell, J. L. & Grindley, G. C. (1938). The effect of knowledge of results on learning and performance. I. A co-ordinated movement of the two hands. *British Journal of Psychology, 29*, 39-53.

Feldman, J. (2003). Simplicity principle in human concept learning. *Current Directions in Psychological Science, 12*, 227-232.

Fischer, P. M. (1985). Wissenserwerb mit interaktiven Feedbacksystemen. In H. Mandl & P. M. Fischer (Eds.), *Lernen im Dialog mit dem Computer* (pp. 68-82). München: Urban & Schwarzenberg.

Fitts, P. M. (1962). Factors in complex skill training. In R. Glaser (Ed.), *Training research and education* (pp. 177-197). Oxford, England: University of Pittsburgh Press.

Friedrich, H.-F. & Mandl, H. (1997). Analyse und Förderung selbstgesteuerten Lernens. In F. E. Weinert & H. Mandl (Eds.), *Psychologie der Erwachsenenbildung. Enzyklopädie der Psychologie, Themenbereich D, Praxisgebiete, Serie I, Pädagogische Psychologie, Band 4* (pp. 237-293). Göttingen: Hogrefe.

Gage, N. L. & Berliner, D. C. (1996). *Pädagogische Psychologie.* Weinheim: PVU.

Gagne, R. M., Briggs, L. J. & Wager, W. W. (1992). *Principles of instructional design.* Forth Worth: Harcourt Barce Jovanovich College Publication.

Gerster, H.-D. (1982). *Schülerfehler bei schriftlichen Rechenverfahren.* Freiburg: Herder.

Gilman, D. A. (1969). Comparison of several feedback methods for correcting errors by computer-assisted instructions. *Journal of Educational Psychology, 60*, 503-508.

Glasersfeld, E. v. (1994). Piagets konstruktivistisches Modell: Wissen und Lernen. In G. Rusch & S. J. Schmidt (Eds.), *Piaget und der radikale Konstruktivismus* (pp. 16-42). Frankfurt am Main: Suhrkamp.

Glenberg, A. M., Wilkinson, A. C. & Epstein, W. (1982). The illusion of knowing: Failure in the self-assessment of comprehension. *Memory & Cognition, 10*, 597-602.

Green, P. C. (1966). Three-choice probability learning: Effect of varying information level. *Psychonomic Science, 6*, 267-268.

Greller, M. M. & Herold, D. M. (1975). Sources of feedback: A preliminary investigation. *Organizational Behavior & Human Decision Processes, 13*, 244-256.

Hager, W. (2000). Planung und Untersuchung zur Prüfung der Wirksamkeits- und Wirksamkeitsunterschiedshypothesen. In W. Hager, J.-L. Patry & H. Brezing

(Eds.), *Evaluation psychologischer Interventionsmaßnahmen* (pp. 202-239). Bern: Hans Huber.

Hager, W., Patry, J.-L. & Brezing, H. (Hrsg.). (2000). *Evaluation psychologischer Interventionsmaßnahmen*. Bern: Hans Huber.

Hancock, T. E., Stock, W. A. & Kulhavy, R. W. (1992). Predicting feedback effects from response-certitude estimates. *Bulletin of the Psychonomic Society, 30*, 173-176.

Hancock, T. E., Thurman, R. A. & Hubbard, D. C. (1995). An expanded control model for the use of instructional feedback. *Contemporary Educational Psychology, 20*, 410-425.

Hannafin, M. J., Hannafin, K. D. & Dalton, D. W. (1993). Feedback and emerging instructional technologies. In J. V. Dempsey & G. C. Sales (Eds.), *Interactive instruction and feedback* (pp. 263-286). Englewood Cliffs, NJ: Educational Technology Publications.

Harackiewicz, J. M., Abrahams, S. & Wageman, R. (1987). Performance evaluation and intrinsic motivation: The effects of evaluative focus, rewards, and achievement orientation. *Journal of Personality and Social Psychology, 53*, 1015-1023.

Harackiewicz, J. M., Barron, K. E., Pintrich, P. R., Elliot, A. J. & Thrash, T., M. (2002). Revision of achievement goal theory: Necessary and illuminating. *Journal of Educational Psychology, 94*, 638-645.

Harackiewicz, J. M. & Manderlink, G. (1984). A process analysis of the effects of performance: Contingent rewards on intrinsic motivation. *Journal of Experimental Social Psychology, 20*, 531-551.

Harackiewicz, J. M., Sansone, C. & Manderlink, G. (1984). Competence, achievement orientation and intrinsic motivation: A process analysis. *Journal of Personality & Social Psychology, 48*, 493-508.

Harris, M. D., Tetrick, L. E. & Tiegs, R. B. (1993). Cognitive ability and motivational interventions: Their effects on performance outcomes. *Current Psychology: Developmental, Learning, Personality, Social, 12*, 57-65.

Harter, S. (1981). A new self-report scale of intrinsic versus extrinsic orientation in the classroom: Motivational and informational components. *Developmental Psychology, 17*, 300-312.

Hawkins, M. B. (1999). Differential effects of feedback in computer-based instruction. *Dissertation Abstracts Internal: Section B: The Science & Engineering, 59*, 4500.

Heckhausen, H. (1968). Achievement motive research: Current problems and some contributions towards a general theory of motivation. *Nebraska Symposium on Motivation, 16*, 103-174.

Heckhausen, H. (1977a). Achievement motivation and its constructs: A cognitive model. *Motivation and Emotion, 1*, 283-329.

Heckhausen, H. (1977b). Motivation: Cognitive-psychological clearing of a summary construct. *Psychologische Rundschau, 28*, 175-189.

Heckhausen, H. (1989). *Motivation und Handeln*. Berlin: Springer.

Heckhausen, H. & Rheinberg, F. (1980). Lernmotivation im Unterricht, erneut betrachtet. *Unterrichtswissenschaften, 8*, 7-47.

Heffernan, N. T. (2001). *Intelligent tutoring systems are forgotten the tutor: Adding a cognitive model of human tutors.* Dissertation School of Computer Science, Carnegie Mellon University, URL: http://www.algebratutor.org/my papers/

Heit, E. (1997). Knowledge and concept learning. In K. Lamberts & D. R. Shanks (Eds.), *Knowledge, concept and categories* (pp. 7-41). Cambridge, MA: The MIT Press.

Hermans, H., Petermann, F. & Zielinski, W. (1978). *Leistungsmotivationstest.* Netherlands: Swet Test Services GmbH.

Herold, D. M. & Greller, M. M. (1977). Feedback: The definition of a construct. *Academy of Management Journal, 20,* 142-147.

Hillix, W. A. & Marx, M. H. (1960). Response strengthening by information and effect in human learning. *Journal of Experimental Psychology, 60,* 97-102.

Holding, D. H. (1965). *Principles of training.* Oxford, England: Pergamon Press.

Hoska, D. M. (1993). Motivating learners trough CBI feedback: Developing a positive learner perspective. In J. V. Dempsey & G. C. Sales (Eds.), *Interactive instruction and feedback* (pp. 105-131). Englewood Cliffs, NJ: Educational Technology Publications.

Howell, W. C. & Emanuel, J. T. (1968). Information feedback, instructions, and incentives in the guidance of human choice behavior. *Journal of Experimental Psychology, 78,* 410-416.

Hundal, P. S. (1969). Knowledge of performance as an incentive in repetitive industrial work. *Journal of Applied Psychology, 53,* 224-226.

Huth, K. (2004). *Entwicklung und Evaluation von fehlerspezifischem informativem tutoriellem Feedback (ITF) für die schriftliche Subtraktion.* Unveröffentlichtes Manuskript Technische Universität Dresden.

Ilgen, D. R. & Davis, C. A. (2000). Bearing bad news: Reactions to negative performance feedback. *Applied Psychology: An International Review, Special Issue: Work motivation: Theory, research and practice, 49,* 550-565.

Jacobs, B. (2003). *Aufgaben stellen und Feedback geben.* Verfügbar unter: http://www.phil.uni-sb.de/~jacobs/wwwartikel/feedback/projekt.htm [April, 2003].

Jerusalem, M. (1990). Temporal patterns of stress appraisals for high- and low-anxious individuals. *Anxiety Research, 3,* 113-129.

Johansen, K. J. & Tennyson, R. D. (1983). Effect of adaptive advisement on perception in learner-controlled, computer-based instruction using a rule-learning task. *Educational Communication & Technology Journal, 31,* 226-236.

Johnson, D. S., Turban, D. B., Pieper, K. F. & Ng, Y. M. (1996). Exploring the role of normative- and performance-based feedback in motivational processes. *Journal of Applied Social Psychology, 26,* 973-992.

Jonassen, D. H., Tessmer, M. & Hannum, W. H. (1999). Classifying knowledge and skills from task analysis. In D. H. Jonassen, M. Tessmer & W. H. Hannum (Eds.), *Task analysis methods for instructional design* (pp. 25-32). Mahwah, NJ: Lawrence Erlbaum Associates.

Joo, Y. J., Bong, M. & Choi, H. J. (2000). Self-efficacy for self-regulated learning, academic self-efficacy, and intenet self-efficacy in web-based instruction. *Educational Technology Research & Development, 48,* 5-17.

Kahneman, D. & Tversky, A. (1982a). On the study of statistical intuitions. *Cognition, 11*, 123-141.

Kahneman, D. & Tversky, A. (1982b). Variants of uncertainty. *Cognition, 11*, 143-157.

Kanfer, R. (1987). Task-specific motivation: An integrative approach to issues of measurement, mechanisms, processes, and determinants. *Journal of Social & Clinical Psychology, 5*, 237-264.

Kaplan, A. S. & Murphy, G. L. (2000). Category learning with minimal prior knowledge. *Journal of Experimental Psychology: Learning, Memory and Cognition, 26*, 829-846.

Karl, K. A., O'Leary-Kelly, A. M. & Martocchio, J. J. (1993). The impact of feedback and self-efficacy on performance in training. *Journal of Organizational Behavior, 14*, 379-394.

Kelemen, W. L., Frost, P. J. & Weaver III, C. A. (2000). Individual differences in metacognition: Evidence against a general metacognitive ability. *Memory & Cognition, 28*, 92-107.

Keller, J. M. (1983). Motivational design of instruction. In C. M. Reigeluth (Ed.), *Instructional design theories and models: An overview of their current status* (pp. 386-434). Mahaw, NJ: Lawrence Erlbaum Associates.

Keller, J. M. (1987). Strategies for stimulating the motivation to learn. *Performance & Instruction, 26*, 1-7.

Keller, L., Cole, M., Burke, C. J., & Estes, W. K. (1965). Reward and information values of trial outcomes in paired-associate learning. *Psychological monographs: General and applied, 79*, 1-21.

Kirkpatrick, D. L. (1959). Techniques for evaluating training programs. *Journal of the American Society of Training Directors, 13*, 3-9, 21-26.

Kirkpatrick, D. L. (1960). Techniques for evaluating training programs. *Journal of the American Society of Training Directors, 14*, 13-18, 28-32.

Klauer, K. J. (1987). *Kriteriumsorientierte Tests*. Göttingen: Hogrefe.

Klauer, K. J. (2001). *Handbuch Kognitives Training*. Göttingen: Hogrefe.

Klein, S. B., Loftus, J. & Fricker, S. S. (1994). The effects of self-beliefs on repeated efforts to remember. *Social Cognition, 12*, 249-261.

Kluger, A. N. & DeNisi, A. (1996). Effects of feedback interventions on performance: A historical review, a meta-analysis, and a preliminary feedback intervention theory. *Psychological Bulletin, 119*, 254-284.

Kluger, A. N. & DeNisi, A. (1998). Feedback interventions: Toward the understanding of a double-edged sword. *Current Directions in Psychological Science, 7*, 67-72.

Körndle, H., Narciss, S. & Proske, A. (2004). Promoting self-regulated learning in web-based learning environments. In H. Niegemann, R. Brünken, & D. Leutner (Eds.), *Instructional design for multimedia learning*. Münster: Waxmann.

Kolodner, J. L. (1993). *Case-based reasoning*. San Mateo, CA: Kaufmann.

Koriat, A. (1998). Illusions of knowing: The link between knowledge and metaknowledge. In V. Y. Yzerbyt & G. Lories (Eds.), *Metakognition: Cognitive and social dimensions* (pp. 16-34). Thousand Oaks, CA: Sage Publications.

Korossy, K. (1996). Kompetenz und Performanz beim Lösen von Geometrie-Aufgaben. *Zeitschrift für Experimentelle Psychologie, 43*, 279-318.

Korossy, K. & Held, T. (2001). Theory-based knowledge modelling in a subdomain of elementary algebra. *Zeitschrift für Psychologie, 209*, 277-315.

Krampen, J. (1987). Differential effects of teacher comments. *Journal of Educational Psychology, 79*, 137-146.

Krapp, A. (1993). Die Psychologie der Lernmotivation – Perspektiven der Forschung und ihre Bedeutung für die Pädagogik. *Zeitschrift für Pädagogik, 39*, 187-205.

Krapp, A. (1999). Interest, motivation and learning: An educational-psychological perspective. *European Journal of Psychology of Education, 14*, 23-40.

Krapp, A. & Prenzel, M. (1992). *Interesse, Lernen, Leistung. Neuere Ansätze einer pädagogisch-psychologischen Interessenforschung*. Münster: Aschendorff.

Kröner, S., Dörre, P. & Leutner, D. (2001). Praxisbezug und Feedback-Informationsgehalt in einem berufsbezogenen computer-basierten Training zum Qualitätsmanagement. *Zeitschrift für Arbeits- und Organisationspsychologie, 44*, 19-26.

Kroll, M. D. & Ford M. L. (1992). The illusion of knowing, error detection, and motivation orientations. *Contemporary Educational Psychology, 17*, 371-378.

Krumbholtz, J. E. & Weisman, R. G. (1962). The effect of intermittent confirmation in programmed instruction. *Journal of Educational Psychology, 53*, 250-253.

Kühnhold, K. & Padberg, F. (1986). Über typische Fehler bei der schriftlichen Subtraktion natürlicher Zahlen. *Mathematikunterricht, 3*, 6-16.

Kulhavy, R. W. (1977). Feedback in written instruction. *Review of Educational Research, 47*, 211-232.

Kulhavy, R. W. & Stock, W. A. (1989). Feedback in written instruction: The place of response certitude. *Educational Psychology Review, 1*, 279-308.

Kulhavy, R. W., Stock, W. A., Hancock, T. E., Swindell, L. K. & Hammrich, P. L. (1990). Written feedback: Response certitude and durability. *Contemporary Educational Psychology, 15*, 319-332.

Kulhavy, R. W., Stock, W. A., Thornton, N. E., Winston, K. S. & Behrens, J. T. (1990). Response feedback, certitude and learning from text. *British Journal of Educational Psychology, 60*, 161-170.

Kulhavy, R. W. & Wager, W. (1993). Feedback in programmed instruction: Historical context and implications for practice. In J. V. Dempsey & G. C. Sales (Eds.), *Interactive instruction and feedback* (pp. 3-20). Englewood Cliffs, NJ: Educational Technology Publications.

Kulhavy, R. W., White, M. T., Topp, B. W., Chan, A. L. & Adams, J. (1985). Feedback complexity and corrective efficiency. *Contemporary Educational Psychology, 10*, 285-291.

Kulik, J. A. & Kulik, C. C. (1988). Timing of feedback and verbal learning. *Review of Educational Research, 58*, 79-97.

Leibert, T. W. & Nelson, D. L. (1998). The roles of cue and target familiarity in making feeling of knowing judgments. *American Journal of Psychology, 111*, 63-75.

Lepper, M. R. & Chabay, R. W. (1985). Intrinsic motivation and instruction: Conflicting views on the role of motivational processes in computer-based education. Special issue: Computers and education. *Educational Psychologist, 20,* 217-230.

Leutner, D. (1992). *Adaptive Lehrsysteme.* Weinheim: PVU.

Leutner, D. & Schumacher, G. (1990). The effects of differnet on-line adaptive response time limits on speed and amount of learning in computer assisted instruction and intelligent tutoring. *Computers in Human Behavior, 6,* 17-29.

Lewin, K. (1951). *Field theory in social science.* Chicago: University of Chicago Press.

Lhyle, K. G. & Kulhavy, R. W. (1987). Feedback processing and error correction. *Journal of Educational Psychology, 79,* 320-322.

Lindell, M. K. (1976). Cognitive and outcome feedback in multiple-cue probability learning tasks. *Journal of Experimental Psychology: Human Learning & Memory, 2,* 739-745.

Locke, E. A. & Latham, G. P. (1990). *A theory of goal setting and task performance.* Upper Saddle River, NJ: Prentice Hall.

Lublin, S. C. (1965). Reinforcement schedules, scholastic aptitude, autonomy need, and achievement in a programmed course. *Journal of Educational Psychology, 56,* 295-302.

Mackay, W. E. (1988). Tutoring, information databases, and iterative design. In D. H. Jonassen (Ed.), *Instructional designs for microcomputer courseware* (pp. 327-345). Hillsdale, NJ: Lawrence Erlbaum Associates.

MacPherson, S. J., Dees, V. & Grindley, G. C. (1948). The effect of knowledge of results on learning and performance. II. Some characteristics of very simple skills. *Quarterly Journal of Experimental Psychology, 1,* 68-78.

Marquie, J. C. & Huet, N. (2000). Age differences in feeling-of knowing and confidence judgements as a function of knowledge domain. *Psychology and Aging, 15,* 451-461.

Marsh, H. W. (1992). Content specificity of relations between academic achievement and academic self-concept. *Journal of Educational Psychology, 84,* 35-42.

Marsh, H. W. (1993). Academic self-concept: Theory, measurement, and research. In J. M. Suls (Ed.), *The self in social perspectives* (pp. 59-98). Hillsdale, NJ: Lawrence Erlbaum Associates.

Marsh, H. W., Walker, R. & Debus, R. (1991). Subject-specific components of academic self-concept and self-efficacy. *Contemporary Educational Psychology, 16,* 331-345.

Marx, R. W. & Walsh, J. (1988). Learning from academic tasks. *Elementary School Journal, Special Issue: Schoolwork and academic tasks, 88,* 207-219.

Mason, J. B. & Bruning, R. (2001). *Providing feedback in computer-based instruction: What the research tells us.* URL: http://dwb.unl.edu/Edit/MB/MasonBruning.html [April, 2003].

Mayer, R. E. (2001). *Multimedia learning.* New York, NY: Cambridge University Press.

Mayer, R. E. & Moreno, R. (2002). Aids to computer-based multimedia learning. *Learning & Instruction, 12,* 107-119.

Mayer, R. E. & Moreno, R. (2003). Nine ways to reduce cognitive load in multimedia learning. *Educational Psychologist, 38*, 43-52.

McClelland, D. C. (1965). Toward a theory of motive acquisition. *American Psychologist, 20*, 321-333.

McCullers, J. C. & Martin, J. A. (1971). A reexamination of the role of incentive in children's discrimination learning. *Child Development, 42*, 827-837.

McDonalds, J. L. & MacWhinney, B. (1991). Levels of learning: A comparison of concept formation and language acquisition. *Journal of Memory & Cognition, 30*, 407-430.

McKendree, J. (1990). Effective feedback content for tutoring complex skills. *Human-Computer Interaction, 5*, 381-413.

Merrill, D. C., Reiser, B. J., Merrill, S. K. & Landes, S. (1995). Tutoring: Guided learning by doing. *Cognition & Instruction, 13*, 315-372.

Merrill, D. C., Reiser, B. J., Ranney, M. & Trafton, J. G. (1992). Effective tutoring techniques: A comparison of human tutors and intelligent tutoring systems. *The Journal of Learning Sciences, 2*, 277-305.

Merrill, J. (1987). Levels of questioning and forms of feedback: Instructional factors in courseware design. *Journal of Computer-Based Instruction, 14*(1), 18-22.

Merrill, M. D. (2001). Components of instruction toward a theoretical tool for instructional design. *Instructional Science, 29*, 291-310.

Merrill, M. D. & Tennyson, R. D. (1977). *Teaching concepts: An instructional design guide*. Englewood Cliffs, NJ: Educational Technology Publications.

Metcalfe, J. (2000). Metamemory: Theory and data. In E. Tulving & F. I. M. Craik (Eds.), *The Oxford handbook of memory* (pp. 197-211). London: Oxford University Press.

Meyer, W.-U. (1973). *Leistungsmotiv und Ursachenklärung von Erfolg und Misserfolg*. Stuttgart: Klett.

Meyer, W.-U. (1976). Leistungsorientiertes Verhalten als Funktion von wahrgenommener eigener Begabung und wahrgenommener Aufgabenschwierigkeit. In H.-D. Schmalt & W.-U. Meyer (Eds.), *Leistungsmotivation und Verhalten* (pp. 101-135). Stuttgart: Klett.

Meyer, W.-U. (1983). Prozesse der Selbstbeurteilung: Das Konzept von der eigenen Begabung. *Zeitschrift für Entwicklungspsychologie und Pädagogische Psychologie, XV*, 1-25.

Mikulincer, M. (1994). *Human learned helplessness: A coping perspective*. New York, NY: Plenum Press.

Miller, L. B. & Estes, B. W. (1961). Monetary reward and motivation in discrimination learning. *Journal of Experimental Psychology, 61*, 501-504.

Mitrovic, A., Martin, B. & Mayo, M. (2002). Using evaluation to shape ITS design: Results and experiences with SQL-Tutor. *User Modeling & User-Adapted Interaction, 12*, 243-279.

Moreno, R. & Mayer, R. E. (1999). Cognitive principles of multimedia learning: The role of modality and contiguity. *Journal of Educational Psychology, 91*, 358-368.

Moreno, V. & DiVesta, F. J. (1994). Analogies (adages) as aids for comprehending structural relations in text. *Contemporary Educational Psychology, 19,* 179-198.

Morin, R. E. (1955). Factors influencing rate and extent of learning in the presence of misinformative feedback. *Journal of Experimental Psychology, 49,* 343-351.

Morrison, G. R., Ross, S. M., Gopalakrishnan, M. & Casey, J. (1995). The effects of feedback and incentives on achievement in computer-based instruction. *Contemporary Educational Psychology, 20,* 32-50.

Mory, E. H. (1992). The use of informational feedback in instruction: Implications for future research. *Educational Technology Research & Development, 40,* 5-20.

Mory, E. H. (1994). Adaptive feedback in computer-based instruction: Effects of response certitude on performance, feedback-study time and efficiency. *Journal of Educational Computing Research, 11,* 263-290.

Mory, E. H. (1996). Feedback research. In D. H. Jonassen (Ed.), *Handbook of research for educational communications and technology* (pp. 919-956). New York: Simon & Schuster Macmillan.

Murphy, P. K. & Alexander, P. A. (2000). A motivated exploration of motivation terminology. *Contemporary Educational Psychology, 25,* 3-53.

Musch, J. (1999). Die Gestaltung von Feedback in computerunterstützten Lernumgebungen: Modelle und Befunde. *Zeitschrift für Pädagogische Psychologie, 13,* 148-160.

Nagata, N. (1993). Intelligent computer feedback for second language instruction. *Modern Language Journal, 77,* 330-339.

Nagata, N. (1996). Computer vs. workbook instruction in second language acquisition. *CALICO Journal, 14,* 53-75.

Nagata, N. (1997). An experimental comparison of deductive and inductive feedback generated by a simple parser. *System, 25,* 515-534.

Nagata, N. (2002). BANZAI: An application of natural language processing to web based language learning. *CALICO Journal, 19,* 583-599.

Nagate, N. (2003). BANZAI. *Lernprogramm zum Japanisch lernen.* Verfügbar unter: http://www.usfca.edu/japanese/banzaisoft.html [April, 2003].

Nagata, N. & Swisher, M. V. (1995). A study of consciousness-raising by computer: The effect of metalinguistic feedback on second language learning. *Foreign Language Annals, 28,* 337-347.

Narciss, S. (1999). *Motivational effects of the informativeness of feedback.* Paper presented at the Conference of the American Educational Research Association, Montreal (available at ERIC Document Data Base ED430034).

Narciss, S. (2001). *Vom allgemeinen Leistungsmotivationstest (LMT) zum Leistungsmotivationstest für Lernsituationen (LMT-L).* Vortrag auf der 8. Fachtagung Pädagogische Psychologie, Landau.

Narciss, S. (2004). The impact of informative tutoring feedback and self-efficacy on motivation and achievement in concept learning. *Experimental Psychology, 51,* 214-228.

Narciss, S. & Höfer, A. (1996). Differentielle Wirkung des Informationsgehaltes von Rückmeldungen auf Motivation und Lernerfolg beim Konzepterwerb. In A. Schorr

(Ed.), *Experimentelle Psychologie. Beiträge zur 38. Tagung experimentell arbeitender Psychologen* (pp. 227). Berlin: Pabst Science Publisher.

Narciss, S. & Huth, K. (2004). How to design informative tutoring feedback for multimedia learning. In H. M. Niegemann, D. Leutner & R. Brünken (Eds.), *Instructional design for multimedia learning* (pp. 181-195). Münster: Waxmann.

Narciss, S. & Körndle, H. (1998). Problems and perspectives for the development of multimedia tools for teaching and learning in the internet. *European Psychologist, 3*, 219-226.

Narciss, S. & Körndle, H. (1999). Studierplatz 2000. Vernetzte Informationssysteme in der universitären Lehre – Einsatzmöglichkeiten, Grenzen und Perspektiven. *Medienpsychologie, 11*, 38-55.

Narciss, S. & Körndle, H. (2001). Förderung des lustvollen selbständigen Lernens mit dem Internet. *Wissenschaftliche Zeitschrift der Technischen Universität Dresden, Sonderheft Lust und Frust mit Medien, 50*, 74-79.

Narciss, S. & Proske, A. (2001). *Lern- und Studieraufgaben für die universitäre Lehre.* Unveröffentlichtes Manuskript, Technische Universität Dresden.

Narciss, S., Proske, A. & Körndle, H. (2004). Interaktive Aufgaben für das computergestützte Lernen. In Schmitz, U. (Ed.), *Linguistik lernen im Internet* (pp. 193-206). Tübingen: Gunter Narr.

Nicholls, J. G. (1984). Achievement motivation: Conceptions of ability, subjective experience, task choice, and performance. *Psychological Review, 91*, 328-346.

Peeck, J., van den Bosch, A. B. & Kreupeling, W. J. (1985). Effects of informative feedback in relation to retention of initial responses. *Contemporary Educational Psychology, 10*, 303-313.

Phye, G. D. (1979). The processing of informative feedback about multiple-choice test performance. *Contemporary Educational Psychology, 4*, 381-394.

Phye, G. D. (1991). Advice and feedback during cognitive training: Effects at acquisition and delayed transfer. *Contemporary Educational Psychology, 16*, 87-94.

Phye, G. D. (2001). Problem-solving instruction and problem-solving transfer: The correspondence issue. *Journal of Experimental Psychology, 93*, 571-578.

Phye, G. D. & Bender, T. (1989). Feedback complexity and practice: Response pattern analysis in retention and transfer. *Contemporary Educational Psychology, 14*, 97-110.

Phye, G. D. & Sanders, C. E. (1994). Advice and feedback: Elements of practice for problem solving. *Contemporary Educational Psychology, 19*, 286-301.

Piaget, J. (1974). *Réussir et comprendre.* Paris: Presses Universitaires de France.

Pintrich, P. M. & Maehr, M. L. (2003). *New directions in measures in methods.* Amsterdam: Elsevier Science.

Pintrich, P. R. (1999). The role of motivation in promoting and sustaining self-regulated learning. *International Journal of Educational Research, 31*, 459-470.

Pintrich, P. R. (2003). Motivation and classroom learning. In W. M. Reynolds & G. E. Miller (Eds.), *Handbook of psychology: Educational psychology, Vol. 7* (pp. 103-122). Hoboken, NJ: Wiley & Sons.

Pintrich, P. R. & DeGroot, E. V. (1990). Motivational and self-regulated learning components of classroom academic performance. *Journal of Educational Psychology, 82*, 33-40.

Pintrich, P. R. & Zusho, A. (2002). The development of academic self-regulation: The role of cognitive and motivational factors. In A. Wigfield & J. Eccles (Eds.), *Development of achievement motivation* (pp. 249-284). San Diego, CA: Academic Press.

Postman, L. (1976). Methodology of human learning. In W. K. Estes (Ed.), *Handbook of learning and cognitive Processes. Volume 3: Approaches to human learning and motivation* (pp. 11-70). Hillsdale, NJ: Lawrence Erlbaum.

Pressley, M. (1986). The relevance of the good strategy user model to the teaching of mathematics. *Educational Psychologist, 21*, 139-161.

Proske, A. (2000). *Behaltenseffekte von Lernaufgaben in Abhängigkeit vom Antwortformat.* Unveröffentlichte Diplomarbeit, Technische Universität Dresden.

Proske, A., Körndle, H. & Narciss, S. (2004). The exercise format editor: A multimedia tool for the design of multiple learning tasks. In H. M. Niegemann, D. Leutner & R. Brünken (Eds.), *Instructional design for multimedia learning* (pp. 149-164). Münster: Waxmann.

Radatz, H. (1980). *Fehleranalysen im Mathematikunterricht.* Braunschweig: Vieweg.

Reimann, G. & Proske, A. (2000). *Construction of an item pool to verify learning effects.* Poster presented at the XXVII. International Congress of Psychology in Stockholm, Sweden.

Relich, J. D., Debus, R. L. & Walker, R. (1986). The mediating role of attribution and self-efficacy variables for treatment effects on achievement outcomes. *Contemporary Educational Psychology, 11*, 195-216.

Renkl, A. & Atkinson, R. K. (2002). Learning form examples: Fostering self-explanations in computer-based learning environments. *Interactive Learning Environments, 10*, 105-119.

Renninger, K. A. & Hidi, S. (2002). Student interest and achievement: Developmental issues raised by a case study. In A. Wigfield & J. S. Eccles (Eds.), *Development of achievement motivation* (pp. 173-195). San Diego, CA: Academic Press.

Renninger, K. A., Hidi, S. & Krapp, A. (1992). *The role of interest in learning and development.* Hillsdale, NJ, England: Lawrence Erlbaum Associates.

Resnick, L. B. (1982). Syntax und semantics in learning to subtract. In T. P. Carpenter, J. M. Moser & T. A. Romberg (Eds.), *Addition and subtraction: A cognitive perspective* (pp. 136-155). Hillsdale, NJ: Erlbaum.

Rheinberg, F. (1989). *Zweck und Tätigkeit. Motivationspsychologische Analysen zur Handlungsveranlassung.* Göttingen: Hogrefe.

Rheinberg, F. (1997). *Motivation.* Stuttgart: Kohlhammer.

Rheinberg, F. & Fries, S. (2001). Motivationstraining. In K. J. Klauer (Ed.), *Handbuch Kognitives Training* (pp. 349-373). Göttingen: Hogrefe.

Rheinberg, F. & Krug, S. (1993). *Motivationsförderung im Schulalltag.* Göttingen: Hogrefe.

Rheinberg, F., Vollmeyer, R. & Burns, B. D. (2001). FAM: Ein Fragebogen zur Erfassung aktueller Motivation in Lern- und Leistungssituationen. *Diagnostica, 47,* 57-66.

Riesbeck, C. K. & Schank, R. C. (1989). *Inside case-based reasoning.* Hillsdale, NJ: Lawrence Erlbaum Associates.

Roberts, F. C. & Park, O. (1984). Feedback strategies and cognitive style in computer-based instruction. *Journal of Instructional Psychology, 11,* 63-74.

Roper, W. J. (1977). Feedback in computer assisted instruction. *Programmed Learning and Educational Technology, 14,* 43-49.

Rosenstock, E. H., Moore, W. J. & Smith, W. I. (1965). Effects of several schedules of knowledge of results on mathematics achievement. *Psychological Reports, 17,* 535-541.

Rotter, J. B. (1966). Generalized expectancies for internal versus external control of reinforcement. *Psychological Monographs: General & Applied, 80,* 1-28.

Salas, S. B. & Dickinson, D. J. (1990). The effect of feedback and three different types of corrections on student learning. *Journal of Human Behavior & Learning, 7,* 13-19.

Sales, G. C. (1993). Adapted and adaptive feedback in technology-based instruction. In J. V. Dempsey & G. C. Sales (Eds.), *Interactive instruction and feedback* (pp. 159-175). Englewood Cliffs, NJ: Educational Technology Publications.

Salomon, G. & Globerson, D. (1987). Skill may not be enough: The role of mindfulness in learning and transfer. *International Journal of Educational Research, 11,* 623-637.

Salomon, G. & Perkins, D. N. (1989). Rocky roads to transfer: Rethinking mechanisms of a neglect phenomenon. *Educational Psychologist, 24,* 113-142.

Sansone, C. (1986). A question of competence: The effects of competence and task feedback on intrinsic interest. *Journal of Personality & Social Psychology, 51,* 918-931.

Sansone, C. (1989). Competence feedback, task feedback, and intrinsic interest: An examination of process and context. *Journal of Experimental Social Psychology, 25,* 343-361.

Sassenrath, J. M. (1975). Theory and results on feedback and retention. *Journal of Educational Psychology, 67,* 894-899.

Sax, G. (1960). Concept acquisition as a function of differing schedules and delays of reinforcement. *Journal of Educational Psychology, 51,* 32-35.

Schank, R. C. (1982). *Dynamic memory.* Cambridge, England: Cambridge University Press.

Schimmel, B. J. (1983). *A meta-analysis of feedback to learners in computerized and programmed instruction.* Paper presented at the Annual Meeting of the American Educational Research Associates Montreal, Canada (ERIC document Reproduction Service No. ED233708).

Schimmel, B. J. (1988). Providing meaningful feedback in courseware. In D. H. Jonassen (Ed.), *Instructional designs for microcomputer courseware* (pp. 183-195). Hillsdale, NJ, England: Lawrence Erlbaum Associates.

Schmalt, H.-D. & Sokolowski, K. (2000). Zum gegenwärtigen Stand der Motivdiagnostik. *Diagnostica, 46*, 115-123.

Schommer, M. (1990). The effects of beliefs about the nature of knowledge on comprehension. *Journal of Educational Psychology, 82*, 498-504.

Schommer, M. (1993). Epistemological development and academic performance among secondary students. *Journal of Educational Psychology, 85*, 406-411.

Schott, F., Neeb, K. E. & Wieberg, H. J. W. (1981). *Lehrstoffanalyse und Unterrichtsplanung*. Braunschweig: Westermann.

Schreiber, T. A. (1998). Effects of target size on feelings of knowling and cued recall: Implications of the cue effectiveness and partial-retrieval hypothesis. *Memory & Cognition, 26*, 553-571.

Schunk, D. H. (1981). Modeling and attributional effects on children's achievement: A self-efficacy analysis. *Journal of Educational Psychology, 73*, 93-105.

Schunk, D. H. (1983). Ability versus effort attributional feedback: Differential effects on self-efficacy and achievement. *Journal of Educational Psychology, 75*, 848-856.

Schunk, D. H. (1995). Self-efficacy and education and instruction. In J. E. Maddux (Ed.), *Self-efficacy, adaption and adjustment: Theory, research and application* (pp. 281-303). New York, NY: Plenum Press.

Schunk, D. H. & Hanson, A. R. (1985). Peer models: Influence on children's self-efficacy and achievement. *Journal of Educational Psychology, 77*, 313-322.

Schunk, D. H. & Pajares, F. (2002). The development of academic self-efficacy. In A. Wigfield & J. S. Eccles (Eds.), *Development of achievement motivation* (pp. 15-31). San Diego, CA: Academic Press.

Schunk, D. H. & Rice, J. M. (1991). Learning goals and progress feedback during reading comprehension instruction. *Journal of Reading Behavior, 23*, 351-364.

Schunk, D. H. & Rice, J. M. (1993). Strategy fading and progress feedback: Effects on self-efficacy and comprehension among students receiving remedial reading services. *Journal of Special Education, 27*, 257-276.

Schunk, D. H. & Swartz, C. W. (1993). Goals and progress feedback: Effects on self-efficacy and writing achievement. *Contemporary Educational Psychology, 18*, 337-354.

Sedlmeier, P. (1996). Jenseits des Signifikanztest-Rituals: Ergänzungen und Alternativen. *Methods of Psychological Research – online* Verfügbar unter: http://www.mpr-online.de/ [April, 1996].

Seel, N. M. (1981). *Lernaufgaben und Lernprozesse*. Stuttgart: Kohlhammer.

Sfondilias, J. S. & Siegel, M. A. (1990). Combining discovery and direct instruction strategies in computer-based teaching of mathematical problem solving. *Journal of Computer-Based Instruction, 17*, 130-134.

Shavit, H. (1980). Effects of feedback-induced changes in expectancy for skill-related outcome on affective vs. instrumental reactions. *Perceptual & Motor Skills, 50*, 951-957.

Shelly, M. W. (1961). Learning with reduced feedback information. *Journal of Experimental Psychology, 62*, 209-222.

Siegel, M. A. & Misselt, L. A. (1984). Adaptive feedback and review paradigm for computer-based drills. *Journal of Educational Psychology, 76*, 310-317.

Simons, P. R.-J. & DeJong, F. P. (1992). Self-regulation and computer-aided instruction. *Applied Psychology: An International Review, 41*, 333-346.

Skinner, B. F. (1954). The science of learning and the art of teaching. In R. A. Patton (Ed.), *Current trends in psychology and the behavioral sciences* (pp. 38-58). Pittsburgh, PA: University of Pittsburgh Press.

Skinner, B. F. (1958). Teaching machines. *Science, 128*, 969-977.

Smith, P. L. & Ragan, T. J. (1993). Designing instructional feedback for different learning outcomes. In J. V. Dempsey & G. C. Sales (Eds.), *Interactive instruction and feedback* (pp. 75-103). Englewood Cliffs, NJ: Educational Technology.

Smode, A. F. (1958). Learning and performance in a tracking task under two levels of achievement information feedback. *Journal of Experimental Psychology, 56*, 297-304.

Spada, H. (1998). *Lehrbuch allgemeine Psychologie*. Bern: Huber.

Stapf, K. H., Fischer, P. M. & Degner, U. (1986). Über die informationelle und motivationale Wirkung verschiedener Rückmeldungsmodalitäten beim Lernen. In K. Daumenlang & J. Sauer (Eds.), *Aspekte psychologischer Forschung. Festschrift zum 60. Geburtstag von E. Roth* (pp. 221-236). Göttingen: Hogrefe.

Stark, R. (1999). *Lernen mit Lösungsbeispielen*. Göttingen: Hogrefe.

Steinberg, E. R. (1977). Review of student control in computer-assisted instruction. *Journal of Computer-Based Instruction, 3*, 84-90.

Steinberg, E. R. (1989). Cognition and learner control: A literatur review, 1977-1988. *Journal of Computer-Based Instruction, 16*, 117-121.

Stevens, J.P. (2001). Applied multivariate Statistics for the Social Sciences. Mahaw, NJ: Lawrence Erlbaum Associates.

Stock, W. A., Kulhavy, R. W., Pridemore, D. R. & Krug, D. (1992). Responding to feedback after multiple-choice answers: The influence of response confidence. *The Quarterly Journal of Experimental Psychology, 45 A*, 649-667.

Sweller, J., van Merrienboer, J., & Paas, F. (1998). Cognitive architecture and instructional design. *Educational Psychology Review, 10*, 251-296.

Swindell, L. K. (1992). Certitude and the constrained processing of feedback. *Contemporary Educational Psychology, 17*, 30-37.

Swindell, L. K., Peterson, S. E. & Greenway, R. (1992). Brief research report: Children's use of response confidence in the processing of instructional feedback. *Contemporary Educational Psychology, 17*, 379-385.

Symonds, P. M. & Chase, D. H. (1929). Practice vs. motivation. *Journal of Educational Psychology, 20*, 19-35.

Taylor, R. (1987). Selecting effective courseware: Three fundamental instructional factors. *Contemporary Educational Psychology, 12*, 231-243.

Tennyson, C. L., Tennyson, R. D. & Rothen, W. (1980). Content structure and instructional control strategies as design variables in concept acquisition. *Journal of Educational Psychology, 72*, 499-505.

Tennyson, R. D. (1973). Effects of negative instances in concept acquisition using a verbal learning task. *Journal of Educational Psychology, 64,* 247-259.

Tennyson, R. D., Steve, M. W. & Boutwell, R. C. (1975). Instance sequence and analysis of instance attribute representation in concept acquisition. *Journal of Educational Psychology, 6,* 821-827.

Terrell, D. J. (1990). A comparison of two procedures for remediating errors during computer-based instruction. *Journal of Computer-Based Instruction, 17,* 91-96.

Terrell, G. Jr. (1958). The role of incentive in discrimination learning in children. *Child Development, 29,* 231-236.

Thorndike, E. L. (1913). *Educational psychology. Volume I: The original nature of man.* New York: Columbia University.

Thorndike, E. L. (1932). *The fundamentals of learning.* Oxford, England: Teachers College, Columbia University.

Thussbas, C. & Chourdakis, D. (2002). Wie unterschiedlich sollten Beispiele sein? *Zeitschrift für Pädagogische Psychologie, 16,* 117-123.

Tosti, D. T. (1987). Formative Feedback. *Performance & Instruction, 26,* 18-21.

Trowbridge, M. H. & Cason, H. (1932). An experimental study of Thorndike's theory of learning. *Journal of General Psychology, 7,* 245-260.

Tuckman, B. W. & Sexton, T. (1992). The effects of informational feedback and self-beliefs on the motivation to perform a self-regulated task. *Journal of Research in Personality, 26,* S.121-127.

Turner, J. E. & Schallert, D. L. (2001). Expectancy-value relationships of shame reactions and shame resiliency. *Journal of Experimental Psychology, 93,* 320-329.

Vallerand, R. J. & Reid, G. (1984). On the causal effects of perceived competence on intrinsic motivation: A test of cognitive evaluation theory. *Journal of Sport Psychology, 6,* 94-102.

Vallerand, R. J. & Reid, G. (1988). On the relative effects of positive and negative verbal feedback on males' and females' intrinsic motivation. *Canadian Journal of Behavioral Science, 20,* 239-250.

VanLehn, K. (1990). *Mind bugs: The origins of procedural misconceptions.* Cambridge, MA: The MIT Press.

VanLehn, K., Siler, S., Murray, C., Yamauchi, T. & Baggett, W. B. (2003). Why do only some events cause learning during human tutoring? *Cognition & Instruction, 21,* 209-249.

VanLehn, K., Lynch, C., Schulze, K., Shapiro, J.A., Shelby, R., Taylor, L., Treacy, D., Weinstein, A., &, Wintersgill, M. (2005). The Andes Physics Tutoring System: Lessons Learned. *International Journal of Artificial Intelligence and Education, 15* (3).

Vorwerg, M. (1977). Adaptives Training der Leistungsmotivation. *Zeitschrift für Psychologie, 185,* 230-236.

Vroom, V. H. (1964). *Work and motivation.* Oxford, England: Wiley.

Wager, W. & Mory, E. H. (1993). The role of questions in learning. In J. V. Dempsey & G. C. Sales (Eds.), *Interactive instruction and feedback* (pp. 55-73). Englewood Cliffs, NJ: Educational Technology Publications.

Waldrop, P. B., Justen, J. E. & Adams, T. M. (1986). A comparison of three types of feedback in a computer-assisted instruction task. *Educational Technology, 26*, 43-45.

Wallach, H. & Henle, M. (1941). An experimental analysis of the law of effect. *Journal of Experimental Psychology, 28*, 340-349.

Webb, J. M., Pridemore, D. R., Stock, W. A. & Kulhavy, R. W. (1997). Remembering responses and cognitive estimates of knowing: The effects of instructions, retrieval sequences, and feedback. *Contemporary Educational Psychology, 22*, 147-164.

Weber, G. (1994). *Fallbasiertes Lernen und Analogien.* Weinheim: PVU.

Weiner, B. (1984). *Motivationspsychologie.* Weinheim: Beltz.

Weiner, B. (1992). *Human motivation: Metaphors, theories, and research.* Thousand Oaks, CA: Sage Publications.

Weinstein, C. F. & Mayer, R. F. (1986). The teaching of learning strategies. In M. C. Wittrock (Ed.), *Handbook of research on teaching* (pp. 315-327). New York: Macmillan.

Wiener, N. (1948). *Cybernetics; or control and communication in the animal and the machine.* Oxford, England: John Wiley.

Wiener, N. (1954). *The human use of human beings: Cybernetics and society.* Oxford, England: Houghton Mifflin.

Wigfield, A. & Eccles, J. S. (1992). The development of achievement task values: A theoretical analysis. *Developmental Review, 12*, 256-310.

Wigfield, A. & Eccles, J. S. (2000). Expectancy-value theory of achievement motivation. *Contemporary Educational Psychology, 25*, 68-81.

Wigfield, A. & Eccles, J. S. (2002). *Development of achievement motivation.* San Diego, CA: Academic Press.

Winne, P. H. (1982). Minimizing the black box problem to enhance the validity of theories about instructional effects. *Instructional Science, 11*, 13-28.

Winne, P. H. (1989). Theories of instruction and of intelligence for designing artificially intelligent tutoring systems. *Educational Psychologist, 24*, 229-259.

Winne, P. H., Graham, L. & Prock, L. (1993). A model of poor readers' text-based inferencing: Effects of explanatory feedback. *Reading Research Quarterly, 28*, 53-66.

Wood, H., & Wood, D. (1999). Help seeking, learning and contingent tutoring. *Computers and Education, 33*, 153-169.

Wottawa, H. & Thierau, H. (1998). *Lehrbuch Evaluation.* Bern: Huber.

Young, R. M. & O'Shea, T. (1981). Errors in children's subtraction. *Cognitive Science, 5*, 153-177.

Ziegler, A. & Schober, B. (1996). Resultate eines Reattributionstrainings mit Schülerinnen der 5. Klasse Gymnasium. In E. Witruk, G. Friedrich, B. Sabisch & D. Kotz (Eds.), *Pädagogische Psychologie im Streit um ein neues Selbstverständnis* (pp. 348-355). Landau: Empirische Pädagogik.

Zimbardo, P. G. (1999). *Psychologie.* Berlin: Springer.

Zimmerman, B. J. (1989). A social cognitive view of self-regulated academic learning. *Journal of Educational Psychology, 81*, 329-339.

9.4   Tabellen

9.5   Abbildungen

Pädagogische Psychologie und Entwicklungspsychologie

HERAUSGEGEBEN VON DETLEF H. ROST

BAND 14

Gerd Schulte-Körne
LESE-RECHTSCHREIBSCHWÄCHE UND
SPRACHWAHRNEHMUNG
Psychometrische und neurophysiologische
Untersuchungen zur Legasthenie
2001, 288 S., br., 25,50 €, ISBN 3-89325-790-X

BAND 15

Detlef H. Rost
HOCHBEGABTE UND
HOCHLEISTENDE JUGENDLICHE
Neue Ergebnisse aus dem
Marburger Hochbegabtenprojekt
2000, 430 S., br., 25,50 €, ISBN 3-89325-685-7

BAND 16

Klaus-Peter Wild
LERNSTRATEGIEN IM STUDIUM
Strukturen und Bedingungen
vergriffen

BAND 17

Sigrid Hübner
DENKFÖRDERUNG UND
STRATEGIEVERHALTEN
2000, 160 S., br., 25,50 €, ISBN 3-89325-792-6

BAND 18

Cordula Artelt
STRATEGISCHES LERNEN
2000, br., 300 S., 25,50 €, ISBN 3-89325-793-4

BAND 19

Bettina S. Wiese
BERUFLICHE UND FAMILIÄRE
ZIELSTRUKTUREN
2000, 272 S., br., 25,50 €, ISBN 3-89325-867-1

BAND 20

Gerhard Minnameier
ENTWICKLUNG UND LERNEN –
KONTINUIERLICH
ODER DISKONTINUIERLICH?
Grundlagen einer Theorie der Genese
komplexer kognitiver Strukturen
2000, 216 S., br., 25,50 €, ISBN 3-89325-886-8

BAND 21

Gerhard Minnameier
STRUKTURGENESE
MORALISCHEN DENKENS
Eine Rekonstruktion der Piagetschen Entwick-
lungslogik und ihre moraltheoretischen Folgen
2000, 214 S., br., 25,50 €, ISBN 3-89325-887-6

BAND 22

Elmar Souvignier
FÖRDERUNG RÄUMLICHER FÄHIGKEITEN
Trainingsstudien mit lernbeeinträchtigten
Schülern
2000, 200 S., br., 25,50 €, ISBN 3-89325-897-3

BAND 23

Sonja Draschoff
LERNEN AM COMPUTER DURCH
KONFLIKTINDUZIERUNG
Gestaltungsempfehlungen und Evaluationsstudie
zum interaktiven computerunterstützten Lernen
2000, 338 S., br., 25,50 €, ISBN 3-89325-924-4

BAND 24

Stephan Kröner
INTELLIGENZDIAGNOSTIK
PER COMPUTERSIMULATION
2001, 128 S., br., 25,50 €, ISBN 3-8309-1003-7

BAND 25

Inez Freund-Braier
HOCHBEGABUNG, HOCHLEISTUNG,
PERSÖNLICHKEIT
2001, 206 S., br., 25,50 €, ISBN 3-8309-1070-3

BAND 26

Oliver Dickhäuser
COMPUTERNUTZUNG UND GESCHLECHT
Ein-Erwartung-Wert-Modell
2001, 166 S., br., 25,50 €, ISBN 3-8309-1072-X

BAND 27

Knut Schwippert
OPTIMALKLASSEN: MEHREBENEN-
ANALYTISCHE UNTERSUCHUNGEN
Eine Analyse hierarchisch strukturierter Daten
am Beispiel des Leseverständnisses
2002, 210 S., br., 25,50 €, ISBN 3-8309-1095-9

BAND 28

Cornelia Ev Elben
SPRACHVERSTÄNDNIS BEI KINDERN
Untersuchungen zur Diagnostik im Vorschul-
und frühen Schulalter
2002, 216 S., br., 25,50 €, ISBN 3-8309-1119-X

BAND 29

Marten Clausen
UNTERRICHTSQUALITÄT:
EINE FRAGE DER PERSPEKTIVE?
Empirische Analysen zur Übereinstimmung,
Konstrukt- und Kriteriumsvalidität
2002, 232 S., br., 25,50 €, ISBN 3-8309-1071-1

BAND 30

Barbara Thies
VERTRAUEN ZWISCHEN LEHRERN
UND SCHÜLERN
2002, 288 S., br., 25,50 €, ISBN 3-8309-1151-3

BAND 31

Stefan Fries
WOLLEN UND KÖNNEN
Ein Training zur gleichzeitigen Förderung des
Leistungsmotivs und des induktiven Denkens
2002, 292 S., br., 25,50 €, ISBN 3-8309-1031-2

BAND 32

Detlef Urhahne
MOTIVATION UND VERSTEHEN
Studien zum computergestützten Lernen in den
Naturwissenschaften
2002, 190 S., br., 25,50 €, ISBN 3-8309-1177-7

BAND 33

Susanne R. Schilling
HOCHBEGABTE JUGENDLICHE UND
IHRE PEERS
Wer allzu klug ist, findet keine Freunde?
2002, 262 S., br., 25,50 €, ISBN 3-8309-1074-6

BAND 34

Ingmar Hosenfeld
KAUSALITÄTSÜBERZEUGUNGEN UND
SCHULLEISTUNGEN
2002, 210 S., br., 25,50 €, ISBN 3-8309-1073-8

BAND 35

Tina Seidel
LEHR-LERNSKRIPTS IM UNTERRICHT
Freiräume und Einschränkungen für kognitive
und motivationale Lernprozesse
– eine Videostudie im Physikunterricht
2003, 196 S., br., 25,50 €, ISBN 3-8309-1248-X

BAND 36

Ulrich Trautwein
SCHULE UND SELBSTWERT
Entwicklungsverlauf, Bedeutung von Kontext-
faktoren und Effekte auf die Verhaltensebene
2003, 270 S., br., 25,50 €, ISBN 3-8309-1296-X

BAND 37

Olaf Köller
KONSEQUENZEN VON
LEISTUNGSGRUPPIERUNGEN
2004, 300 S., 25,50 €, ISBN 3-8309-1205-6

BAND 38

Corinna Schütz
LEISTUNGSBEZOGENES DENKEN
HOCHBEGABTER JUGENDLICHER
„Die Schule mach' ich doch mit links"
2004, 242 S., br., 25,50 €, ISBN 3-8309-1355-9

BAND 39

Joachim Wirth
SELBSTREGULATION
VON LERNPROZESSEN
2004, 274 S., br., 25,50 €, ISBN 3-8309-1352-4

BAND 40

Tina Hascher
WOHLBEFINDEN IN DER SCHULE
2004, 321 S., br., 25,50 €, ISBN 3-8309-1354-0

BAND 41

Stephanie Schreblowski
TRAINING VON LESEKOMPETENZ
Die Bedeutung von Strategien, Metakognition
und Motivation für die Textverarbeitung
2004, 156 S., br., 25,50 €, ISBN 3-8309-1356-7

BAND 42

Lilian Streblow
BEZUGSRAHMEN UND
SELBSTKONZEPTGENESE
2004, 146 S., 25,50 €, ISBN 3-8309-1353-2

BAND 43

Oliver Böhm-Kasper
SCHULISCHE BELASTUNG
UND BEANSPRUCHUNG
Eine Untersuchung von Schülern und Lehrern
am Gymnasium
2004, 284 S., br., 25,50 €, ISBN 3-8309-1383-4

BAND 44

Margarete Imhof
ZUHÖREN UND INSTRUKTION
Empirische Ansätze zu psychologischen
Aspekten auditiver Informationsverarbeitung
2004, 206 S., br., 25,50 €, ISBN 3-8309-1423-7

BAND 45

Petra Wagner
HÄUSLICHE ARBEITSZEIT
FÜR DIE SCHULE
Eine Typenanalyse
2005, 175 S., br., 25,50 €, ISBN 3-8309-1435-0

BAND 46

Britta Kohler
REZEPTION INTERNATIONALER
SCHULLEISTUNGSSTUDIEN
Wie gehen Lehrkräfte, Eltern und die
Schulaufsicht mit Ergebnissen schulischer
Evaluationsstudien um?
2005, 377 S., br., 25,50 €, ISBN 3-8309-1466-0

BAND 47

Cornelia S. Große
LERNEN MIT MULTIPLEN LÖSUNGSWEGEN
2005, 200 S., br., 25,50 €, ISBN 3-8309-1467-9

BAND 48

Anne Levin
LERNEN DURCH FRAGEN
Wirkung von strukturierenden Hilfen auf
das Generieren von Studierendenfragen
als begleitende Lernstrategie
2005, 228 S., br., 25,50 €, ISBN 3-8309-1473-3

BAND 49

Britta Pohlmann
KONSEQUENZEN DIMENSIONALER
VERGLEICHE
2005, 188 S., br., 25,50 EUR, ISBN 3-8309-1441-5

BAND 50

Christiane Pruisken
INTERESSEN UND HOBBYS
HOCHBEGABTER
GRUNDSCHULKINDER
Formeln statt Fußball?
2005, 248 S., br., 25,50 €, ISBN 3-8309-1472-5

BAND 51

Mareike Kunter
MULTIPLE ZIELE
IM MATHEMATIKUNTERRICHT
2005, 296 S., br., 25,50 €, ISBN 3-8309-1559-4

BAND 52

Dietmar Grube
ENTWICKLUNG DES RECHNENS
IM GRUNDSCHULALTER
Basale Fertigkeiten, Wissensabruf und
Arbeitsgedächtniseinflüsse
2005, 188 S., br., 25,50 €, ISBN 3-8309-1572-1

BAND 53

Oliver Lüdtke
PERSÖNLICHE ZIELE
JUNGER ERWACHSENER
2006, 298 S., br., 25,50 €, ISBN 3-8309-1610-8

BAND 54

Thiemo Müller-Kalthoff
VORWISSEN UND NAVIGATIONSHILFEN
BEIM HYPERTEXTLERNEN
2006, 182 S., br., 25,50 €, ISBN 3-8309-1583-7

BAND 55

Jörn R. Sparfeldt
BERUFSINTERESSEN HOCHBEGABTER
JUGENDLICHER
2006, 282 S., br., 25,50 €, ISBN 3-8309-1672-8

Waxmann
Münster / New York
München / Berlin
www.waxmann.com